Konstruktionen zwischen Lexikon und Grammatik

Linguistik –
Impulse & Tendenzen

―

Herausgegeben von
Susanne Günthner, Klaus-Peter Konerding,
Wolf-Andreas Liebert und Thorsten Roelcke

Band 101

Konstruktionen zwischen Lexikon und Grammatik

—

Phrasem-Konstruktionen monolingual, bilingual und multilingual

Herausgegeben von
Carmen Mellado Blanco, Fabio Mollica
und Elmar Schafroth

DE GRUYTER

Die freie Verfügbarkeit der E-Book-Ausgabe dieser Publikation wurde durch 35 wissenschaftliche Bibliotheken und Initiativen ermöglicht, die die Open-Access-Transformation in der Germanistischen Linguistik fördern.

ISBN 978-3-11-135786-7
e-ISBN (PDF) 978-3-11-077020-9
e-ISBN (EPUB) 978-3-11-077026-1
ISSN 1612-8702
DOI https://doi.org/10.1515/9783110770209

Dieses Werk ist lizenziert unter einer Creative Commons Namensnennung 4.0 International Lizenz. Weitere Informationen finden Sie unter http://creativecommons.org/licenses/by/4.0/.

Library of Congress Control Number: 2022930181

Bibliografische Information der Deutschen Nationalbibliothek
Die Deutsche Nationalbibliothek verzeichnet diese Publikation in der Deutschen Nationalbibliografie; detaillierte bibliografische Daten sind im Internet über http://dnb.dnb.de abrufbar.

© 2023 bei den Autorinnen und Autoren, Zusammenstellung © 2022 Carmen Mellado Blanco, Fabio Mollica und Elmar Schafroth, publiziert von Walter de Gruyter GmbH, Berlin/Boston
Dieser Band ist text- und seitenidentisch mit der 2022 erschienenen gebundenen Ausgabe.
Dieses Buch ist als Open-Access-Publikation verfügbar über www.degruyter.com.

Einbandabbildung: Marcus Lindström/istockphoto
Satz: Integra Software Services Pvt. Ltd.
Druck und Bindung: CPI books GmbH, Leck

www.degruyter.com

Open-Access-Transformation in der Linguistik

Open Access für exzellente Publikationen aus der Germanistischen Linguistik: Dank der Unterstützung von 35 wissenschaftlichen Bibliotheken und Initiativen können 2022 insgesamt neun sprachwissenschaftliche Neuerscheinungen transformiert und unmittelbar im Open Access veröffentlicht werden, ohne dass für Autorinnen und Autoren Publikationskosten entstehen.

Folgende Einrichtungen und Initiativen haben durch ihren Beitrag die Open-Access-Veröffentlichung dieses Titels ermöglicht:

Dachinitiative „Hochschule.digital Niedersachsen" des Landes Niedersachsen
Universitätsbibliothek Bayreuth
Staatsbibliothek zu Berlin – Preußischer Kulturbesitz
Universitätsbibliothek der Humboldt-Universität zu Berlin
Universitätsbibliothek Bochum
Universitäts- und Landesbibliothek Bonn
Staats- und Universitätsbibliothek Bremen
Universitätsbibliothek Chemnitz
Universitäts- und Landesbibliothek Darmstadt
Technische Universität Dortmund, Universitätsbibliothek / Universitätsbibliothek Dortmund
Sächsische Landesbibliothek – Staats- und Universitätsbibliothek Dresden
Universitätsbibliothek Duisburg-Essen
Universitäts- und Landesbibliothek Düsseldorf
Universitätsbibliothek Johann Christian Senckenberg, Frankfurt a. M.
Albert-Ludwigs-Universität Freiburg – Universitätsbibliothek
Bibliothek der Pädagogischen Hochschule Freiburg
Niedersächsische Staats- und Universitätsbibliothek Göttingen
Universitätsbibliothek Greifswald
Staats- und Universitätsbibliothek Hamburg Carl von Ossietzky
Gottfried Wilhelm Leibniz Bibliothek – Niedersächsische Landesbibliothek, Hannover
Technische Informationsbibliothek (TIB) Hannover
Universitätsbibliothek Kassel – Landesbibliothek und Murhardsche Bibliothek der Stadt Kassel
Universitäts- und Stadtbibliothek Köln
Universitätsbibliothek der Universität Koblenz-Landau
Zentral- und Hochschulbibliothek Luzern
Universitätsbibliothek Magdeburg
Bibliothek des Leibniz-Instituts für Deutsche Sprache, Mannheim
Universitätsbibliothek Marburg
Universitätsbibliothek der Ludwig-Maximilians-Universität München
Universitäts- und Landesbibliothek Münster
Universitätsbibliothek Osnabrück
Universitätsbibliothek Vechta
Universitätsbibliothek Wuppertal
ZHAW Zürcher Hochschule für Angewandte Wissenschaften, Hochschulbibliothek
Zentralbibliothek Zürich

Inhaltsverzeichnis

Carmen Mellado Blanco, Fabio Mollica & Elmar Schafroth
Phrasem-Konstruktionen in der heutigen Forschung: ein Überblick — 1

I Phrasem-Konstruktionen: monolingual

Alexander Ziem
Konstruktionelle Arbeitsteilung im Lexikon-Grammatik-Kontinuum: das Beispiel sprachlicher Kodierungen von QUANTITÄT — 21

Rita Finkbeiner
„Kein ZDF-Film ohne Küsse im Heu."
***Kein* X *ohne* Y zwischen Lexikon, Grammatik und Pragmatik** — 55

Günter Schmale
Zur Beschreibung syntaktischer Phänomene als Konstruktionen am Beispiel der Modalpartikel *denn* — 83

Sven Staffeldt
Von da-* und *dem her — 113

Sabine De Knop
Eine konstruktionsbasierte Beschreibung von Mehrwortverbindungen mit Lokalisierungsverben im Deutschen — 141

Sören Stumpf
Formelhaft (ir-)reguläre Phrasem-Konstruktionen im Deutschen — 165

Belén López Meirama
Spanish idiomatic constructions with temporal meaning: a corpus study of [*a* DET$_{demonstrative}$ *hora(s)*] — 191

II Phrasem-Konstruktionen: bilingual und multilingual

Dmitrij Dobrovol'skij
Deutsche Phrasem-Konstruktion [X *hin*, X *her*] in kontrastiver Sicht: eine korpusbasierte Analyse — 227

Evelin Balog, Armine Garibyan & Thomas Herbst
The complexities of constructions in contrast – *the way* **to making one's** *own* **bed in English, German, Hungarian and Russian —— 247**

Carmen Mellado Blanco, Fabio Mollica & Elmar Schafroth
Das interessiert mich einen **X!** **Die intensivierende Konstruktionsfamilie der absoluten Interesselosigkeit im Spanischen, Italienischen und Deutschen —— 283**

Register —— 369

Carmen Mellado Blanco, Fabio Mollica & Elmar Schafroth
Phrasem-Konstruktionen in der heutigen Forschung: ein Überblick

Der vorliegende Band vereint zehn Beiträge zum Thema Phrasem-Konstruktionen bzw. Phraseoschablonen. Er enthält die Schriftfassungen von fünf Beiträgen, die vom 8. bis zum 10. Dezember 2016 im Rahmen der Tagung *Kollokationen und Phrasem-Konstruktionen im Fremdsprachenunterricht* an der Heinrich-Heine-Universität Düsseldorf gehalten wurden. Die Veranstaltung wurde von den Herausgebern organisiert und mit Unterstützung des DAAD (*Programm Hochschuldialog mit Südeuropa*) finanziert. Es handelt sich dabei um die Aufsätze von Sabine De Knop, Dmitrij Dobrovol'skij, Belén López Meirama, Sven Stafeldt und Alexander Ziem.[1] Zusätzlich umfasst der Band fünf weitere Beiträge – von Rita Finkbeiner; Thomas Herbst, Evelin Balog & Armine Garibyan; Carmen Mellado Blanco, Fabio Mollica & Elmar Schafroth; Günther Schmale; Sören Stumpf –, die nicht auf der Tagung präsentiert wurden.

Der Sammelband ist das Ergebnis der Zusammenarbeit von Anglisten, Italianisten und Germanisten aus Deutschland, Italien und Spanien[2], die seit einiger Zeit an mehreren Projekten zu Themen an der Schnittstelle zwischen Phraseologie und Konstruktionsgrammatik kooperieren.

Den Untersuchungsgegenstand des vorliegenden Bandes bildet ein Typ von Phrasemen, der in der deutschen konstruktionsgrammatischen Forschung unter der Bezeichnung „Phrasem-Konstruktionen" – nach der Definition von Dobrovol'skij (2011: 114) – bekannt ist. Es handelt sich dabei um modellhafte Form-Bedeutungspaare, in denen einige Konstituenten lexikalisch fest sind, während andere Bestandteile als freie Slots vorkommen und erst im Diskurs aktualisiert werden. Obwohl die konkrete Bedeutung der jeweiligen Instanziierungen der Konstruktionen von Kontext zu Kontext variieren kann, lässt sich für jede Phrasem-Konstruktion eine konstante, mehr oder weniger abstrakte Bedeutung erkennen. Diese kann z. B. als pragmatische Funktion der Intensivierung, wie in (a), (b), (c), (f), (g), (h), als denotatives Bedeutungsmerkmal (z. B. in (d) als ‚kumulative Aufeinanderfolge', in (i) als konzessive bzw. konzessiv-konditionale Bedeu-

---

[1] Die Beiträge über Kollokationen wurden in Schafroth, Mellado Blanco & Mollica (2021) getrennt publiziert.
[2] Die Germanisten aus Spanien sind Mitglieder der Forschungsgruppe FRASESPAL (Projekt des *Ministerio de Ciencia e Innovación* PID2019-108783RB-I00).

tung) und/oder als illokutive Funktion (z. B. in (e) und (f) als expressiver Akt der ‚Verwunderung') vorkommen.

Als Veranschaulichung seien einige Beispiele von Phrasem-Konstruktionen und der entsprechenden Instanziierungen angeführt (vgl. Schafroth 2014a, 2014b, 2015; Mellado Blanco, 2015c):

(a) [EIN$_{Nom}$ N1 *von* EIN$_{Dat}$ N2]: *ein Baum von einem Kerl*
(b) [N1$_{Sg}$ *der* N1$_{Pl}$]: *das Buch der Bücher*
(c) [*so* EIN N!]: *So eine Überraschung!*
(d) [N1 *über* N1]: *Tag über Tag*
(e) [*Was* SUBJ *nicht alles* V!]: *Was du nicht alles weißt!*
(f) [*Wie* ADJ *ist dás denn?*]: *Wie krass/geil/abgefahren/schräg/... ist das denn?*
(g) [*Lass* (ART$_{Def}$) N1 N1 *sein!*]: *Lass mal (den) Kongress Kongress sein!*, *Lass den Hans Hans sein!*
(h) [V1 *und* V1 (*und* V1)]: *Mario fragt und fragt (und fragt)*.
(i) [N1 *hin* N1 *her*]: *Krise hin, Krise her; Petition hin, Petition her*

Diese Art von Konstruktionen sind in der traditionellen Phraseologieforschung bereits seit den 1970er Jahren behandelt worden und u. a. unter folgenden Termini bekannt: „Phraseoschablonen" (Fleischer 1997; Donalies 2009), „modellierte Bildungen" (Černyševa 1975, 1986), „phraseologische syntaktische Schemata" (Schindler 1996: 238–239) und „Modellbildungen" (Burger 2010: 45; Häusermann 1997: 30). In der Konstruktionsgrammatik ist von „lexically open idioms" oder „formal idioms" (Fillmore, Kay & O'Connor 1988), „constructional idioms" (Langacker 1987; Taylor 2016), „schematic idioms" (Croft & Cruse 2004) und „idiomatischen Konstruktionsmustern" (Finkbeiner 2008: 218) die Rede (vgl. zusammenfassend Schafroth 2020a).

Bereits 1975 postulierte die russische Germanistin Černyševa (1975, 1986) die Existenz von „modellierten Bildungen" in der Phraseologie, unter denen sich (1) die Gruppe der Funktionsverbgefüge (wie *etw. in Bewegung setzen, etw. in Frage stellen*), der Vergleichsidiome (*frech wie Oskar*) und der Zwillingsformeln (*auf Schritt und Tritt*) sowie (2) die Gruppe der nach Häusermann (1977: 30–33) sogenannten „Modellbildungen", vom Typ [EIN$_{Nom}$ N1 *von* EIN$_{Dat}$ N2] (z. B. *ein Bierfaß von einem Kerl*), [X *um* X] (*Glas um Glas, Stein um Stein*) und Tautologien [X *ist* X] (*sicher ist sicher*), befinden sollten. Während die Strukturen der erstgenannten Gruppe Modelle der Analyse sind, es also um die „Typisierung von vorhandenen Phraseologismen" (Fleischer 1997: 194) geht, erfasst die zweite Gruppe Modelle der Synthese, d. h. sie sind in der Lage, unter bestimmten morphologischen, lexematischen und pragmatischen Bedingungen neue Einheiten zu generieren. In der Konstruktionsgrammatik werden darunter produktive Konstruktionen verschiedenen Schematisierungsgrades verstanden. Fleischer (1997: 131) nennt die Modellbildungen „Phraseoschablonen" und definiert sie wie folgt:

> Es handelt sich um syntaktische Strukturen – und zwar sowohl nicht-prädikative Wortverbindungen als auch Satzstrukturen –, deren lexikalische Füllung variabel ist, die aber eine Art syntaktischer Idiomatizität aufweisen. Das syntaktische Konstruktionsmodell hat eine vom entsprechenden nichtidiomatischen Modell abweichende irreguläre Bedeutung. Konstruktionen dieser Art haben eine festgeprägte Modellbedeutung [...].

Dieser Definition zufolge wurden die „Modellbildungen" bzw. „Phraseoschablonen" in der deutschen Phraseologieforschung – wohl unter dem Einfluss der russischen Germanisten (z. B. Černyševa 1975, 1986) und der deutschen Slawisten aus der DDR (z. B. Häusermann 1977) – von Anfang an als Form-Bedeutungs-Einheiten anerkannt, auch wenn der Terminus „Form-Bedeutungspaar" nicht explizit anzutreffen ist. Aus diesem Grund gilt die deutsche Phraseologie im Vergleich zu anderen Sprachen (z. B. Spanisch oder Italienisch)[3] als innovativ, vielleicht sogar bahnbrechend, denn die Annahme, dass eine produktive und schematische Struktur (also eine Form) mit einer festgeprägten einheitlichen Bedeutung kompatibel sein kann, steht im Grunde genommen dem Begriff der „Konstruktion", so wie er in der Konstruktionsgrammatik verstanden wird, schon sehr nahe (vgl. z B. Goldberg 1995, 2006).

Den „Phraseoschablonen" wurde in der traditionellen Phraseologieforschung zwar ein besonderer Status zuerkannt (vgl. Fleischers 1997 und Burgers 2010 Klassifizierungen), die Idee der Modellierbarkeit war jedoch für die ersten Phraseologieforscher eng mit dem Konzept der Marginalität verbunden, sodass Modellbildungen aufgrund ihrer Serienhaftigkeit im Gegensatz zu Idiomen als peripher – also nicht als zum Kernbestand der Phraseologie gehörend – betrachtet wurden. Idiome stellten demgegenüber aufgrund der „Unikalität", Idiomatizität und Unvorhersagbarkeit ihrer Bedeutung die Zentralkategorie der phraseologischen Einheiten dar (vgl. Fleischer 1997: 193; Mellado Blanco 2004: 21–22).

In diesem Zusammenhang besteht nach Ziem (2018: 7) der wichtigste Unterschied eines phraseologischen und konstruktionsgrammatischen Zugangs zu Phraseoschablonen darin,

> dass ersterer sich primär auf Aspekte der systematischen Klassifizierung und Dokumentation von Ausprägungsvarianten richtet, während letzterer den analytischen Fokus insbesondere auf strukturelle, semantische und pragmatische Beschränkungen der Realisierbarkeit einzelner Phraseoschablonen lenken [sic!].

---

[3] Im Gegensatz zur deutschen Phraseologie wurden bis vor Kurzem spanische Phraseoschablonen nur strukturell bzw. morphosyntaktisch und unabhängig von ihrer einheitlichen Semantik beschrieben (so z. B. bei García-Page 2008). In der italienischen traditionellen Phraseologie wurde solchen Erscheinungen kaum Aufmerksamkeit geschenkt.

In der Konstruktionsgrammatik gewinnen Phraseologismen allgemein aufgrund ihrer Frequenz in der Sprache an Relevanz, denn sie werden nicht – wie in anderen Grammatikmodellen – als Randphänomene einer überwiegend syntaxorientierten Grammatik betrachtet. So nehmen gerade Idiome bereits einen zentralen Platz in den ersten konstruktionsgrammatischen Studien (vgl. Fillmore, Kay & O' Connor 1988; Kay & Fillmore 1999) ein, zumal für diesen Ansatz die Sprache grundsätzlich „idiomatisch" sei.[4] Croft & Cruse (2004: 225) bestätigen diese Ansicht, wenn sie behaupten: "[i]t is not an exaggeration to say that construction grammar grew out of a concern to find a place for idiomatic expressions in the speaker's knowledge of a grammar of their language." Die Annahme eines Lexikon-Grammatik-Kontinuums ermöglicht es außerdem, die existierenden Verhältnisse zwischen Idiomen bzw. freien Konstruktionen besser zu erfassen (vgl. z. B. De Knop & Mollica 2016 für eine Beschreibung der ditransitiven Konstruktion im freien und phraseologischen Gebrauch).

Auch Phrasem-Konstruktionen, die bislang (auch in der Phraseologie) ein relativ wenig erforschtes Phänomen darstellen, gewinnen in der Konstruktionsgrammatik an Bedeutung (siehe u. a. Rostila 2012: 263–264; Staffelt 2018: 148–156), da sie zum Grenzbereich zwischen den (idiomatisierten) Lexikoneinheiten (Lexikon) und den freien lexikalischen Phrasen (Syntax) (vgl. Fleischer 1997: 130–131) gehören und zeigen, wie fließend die Übergänge zwischen beiden Bereichen sind. Aufgrund seiner Flexibilität bei der Slotbesetzung im Diskurs sowie wegen seiner graduellen Schematizität (vgl. Fischer 2006: 343) bzw. Produktivität erweist sich dieser Phrasemtyp als besonders attraktiv für konstruktionsgrammatische Studien (vgl. Dobrovol'skij 2011; Ziem 2018: 7), wie einige Sonderhefte und Sammelbände der letzten Jahre über diese Sondergruppe erkennen lassen (vgl. Ziem (Hrsg.) 2018; Mellado Blanco (Hrsg.) 2020, 2022; Mellado Blanco et al. (Hrsg.) 2020).

Hierbei sei auf die besondere Leistung von Dobrovol'skij (2011, 2012) hingewiesen, da er zu den ersten Autoren für das Deutsche gehört, der die enge Verbindung zwischen den sogenannten „lexically open idioms" oder „formal idioms" der Konstruktionsgrammatik (vgl. Fillmore, Kay & O'Connor 1988) und den „Phraseoschablonen" erkannt und dafür den Terminus „Phrasem-Konstruktionen" geprägt hat.[5] In seiner Definition kennzeichnet Dobrovol'skij (2011: 114) die

---

[4] Aufgrund ihrer Nicht-Kompositionalität können Idiome auch als prototypische Konstruktionen betrachtet werden (Stathi 2011: 149).
[5] Es muss hier angemerkt werden, dass zwischen den Begriffen „Phrasem-Konstruktion" Dobrovol'skijs (2011) und „lexically open idioms" oder „formal idioms" (Fillmore, Kay & O'Connor 1988) keine 1:1-Entsprechung besteht. Letztere werden von Fillmore, Kay & O'Connor (1988: 505) zwar als „syntactic patterns dedicated to semantic and pragmatic purposes not knowable from

Phrasem-Konstruktionen als Konstruktionen, „die als Ganzes eine lexikalische Bedeutung haben, wobei bestimmte Positionen in ihrer syntaktischen Struktur lexikalisch besetzt sind, während andere Slots darstellen, die gefüllt werden müssen." Aus der Definition wird ersichtlich, dass Phrasem-Konstruktionen eine festgeprägte Modellbedeutung aufweisen müssen, um als solche betrachtet werden zu können. Das heißt, dass die allgemeine Bedeutung der Strukturen, unabhängig von ihrer lexikalischen Ausfüllung in der Rede, durch die Bedeutung des Modells in gewissem Maße vorbestimmt ist (vgl. De Knop & Mollica 2018b; López Meirama & Mellado Blanco 2019; Mollica 2014, 2015, 2020; Mollica & Schafroth 2018; Mollica & Stumpf 2022; Mellado Blanco 2015a, 2020a, 2020c, (im Druck); Schafroth 2020a; Staffeldt 2011; Stathi 2011) und sich nicht aus den partiellen Bedeutungen ihrer Konstituenten ergibt. Diese allgemeine und allen Instanzen der Phrasem-Konstruktion gemeinsame Bedeutung erweist sich in der Regel als stark pragmatisiert, was neben seinem lexikalisch teilspezifizierten Charakter eine Herausforderung für ihre lexikografische Beschreibung darstellt. Darüber hinaus weisen Phrasem-Konstruktionen einen hohen Expressivitätsgrad auf, weshalb sie besonders für die mündliche und umgangssprachliche Kommunikation geeignet sind. Aus der Perspektive des Fremdsprachenunterrichts spielt der Erwerb von solchen Konstruktionen für die Besserung der mündlichen Sprachfertigkeiten (Hören/Sprechen) eine wichtige Rolle (Mollica 2015; Schafroth 2021). Ziel sollte daher eine verstehensrelevante Beschreibung von Phrasemen etwa im Sinne Fillmores *Semantics of understanding* sein (Fillmore 1970, 1971/1975; vgl. Busse 2012; Schafroth 2014a, 2014b, 2015, Schafroth 2020a; Ziem 2008). Um ein maximales Wissen über Phraseme zu erarbeiten, ist ein ganzheitlicher Beschreibungsansatz gemäß Croft (2001), wie er etwa in der Konzeption des *PhraseoFrame* (Schafroth 2013, 2014a, 2014b, 2015, 2020b), Schafroth & Imperiale 2019) oder des FRAME-Projektes (Benigni et al. 2015; Schafroth 2019) vorgeschlagen wird, sinnvoll. Dies trifft insbesondere auf die kommunikativ höchst effizienten genannten Phraseoschablonen zu, aber auch auf pragmatisch gebundene Routineformeln – nach Mel'čuk *pragmatèmes* (vgl. Fléchon, Frassi & Polguère 2012; Koesters Gensini & Schafroth 2020) –, wie im Französischen z. B. *Ne quittez pas!*, *Et avec ça?* oder *Je vous remets ça?*, im Italienischen *tanto di cappello*, *Facciamo gli scongiuri*, *A buon rendere, e poi – colpo di scena* (vgl. hierzu Schafroth 2015), oder ¡*Me quito el sombrero!*, ¡*Toca madera!*, ¡*El gusto es mío!* im Spanischen.

---

their form alone" definiert, die Autoren bringen als Beispiele aber auch Vergleichssätze wie *The more carefully you do your work, the easier it will get* oder *The bigger they come, the harder they fall*, die in der Phraseologie als "grammatische Phraseme" (Stumpf 2015a) bzw. "strukturelle Phraseme" (Burger 2015) bekannt sind, da sie eine eher grammatische (und weniger pragmatische) Funktion ausüben.

Eines der interessantesten Forschungsfelder in der Schnittstelle zwischen Phraseologie und Konstruktionsgrammatik bildet im Moment der Aspekt der Abwandlung von Idiomen, Routineformeln, Slogans und Sprichwörtern, die zur Musterbildung führen kann. Beziehen kann sich die Variation grundsätzlich auf die Erweiterung von halboffenen Paradigmen, wie es bei synonymen Varianten der Fall ist [*eins auf den Kopf/den Deckel/den Hut/die Nuss/… bekommen/kriegen*], auf den Austausch von Lexemen bei lexikalisierten Idiomen und Parömien, z. B. [*veni, vidi und* X][6] (vgl. Stutz & Finkbeiner 2022), [X *ist Silber,* X *ist Gold*] (vgl. Mellado Blanco 2018), [*sag mir* + indirekter Interrogativsatz, *und ich sage dir* + indirekter Interrogativsatz][7], oder auf die variierende Slotfüllung der Phraseoschablonen, wie bei [V1 *und* V1 (*und* V1) (*nicht*)][8] (vgl. Mellado Blanco 2020b). Die Grenze zwischen allen drei Mustertypen ist nicht immer klar. Besonders problematisch ist die Differenzierung zwischen modifizierten Phraseologismen (wie Idiomen, Routineformeln, Sprichwörtern, Slogans) – die man im angelsächsischen Sprachraum unter dem Terminus „snowclones" kennt (vgl. Mellado Blanco 2022: 10–12) – und der durch Lexemaustausch charakterisierten Musterbildung (siehe Stumpf 2015b; Pfeifer 2017; Stutz & Finkbeiner 2022). Zur Lösung dieser Frage können korpusbasierte Studien und statistische Berechnungen beitragen (Stumpf 2015b). Interessant sind außerdem aus konstruktionsgrammatischer Sicht auch die Beziehung zwischen der Ursprungsinstanziierung und den weiteren Instanziierungen, die zur Musterbildung führen (De Knop & Mollica 2018b; Mollica 2018, Mellado Blanco (im Druck)) sowie die Relationen der Phrasem-Konstruktionen mit anderen verwandten Konstruktionen im Sprachsystem (De Knop & Mollica 2018a; Mollica 2020).

Die Weiterentwicklung der konstruktionellen Ansätze im Bereich der Phraseologie und der Einfluss der Konstruktionsgrammatik auf die Phraseologieforschung werden anhand der letzten (fünften) Auflage des Referenzwerkes von Burger (2015: 54) deutlich. Laut Burger haben phraseologische (und nicht-phraseologische) „Konstruktionen" im Rahmen der Konstruktionsgrammatik „neue Beachtung gefunden". Er selbst widmet den sogenannten „Mustern"[9] ein eigenes Kapitel in seinem Handbuch, während in der vierten Auflage von 2015 (44–47) die Modellbildungen,

---

6 Eine Instanziierung der Konstruktion ist z. B. *Veni, vidi und ich wurde enttäuscht*, auf der Grundlage des bekannten lateinischen Zitats von Gaius Julius Caesar *Veni, vidi, vici*.
7 Eine Instanziierung der Konstruktion ist z. B. *Sag mir, was du isst und ich sage dir, wer du bist!*, auf der Grundlage des Sprichworts *Sag mir, mit wem du umgehst, und ich sage dir/so sage ich dir, wer du bist!*
8 Eine Instanziierung der intensivierenden Konstruktion ist z. B. *Bestellung kam und kam nicht. Dann Info von Amazon, der Verkäufer hätte meine Bestellung storniert.*
9 In der Mustergruppe sind bei Burger (2015: 54–60) folgende Phrasemtypen eingeschlossen: Modellbildungen, Paarformeln, komparative Phraseme, Funktionsverbgefüge und „weitere Muster", wie z. B. Sprichwortmuster (vgl. Steyer 2013) oder idiomatische Sätze (vgl. Finkbeiner 2008).

die Zwillingsformeln und die komparativen Phraseologismen aufgrund ihrer Produktivität und vorgeprägten Bedeutung als „spezielle Klasse" galten. Unter den bei Burger (2015) dargestellten Mustertypen wurde bis dato aus der Sicht der Konstruktionsgrammatik in erster Linie den komparativen Phrasemen oder Vergleichsphrasemen des Deutschen in einigen Publikationen Aufmerksamkeit gewidmet[10], weshalb eine genaue Untersuchung der anderen Phrasem-Konstruktionen im Deutschen und weiteren europäischen Sprachen – auch aus kontrastiver Sicht – noch ein Forschungsdesiderat darstellt, wenn man von einigen vereinzelten Sammelbänden bzw. Aufsätzen (z. B. Dobrovol'skij 2011; Dobrovol'skij & Mellado Blanco (2021); De Knop & Mollica 2018a, 2018b; Mellado Blanco 2015a, 2015b, 2015c, 2020c, 2020b und 2020c; Mollica 2020; Mollica & Schafroth 2018; Piunno 2020; Schafroth 2020a, (im Druck); Staffeldt 2011; Stathi 2011; im Deutschen besonders im Zusammenhang mit der Konversationsanalyse vgl. u. a. Günthner & Imo 2006; Auer 2016) absieht.

Die knappe Berücksichtigung der Phraseoschablonen (seitens der Phraseologie) und der Phrasem-Konstruktionen (seitens der konstruktionellen Forschung) kann auf deren besonderen Status zwischen Lexikon und Grammatik zurückgeführt werden: Sie können wegen ihrer lexikalischen Teilspezifizität nicht als Lexikoneinheiten lexikografisch erfasst werden und aufgrund ihrer lexikalischen, semantischen und kategorialen Restriktionen gelten sie auch nicht als grammatische Größen, also als Gegenstand (morpho-)syntaktischer Analysen. Sie zeichnen sich also gleichzeitig durch grammatische und lexikalische Eigenschaften aus, was darüber hinaus auch ihre lexikografische Erfassung bzw. Beschreibung verkompliziert (siehe oben).

Die Nützlichkeit der Konstruktionsgrammatik für die Beschreibung des Lexikons und der Grammatik im Allgemeinen – nicht nur für phraseologische Erscheinungen – kam bisher besonders im deutschen und im angelsächsischen Sprachraum zur Geltung. Trotz der allgemeinen Akzeptanz der Konstruktionsgrammatik im Deutschen oder Englischen hat allerdings das Modell der Konstruktionsgrammatik in der Romanistik – abgesehen von einigen jüngeren Ausnahmen (vgl. Boas & Gonzálvez-García 2014; Wiesinger & Hennecke (Hrsg.) (im Druck)) – bislang kaum Resonanz gefunden (vgl. De Knop & Mollica 2013: 9), was zur Folge hat, dass die Konstruktionsgrammatik auf dem Gebiet der kontrastiven Linguistik zwischen dem Deutschen und den romanischen Sprachen bis heute bis auf wenige Ausnahmen in umfangreichen Studien bzw. Sammelbänden (vgl. u. a. Boas 2010; Boas & Gonzálvez-García 2014; De Knop, Mollica & Kuhn 2014) kaum implementiert worden ist. In diesem Zusammenhang will unser Band dazu beitragen, den defizitären Stand der Phraseologieforschung im Zusammenhang mit der Konstruktionsgrammatik zu

---

10 Vgl. Mellado Blanco (2012), (2015a); Mollica (2015); Mollica & Schafroth (2018).

verbessern und neue Impulse für die Untersuchung der Phrasem-Konstruktionen sowohl aus intra- als auch aus interlingualer Perspektive zu schaffen. Diesem Ziel Rechnung tragend werden im Sammelband verschiedenartige Phrasem-Konstruktionen sowohl monolingual (im Deutschen und Spanischen), als auch bi- und multilingual im Deutschen, Italienischen, Russischen, Spanischen und Ungarischen näher erläutert und beschrieben.

Auch wenn Phraseoschablonen und in gewissem Maße auch Phrasem-Konstruktionen[11] bereits in einigen Aspekten monolingual und kontrastiv untersucht worden sind, gibt es noch eine Fülle an offenen Forschungsfragen, die in den Beiträgen des Sammelbandes behandelt werden:

- Wie lässt sich das Kontinuum zwischen teilschematischen Konstruktionen und Idiomen z. B. bei den sprachlichen Kodierungen der QUANTITÄT (Beitrag von Ziem) oder bei den Instanziierungen der FVG-Konstruktionen bestimmen? Wieviel Schematizität und lexikalische Unspezifizität verträgt eine Phrasem-Konstruktion, z. B. im Falle der FVG-Konstruktionen (Beitrag von De Knop), oder der Konstruktionen mit Konnektoren (Beitrag von Staffeldt) bzw. Modalpartikeln (Beitrag von Schmale)?
- Wie könnte der Beschreibungsapparat der modernen Pragmatik und ihrer funktionalen Kategorien auf die Analyse kontextabhängiger Bedeutung der Phrasem-Konstruktionen implementiert werden? (Beiträge von Finkbeiner, Dobrovol'skij, Staffeldt)
- Wie lassen sich Regularitäten bei im Prinzip nichtkanonischen Phrasem-Konstruktionen erfassen und beschreiben (Beitrag von Stumpf)
- Wann stehen wir vor kontextbedingten Bedeutungsvarianten einer und derselben Phrasem-Konstruktion und wann vor selbständigen Phrasem-Konstruktionen mit ähnlicher Struktur? (Beitrag von López Meirama)
- Wie können Parallel- und vergleichende Korpora zur interlingualen Äquivalenzbestimmung beitragen und benutzt werden? Inwiefern sind formal- und funktionalähnliche Konstruktionen wirklich äquivalent? Welche Rolle spielt die Frequenz? (Beiträge von Dobrovol'skij und Mellado Blanco, Mollica & Schafroth)
- Inwiefern lassen sich die traditionellen Kategorien der kontrastiven Linguistik (Total-, Teil- und Nulläquivalenz) auf die bi- und multilinguale Konstruktionsforschung anwenden? (Beitrag von Herbst, Balog & Garibyan)

---

11 Zu den Unterschieden zwischen Phrasem-Konstruktionen und Phraseoschablonen vgl. Dobrovol'skij in diesem Band.

All diese Fragenkomplexe, auch wenn sie in den Aufsätzen nicht immer ausführlich diskutiert werden (können), geben wichtige Richtungen für die Weiterentwicklung der monolingualen bzw. kontrastiven Phraseoschablonenforschung in der Zukunft vor.

Von den zehn Aufsätzen dieses Bandes sind sieben monolingual, einer bilingual und zwei multilingual konzipiert. In der Mehrheit der einsprachig orientierten Beiträge (sechs: De Knop, Finkbeiner, Schmale, Staffeldt, Stumpf, Ziem) fungiert das Deutsche als Untersuchungssprache, während sich ein Aufsatz (López Meirama) mit einer spanischen Konstruktion befasst. In den kontrastiven Arbeiten stellt das Deutsche entweder nur zu einer (Deutsch-Russisch: Dobrovol'skij) oder zu mehreren Sprachen (Englisch-Deutsch-Russisch-Ungarisch: Herbst, Balog & Garibyan; Deutsch-Italienisch-Spanisch: Mellado, Mollica & Schafroth) die Kontrastsprache dar.

Alexander Ziem beschäftigt sich in seinem Beitrag „Konstruktionelle Arbeitsteilung im Lexikon-Grammatik-Kontinuum: das Beispiel sprachlicher Kodierungen von QUANTITÄT" anhand der konzeptuellen Domäne QUANTITÄT mit dem Lexikon-Grammatik-Kontinuum. Am Beispiel ausgewählter unterschiedlicher Konstruktionstypen, die vom lexikalischen bis zum grammatischen Pol reichen, plädiert der Autor für eine framesemantische Analyse, die Gebrauch und Idiosynkrasien solcher Form-Bedeutungspaare verschiedener Abstraktheit und Schematizität einheitlich beschreiben soll. Obwohl Konstruktionen, die QUANTITÄT kodieren, ein vielfältiges Inventar darstellen, zeigt Ziem, ausgehend von Goldbergs (1995) Nicht-Synonymie-Prinzip, wie eine semantische Arbeitsteilung bei diesen sprachlichen Einheiten stattfinden kann, wobei der Autor eine gewisse Korrelation zwischen der Schematizität einer Konstruktion und deren semantischen Elaboration beobachtet.

In **Rita Finkbeiners** Beitrag „*Kein ZDF-Film ohne Küsse im Heu. Kein X ohne Y* zwischen Lexikon, Grammatik und Pragmatik" steht die Phrasem-Konstruktion [*Kein X ohne Y*] im Vordergrund, die über die konventionelle Grundbedeutung einer Allaussage mit zwei Prädikaten verfügt. Sie zeigt darüber hinaus ein eigenes Illokutionspotenzial, das erst in den konkreten Äußerungen, z. B. als ‚Rechtfertigung', ‚Forderung' oder ‚Kritik', im Zusammenhang mit der lexikalischen Füllung und dem jeweiligen Verwendungskontext bestimmt werden kann. Methodologisch betrachtet ist dieser Aufsatz insofern relevant, als er die Mängel der Konstruktionsgrammatik hinsichtlich eines festgelegten Instrumentariums zur Beschreibung der kontextbedingten Konstruktionsbedeutung offenlegt. Die Autorin plädiert vor diesem Hintergrund für den systematischen Einbezug der in der modernen Pragmatik entwickelten einschlägigen Kategorien zur Analyse kontextabhängiger Bedeutung in die konstruktionsgrammatische Theoriebildung.

Die pragmatische Annäherung erweist sich in erster Linie bei den Konnektoren und Modalpartikeln enthaltenden Phrasem-Konstruktionen als besonders notwendig. Diese Art von Phrasem-Konstruktionen bildet den Untersuchungsgegenstand der Artikel von Günter Schmale und Sven Staffeldt anhand vom FOLK-Gesprächskorpus der DGD.

Im Aufsatz „Zur Beschreibung syntaktischer Phänomene als lexikogrammatische Konstruktionseinheiten am Beispiel der Modalpartikel *denn*" untersucht **Günter Schmale** im Anschluss an eine quantitative Erhebung rekurrenter *denn*-Konstruktionen sieben Konstruktionstypen sowie ihre Prinzipien für deren Didaktisierung im DaF-Unterricht. Durch diesen Beitrag bewährt sich die (gebrauchsbasierte) Konstruktionsgrammatik als nützlicher Ansatz für den Fremdsprachenunterricht und konkret für die Aneignung der problematischen Kategorie der Abtönungspartikeln des Deutschen. Schmales Ansatz ist streng korpusorientiert angelegt, basierend auf dem *Forschungs- und Lehrkorpus Gesprochenes Deutsch* (FOLK) des IDS Mannheim, und versteht sich als interaktional.

Im Beitrag „*Von da-* und *dem her*. Äußerungsnachgestellte Konnektoren als Slotbesetzungen einer Phrasem-Konstruktion" geht **Sven Staffeldt** der Frage nach, inwiefern Muster äußerungsnachgestellter Konnektoren als Ganzes und nicht nur kompositional zu verstehen sind und ob wir es in der Sequenz [Äußerung(steil) + *von dem-/daher*] aufgrund der Vereinsamung des Konnektors am Satzende und seiner Verstärkungsfunktion (Ausdruck von Unfraglichkeit: ‚so ist es') mit einer Phrasem-Konstruktion im konstruktionsgrammatischen Sinn zu tun haben. Ziel des Beitrags ist die Beantwortung dieser Frage durch korpusbasierte Untersuchungen von Instanzen der Konstruktion, die prosodisch durch schwebende oder (leicht) steigende Tonhöhenendbewegung gekennzeichnet ist.

Der Beitrag von **Sabine De Knop** „Eine konstruktionsbasierte Beschreibung von Mehrwortverbindungen mit Lokalisierungsverben im Deutschen" behandelt die Konstruktion [Präpositionalphrase[Präposition (+Determinant) + Nomen] + LKV], bei der einige Elemente, wie das Auftreten eines LKV oder einer Präpositionalphrase in dieser Konstruktion, fest sind, während andere frei besetzbar sind (etwa das Substantiv in der Präpositionalphrase). Die Konstruktion erweist sich als hochgradig schematisch, da die Restriktionen, denen die Aktualisierungen ausgesetzt sind, nicht lexematisch, sondern eher syntagmatisch (Auftreten einer Präpositionalphrase) und kategorial – in der semantischen Klasse der Verben – aufzufassen sind[12].

---

[12] Ähnliche Bedingungen erfüllen sowohl die in den monolingual ausgerichteten Beiträgen untersuchten Phrasem-Konstruktionen von Rita Finkbeiner, Sven Staffeldt, Sören Stumpf (Deutsch) und Belén López Meirama (Spanisch), als auch die in den Aufsätzen von Thomas Herbst, Evelin Balog & Armine Garibyan, Dobrovol'skij und Mellado Blanco, Mollica & Schafroth bi- (Deutsch-Russisch) bzw. multilingual (Englisch-Deutsch-Russisch-Ungarisch; Deutsch-Spanisch-Italienisch) analysierten Phrasem-Konstruktionen.

Diese abstrakte Konstruktion lizenziert Instanziierungen verschiedenen Schematizitäts- und Idiomatisierungsgrades, die sich auf einem Kontinuum zwischen freien Wortverbindungen am grammatischen Pol und Idiomen am lexikalischen Pol befinden. Allen Instanziierungen des mittleren Feldes des Kontinuums, d. h. Kollokationen und FVG, ist die Bedeutung Kausalität und Inchoativität gemeinsam und sie weisen in deren Semantik interessante Beziehungen mit der *caused-motion* Konstruktion auf. Dem syntaktischen Muster [Präpositionalphrase$_{[Präposition (+Determinant) + Nomen]}$ + LKV] stehen andere Muster gegenüber, die einen festen lexikalischen Anker haben.

Mit einer weiteren grammatischen Abweichung befasst sich der Artikel „Formelhaft (ir-)reguläre Phrasem-Konstruktionen im Deutschen. Theoretische Verortung und korpuslinguistische Analyse" von **Sören Stumpf**, der sich auf eine Phrasem-Konstruktion mit nachgestelltem Adjektivattribut, nämlich [X$_{[Nomen]}$ *pur*], fokussiert. Strukturelle Unregelmäßigkeiten können sowohl bei Idiomen, als auch bei Phrasem-Konstruktionen vorkommen und aus konstruktionstheoretischer Perspektive stellt sich die interessante Frage der Beziehungen zwischen Modellierbarkeit und Irregularität, denn ursprüngliche nichtkanonische Formen können mit der Zeit zu Mustern lexikalisiert werden.

Der Aufsatz von Belén López Meirama "Spanish idiomatic constructions with temporal meaning: a corpus study of [*a* DET$_{demonstrative}$ *hora(s)*]" ist der einzige der monolingual ausgerichteten Aufsätze, der sich nicht auf das Deutsche als Untersuchungssprache konzentriert. In dieser Arbeit versucht die Autorin, diese temporale Phrasem-Konstruktion des Spanischen anhand der Korpora eseuTenTen11 und CORPES XXI zu analysieren, indem sie kontextuelle Bedeutungsvarianten und Gebrauchskontexte und -domänen der Konstruktion im Zusammenhang mit typischen Kookkurrenzpartnern im syntagmatischen Profil näher bestimmt. Es werden ebenso mögliche Muster innerhalb der lexikalischen Erweiterungen der Phrasem-Konstruktion festgestellt sowie die horizontalen Relationen mit verwandten Konstruktionen mit [*a* DET$_{demonstrativo}$ *altura(s)*] und *a buenas horas* eruiert.

Im bi- und multilingualen Bandteil werden verschiedene kontrastive korpusbasierte Methoden aus der Sicht der Konstruktionsgrammatik erfolgreich implementiert (vgl. Mellado Blanco & Steyer 2018 zur korpusbasierten Äquivalenzbestimmung). So bekräftigt **Dmitrij Dobrovol'skij** in seiner Untersuchung unter dem Titel „Deutsche Phrasem-Konstruktion [X *hin*, X *her*] in kontrastiver Sicht: eine korpusbasierte Analyse" den Nutzwert von Parallelkorpora für die Nachprüfung der interlingualen Äquivalenz bei funktional ähnlichen Phrasem-Konstruktionen zweier Sprachen (vgl. Dobrovol'skij 2012). Im Falle der deutschen Konstruktion [X *hin*, X *her*] und der auf den ersten Blick entsprechenden russischen Phrasem-Konstruktion [N$_{nom}$ N$_{instr}$] (als Teil der Konstruktion [P (N$_{nom}$ N$_{instr}$), *но/а* Q]) stellt sich eine nur partielle kontextbedingte Äquivalenz, denn die deutsche Konstruktion stellt ein konstruktives Pattern mit konzessiv-adversativer Semantik dar, während Äußerungen mit der PhK [X *hin*, X *her*] eine konzessive bzw. konzessiv-konditionale Interpretation verlangen. Eine wichtige pragmatische Besonderheit des russischen konstruktiven Patterns [N$_{nom}$ N$_{instr}$] besteht in ihrem polemischen Potenzial: Es drückt Einwände des Sprechers gegen die Argumente des Opponenten aus. Dobrovol'skij weist in seinem Beitrag außerdem auf einen seiner Meinung nach bedeutenden Unterschied zwischen Phrasem-Konstruktionen und Phraseoschablonen (bzw. modellierten Bildungen) hin: Während Erstere feste lexikalische Elemente enthalten (und andere frei wählbar sind), haben Phraseoschablonen (z. B. die *Incredulity Response Construction*[13]) keinen lexikalischen Anker in ihrer Struktur, also kein lexikalisch fixiertes Element. Deshalb seien Phraseoschablonen auch keine Phraseme.

Die Berücksichtigung der Pragmatik und der textuellen Einbettung der zu vergleichenden Phrasem-Konstruktionen erweist sich ebenso zur Äquivalenzbestimmung bei mehreren Sprachen als unerlässlich. So im Aufsatz von **Thomas Herbst, Evelin Balog & Armine Garibyan** "The complexities of constructions in contrast – *the way* to making one's *own* bed in English, German, Hungarian and Russian", in dem die Äquivalenz von zwei Phrasem-Konstruktionen in drei verschiedenen Sprachfamilien (Germanisch und Slawisch als indogermanische Sprachen und Finno-Ugrisch) erprobt wird. Die durchgeführte Analyse der WAY+Reflexiv-Konstruktion und der OWN-AGENT-Konstruktion in Korpora des Englischen, Deutschen, Russischen und Ungarischen hat ergeben, dass für die englischen Konstruktionen zwar Phrasem-Konstruktionen in den Kontrastsprachen vorliegen können, aber keine interlinguale 1:1-Entsprechung zwischen den gegebenen Konstruktionen festgestellt werden kann. Bestimmend für die Äquivalenz unter den verschiedenen möglichen Konstruktionen sind die Slotfüllung und der konkrete Kontext im Text nach den Prinzipien der *ColloConstruction Grammar* (vgl. Herbst 2018).

Abgeschlossen wird der Band durch den Beitrag der HerausgeberInnen **Carmen Mellado Blanco, Fabio Mollica & Elmar Schafroth**: „*Das interessiert mich einen X!* Die intensivierende Konstruktionsfamilie der ‚Interesselosigkeit' im Spanischen, Italienischen und Deutschen", in dem die Konstruktionsfamilie der negativen Polarität [NP$_{Subjekt}$ VERB$_{\{INTERESSIEREN\}}$ NP$_{Objekt}$ (NEG) NP$_{\{geringwertig/tabuisiert\}}$] 'etw. interessiert jmdn. überhaupt nicht' im Deutschen, Italienischen und Spa-

---

[13] Die abstrakte Struktur dieser prosodisch, syntaktisch und pragmatisch markierten Konstruktion ist für viele Sprachen [X1, X2?], wobei es innerhalb des interrogativen Intonationsverlaufs meist zwei in etwa gleich starke Akzentgipfel gibt. Im Deutschen kann zusätzlich die nicht additiv zu verstehende Konjunktion *und* zwischen X1 und X2 stehen: dt. *Ich (und) verrückt?*; engl. *Me crazy?*; fr. *Fou, moi?*/*Moi, fou?*; it. *Pazzo, io?*/*Io, pazzo?*; sp. *¿Yo, loco?*/*¿Loco, yo?*. Näheres in Schafroth (2020a).

nischen (z. B. dt. *Das interessiert mich einen Scheißdreck*; it. *Non me ne frega un cazzo*; sp. *Me importa un comino*) unter die Lupe genommen wird. Frei zu besetzen sind hier die Verb- und die Nomimalphrase-Stellen, die semantisch jeweils ‚Interesselosigkeit' und etwas Geringwertiges bzw. Tabuisiertes zum Ausdruck bringen. Die Konstruktionsfamilie lizenziert mehrere Phrasem-Konstruktionen in jeder Sprache, die der *token*-Frequenz und der Slotfüllung zufolge in ihrer Produktivität und kognitiven Verfestigung mehr oder weniger stark voneinander abweichen können.

Wir hoffen, mit diesem Band weitere Impulse für die Erforschung dieses spannenden, wenn auch wenig erforschten Gebietes zu geben.

Literatur

Auer, Peter (2016):„Wie geil ist das denn?" – Eine neue Konstruktion im Netzwerk ihrer Nachbarn. *Zeitschrift für germanistische Linguistik* 44, 69–92.

Benigni, Valentina, Paola M. Cotta Ramusino, Fabio Mollica & Elmar Schafroth (2015): How to apply CxG to phraseology: a multilingual research project. *Journal of Social Sciences*, 11(3), 275–288. http://thescipub.com/abstract/10.3844/jssp.2015.275.288.

Boas, Hans C. (2010): *Contrastive Studies in Construction Grammar*. Amsterdam: John Benjamins.

Boas, Hans C., & Francisco Gonzálvez-García (Hrsg.) (2014): *Romance Perspectives on Construction Grammar*. Amsterdam: John Benjamins.

Busse, Dietrich (2012): *Frame-Semantik. Ein Kompendium*. Berlin: De Gruyter.

Burger, Harald (2010): *Phraseologie. Eine Einführung anhand des Deutschen*. 4. Aufl. Berlin: Erich Schmidt.

Burger, Harald (2015): *Phraseologie – Eine Einführung am Beispiel des Deutschen*. 5. Aufl. Berlin: Erich Schmidt.

Černyševa, Irina (1975): Phraseologie. In Marija Stepanova & Irina Černyševa (Hrsg.), *Lexikologie der deutschen Gegenwartssprache*, 198–261. Moskau: Vysšaja škola.

Černyševa, Irina I. (1986): Phraseologie. In Marija D. Stepanova & Irina I. Černyševa (Hrsg.), *Lexikologie der deutschen Gegenwartssprache*. 2. Aufl. (1. Aufl. 1975), 175–230. Moskau: Vysšaja škola.

Croft, William (2001): *Radical construction grammar: syntactic theory in typological perspective*. Oxford: Oxford University Press.

Croft, William & D. Alan Cruse (2004): *Cognitive Linguistics*. Cambridge: Cambridge University Press.

De Knop, Sabine, Fabio Mollica & Julia Kuhn (2013): *Konstruktionsgrammatik in den romanischen Sprachen*. Frankfurt am Main: Peter Lang.

De Knop, Sabine & Fabio Mollica (2013): Die Konstruktionsgrammatik für die Beschreibung romanischer Sprachen. In: Sabine De Knop, Fabio Mollica & Julia Kuhn (Hrsg.), *Konstruktionsgrammatik in den romanischen Sprachen*, 9–23. Frankfurt am Main: Peter Lang.

De Knop, Sabine & Fabio Mollica (2016): A construction-based study of German ditransitive phraseologisms for language pedagogy. In Sabine De Knop & Gaëtanelle Gilquin (Hrsg.), *Applied Construction Grammar*, 53–87. Berlin: De Gruyter Mouton.

De Knop, Sabine & Fabio Mollica (2018a): Verblose Direktiva als Konstruktionen: ein kontrastiver Vergleich zwischen Deutsch, Französisch und Italienisch. *Osnabrücker Beiträge zur Sprachtheorie. Konstruktionsgrammatik und Mehrsprachigkeit* 94, 27–148.

De Knop Sabine & Fabio Mollica (2018b): Kausale Strukturen mit einem Adjektiv zwischen Konstruktionen und Phrasemen. *Linguistik-Online. Muster im Sprachgebrauch: Construction Grammar meets Phraseology*, 90 (3), 21–45. https://bop.unibe.ch/linguistik-online/article/view/4317.

Dobrovol'skij, Dmitrij (2011): Phraseologie und Konstruktionsgrammatik. In Alexander Lasch & Alexander Ziem (Hrsg.), *Konstruktionsgrammatik III. Aktuelle Fragen und Lösungsansätze*, 110–130. Tübingen: Stauffenburg.

Dobrovol'skij, Dmitrij (2012): Phrasem-Konstruktionen in Parallelcorpora. In Michael Prinz & Ulrike Richter-Vapaatalo (Hrsg.), *Idiome, Konstruktionen, „verblümte rede". Beiträge zur Geschichte der germanistischen* Phraseologieforschung, 327–340. Frankfurt am Main: Peter Lang.

Dobrovol'skij, Dmitrij & Carmen Mellado Blanco (2021): *Von Jahr zu Jahr*. Das Pattern [*von* X1$_{sg}$ *zu* X1$_{sg}$] und seine Entsprechungen im Russischen und Spanischen: eine Korpusstudie. *Aussiger Beiträge* 15/2021, 113–138. Sonderheft *Phraseologie im digitalen Zeitalter – Neue Fragestellungen, Methoden und Analysen*.

Donalies, Elke (2009): *Basiswissen Deutsche Phraseologie*. Tübingen: Francke.

Fillmore, Charles J. (1970): The Grammar of Hitting and Breaking. In Jacobs Roderick A. & Peter S. Rosenbaum (Hrsg.), *Readings in English Transformational Grammar*, 120–134. Waltham: Georgetown University School of Language.

Fillmore, Charles J. (1971/1975): *Santa Cruz lectures on Deixis*. Bloomington: Center for the Study of Language and Inf.

Fillmore, Charles J., Paul Kay & Catherine O' Connor (1988): Regularity and idiomaticity in grammatical constructions. The case of *let alone*. *Language* 64, 501–538.

Finkbeiner, Rita (2008): *Idiomatische Sätze im Deutschen*. Stockholm: Stockholm University Press.

Fischer, Kerstin (2006): Konstruktionsgrammatik und Interaktion. In Kerstin Fischer & Anatol Stefanowitsch (Hrsg.), *Konstruktionsgrammatik I. Von der Anwendung zur Theorie*, 129–146. Tübingen: Stauffenburg.

Fleischer, Wolfgang (1997): *Phraseologie der deutschen Gegenwartssprache*. Tübingen: Niemeyer.

Fléchon Geneviève, Paolo Frassi & Alain Polguère (2012): Les pragmatèmes ont-ils un charme indéfinissable? In Pierluigi Ligas & Paolo Frassi (Hrsg.), *Lexiques. Identités. Cultures*, 81–104. Verona: QuiEDIT.

García Page, Mario (2008): *Introducción a la fraseología española*. Barcelona: Anthropos.

Goldberg, Adele E. (1995): *Constructions: A Construction Grammar Approach to Argument Structure*. Chicago: University of Chicago Press.

Goldberg, Adele E. (2006): *Constructions at Work. The Nature of Generalization in Language*. Oxford: Oxford University Press.

Günthner, Susanne & Wolfgang Imo (2006): *Konstruktionen in der Interaktion*. Berlin: De Gruyter.

Häusermann, Jürgen (1977): *Phraseologie. Hauptprobleme der deutschen Phraseologie auf der Basis sowjetischer Forschungsergebnisse*. Tübingen: Niemeyer.

Herbst, Thomas (2018): Die menschliche Sprache – ein Netzwerk von Konstruktionen? In Rudolf Freiburg (Hrsg.), *Sprachwelten*, 105–147. Erlangen: FAU University Press.

Kay, Paul & Charles Fillmore J. (1999): Grammatical Constructions and Linguistic Generalizations: The *What's X Doing Y?* Construction. *Language* 75 (1), 1–33.

Koesters Gensini, Sabine E. & Elmar Schafroth (2020): Grußformeln im Italienischen und im Deutschen. Korpusbasierte Überlegungen am Rande von *FRAME* (FRAseologia Multilingue Elettronica). *Annali – Sezione germanica* 30, 213–236 (Carolina Flinz, Marina Brambilla & Rita Luppi (Hrsg.), *Deutsch im Vergleich: Textsorten und Diskursarten*). http://www.serena.unina.it/index.php/aiongerm/article/view/8225

Langacker, Ronald W. (1987): *Foundations of Cognitive Grammar*, vol. 1: Theoretical Prerequisites. Stanford.

López Meirama, Belén & Carmen Mellado Blanco (2019): *Entre miradas de asombro*: aportaciones de la Lingüística de Corpus al estudio de una construcción con la preposición *entre*. In Marta Blanco, Hella Olbertz & Victoria Vázquez Rozas (Hrsg.), *Corpus y Construcciones. Perspectivas hispánicas*, 81–19. Verba, Anexo 79/2019. Santiago de Compostela: Universidade de Santiago de Compostela.

Mellado Blanco, Carmen (2004): *Fraseologismos somáticos del alemán. Un estudio léxico-semántico*. Berlin: Peter Lang.

Mellado Blanco, Carmen (2012): Las comparaciones fijas en alemán y español: algunos apuntes contrastivos en torno a la imagen. *Linred: Lingüística en Red* 10, 1–32.

Mellado Blanco, Carmen (2015a): Antiphrasis-based Comparative Constructional Idioms in Spanish. *Journal of Social Sciences* (Special Issue *Phraseology, Phraseodidactics and Construction Grammar(s)*), 11 (3), 111–127. https://thescipub.com/pdf/jssp.2015.111.127.pdf.

Mellado Blanco, Carmen (2015b): El valor de „construcción" de los somatismos reflexivos de daño físico en alemán y la búsqueda de equivalencias en español. In Selma Monteiro & Rosemeire Plantin (Hrsg.), *Certas Palavras o Vento não Leva*, 85–108. Fortaleza: Parole.

Mellado Blanco, Carmen (2015c): Phrasem-Konstruktionen und lexikalische Idiom-Varianten: der Fall der komparativen Phraseme des Deutschen. In Stefan Engelberg, Meike Meliss, Kristel Proost & Edeltraud Winkler (Hrsg.), *Argumentstruktur zwischen Valenz und Konstruktion*, 217–235. Tübingen: Narr.

Mellado Blanco, Carmen (2018): Wenn modifizierte Sprichwörter zu Mustern werden. Eine korpusbasierte Studie am Beispiel von *Reden ist Silber, Schweigen ist Gold*. In Martina Nicklaus, Nora Wirtz, Marcella Costa, Karin Ewert-Kling, Wiebke Vogt (Hrsg.), *Lexeme, Phraseme, Konstruktionen: Aktuelle Beiträge zur Lexikologie und Phraseologie*, 183–203. Frankfurt am Main: Peter Lang.

Mellado Blanco, Carmen (2020a): Esquemas fraseológicos y construcciones fraseológicas en el contínuum léxico-gramática. In Encarnación Tabares, Carsten Sinner & Esteban T. Montoro (Hrsg.), *Clases y categorías en la fraseología de la lengua española*, 13–36. Frankfurt am Main: Peter Lang.

Mellado Blanco, Carmen (2020b): La desautomatización desde el prisma de la Gramática de Construcciones: un nuevo paradigma de la variabilidad fraseológica. *Nasledje* 45 (Sonderheft 2020),17–34.

Mellado Blanco, Carmen (2020c): *(No) me importa un comino* y sus variantes diatópicas. Estudio de corpus desde la Gramática de Construcciones. *Estudios de Lingüística. Universidad de Alicante (ELUA)*, anexo VII/2020, 87–109.

Mellado Blanco, Carmen (2022): Phraseology, patterns and Construction Grammar. An introduction. In Carmen Mellado Blanco (Hrsg.), *Productive Patterns in Phraseology and Construction Grammar. A Multilingual Approach*. Reihe *Formelhafte Sprache / Formulaic Language*, Band 4), 1–25. Berlin: De Gruyter.

Mellado Blanco, Carmen (im Druck): From idioms to semi-schematic constructions and vice versa: the case of [*a un paso de* X]. In Evelyn Wiesinger & Inga Hennecke (Hrsg.), *Constructions in Spanish* (Serie *Constructional Approaches to Language*). Amsterdam & Philadelphia: John Benjamins.

Mellado Blanco, Carmen (Hrsg.) (2020): *Nuevas aportaciones de la Gramática de Construcciones a los estudios de fraseología en las lenguas románicas. Romanica Olomucensia* 32/1. https://romanica.upol.cz/current_issue.php.

Mellado Blanco, Carmen (Hrsg.) (2022): *Productive Patterns in Phraseology and Construction Grammar. A Multilingual Approach*. (Reihe *Formelhafte Sprache / Formulaic Language*, Band 4). Berlin: De Gruyter.

Mellado Blanco, Carmen & Kathrin Steyer (2018): Auf der Suche nach Äquivalenz. Lexikalisch geprägte Muster kontrastiv. In Kathrin Steyer (Hrsg.): *Sprachliche Verfestigung. Chunks, Muster, Phrasem-Konstruktionen*, 265–284. Tübingen: Narr.

Mellado Blanco, Carmen, Herbert Holzinger, Nely Iglesias Iglesias, Ana Mansilla Pérez (2020): *Muster in der Phraseologie. Monolingual und kontrastiv* (Reihe *Studia Phraseologica et Paroemiologica*, Band 4). Hamburg: Dr. Kovač.

Mollica, Fabio (2014): Der Dativus ethicus im Deutschen aus konstruktionsgrammatischer Sicht *Zeitschrift für germanistische Linguistik* 3, 349–378.

Mollica, Fabio (2015): Die Rolle der Kontrastivität in der Phraseodidaktik: eine kognitive und konstruktionsgrammatische Perspektive. In Claudio Di Meola & Daniela Puato (Hrsg.), *Deutsch kontrastiv aus italienischer Sicht. Phraseologie, Temporalität und mehr*, 13–35. Frankfurt am Main: Peter Lang.

Mollica, Fabio (2018) Über das Sprichwort *Keine Antwort ist auch eine Antwort* und die Phrasem-Konstruktion [*Kein(e)* N1 *ist auch ein(e)* N1]: formale und semantisch-pragmatische Eigenschaften. In Martina Nicklaus, Nora Wirtz, Wiebke Langer, Marcella Costa & Karin Ewert-Kling (Hrsg), *Lexeme, Phraseme, Konstruktionen: Aktuelle Beiträge zu Lexikologie und Phraseologie. Festschrift für Elmar Schafroth*, 205–222. Frankfurt am Main: Peter Lang.

Mollica, Fabio (2020): Die Phrasem-Konstruktion [X_{NPnom} $sein_{Kopula}$ mir_{Exp} (Modalpartikel) $Det_{ein(e)}$ Y]$_{Exkl}$ und ihre Relation innerhalb der Ethicus-Konstruktion und der Dativ-Familie. *Linguistische Berichte* 261, 47–83.

Mollica, Fabio & Elmar Schafroth (2018): Der Ausdruck der Intensivierung in komparativen Phrasem-Konstruktionen im Deutschen und im Italienischen: eine konstruktionsgrammatische Untersuchung. In Kathrin Steyer (Hrsg.), *Sprachliche Verfestigung. Chunks, Muster, Phrasem-Konstruktionen*. 103–136. Tübingen: Narr.

Mollica, Fabio & Sören Stumpf (2022): Families of constructions in German. A corpus-based study of constructional phrasemes with the pattern [X_{NP} attribute]. In Carmen Mellado Blanco (Hrsg.), *Productive patterns in phraseology and Construction Grammar. A multilingual approach*. (Reihe *Formelhafte Sprache / Formulaic Language*, Band 4). 79–105. Berlin: De Gruyter.

Piunno, Valentina (2020): Le combinazioni di parole parzialmente riempite in alcune lingue romanze. Schematismo e predicibilità semantica. In Carmen Mellado Blanco (Hrsg.), *Nuevas aportaciones de la Gramática de Construcciones a los estudios de fraseología en las lenguas románicas. Romanica* Olomucensia 32/1, 143–171.

Pfeifer, Christian (2017): Okkasionalität: Zur Operationalisierung eines zentralen definitorischen Merkmals phraseologischer Modifikationen. *Yearbook of Phraseology* 8 (1) 9–30.

Rostila, Jouni (2012): Phraseologie und Konstruktionsgrammatik. Konstruktionsansätze zu präpositionalen Funktionsverbgefügen. In Michael Prinz & Ulrike Richter-Vapaatalo (Hrsg.), *Idiome, Konstruktionen, „verblümte rede". Beiträge zur Geschichte der germanistischen Phraseologieforschung*, 263–282. Frankfurt am Main: Peter Lang.

Schafroth, Elmar (2013): Das pragmatische Potential von Phrasemen – illustriert am Deutschen und Italienischen. In Sabine Cantarini (Hrsg.), *Wortschatz, Wortschätze im Vergleich und Wörterbücher: Methoden, Instrumente und neue* Perspektiven, 185–208. Frankfurt am Main: Peter Lang.

Schafroth, Elmar (2014a): Eine Sache des Verstehens: Phraseme als Konstruktionen und ihre Beschreibung in der Lexikographie Französisch/Deutsch. In María José Domínguez Vázquez, Fabio Mollica & Martina Nied Curcio (Hrsg.), *Zweisprachige Lexikographie zwischen Translation und Didaktik*, 83–111. Berlin: De Gruyter.

Schafroth, Elmar (2014b): How constructions should be dealt with in learners' lexicography – illustrated for the Italian language (Vortrag, gehalten am 9. November 2013 an der Universität Saint-Louis, Brüssel, auf der internationalen Tagung *Constructionist Approaches to Language Pedagogy* am 8. und 9.11.2013). Erweiterte Fassung: http://www.romanistik.hhu.de/fileadmin/redaktion/Fakultaeten/Philosophische_Fakultaet/Romanistik/Romanistik_4_Sprachwissenschaft/Dateien/Schafroth_Detailseite/How_constructions_should_be_dealt_with.pdf.

Schafroth, Elmar (2015): Italian phrasemes as constructions: how to understand and use them. *Journal of Social Sciences* (Special Issue *Phraseology, Phraseodidactics and Construction Grammar(s)*) 11/3, 317–337. https://thescipub.com/abstract/jssp.2015.317.337.

Schafroth, Elmar (2019): FRAME: Fraseologia multilingue elettronica: i fondamenti teorici. In Geneviève Henrot Sostero & Mª Isabel González-Rey (Hrsg.), *Phraséodidactique: de la conscience à la competence* (= *Repères DoRiF* 18). https://www.dorif.it/reperes/elmar-schafroth-frame-fraseologia-multilingue-elettronica-i-fondamenti-teorici.

Schafroth, Elmar (2020a): Fraseologismi a schema fisso – basi teoriche e confronto linguistico. In Carmen Mellado Blanco (Hrsg.), *Nuevas aportaciones de la Gramática de Construcciones a los estudios de fraseología en las lenguas románicas. Romanica* Olomucensia 32/1, 173–200.

Schafroth, Elmar (2020b): Korpus- und webbasierte Phraseologie des Italienischen. In Stephan Lücke, Noemi Piredda, Sebastian Postlep & Elissa Pustka (Hrsg.), *Prof. Alpinista*. http://www.fsk.gwi.uni-muenchen.de/.

Schafroth, Elmar (2021): Konstruktionsgrammatik und Fremdsprachenlernen: Chancen und Lösungsansätze (illustriert am Französischen). In Christoph Bürgel, Paul Gévaudan & Dirk Siepmann (Hrsg.), *Sprachwissenschaft und Fremdsprachendidaktik: Konstruktionen und Konstruktionslernen*. Tübingen: Schauffenburg, 97–123.

Schafroth, Elmar (im Druck): Phraseoschablonen interlingual – aus synchroner und diachroner Perspektive. In Alexander Lasch & Alexander Ziem (Hrsg.), *Konstruktionsgrammatik VII. Sprachwandel im Gebrauch*. Tübingen: Stauffenburg.

Schafroth, Elmar & Ricardo Imperiale (2019): Gebrauchsbasierte Phraseologie des Italienischen: Digitale Lexikographie zwischen Frame-Semantik und Konstruktionsgrammatik. *Lexicographica* 35, 87–121. http://doi.org/10.1515/lex-2019-0004.

Schafroth, Elmar, Carmen Mellado Blanco & Fabio Mollica (Hrsg.) (2021): *Kollokationen. Theoretische, forschungspraktische und fremdsprachendidaktische Überlegungen.* Berlin: Peter Lang.

Schindler, Wolfgang (1996): *Phraseologismen und phraseologische Bindungsebenen.* Unveröff. Habilitationsschrift, Ludwig-Maximilians-Universität München.

Staffeldt, Sven (2011): In der Hand von Konstruktionen. Eine Fallstudie zu bestimmten Phraseologismen mit *in...Hand*. In Lasch Alexander & Alexander Ziem (Hrsg.), *Konstruktionsgrammatik III. Aktuelle Fragen und Lösungsansätze*, 131–147.Tübingen: Stauffenburg.

Staffeldt, Sven (2018): *Gebrauchssemantik von* Hand: *Korpusbasierte Studien zu somatischen Phraseologismen des Deutschen mit der Konstituente* Hand. Tübingen: Stauffenburg.

Stathi, Katerina (2011): Idiome in der Konstruktionsgrammatik: im Spannungsfeld zwischen Lexikon und Grammatik. In Lasch Alexander & Alexander Ziem (Hrsg.), *Konstruktionsgrammatik III. Aktuelle Fragen und Lösungsansätze*, 149–163.Tübingen: Stauffenburg.

Steyer, Kathrin (2013): *Usuelle Wortverbindungen. Zentrale Muster des Sprachgebrauchs aus korpusanalytischer Sicht*. Tübingen: Narr.

Stumpf, Sören (2015a): *Formelhafte (Ir-)Regularitäten. Korpuslinguistische Befunde und sprachtheoretische Überlegungen*. Frankfurt am Main: Peter Lang.

Stumpf, Sören (2015b): Modifikationen oder Modellbildung? Das ist hier die Frage – Abgrenzungsschwierigkeiten zwischen modifizierten und modellartigen Phrasemen am Beispiel formelhafter (Ir-)Regularitäten. *Linguistische Berichte* 247, 317–342.

Stutz, Lena & Rita Finkbeiner (2022): *"Veni, vidi, veggie". A contrastive corpus linguistic analysis of the phraseological construction [Veni, vidi, X] and its German equivalent [X kam, sah und Y]*. In Carmen Mellado Blanco (Hrsg.), *Productive Patterns in Phraseology and Construction Grammar. A Multilingual Approach*. (Reihe *Formelhafte Sprache / Formulaic Language*, Band 4). 287 -314. Berlin: De Gruyter.

Taylor, John R. (2002): *Cognitive grammar*. Oxford: Oxford University Press.

Taylor, John R. (2016): Cognitive Linguistics. In Allan Keith (Hrsg.), *The Routledge Handbook of Linguistics*, 455–469. London: Routledge.

Wiesinger, Evelyn & Inga Hennecke (Hrsg.) (im Druck): *Constructions in Spanish* (Serie *Constructional Approaches to Languages*). Amsterdam: John Benjamins.

Ziem, Alexander (2008): *Frames und sprachliches Wissen. Kognitive Aspekte der semantischen Kompetenz*. Berlin: De Gruyter.

Ziem, Alexander (2018): Construction Grammar meets Phraseology: eine Standortbestimmung. *Linguistik online* 90 (3), 3–19. https://bop.unibe.ch/linguistik-online/article/view/4316/6450.

Ziem, Alexander (Hrsg.) (2018): *Muster in Sprachgebrauch: Construction Grammar meets Phraseology. Linguistik Online* 90 (3). https://bop.unibe.ch/linguistik-online/issue/view/791.

I **Phrasem-Konstruktionen: monolingual**

Alexander Ziem
Konstruktionelle Arbeitsteilung im Lexikon-Grammatik-Kontinuum: das Beispiel sprachlicher Kodierungen von QUANTITÄT

1 Zwischen Lexikon und Grammatik

Nicht nur in projektionistischen Grammatikmodellen, sondern auch – wenngleich meist implizit – in Schulgrammatiken wird ‚das' Lexikon („Vokabeln") kategorial von ‚der' Grammatik („grammatischen Regeln") unterschieden.[1] Demnach legt das System der grammatischen Regeln fest, wie Wörter und Phrasen zu komplexeren Einheiten kombiniert werden können, während das Lexikon, verstanden als Inventar von Wörtern, das sprachliche Material zur Verfügung stellt, mit denen die Regeln operieren.

Durch das Raster eines solchen lexikalistisch-projektionistischen Sprachmodells fallen komplexe schematische Einheiten, die eine innere Struktur aufweisen und als Ganze Bedeutungen tragen. Diese sind im Übergangsbereich zwischen Lexikon und Grammatik angesiedelt. Hierzu gehört eine große Bandbreite ganz unterschiedlicher Phänomene, von grammatischen Idiomen (wie etwa *geschweige denn*, vgl. Fillmore, Kay & O'Connor 1988) und Argumentstruktur-Konstruktionen (vgl. die Pionierstudie von Goldberg 1995) bis hin zu einer großen Vielzahl sehr unterschiedlicher Phraseoschablonen bzw. konstruktioneller Idiome (vgl. etwa Dobrovol'skij 2011; Ziem 2018). Solche (teil-)schematischen Einheiten zeichnen sich dadurch aus, dass sie zwar wie Wörter Bedeutungen tragen und z. T. auch Wörter als feste Bestandteile aufweisen, gleichwohl aber nicht ins Lexikon delegiert werden können, da ihre Leerstellen syntaktischen und/oder semantischen Beschränkungen unterliegen.

Die methodische und praktische Herausforderung besteht darin, im Lexikon-Grammatik-Kontinuum sprachliche Einheiten verschiedener Komplexität und Schematizität einheitlich zu erfassen und zu beschreiben. Dies betrifft sowohl ihre Form- als auch ihre Bedeutungsseite. Zu berücksichtigen sind dabei Para-

---

[1] Ich danke Alexander Willich für hilfreiche Kommentare zu einer sehr frühen Version des Beitrages und Nina Böbel für Rückmeldungen zu einer späteren Fassung sowie den HerausgeberInnen des Bandes für weitere wertvolle und kritische Hinweise. Die verbleibenden Fehler und Unzulänglichkeiten habe ich natürlich selbst zu verantworten.

meter wie der Grad an Schematizität und, im Fall von (teil-)schematischen Einheiten, an Produktivität sowie syntaktische und semantische Beschränkungen, denen Konstruktionen unterworfen sind.

Solche Parameter markieren zugleich zentrale Ausgangspunkte eines konstruktionsgrammatischen Zugangs. Zu den größten Vorzügen der Konstruktionsgrammatik gehört vielleicht, sowohl Graden an Schematizität (von atomaren bis vollschematischen Einheiten) als auch Graden an Idiomatizität (von vollkompositionellen bis zu phraseologischen Einheiten) Rechnung tragen zu können, ohne auf irreführende Dichotomien wie „regelhaft vs. irregulär" oder „Kern vs. Peripherie" zurückgreifen zu müssen.

Gleichwohl steht eine auf deskriptive Adäquatheit ausgerichtete Analyse vor großen Herausforderungen, von denen ich im Folgenden zwei herausgreifen und am Beispiel von sprachlichen Kodierungen von QUANTITÄT[2] in den Blick nehmen möchte:

(a) *Arbeitsteilung im Lexikon-Grammatik-Kontinuum*: Geht man davon aus, dass verschiedene sprachliche Formen unterschiedliche Bedeutungen oder Funktionen kodieren,[3] so ist anzugeben, wie im Einzelnen Prozesse der semantischen Arbeitsteilung organisiert und strukturiert sind.

(b) *Ermittlung (der Variation) sprachlich kodierter Bedeutungen:* Die Erfassung arbeitsteiliger Prozesse setzt die Identifizierung von systematische Bedeutungsvariationen voraus; zu klären wäre mithin, wie sich Konstruktionsbedeutungen vergleichend erfassen lassen.

Im Folgenden möchte ich diesen Fragenkomplexen exemplarisch am Beispiel von sprachlichen Formen nachgehen, die QUANTITÄT kodieren. Ich werde argumentieren, dass sich mithilfe von Frames (hier insbesondere des in FrameNet dokumentierten Frames Quantifizierte_Menge[4]) Konstruktionsbedeutungen nicht nur ermitteln, sondern auch hinsichtlich ihrer semantischen Arbeitsteilung im Konstruktikon erfassen lassen. Dies geschieht in zwei Schritten: Zunächst unterscheide ich zwischen vier Typen von Konstruktionen (Abschnitt 2.1) und

---

[2] Der gängigen Konvention folgend benutze ich fortan Kapitälchen, um anzuzeigen, dass es sich um ein (abstraktes) Konzept (und nicht etwa um eine sprachliche Form) handelt.
[3] Auch Goldberg (1996: 67) geht vom Prinzip der Nicht-Synonymie aus: „If two constructions are syntactically distinct, they must be semantically or pragmatically distinct." Über syntaktische Distinktheit hinaus beziehe ich das Prinzip der Nicht-Synonymie im Folgenden auf alle Typen von formseitigen Abweichungen.
[4] Einer weiteren Konvention folgend verwende ich den Schrifttyp Courier New fortan zur Kennzeichnung von Frames und Konstruktionen.

stelle eine Auswahl der Vielfalt sprachlicher Formen vor, mit denen im Deutschen QUANTITÄT kodiert wird (Abschnitt 2.2). Auf dieser Basis wird in einem zweiten Schritt die Frage nach ihren je spezifischen Bedeutungen auf der Basis framesemantischer Analysen beantwortet (Abschnitt 3). Differenziert wird hier zwischen vier Kodierungstypen: lexikalischen Einheiten (Abschnitt 3.1), festen Mehrworteinheiten (Abschnitt 3.2), konstruktionellen Idiomen (Abschnitt 3.3.) und vollschematischen Konstruktionen (Abschnitt 3.4). Leitend ist dabei die Annahme, dass auch im Lexikon-Grammatik-Kontinuum verschiedene Formen verschiedene Bedeutungen konstituieren (Goldberg 1995: 67).

2 Jenseits der Lexikon-Grammatik-Dichotomie: die Vielfalt sprachlicher Kodierungen von QUANTITÄT

Zum Kerngeschäft der Konstruktionsgrammatik gehört die Erfassung und Modellierung dessen, was vielfach als das Lexikon-Grammatik-Kontinuum beschrieben worden ist (vgl. Boas 2010; Broccias 2012). Vor dem Hintergrund der Annahme, dass sich Wörter von grammatischen Kategorien und Strukturen nicht kategorial, sondern nur graduell unterscheiden, ist davon auszugehen, dass es eine Vielzahl sprachlicher Kodierungen innerhalb einer konzeptuellen Domäne gibt. Zur Veranschaulichung dient im Folgenden die Domäne der QUANTITÄT. Grundsätzlich unterscheide ich im Folgenden vier verschiedene Typen von Konstruktionen; diese sollen nun zunächst expliziert werden.

2.1 Vom Lexikon zur Grammatik: vier Typen von Konstruktionen und ihre Eigenschaften

Zwischen welchen verschiedenen Typen von sprachlichen Kodierungsformen ist zu unterscheiden? Legt man die Kriterien der Schematizität und Abstraktheit von Konstruktionen zugrunde, lässt sich zunächst grundsätzlich feststellen, dass der Grad an Schematizität in dem Maße steigt, wie sich der Umfang an lexikalischer Spezifikation einer Konstruktion erhöht. So ist etwa die Doppelobjekt-Konstruktion hochgradig schematisch, da keiner ihrer Slots lexikalisch spezifiziert ist (auch wenn ihre potentiellen Füllelemente eine Reihe von form- und bedeutungsbezogenen Anforderungen erfüllen müssen, vgl. Barðdal 2008, auch Boas 2008 und 2010). In diesem Sinne kommt lexikalischen Einheiten der Status atomarer bzw. maximal spezifischer und mithin maximal konkreter Konstruktionen zu, denn sie weisen keine internen Leerstellen auf.[5]

Zwischen der Schematizität und der Abstraktheit einer Konstruktion besteht einerseits ein wechselseitiger Zusammenhang: Je weniger eine Konstruktion lexikalisch spezifiziert ist, desto abstrakter und zugleich schematischer wird sie. Zum anderen ist jedoch für den Grad der Schematizität – nicht aber für die Abstraktheit – ebenso entscheidend, wie syntagmatisch komplex eine Konstruktion ist: Eine Doppelobjekt-Konstruktion ist etwa aufgrund ihrer syntagmatischen Komplexität stets schematischer als Konstruktionen, die sich aus einer geringeren Anzahl an Konstruktionselementen zusammensetzen. So besteht die Doppelobjekt-Konstruktion aus drei Konstruktionselementen (KE), die sich nach ihrer jeweiligen grammatischen Funktion (Subjekt, direktes Objekt, indirektes Objekt) differenzieren lassen, die Intransitiv-Konstruktion dagegen nur aus einem KE (Subjekt). Das heißt aber keineswegs, dass mit abnehmender syntagmatischer Komplexität zwangsläufig ein fallender Grad an Abstraktheit einhergeht. Man denke etwa an eine Wortart-Konstruktion wie [N], die syntagmatisch nicht komplex, gleichzeitig aber sehr abstrakter Natur ist.

Die beiden Pole des Lexikon-Grammatik-Kontinuums markieren mithin lexikalisch-atomare Einheiten – so etwa lexikalische Grundformen (*Tisch*, *Menge*, *schön*, *viel* usw.) – und vollschematische Einheiten (Intransitiv-, Subjekt-Prädikat-, Zustandspassiv-Konstruktion etc.). Zwischen diesen Polen befindet sich eine Vielzahl an sehr unterschiedlichen grammatischen Konstruktionen mit variierender lexikalischer Spezifizität, variierenden Beschränkungen der Leerstellen und verschiedenen Graden an Produktivität.

Hinsichtlich solcher strukturellen Eigenschaften können, ergänzt durch semantische Kriterien, Konstruktionen zu Klassen zusammengefasst werden. Aktuell liegen in der Literatur eher heuristische Typologisierungsversuche vor (vgl. etwa Fillmore, Lee-Goldman & Rhodes 2012: Abschnitt 3; mit formseitiger Ausrichtung: Croft 2001: 17; Goldberg 2006: 5), da es bislang kein empirisch vollständig dokumentiertes Inventar an Konstruktionen einer Sprache gibt. Legt man zur Klassifizierung sprachlicher Formen, die QUANTITÄT kodieren, zunächst die formalen Kriterien der syntagmatischen Komplexität (atomar vs. syntagmatisch komplex) und der Schematizität (schematisch vs. nicht-schematisch) zugrunde, lassen sich drei Typen von Konstruktionen unterscheiden (vgl. hierzu Abbildung 1): (a) atomare Konstruktionen (einfache, nicht-schematische Konstruktionen wie Simplizia),

---

5 Die Bildung komplexer Flexionsformen basiert ihrerseits auf morphologischen Konstruktionen (vgl. hierzu Booij 2010: 1–24); im Lexikon-Grammatik-Kontinuum sind diese eher auf der Grammatik-Seite verortet, da sie sich strukturell von syntaktischen Konstruktionen nur dadurch unterscheiden, dass sie syntagmatisch weniger komplex sind.

(b) nicht-schematische feste Mehrworteinheiten mit fester idiomatischer Bedeutung (syntagmatisch komplexe Wörter mit festen, idiomatischen Bedeutungen wie *Stegreif, Weberknecht, Stadtstreicher*, oder feste Mehrworteinheiten wie *durch und durch, mit Leib und Seele*), (c) teilschematische MWE, sogenannte konstruktionelle Idiome (syntagmatisch komplexe Einheiten mit mindestens einer lexikalischen Instanz) und (d) vollschematische syntagmatisch komplexe Konstruktionen.

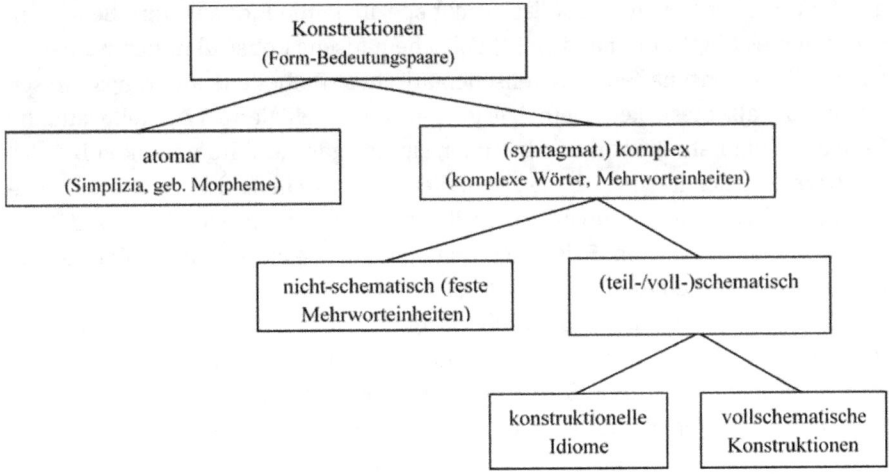

Abbildung 1: Vier Typen von Konstruktionen im Lexikon-Grammatik-Kontinuum.

(a) Bei atomaren Konstruktionen handelt es sich um lexikalische Konstruktionen, also symbolische Zeichen (konventionelle Form-Bedeutungspaare), die jeweils als solche individuell gelernt werden müssen. Sie können polysem oder ambig sein; und sie unterhalten vielfältige Relationen zu anderen Zeichen (Hyperonymie, Meronymie, Ko-Hyponymie etc.). Diese nicht zuletzt lexikographisch gut dokumentierten Eigenschaften von Wörtern lassen sich auf andere Konstruktionen (feste Mehrworteinheiten und teil-/vollschematische Einheiten) übertragen.[6]
(b) Feste Mehrworteinheiten (MWE) unterscheiden sich von lexikalischen Einheiten nur strukturell, anders als diese sind sie nämlich syntagmatisch komplex. Obwohl feste Mehrworteinheiten Konfigurationen von lexikalischen Einheiten (bzw. im Fall von komplexen Wörtern: Morphemen) sind, handelt es sich um

---

6 Vgl. hierzu etwa die in Abschnitt 3.4 diskutierte polyseme Variante der Nomen-Plural-Konstruktion mit der Struktur [[Anker] [N] [Pl]]; sie hat eine generische und eine referentielle Bedeutung. Zur Polysemie von Argumentstruktur-Konstruktionen vgl. etwa Goldberg (1995: 141–218).

eigenständige symbolische Einheiten (konventionelle Form-Bedeutungspaare). (c) Von lexikalischen Einheiten und festen MWE unterscheiden sich teilschematische MWE in zwei Hinsichten: Aufgrund ihrer Schematizität lassen sie sich zusätzlich hinsichtlich ihrer Produktivität und jener Beschränkungen („constraints"), denen ihre Slots unterliegen, charakterisieren. Weiterhin unterscheiden sich – trivialerweise – teilschematische Konstruktionen von lexikalischen Einheiten und festen MWE durch ihre Schematizität: Teilschematische Konstruktionen zeichnen sich durch mindestens einen lexikalisch nicht spezifizierten Slot aus. Ihre Bedeutungen sind meist (teil-)idiomatisch. (d) Vollschematische Konstruktionen wiederum teilen alle Eigenschaften von teilschematischen Einheiten, allerdings weisen sie anders als diese keine einzige lexikalisch spezifizierte Leerstelle auf. Im Lexikon-Grammatik-Kontinuum befinden sie sich ganz am Grammatik-Pol.

Grundsätzlich lassen sich die Leerstellen von vollschematischen wie auch teilschematischen Konstruktionen hinsichtlich der Parameter Produktivität und Schematizität charakterisieren. Beide Eigenschaften möchte ich kurz unter Berücksichtigung ihrer Wechselbeziehung erläutern.

Produktivität. Je nach Type- und Tokenfrequenz der Instanzen, die die Slots (Konstruktionselemente) einer Konstruktion näher bestimmen, können Konstruktionen variieren zwischen gänzlich unproduktiven bis hin zu hochproduktiven Einheiten (Clausner & Croft 1997). Genauer: Ein Konstruktions-Schema ist produktiv und kognitiv fest verankert, wenn das Schema eine hohe Anzahl an verschiedenen Instanzen erlaubt; dies ist charakteristisch für Konstruktionen, die nah am Grammatik-Pol des Kontinuums angesiedelt sind. Dagegen können sich einzelne Tokens verfestigen und in der Folge ein eigenes Schema bilden, wenn das Schema semiproduktiv ist, d. h., wenn eine bestimmte Instanz (oder eine sehr begrenzte Anzahl an Instanzen) hochfrequent in das Schema eintritt, gleichzeitig aber andere Instanzen lizensiert werden. Dies ist etwa bei dem konstruktionellen Idiom [N_1]_über_[N_1] der Fall (vgl. Abschnitt 3.3). Gibt es schließlich keine Variation und ist die Menge der Spezifikationen eines KE auf eine Instanz beschränkt, so verfestigt sich diese Instanz selbst; Konstruktion (Schema) und Konstrukt (Instanz) verschmelzen zu einer oftmals idiomatischen Einheit und sind kaum mehr unterscheidbar (so etwa bei der idiomatischen Bedeutung von *Hand in Hand*).

Schematizität. Eine Konstruktion gilt als schematisch, wenn sie mindestens eine lexikalisch nicht spezifizierte Leerstelle aufweist. Zwischen dem Grad an Schematizität und dem Grad an Produktivität einer Konstruktion besteht ein direkter Zusammenhang. In den Worten Barðdals:

> [The] level of schematicity, i. e. a construction's highest level, also determines the construction's productivity. The higher the degree of schematicity, the more productive the construction is, and, conversely, the lower the degree of schematicity, the less productive the construction is. (Barðdal 2008: 45)

Produktivität ist ein Gradphänomen, weil eine Konstruktion – abhängig von ihrer Schematizität – mehr oder weniger produktiv sein kann.

Unter Berücksichtigung variierender semantischer/syntaktischer Beschränkungen sowie variierender Grade an Schematizität und Produktivität sollen im nächsten Abschnitt zunächst die angesprochenen graduellen Übergänge zwischen Lexikon und Grammatik exemplarisch erläutert werden (Abschnitt 2.2). Im Anschluss daran zeige ich, inwiefern sich Bedeutungen von Konstruktionen auf allen Ebenen der Schematizität mittels Frames ausweisen lassen (Abschnitt 2.3).

2.2 Die Vielfalt sprachlicher Kodierungen von QUANTITÄT

Für jede der vier erläuterten Typen von Konstruktionen – lexikalische Einheiten, feste Mehrworteinheiten, konstruktionelle Idiome und vollschematische Konstruktionen – gibt es in der konzeptuellen Domäne der QUANTITÄT eine Vielzahl an sprachlichen Kodierungsformen, die ich nun exemplarisch dokumentieren möchte. Nur am Rande gehe ich dabei auf Konstruktionen ein, die zwar ebenfalls quantifizieren, deren primäre Funktion aber eine andere ist. Zu diesen gehört etwa die Familie der Vergleichskonstruktionen, insbesondere Ausprägungsvarianten der KOMPARATIV- (etwa *mehr, später, höher als*), GLEICHHEITS- (etwa *ebenbürtig, gleichrangig, genauso hoch wie*) und SUPERLATIV-Konstruktionen (etwa *maximal, historisch, Höhepunkt, der höchste Berg*) im Lexikon-Grammatik-Kontinuum. Ihnen ist gemeinsam, dass sie eine primär vergleichende Funktion erfüllen, Vergleiche setzen aber konzeptuell eine Quantifizierung der zu vergleichenden Einheiten voraus. Um die Vielfalt sprachlicher Kodierungen von QUANTITÄT exhaustiv zu erfassen, müssten auch solche nur implizit quantifizierenden Konstruktionen einbezogen werden.

(a) Atomare Konstruktionen: In die Gruppe atomarer Konstruktionen fallen alle lexikalischen Einheiten (LE) mit quantifizierender Funktion. Da Wörterbücher in der Regel dem Prinzip der alphabetischen Ordnung von Lexemen folgen, wäre es eine durchaus aufwändige lexikographische Aufgabe, lexikalische Ausdrücke mit quantifizierender Funktion vollständig zu identifizieren. Weil FrameNet aber nicht nach einem alphabetischen, sondern nach einem semantischen Ordnungsprinzip strukturiert ist, bietet sich eine Suchheuristik über quantifizierende Frames an.[7] Potentiell relevant sind alle Frames, die mit dem übergeordneten

---

[7] Vgl. hierzu die Datenbank englischer Frames im Berkeleyer FrameNet (https://framenet.icsi.berkeley.edu/fndrupal/frameIndex) sowie ihrer deutschen Pendants im FrameNet des Deutschen (https://gsw.phil.hhu.de/framenet/frameindex (letzter Zugriff: 07.10.2020).

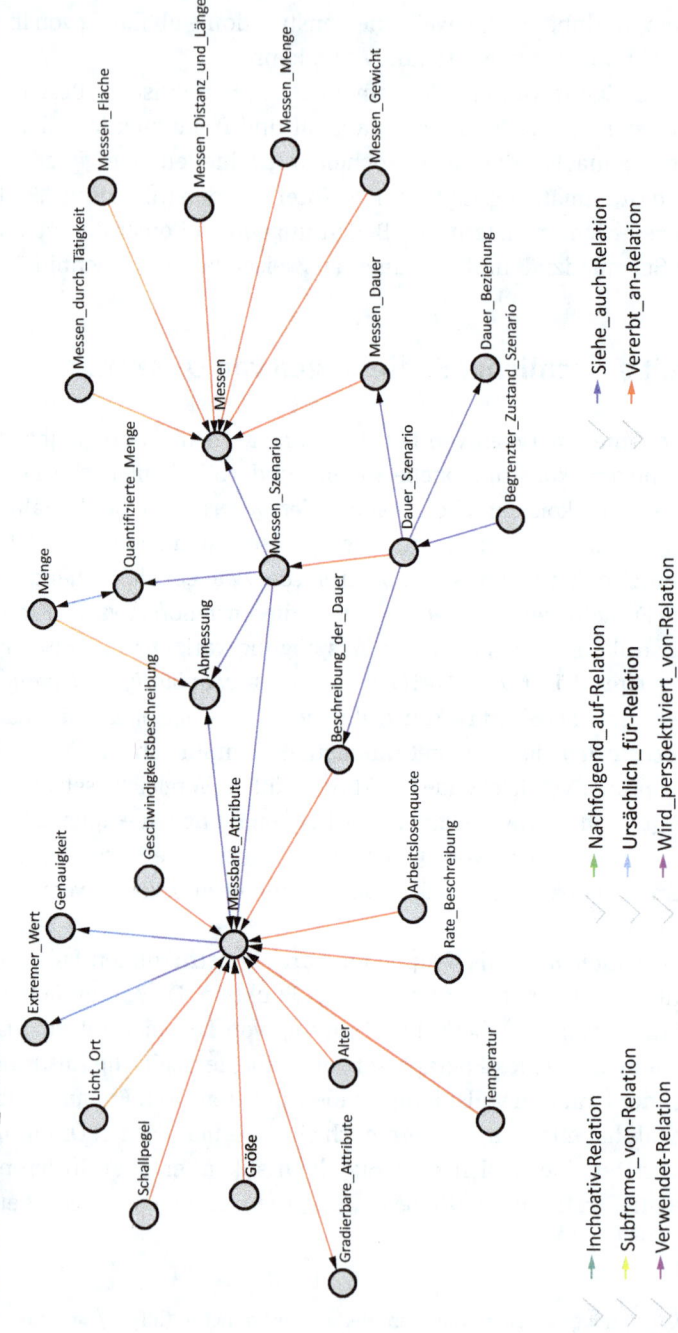

Abbildung 2: Relationen des Messen_Szenario-Frames zu anderen Frames im FrameNet des Deutschen[8].

---

8 Vgl. https://gsw.phil.hhu.de/framenet/frame?id=341&s=3 (letzter Zugriff: 08.10.2020).

Frame Messung_Szenario mittelbar oder unmittelbar in Verbindung stehen; sie bilden zusammen eine Frame-Familie. Abbildung 2 gibt einen Überblick über die Beziehungen zwischen Frames dieser Familie.

Ohne hier in Einzelheiten gehen zu können, lässt sich Abbildung 2 entnehmen, dass es eine Reihe an Frames mit quantifizierender Funktion gibt. Ich greife die fünf wichtigsten heraus; für jeden Frame sind charakteristische lexikalische Einheiten (LE) aufgelistet:

- Messen_Distanz_und_Länge *Millimeter, Zentimeter, Fuß, Lichtjahr, Kilometer, Meile*
- Messen_Menge: *Fass, Liter, Flasche, Tasse, Packung, Glas, Löffel, Löffelspitze, Sack*
- Messen_Dauer: *eine Weile, Dekade, Jahrhundert, Stunde, Minute, Sekunde, Woche, Jahr, Monat*
- Messen_Fläche: *Areal, Quadratmeter, Fläche, Hektar*
- Quantifizierte_Menge: *viele, weniger, Flut, Menge, Handvoll, Hunderte, Millionen, Dose, mehrere, Spur, Tonne, Vielzahl, zahlreich*

Bei den frame-evozierenden lexikalischen Einheiten handelt es sich durchweg um quantifizierende LE. Das heißt: Alle Frames (bzw. alle sie evozierenden LE) kodieren QUANTITÄT. Aus Platzgründen werde ich nicht auf alle eingehen können, stattdessen werde ich mich im Folgenden exemplarisch auf den Quantifizierte_Menge-Frame beschränken. Was ich zu diesem ausführe, gilt für alle anderen, hier nicht behandelten Frames in analoger Weise.

(b) Feste Mehrworteinheiten (MWE): Neben zahlreichen LE gibt es im Deutschen auch eine Vielzahl fester MWE, die QUANTITÄT kodieren. Obwohl sich das Berkeleyer FrameNet-Projekt zuvorderst auf die Dokumentation von frame-evozierenden LE richtet, bezieht es vereinzelt auch solche festen MWE mit ein. So sind etwa auch *a bit* (‚ein bisschen'), *a few* (‚einige') und *a little* (‚ein wenig') erfasst; auch diese rufen den Quantifizierte_Menge-Frame auf.

Daneben gibt es aber eine Vielzahl syntagmatisch komplexerer MWE, deren Bedeutungen durch den Quantifizierte_Menge-Frame motiviert sind. Für das Deutsche zählen die in Tabelle 1 zusammengefassten festen MWE dazu.

Wie in Tabelle 1 angedeutet, ist aus semantischer Sicht zwischen zwei Gruppen von festen MWE zu differenzieren. Eine Reihe an LE zeichnet sich dadurch aus, dass sie – ähnlich wie die zuletzt thematisierten quantifizierenden LE – eine quantitativ kodierende Funktion erfüllen, ohne die Menge zu qualifizieren; in Tabelle 1 sind diese in der ersten Spalte versammelt. Die zweite Gruppe an MWE kodiert dagegen QUANTITÄT nur implizit, qualifiziert dafür aber die quantifizierte Menge näher; diese Gruppe ist in Tabelle 1 in der rechten Spalte zu finden.

Tabelle 1: Auswahl an festen MWE, die den Quantifizierte_Menge-Frame aufrufen.

quantifizierende Kodierung	quantifizierende Spezifizierung
in rauen Mengen („sehr viel', ,viele')	*sich den Ranzen vollschlagen* („viel essen')
ein ganzer Batzen („sehr viel')	*eine heiße Spur* („eine viel versprechende Fährte')
eine Menge Holz („sehr viel')	*wie es im Buche steht* („ganz typisch')
eine geballte Ladung („besonders viel')	*kein Ende nehmen* („sehr lange dauern')
um Welten („sehr viel')	*am Ende sein* („völlig erschöpft/ruiniert/erledigt sein')
jede Menge („viel')	
in Strömen („in großen Mengen', ,viel')	
in Hülle und Fülle („sehr viel')	
bis über den Kopf („viel')	
bis über den Hals („völlig', ,sehr')	
eine ganze Reihe („viel/e')	
nicht zu knapp („nicht wenig', ,reichlich')	
ein Tropfen auf dem / den heißen Stein („viel zu wenig')	

Vielfach erfüllt die Qualifizierung dabei eine bewertende Funktion, mit der der Standpunkt bzw. die Haltung des Sprechers zum Ausdruck gebracht wird.[9] So kodiert etwa die MWE *ein hübsches Sümmchen* nicht nur eine bestimmte Menge an Geld, sie markiert darüber hinaus vielmehr zugleich, dass die Summe als hoch eingeschätzt wird und dass dies der Sprecher als unerwartet und erfreulich beurteilt.

(c) Teilschematische Konstruktionen (konstruktionelle Idiome): Teilschematische Mehrworteinheiten – vielfach auch „konstruktionelle Idiome", „Phraseschablonen" oder „Phrasem-Konstruktionen" genannt (vgl. etwa Dobrovol'skij 2011) – weisen im Unterschied zu LE und MWE Leerstellen auf; sie sind also teilschematisch. Interessanterweise lassen auch sie sich danach differenzieren, ob sie eine explizit oder nur implizit quantifizierende Funktion erfüllen. Zu ersteren gehört etwa das konstruktionelle Idiom N_1_über_N_1 (z. B. *Tage über Tage, Häuser über Häuser*); ich komme darauf in Abschnitt 3.4 zurück. Diese Konstruktion dient dazu, zählbare Entitäten zu quantifizieren: *Tage über Tage* sind ,viele Tage'. Zur Gruppe der implizit quantifizierenden konstruktionellen Idiome zählt das konstruktionelle Idiom Adj_1-er_als_Adj_1 (z. B. *größer als groß, schneller als schnell*). Diese Konstruktion erfüllt zwar primär eine intensivierende Funktion; diese basiert aber auf einer Quantifizierung („sehr viel'), und zwar dergestalt, dass die quantifizierte Menge als ,größer als durchschnittlich erwartbar' bewertet wird.

---

9 Im Sinne eines *Stance-Taking* nach Du Bois (2007: 139–140.)

Eine solche komplexe – nämlich zugleich intensivierende, quantifizierende und bewertende – Funktion erfüllt die Konstruktion über den formseitigen Umweg der Komparation.[10]

(d) Vollschematische Konstruktionen: Vollschematische Konstruktionen bilden den Prototyp der ‚klassischen' (Schul-)Grammatik. Aus ihrer Besonderheit, vollständig schematisch zu sein, leiten sich zahlreiche Charakteristika ab, so etwa eine im Vergleich zu teilschematischen Konstruktionen deutliche Tendenz zu ‚regulären', kompositionell errechenbaren Bedeutungen und Funktionen sowie zur Vermeidung formseitiger Idiosynkrasien. Aufgrund dieser Eigenschaften behandele ich vollschematische Konstruktionen im Folgenden am Beispiel der Pluralflexion separat. Da es sich bei der Pluralflexion um ein morphologisch komplexes Phänomen handelt, das nur unter Einbezug einer grundsätzlichen Reflexion über die konstruktionsgrammatische Relevanz von (Flexions-)Paradigmen adäquat zu bestimmen ist (vgl. hierzu ausführlich Diewald 2009, 2020), bleiben die Ausführungen in dieser Hinsicht zwar zwangsläufig knapp (vgl. Abschnitt 3.4), sie erfüllen aber den hier avisierten Zweck, die Besonderheit vollschematisch-grammatischer Kodierungen von QUANTITÄT zu veranschaulichen.

Um einem weitverbreiten Vorurteil vorzubeugen, ist festzuhalten, dass durchaus auch im Bereich vollschematischer Konstruktionen ‚irreguläre' Phänomene auftreten. Manche von ihnen weisen starke semantische Beschränkungen ihrer Konstruktionselemente auf, andere verhalten sich semantisch idiosynkratisch. Prinzipiell zu unterscheiden ist auch hier zwischen Konstruktionen zur Quantifizierung von zählbaren und nicht-zählbaren Entitäten. Tabelle 2 gibt einen Überblick (ohne Anspruch auf Vollständigkeit erheben zu wollen).

2.3 Konstruktionsbedeutungen als Frames

Wie lassen sich Konstruktionsbedeutungen erfassen? Bedeutungen von lexikalischen wie auch grammatischen Konstruktionen, so die Leitannahme des vorliegenden Beitrages wie auch des Projektes „FrameNet & Konstruktikon des Deutschen" (www.german-constructicon.de), sind nicht nur durch Frames motiviert,

---

[10] Hinzu kommt, dass es sich bei dem konstruktionellen Idiom Adj_1-er_als_Adj_1 um eine gleichsam metasprachliche Konstruktion handelt; die Bedeutung von *größer als groß* lässt sich folgendermaßen paraphrasieren: ‚größer als die lexikalische Kategorie *groß* kodiert'. Es handelt sich mithin um eine primär quantifizierende Konstruktion, die im (formseitigen) Gewand einer Komparativ-Konstruktion auftritt. Ihre Funktion besteht darin, einen Wert auf einer imaginären Skala zu markieren – hier: der Größe –, der als größer gilt, als es erwartbar gewesen wäre.

Tabelle 2: Vollschematische Konstruktionen mit quantifizierender Funktion in Anlehnung an Croft (im Druck).

zählbare Entitäten	nicht-zählbare Entitäten
Zählbare Menge	**Nicht-zählbare Menge**
Kardinalzahl-Konstruktion: *ein Junge, drei Äpfel, einhundert Flüchtlinge*	Maßangaben-Konstruktionen: *ein Pfund Mehl, drei Kilo Wasser*
Vage_Numeral-Konstruktion: *viele Steine, zahlreiche Menschen, einige Probleme, viele Ameisen, etliche Probleme*	**Individuierende Quantifizierung**
Selektion	Formbegriff-Konstruktion: *ein Eimer Sand, ein Haufen Mehl, eine Karre Erde*
Distributive_Quantifizierungs-Konstruktion: *jeder Mensch, beide Frauen*	
Proportionale_Quantifizierungs-Konstruktion: *alle Menschen*, einige *Menschen*	
Partitive Quantifizierung	
Stück-Konstruktion: *ein Stück Apfel, eine Scheibe Brot*	
Gruppe: *eine Gruppe Menschen, eine Menge Holz*	
Artbegriff-Konstruktion: *zwei Varianten von Autos, drei Sorten von Autos*	
Quantifizierung von festen Teilmengen	
Ordinalzahl-Konstruktionen: *das erste Problem, die vierte Person von rechts*;	
ohne Zahlen: *nächste Person, letzte Person*	

sie werden auch durch Frames strukturiert. Frames sind konzeptuelle Strukturen, die gleichsam den Rahmen bereitstellen, innerhalb dessen sich Bedeutungen von lexikalischen Einheiten, festen MWE sowie teil- und vollschematischen Konstruktionen gleichermaßen entfalten (vgl. hierzu die Überblicksdarstellungen Boas 2013 und Ziem 2020b).

Wodurch zeichnet sich ein Frame aus? Zur Illustration greife ich auf den Quantifizierte_Menge-Frame zurück, der den Bedeutungsrahmen für die eingeführten quantitätskodierenden Konstruktionen bereitstellt, auf die ich im Folgenden näher eingehen werde. Das englische Pendant – der Quantified_mass-Frame – dient im Berkeleyer FrameNet dazu, Bedeutungen für quantifizierende Ausdrücke, seien es Mengen (im Sinne von ‚nicht-zählbaren Einheiten') oder zählbare Einheiten, zu erfassen.[11] Im Unterschied zu Konzepten, die sich auf eine aggregierte Einheit beziehen (z. B. *Gruppe*), haben die durch den Quantified_mass-Frame erfassten lexikalischen Bedeutungen nicht den Status einer Ganzheit. Ein Beispiel: "He found them in the [QUANTITY deluge] [INDIVIDUALS of papers]

---

11 Vgl. https://framenet2.icsi.berkeley.edu/fnReports/data/frameIndex.xml?frame=(Quantified_ mass (letzter Zugriff: 07.07.2019.).

on his desk".[12] Hier zeigt *deluge* (‚Flut') die Quantität an (es instantiiert also das Frame-Element QUANTITY), und *of papers* (‚von Papieren') gibt an, um was für eine zählbare Einheit es sich handelt (das Genitivattribut bzw. im Deutschen die PP) und instantiiert also das Frame-Element INDIVIDUALS.

Insgesamt zeichnet sich der Frame Quantifizierte_Menge durch fünf Frame-Elemente (FE), also frame-spezifisch definierte semantische Rollen, aus:

- MENGE: Dieses FE bezieht sich auf eine quantifizierte Menge, d. h. eine nicht-zählbare Einheit (z. B. „drei Löffel [_MENGE_Mehl]").
- INDIVIDUEN: Auch dieses FE bezieht sich auf quantifizierte Einheit, bei der es sich allerdings um eine zählbare Größe handelt (z. B. „Hunderte [_MENGE_Briefe]". Es kann immer nur entweder das FE INDIVIDUEN oder das FE MENGE realisiert werden.
- QUANTITÄT: Hierbei handelt es sich um die Anzahl bzw. Menge bezeichnende Einheit (z. B. „ein [_QUANTITÄT_Löffel] Mehl").
- GRAD: Dies ist ein Nicht-Kern-Frame-Element, d. h., es bezieht sich auf Bedeutungsaspekte, die keine semantisch distinktive Funktion erfüllen. Konkret handelt es sich bei GRAD um ein gradierbares Attribut der quantifizierten Einheit, das den erwarteten Wert modifiziert (z. B. „[_GRAD_unglaublich] viel Ärger").
- QUANTITÄT_EIGENSCHAFT: Auch dieses FE hat den Status eines Nicht-Kern-Frame-Elements. Instanzen von diesem FE bestimmen eine Eigenschaft der quantifizierten Einheit näher (z. B. „[_QUANTITÄT_EIGENSCHAFT_kleine] Anzahl an Büchern").

Bedeutungskonstitutive FE – hier QUANTITÄT und INDIVIDUEN bzw. MENGE – haben den Status von so genannten Kern-FE, andere FE dagegen, so etwa hier GRAD und QUANTITÄT_EIGENSCHAFT, gelten als Nicht-Kern-FE (die weiterhin in so genannte periphere und extrathematische FE subdifferenziert werden), weil sie keine bedeutungskonstitutive Funktion erfüllen.

Wenn ich nun annehme, dass alle quantitätskodierenden Konstruktionen den Quantifizierte_Menge-Frame aufrufen, heißt das zwar, dass sie denselben Bedeutungsrahmen teilen, aber nicht, dass sich ihre jeweiligen Konstruktionsbedeutungen innerhalb von diesem Rahmen in gleicher Weise entfalten. Wäre dies der Fall, läge Synonymie vor. Im verbleibenden Teil des Beitrages gehe ich von Gegenteiligem aus und vertrete das von Goldberg (1995: 67) so genannte

---

[12] In FrameNet werden Frame-Elemente grundsätzlich durch Kapitälchen ausgezeichnet. Annotiert werden sie als tiefgestellte Indizes linksadjazent zur annotierten Einheit, die ihrerseits durch eckige Klammern umrahmt wird.

„No-Synonymy"-Prinzip. Konkret nehme ich an, dass grundsätzlich konstruktionsspezifische Bedeutungselaborationen festzustellen sind. Bevor ich diese im nächsten Abschnitt an ausgewählten Beispielen aufzeige, ist die analytische Struktur von Konstruktionen – insbesondere die Konfiguration ihrer Konstruktionselemente – vorzustellen. Sie bildet den Ausgangspunkt für die semantische Analyse von Konstruktionen.

Zunächst ist festzustellen, dass zwischen Frames und Konstruktionen strukturelle Parallelen bestehen (vgl. hierzu auch Fillmore 2008; Fillmore, Lee-Goldman & Rhodes 2012), die ein systematisches Mapping von (Elementen einer) Konstruktionen auf (Elemente eines) Frames erlauben. So lässt sich eine Konstruktion hinsichtlich ihrer Elemente (Konstruktionselemente, kurz: KE) charakterisieren, aus denen sie sich zusammensetzt, wobei jedes KE, ähnlich wie ein FE eines Frames, einen Bedeutungsaspekt der jeweiligen Zielgröße kodiert. Auch hier ist zwischen Kern- und Nicht-Kern-Elementen zu unterscheiden; bedeutungskonstituierend sind nur Kern-KE, nicht Kern-KE steuern dagegen zusätzliche, semantisch nicht distinktive Bedeutungsaspekte bei. Weiterhin weist jedes KE (syntaktische, semantische, pragmatische) Beschränkungen hinsichtlich seiner Instanzen auf, die in sein eintreten können; auch in dieser Hinsicht ähneln KE einer Konstruktion den FE eines Frames. Konstruktionselemente, so lässt sich festhalten, bilden die Strukturkonstituenten einer Konstruktion, die aber lediglich *einen* semantischen Aspekt der Konstruktionsbedeutung kodieren. Der Großteil der meisten Konstruktionsbedeutungen ist jedoch nicht durch die Komponenten einer Konstruktion kodiert; er muss vielmehr mit jeder Konstruktion gelernt werden (genauso wie die Bedeutung eines Wortes gelernt werden muss). Konstruktionen sind in diesem Sinne Formen mit konventionellen Bedeutungen, die sich in einer Sprachgemeinschaft herausgebildet hat.

Zur Veranschaulichung kann das Beispiel der teilschematischen Konstruktion N_1_über_N_1_quantifizierend dienen, auf die ich in Abschnitt 3.3 noch einmal zurückkommen werde. Funktional dient diese zur sprachlichen Kodierung einer großen Anzahl von Entitäten (vgl. *Fehler über Fehler, Probleme über Probleme*) oder einer großen Menge nicht-zählbarer Entitäten (*Holz über Holz, Wasser über Wasser*). Strukturell zeichnet sich das konstruktionelle Idiom durch eine feste lexikalische Instanz (*über*) sowie zwei KE aus, die die quantifizierten Instanzen benennen. Beide KE unterscheiden sich nur durch ihre Position; das linksadjazente Nomen bildet das KE Vor_Präp, das rechtsadjazente Nomen das KE Nach_Präp.

Wichtig ist nun, dass die Konstruktion genauso wie zahlreiche LE (so etwa *viele, weniger, Flut, Menge, Handvoll, Hunderte, Millionen, Dose, mehrere, Spur, Tonne, Vielzahl, zahlreich*, vgl. Abschnitt 2.2) den Quantifizierte_Menge-Frame evozieren, dessen FE Individuum mit den beiden KE der Konstruktionen korrespondiert. Mit anderen Worten: Für die Konstruktion ist charakteristisch, dass sie allein die zu quantifizierende Entität kodiert, dies allerdings gleich doppelt. Auch diese – zunächst scheinbar redundante – Zweifachkodierung trägt aber zur Bedeutung der Konstruktion bei. So führt die Reduplikation des Nomens zu einer semantischen Intensivierung, hier derart, dass N_1-über-N_1 ‚besonders viele N' bedeutet. Semantische Intensivierung scheint eine wesentliche Funktion von Reduplikationskonstruktionen zu sein, vergleiche etwa Vokalreduplikationen wie *sooo schön* in der Bedeutung ‚besonders schön' oder ‚*groooß*' in der Bedeutung ‚besonders groß'.[13] Es ist also die formseitige Eigenschaft der Reduplikation, durch die sich die $N_1\_über\_N_1\_quantifizierend$-Konstruktion von alternativen quantitätskodierenden Konstruktionen, etwa der Konstruktion mit adjektivisch-quantifzierendem Modifkator (‚viele N') unterscheidet.

Inwiefern besteht nun im Einzelnen – dem Nicht-Synonymie-Prinzip folgend – semantische Arbeitsteilung zwischen unterschiedlichen sprachlichen Kodierungsformen von QUANTITÄT? Und inwiefern lässt die Verortung einer Konstruktion im Lexikon-Grammatik-Kontinuum einen Rückschluss auf ihre jeweils semantisch spezifische Leistung zu?

3 Konstruktionelle Arbeitsteilung: semantische Strukturzusammenhänge zwischen Konstruktionen

Im Folgenden soll an konkreten Beispielen die Annahme geprüft werden, dass konstruktionelle Arbeitsteilung im Lexikon-Grammatik-Kontinuum in einem strukturierten (aber dynamischen, d. h. dem Sprachwandel unterworfenen) Inventar an sprachlichen Formen mit je unterschiedlichen sprachlichen Bedeutungen bzw. Funktionen besteht. Für die konzeptuelle Domäne der QUANTITÄT heißt das, dass verschiedene sprachliche Kodierungsformen in je spezifischer Weise den Quantifizierte_Menge-Frame ausdifferenzieren und so Formen der konstruktionellen Arbeitsteilung sichtbar machen.

---

13 Stefanowitsch (2007) sieht hier zurecht die konzeptuelle Metapher MEHR FORM IST MEHR BEDEUTUNG am Werk. INTENSIVIERUNG ist eine eigene Funktion von einer Gruppe von Konstruktionen. INTENSIVIERUNG ist mithin – genauso wie QUANTIFIZIERUNG – ein familienbildendes Konzept. Tatsächlich handelt es sich aber – trotz vielfacher Überschneidung – um jeweils eigenständige Konstruktionsfamilien; nicht jede (aber viele) quantifizierende Konstruktionen sind intensivierend, und nicht jede (aber die meisten) intensivierenden Konstruktionen sind quantifizierend.

Zunächst bleibt festzuhalten, dass LE per definitionem Bedeutungen kodieren, deren semantische Rahmenstruktur Frames bereitstellen, während es bei teilschematischen Einheiten nicht auf der Hand liegt, dass Frames zur Erfassung ihrer Bedeutungen beitragen können. Ich werde nun versuchen zu zeigen, dass sich Frames in der Tat auch dazu eignen, Bedeutungen von grammatischen Konstruktionen zu ermitteln. Genauer soll dargelegt werden, dass auch im Fall von grammatischen Konstruktionen Frames den Bedeutungsrahmen bilden, in dem sich jeweils konstruktionsspezifische grammatische Bedeutungen herausbilden. Dabei wird sich zeigen, dass Frames semantisch umfassender sind, als sich aus der Summe der Beiträge der Strukturkonstituenten von Konstruktionen (KE) ableiten lässt. Ich beginne mit lexikalischen Konstruktionen (3.1) und festen MWE (3.2), bevor ich mich konstruktionellen Idiomen (3.3) und schließlich vollschematischen Konstruktionen widme. Die Reihenfolge der zu behandelnden Konstruktionstypen orientiert sich mithin am Lexikon-Grammatik-Kontinuum: Ich beginne am Lexikonpol und nähere mich schrittweise dem Grammatikpol.

3.1 Lexikalische Kodierungen von QUANTITÄT

Die Bedeutungen von lexikalischen Einheiten mit quantifizierender Funktion wird, wie in Abschnitt 2.2 angedeutet, im Deutschen durch den Quantifizierte_Menge-Frame motiviert.[14] Für 58 LE ist bislang empirisch dokumentiert, dass sie diesen Frame aufrufen, darunter etwa *einige, viele, Menge, Flut, Welle, Masse, Millionen, Dutzende*. Für sie gilt, dass der Quantifizierte_Menge-Frame den lexikalischen Bedeutungsrahmen vorgibt, innerhalb dessen sich für jede LE auf spezifische Weise die lexikalische Bedeutung herausbildet. Genauer: Die Wortbedeutung ergibt sich jeweils aus der Spezifizierung ausgewählter Frame-Elemente durch Standardwerte oder -wertebereiche (vgl. Tabelle 2; zur Relevanz von Standardwerten Ziem 2020a). Standardwerte sind definiert als FE, die jeweils in Bezug auf eine LE spezifisch ausgewiesen sind.

Konkret möchte ich an drei Beispielen – den LE *Menge, Dutzende* und *Flut* – exemplarisch illustrieren, wie sich Wortbedeutungen durch semantische Spezifizierungen von Frame-Elementen angeben lassen. Während alle drei LE zur Quantifizierung von zählbaren Entitäten verwendet werden können (sie also als „count nouns" fungieren), können *Dutzende* nicht, wohl aber mit *Menge* und

---

[14] Vgl. den Eintrag im Deutschen FrameNet https://gsw.phil.hhu.de/framenet/frame?id=189 (letzter Zugriff: 09.07.2019)

Flut nicht-zählbare Mengen (also durch Stoffbezeichnungen bzw. „mass nouns" denotierte Entitäten) denotieren.[15]

(1) a. eine Menge Menschen
    b. eine Menge Mehl

(2) a. Dutzende Menschen
    b. *Dutzende Mehl

(3) a. eine Flut von Menschen
    b. eine Flut von Mehl

Auch gibt es Unterschiede in der jeweils bezeichneten quantitativen Größenordnung. Während *Menge* entweder eine große, aber quantitativ unspezifische Menge (vgl. *eine Menge Leute, eine Menge Mehl*) oder eine auch nicht hinsichtlich der Pole ‚viel' vs. ‚wenig' quantifizierte Menge kodiert (vgl. *doppelte/vorgeschriebene Menge Mehl*),[16] denotiert *Flut* stets eine große Menge, die zudem als nicht beherrschbar, gleichsam erschlagend gilt; *Dutzende* dagegen legt die Anzahl der zählbaren Entitäten auf den Wertebereich „X mal 12" fest (wobei „X" nicht beliebig hoch ausfallen darf). Schließlich zeichnet sich die Wortbedeutung von *Flut* im Unterschied zu den lexikalischen Bedeutungen der beiden anderen LE durch eine tendenziell negative Bewertung der denotierten Individuen bzw. der denotierten Menge aus. Diese lexikalische Bedeutungsnuance leitet sich von Instanzen des FE EIGENSCHAFT ab, die statistisch signifikant häufig auftretend. Für *Flut* sind dies insbesondere adjektivisch-attributive Modifikatoren; die sechs häufigsten Adjektivattribute sind, gestaffelt nach absteigendem logDice-Assoziationsmaß, *reißend, anschwellend, trüb, schlammig, eisig, verheerend* (vgl. https://www.dwds.de/wp/Flut, letzter Zugriff 09.07.2019). Bei *Flut* handelt es sich um eine lexikalisierte Metapher, die – motiviert durch das Bildschema *force dynamics* (Talmy 1988) – eng verbunden ist mit dem Konzept der Ohnmächtigkeit gegenüber einer (als solcher empfundenen) Naturgewalt. Tabelle 3 fasst die Unterschiede und Gemeinsamkeiten der Wortbedeutungen zusammen.

---

15 Vgl. etwa *eine Menge von Hass/Blei* vs. **Dutzende von Hass/Blei*.
16 Vgl. https://www.dwds.de/wb/Menge, Stand: 16.04.2021.

Tabelle 3: Wortbedeutungen als lexikalische Spezifikationen von Frame-Elementen.

Quantifizierte_Menge Frame-Elemente	Lexikalische Einheiten		
	Menge	*Dutzende*	*Flut*
INDIVIDUEN (schließt MENGE aus)	[möglich]	[nicht lizensiert]	[möglich]
MENGE (schließt INDIVIDUEN aus)	[möglich]	[möglich]	[möglich]
QUANTITÄT	Standardwert: unspezifische Größe	Standardwert: X mal 12	Standardwert: viel
GRAD	[unspezifisch]	[unspezifisch]	[unspezifisch]
EIGENSCHAFT	[unspezifisch]	[unspezifisch]	[neg. Bewertung der Individuen bzw. Menge]

3.2 Sprachliche Kodierungen von QUANTITÄT durch feste MWE (nicht-schematische Phraseologismen)

Feste Mehrworteinheiten (MWE) ähneln in funktionaler Hinsicht den im letzten Abschnitt behandelten Kodierungsformen der LE; auch sie evozieren den Quantifizierte_Menge-Frame, ohne selbst Leerstellen aufzuweisen, die eigenen (semantischen, syntaktischen, pragmatischen) Beschränkungen unterliegen. MWE sind zwar syntagmatisch komplex (und somit strukturell von LE verschieden), gleichwohl handelt es sich auch bei ihnen um feste Formen mit konventionellen Bedeutungen. MWE sind mithin Seite an Seite mit LE am Lexikonpol anzusiedeln.

Wie bereits in Abschnitt 2.2 erläutert, lassen sich grundsätzlich zwei Typen von MWE mit quantifizierender Funktion unterscheiden: (a) MWE, deren primäre Funktion darin besteht, eine Entität oder Eigenschaft quantitativ zu kodieren, ohne diese zugleich inhaltlich auszuweisen, und (b) quantitativ spezifizierende MWE, die zwar auch eine quantifizierende Funktion erfüllen, die insbesondere aber eine Entität, Tätigkeit oder Eigenschaft kodieren. In (4) sind diese noch einmal aufgelistet.

(4) a. quantitätskodierende MWE:
in rauen Mengen, ein ganzer Batzen, eine Menge Holz, eine geballte Ladung, um Welten, jede Menge, in Strömen, bis über den Kopf, bis über den Hals, eine ganze Reihe, nicht zu knapp, ein Tropfen auf dem / den heißen Stein
b. quantitätsspezifizierende MWE:
sich den Ranzen vollschlagen, eine heiße Spur, wie es im Buche steht, kein Ende nehmen, am Ende sein

Worin besteht nun die spezifische semantische Leistung von quantifizierenden MWE? Lassen sich ihre Bedeutungen strukturell von Bedeutungen quantifizierender LE sowie teil- und vollschematischer Konstruktionen unterscheiden?

Bevor ich auf strukturelle semantische Charakteristika zu sprechen komme, ein Wort zu quantitätsspezifizierenden MWE. Im Gegensatz zu quantitätskodierenden MWE erfüllen diese primär eine referentielle Funktion (im Sinne von Vater 2005). Sie kodieren selbst eine Eigenschaft (z. B. *wie es im Buche steht*: ‚typisch'), eine Tätigkeit (z. B. *sich den Ranzen vollschlagen*: ‚essen') oder eine Entität (z. B. *eine heiße Spur*: ‚Fährte'); zugleich, und dies ist hier entscheidend, modifizieren sie den Referenten in quantitativer Hinsicht. Im Folgenden beschränke ich mich auf diese Bedeutungsdimension und verfolge dabei die These, dass sich die quantifizierende Funktion von MWE strukturell von anderen quantifizierenden Einheiten im Lexikon-Grammatik-Kontinuum unterscheidet.

Beide unter (4) subsumierte Typen von MWE teilen wesentliche Eigenschaften, die sie von quantifizierenden LE und teil- sowie vollschematischen Konstruktionen abheben. Erstens beschränkt sich ihr semantisches Spektrum auf die Extrempole der Quantität: ‚besonders viel' (z. B. *in rauen Mengen, jede Menge, in Strömen*) einerseits und ‚besonders wenig' (z. B. *ein Tropfen auf dem/den heißen Stein*) andererseits.[17] Gerade durch diese Beschränkung erfüllen sie zweitens eine intensivierende Funktion; die Verortung am Extrempol der Quantitätsskala ist gleichsam markiert. Drittens schimmert vielfach im Zuge dieser Intensivierung eine tendenziell bewertende Funktion der MWE durch. Bisweilen gehört diese zum semantischen Kern einer MWE, so etwa im Fall von *in rauen Mengen, ein ganzer Batzen* und *bis über den Kopf*. Zur Illustration einige Korpusbelege aus dem DWDS.

(5) a. Luc Besson ist der erste Jeanne-d'Arc-Regisseur, der in der Popkultur groß geworden ist, wo es bekanntlich Eigensinn in rauen Mengen gibt. (DWDS-Kernkorpus 21; Die Zeit, 13.01.2009)

---

[17] Ein hoher Grad an semantischer Ausdifferenzierung der MWE scheint am Extrempol ‚besonders viel' zu liegen. Tabelle 3 kann darüber aber nur bedingt Aufschluss geben; es handelt sich hier lediglich um eine Auswahl quantitätskodierender MWE. Interessanterweise erfüllen die MWE offensichtlich eine ganz ähnliche Funktion wie eine Teilmenge der teilschematischen Konstruktionen (die ich in Abschnitt 3.3 thematisiere), nämlich Phraseoschablonen mit Intensivierungsfunktion (vgl. Fußnote 10), wie etwa die äquativ-quantifizierende Konstruktion V_wie_ein N (*arbeiten wie ein Tier, rauchen wie ein Schlot*) oder stimulusbezogene intensivierende Phraseoschablonen wie vor_$N_{Gefühl}$_sterben (*vor Neid sterben, vor Lust sterben, vor Langeweile sterben* etc.).

b. Der Knabe reift heran, erbt einen ganzen Batzen und gründet sich ein Etablissement für Bett-Matratzen [...] (DWDS-Kernkorpus, 1900–1999)
c. Und einem stieg der Rausch der Sicherheit bis über den Kopf und machte ihn roh wie einen Trunkenen. (DWDS-Kernkorpus, 1900–1999)

Die Bewertung ergibt sich dadurch, dass die MWE einen Wert auf einer Quantitätsskala markiert, der weit jenseits eines durchschnittlich erwartbaren Wertes (Standardwertes) liegt. So führt in (5a) die Verwendung der MWE dazu, Popkultur von anderen Bereichen der Kultur dadurch zu unterscheiden, dass dort durchschnittlich mehr Eigensinn zu finden ist. Ganz ähnlich in (5b) und (5c): In (5b) quantifiziert die MWE das Erbe des „Knaben", und zwar derart, dass es als größer als durchschnittlich erwartbar gilt. Und in (5c) quantifiziert die MWE den „Rausch der Sicherheit" derart, dass der Wert ebenfalls weit jenseits der erwartbaren Größenordnung liegt.

Zwei weitere Eigenschaften sind charakteristisch für die meisten, aber nicht für quantifizierende MWE generell: Manche MWE weisen viertens spezifische Beschränkungen hinsichtlich der möglichen Bezugsgrößen auf, die sie quantifizieren. Diese Beschränkung variiert von MWE zu MWE, und sie kann unterschiedliche Ausprägungsformen haben. Vielfach liegt eine Eingrenzung auf – semantisch definierte – Domänen vor, so etwa hinsichtlich des Aggregatzustandes der Flüssigkeit bei *in Strömen* (vgl. [*Bier, Wasser...*][*in Strömen*] [*fließen*], [*in Strömen regnen*]). Bei anderen MWE betreffen Beschränkungen jedoch – ähnlich wie bei LE – nur die Eingrenzung auf zählbare Bezugsgrößen (*eine ganze Reihe*) oder nicht-zählbare Entitäten (etwa *geballte Ladung*), für wiederum andere liegt auch eine solche Beschränkung nicht vor (z. B. *jede Menge*).[18] Hierbei handelt es sich freilich um keine spezifische Eigenschaft von MWE, sie findet sich vielmehr auch auf der lexikalischen Ebene, nämlich in der Unterscheidung von zählbaren Nomen („count nouns") und nicht-zählbaren Nomen („mass nouns"). Schließlich gelten für einige MWE Gebrauchspräferenzen, so etwa bezüglich Registerwahl und (damit korrelierender) sozialer Kontexte. So sind beispielsweise *eine geballte Ladung* und *sich den Ranzen vollschlagen* eher in informellen Registern, insbesondere im konzeptionell mündlichen Sprachgebrauch, zu erwarten.

Insgesamt weisen insbesondere die ersten drei Charakteristika von quantifizierenden MWE auf ihre spezifische Funktion im Lexikon-Grammatik-Kontinuum

---

[18] Auf Unterschiede der MWE in syntaktischer Hinsicht (Flektierbarkeit, Stellungsvarianz, Modifikationsrestriktionen etc.) gehe ich hier aus Platzgründen nicht näher ein, wenngleich diese in funktionaler Hinsicht freilich ebenfalls zur je individuellen konstruktionellen Profilbildung einer MWE beitragen.

hin: eine intensivierend-bewertende Semantik, die sich aus der Markierung extremer Werte auf einer Quantitätsskala ableitet. Tabelle 4 fasst die Ergebnisse zusammen.

Tabelle 4: Bedeutungen von MWE als Spezifikationen von Frame-Elementen.

Quantifizierte_Menge Frame-Elemente	MWE
INDIVIDUEN (schließt MENGE aus)	[möglich]
MENGE (schließt INDIVIDUEN aus)	[möglich]
QUANTITÄT	Extremwert auf der Skala
GRAD	[unspezifisch]
EIGENSCHAFT	[unspezifisch]

Es ist wichtig zu sehen, dass es sich bei der Funktion der Intensivierung und der damit einhergehenden Funktion der Bewertung um abgeleitete Kategorien handelt, die nicht von einem Frame-Element (wie etwa EIGENSCHAFT) kodiert werden können. Sie haben folglich nicht den Status von semantischen Standardwerten eines FE im Quantifizierte_Menge-Frame, sondern leiten sich vielmehr aus dem Standardwert „Extremwert auf Skala" ab.

3.3 Sprachliche Kodierungen von QUANTITÄT durch konstruktionelle Idiome

Den Übergangsbereich zwischen Lexikon und Grammatik konstituieren, wie bereits angedeutet, teilschematische Konstruktionen, also syntagmatisch komplexe Einheiten mit mindestens einer (lexikalischen, morphematischen) fixierten Instanz. Auch hier lassen sich zahlreiche Konstruktionen mit quantifizierender Funktion identifizieren, darunter etwa semantisch stark idiomatische Konstruktionen wie die bereits erwähnte N_über_N-Konstruktion (etwa *Probleme über Probleme*, *Autos über Autos*) oder ein Rattenschwanz an N und eine Spur (von) N. Auch das konstruktionelle Idiom $ADJ_{Komp-1}\_als\_ADJ_{POS-1}$ (etwa *schöner als schön*, *kleiner als klein*) gehört zur Menge der teilschematischen Konstruktionen. Sie tritt zwar formseitig als Komparativ-Konstruktion auf, ihre komparative Semantik ist aber stark verblasst; dafür erweist sich ihre (in Komparativen generell angelegte) quantifizierende Funktion als umso ausgeprägter. Generell sind Konstruktionen mit nur implizit quantifizierender Funktion der Familie der quantitätskodierenden Konstruktionen zuzurechnen, auch wenn es sich dabei freilich um eher randständige Familienmitglieder handelt. Als solche eher randständigen Mitglieder müssen Konstruktionen mit multiplen Funktionen gelten, so etwa Komparativ-Konstruktionen wie ADJ-er (etwa *schöner, kleiner*) und die erwähnten korrelativen Komparativ-Konstruktionen (etwa je_V-er_desto_V-er, umso_V-er).[19]

Im Folgenden konzentriere ich mich exemplarisch auf die quantifizierende N_1_über_N_1-Konstruktion. Die N_1_über_N_1-Konstruktion zeichnet sich durch ein redupliziertes Nomen aus, das im Fall von zählbaren Nomen im Plural realisiert ist (*Probleme über Probleme, Häuser über Häuser*);[20] die beide durch die Präposition *über* verbunden sind.[21] In formaler Hinsicht handelt es sich hierbei um ein Mitglied der Konstruktionsfamilie der Reduplikationsstrukturen mit präpositionalem Anker (vgl. den Überblick in Ziem 2018).[22] In semantischer Hinsicht erfüllt die Konstruktion eine quantifizierende Funktion.

(6) a. Dann haben wir *Fehler über Fehler* gemacht. (DWDS, Kernkorpus 21, Die Zeit, 27.2.2014)
  b. *Probleme über Probleme*, noch aber macht Haas gute Miene zum bösen Spiel. (DWDS, Kernkorpus 21, Berliner Zeitung, 4.5.2000)

In (6) lässt sich *Fehler über Fehler* mit ‚sehr viele Fehler' und *Probleme über Probleme* mit ‚sehr viele Probleme' paraphrasieren. Die Konstruktion erweist sich dabei als stark idiomatisch, insofern sie sich formal irregulär verhält und sich ihre Bedeutung nicht aus ihren Bestandteilen und der Art der Kombination derselben ableiten lässt. Syntaktisch irregulär verhält sich die Präposition *über*, weil sie zwei Nomen regiert, die noch dazu ohne Artikel und im Plural realisiert sein müssen. Semantisch intransparent bleibt das quantifizierende Bedeutungssub-

---

19 Bei korrelativen Komparativen handelt es sich um eine Konstruktionsfamilie sui generis mit hybrider Funktion, nämlich mit einer doppelten Quantifizierung (jeweils kodiert durch die komparativische Verbform in dieser zweigliedrigen Konstruktion) und einer Korrelierung der Werte, die aus der Quantifizierung hervorgegangen sind (vgl. ausführlich Hofmann 2019).
20 Stoffbezeichnungen (nicht-zählbaren Nomen wie *Wasser, Holz* usw.) sind auch lizensiert, obwohl sie keinen Plural haben.
21 Vgl. den Eintrag im Konstruktikon des Deutschen https://gsw.phil.hhu.de/constructicon/construction?id=85 (letzter Zugriff: 09.07.2019).
22 Auch bei der Mutter-Konstruktion mit der Form [N_1]_PRÄP_[N_1] handelt es sich übrigens – trotz ihres schematischen Charakters – um eine Konstruktion sui generis. Reduplikationsstrukturen können nämlich, unabhängig von ihrer konkreten Ausprägung, eine kontinuative, quantifizierende oder intensivierende Funktion erfüllen (vgl. hierzu bereits Quirk et al. 1985, aus konstruktionsgrammatischer Sicht auch Stefanowitsch 2007).

strat der Konstruktion, weil die Präposition eine räumliche, seltener auch eine zeitliche Relation (*über das Wochenende*) kodiert.[23]

Die quantifizierende N_1_über_N_1-Konstruktion besteht aus drei Elementen. Zum einen verfügt sie über zwei Konstruktionselemente (KE), nämlich dem zur Präposition links- und rechtsadjazenten identischen Nomen; die beiden KE zeigen an, um welche Entität es sich handelt, die quantifiziert wird. Analog zu frame-evozierenden Einheiten (FEE) in FrameNet verweist zum anderen die Präposition *über* auf die jeweilige Zielstruktur (die einschlägige Konstruktion); sie bildet das KEE der Konstruktion. Allgemein ist ein KEE definiert als lexikalisch spezifiziertes KE, das eine Konstruktion evoziert (Fillmore, Lee-Goldman & Rhodes 2012: Abschnitt 2.2).

Die Beziehung zwischen der N_1_über_N_1-Konstruktion und dem von ihr aufgerufenen Quantifizierte_Menge-Frame lässt sich nun folgendermaßen konkretisieren: Allein das FE INDIVIDUEN (im Fall von zählbaren Nomen) bzw. von MENGE (im Fall von Stoffbezeichnungen) wird durch die Konstruktion kodiert, und zwar durch die KE VOR_PRÄP und NACH_PRÄP. Alle weiteren Bedeutungsdimensionen bleiben implizit (vgl. hierzu Tabelle 5).

Tabelle 5: Mapping von Frame-Elementen auf Konstruktionselemente.

Elemente der Konstruktion N_1_über_N_1		Elemente des Frames Quantifizierte_Menge
VOR_PRÄP	→	INDIVIDUEN
NACH_PRÄP	→	(schließt MENGE aus)
VOR_PRÄP	→	MENGE
NACH_PRÄP	→	(schließt INDIVIDUEN aus)
Ø	→	QUANTITÄT
Ø	→	GRAD
Ø	→	EIGENSCHAFT

Worin besteht die spezifische semantische Leistung von quantitätskodierenden konstruktionellen Idiomen? Zunächst fallen Ähnlichkeiten zu einigen der bereits analysierten LE ins Auge. So kann die N_1_über_N_1-Konstruktion sowohl zählbare als auch nicht-zählbare Entitäten quantifizieren: Zählbare Nomen

---

[23] Vgl. den großen Variantenreichtum dieser Bedeutungen im DWDS: https://www.dwds.de/wb/über (letzter Zugriff 07.09.2019). Die quantitative Funktion ist teilweise durch die konzeptuelle Metapher OBEN IST MEHR motiviert, insofern sie die Rolle der vertikalen Achse erklärt, die durch die Präposition *über* ins Spiel gebracht wird: In der Metaphorik des Aufeinander-Stapelns entstehen immer mehr Probleme, gleichsam ‚Berge' von Problemen (vgl. hierzu Ziem 2020c).

(„count nouns"; vgl. etwa *Autos über Autos, Probleme über Probleme, Häuser über Häuser*) wie auch Stoffbezeichnungen („mass nouns", vgl. *Ärger über Ärger, Holz über Holz*) können in die Konstruktion eintreten. Je nachdem, ob es sich um ein zählbares Substantiv oder um eine Stoffbezeichnung handelt, instantiiert das reduplizierte Nomen das FE INDIVIDUUM oder MENGE. Abstrakte Nomen sind indes nur sehr eingeschränkt lizensiert, auch dann, wenn sie die Bildung von Pluralformen erlauben (vgl. **Seelen über Seelen, *Intelligenzen über Intelligenzen*, aber: *Ungerechtigkeiten über Ungerechtigkeiten*). Auch diese (ausschließende) Beschränkung wird durch den Quantifizierte_Menge-Frame korrekt vorhergesagt, und zwar durch den *semantic type* „Physisches_Objekt", dem die beiden FE INDIVIDUEN und MENGE zuzurechnen sind.[24]

Über die in der Konstruktion kodierten KE hinaus stellt der Frame, wie Tabelle 6 illustriert, weitere Informationen bereit, so etwa durch das FE QUANTITÄT, das konstruktionsspezifisch näher zu bestimmen ist mit einem Standardwert bzw. einem Standardwertebereich: Bei der N_1_über_N_1-Konstruktion liegt der Standardwertebereich deutlich jenseits einer gedachten Marke.

Für die N_1_über_N_1-Konstruktion gilt dasselbe wie für feste MWE: Die Funktion der Intensivierung und die damit einhergehende Funktion der Bewertung haben nicht den Status von semantischen Standardwerten; sie tauchen deshalb in Tabelle 6 nicht auf. Sie leiten sich vielmehr aus dem Standardwertebereich „jenseits einer gedachten erwartbaren Marke" ab.

Tabelle 6: Bedeutung der [N_1]_über_[N_1]-Konstruktion als Spezifikationen von Frame-Elementen.

Quantifizierte_Menge	[N_1]_über_[N_1]
Frame-Elemente	
INDIVIDUEN (schließt MENGE aus)	[möglich]
MENGE (schließt INDIVIDUEN aus)	[möglich]
QUANTITÄT	Standardwertebereich: jenseits einer gedachten erwartbaren Marke
GRAD	[unspezifisch]
EIGENSCHAFT	[unspezifisch]

---

24 Der semantic type „Physisches Objekt" deckt eine Vielzahl an konkreten Entitäten (wie Artefakte, lebendige Wesen, Orte) ab; vgl. hierzu die Ontologie: https://gsw.phil.hhu.de/framenet/semtype?id=68 (letzter Zugriff: 07.09.2020).

Auf den ersten Blick scheinen die angegebenen Spezifikationen der Frame-Elemente nahezulegen, dass sich die Bedeutung der Reduplikations-Konstruktion nur in Nuancen von den lexikalischen Bedeutungen von *Dutzende*, *Menge* und insbesondere *Flut* unterscheidet. Es gibt jedoch jeweils entscheidende Unterschiede. So lassen sich mit *Dutzende* nur zählbare Entitäten quantifizieren; zudem fällt die Quantifizierung spezifischer aus, und ihr ist keine negative Bewertung inhärent; ‚Dutzende Probleme' sind zwar viele Probleme, aber die Quantität wird nicht als übermäßig groß und infolgedessen negativ bewertet. Gleiches gilt für *Menge*, nur mit dem Unterschied, dass dieses Nomen auch zur Quantifizierung von Stoffbezeichnungen dient.

Die Wortbedeutung von *Flut* kommt schließlich der Konstruktionsbedeutung von N_1_über_N_1 am nächsten. Dennoch liegt auch hier keine Synonymie vor, denn *Flut* weist mindestens zwei distinktive Bedeutungsdimensionen auf. Erstens – wie bereits festgestellt (vgl. Abschnitt 3.1) – bleiben in der lexikalisierten Metapher *Flut* Reste des ursprünglich durch die Quelldomäne kodierten Konzept der Ohnmächtigkeit gegenüber einer mächtigen Naturgewalt erhalten. Die Bezugsgrößen (der INDIVIDUEN bzw. der MENGE) werden in der Folge standardmäßig negativ bewertet. Zweitens gibt es bei der durch *Flut* quantifizierten Bezugsgröße (also den Instanzen der FE INDIVIDUUM bzw. MENGE) eine deutliche semantische Präferenz für Instanzen der Domäne der Kommunikation;[25] typische Instanzen sind, geordnet nach abfallendem logDice-Assoziationswert: *Neuerscheinungen, Anfragen, Nachrichten, Informationen, Veröffentlichungen, Zuschriften, Bildern*.[26] Dies lässt auf eine kollostruktionell starke Bindung dieser Domäne an die Konstruktion und mithin eine dementsprechende semantische Prägung der Konstruktionsbedeutung schließen (obwohl freilich eine Kollostruktionsanalyse erst noch Aufschluss über den exakten Grad der Bindung geben muss).

Zu guter Letzt kann die semantische Eigenleistung der N_1_über_N_1-Konstruktion an Bedeutungsdimensionen abgelesen werden, die sich nicht auf (Aspekte der) Wortbedeutung von *Flut* zurückführen lassen. So bleiben aufgrund der hyperonymischen Relation zur Mutter-Konstruktion [N_1]_PRÄP_N_1] neben der quantifizierenden Funktion auch deutliche Spuren der kontinuativen Semantik

---

[25] Es ist deshalb kein Zufall, dass die salientesten Instanzen der Frame-Familie KOMMUNIKATION angehören.
[26] Vgl. hierzu das Wortprofil von *Flut* im DWDS https://www.dwds.de/wp/?q=Flut&comp-method=diff&comp=&minstat=0&minfreq=5&by=logDice&limit=20&view=table (letzter Zugriff: 9.7.2020).

erhalten.²⁷ *Probleme über Probleme* heißt demnach, dass es neben bestimmten Problemen andere Probleme und daneben wiederum andere Probleme usw. gibt (*Probleme über Probleme über Probleme*). Während *Dutzend* eine genaue Anzahl und auch *Menge* sowie *Flut* jeweils eine ‚feste' Häufung kodiert, wächst gleichsam die Menge bzw. Anzahl, die das in die $N_1\_über\_N_1$ -Konstruktion eintretende Nomen kodiert, immer weiter.

3.4 Sprachliche Kodierungen von QUANTITÄT durch vollschematische Konstruktionen

Zur Veranschaulichung von quantitätskodierenden vollschematischen Konstruktionen dienen hier exemplarisch Numerus-Kategorien (Singular, Plural) von Nomen im Deutschen. Diese variieren bekanntlich abhängig von dem (Flexions-) Paradigma, dem ein Nomen zugehört, wobei jedes Paradigma acht Positionen umfasst, nämlich neben den zwei Numerus- vier Kasus-Kategorien (Nominativ, Genitiv, Dativ, Akkusativ). Im Folgenden beziehe ich alle Flexionsparadigmen ein, beschränke meine Ausführungen aber auf den Numerus Plural und den Kasus Nominativ.²⁸

Bei der Nomen$_{Nom}$-Plural-Konstruktion handelt es sich um eine vollschematische morphologische Konstruktion mit zwei KE, die jeweils spezifischen Beschränkungen unterliegen. Die hier thematisierte Konstruktion mit der Struktur [[N_{NOM}][PL]] hat zwei Töchter, eine referentielle Variante (z. B. *zwei Autos* in *Zwei Autos stehen auf dem Parkplatz*) und eine generische (z. B. *Autos* in *Autos stehen auf Parkplätzen*).²⁹ Während die generische Variante über zwei KE verfügt, umfasst die referentielle Variante drei KE; über das KE [N_{Nom}] und das pluralmarkierende Flexionsmorphem [PL] hinaus kommt ein drittes KE hinzu, das die Funktion hat, das Nomen referentiell zu verankern.³⁰ Dieser Anker kann syntak-

---

27 Eine kontinuative Bedeutung ist in der Mutter-Konstruktion angelegt und in einigen ihrer Töchter-Konstruktionen auch weiterhin dominant, so etwa in den Reduplikations-Konstruktionen [N_1]_an_[N_1] (z. B. *Stoßstange an Stoßstange*) und [N_1]_um_[N_1] (z. B. *Tag um Tag*). Motiviert ist die Bedeutung dieser Konstruktion durch den Frame SEQUENTIELLE_ABFOLGE (vgl. im Deutschen FrameNet: https://gsw.phil.hhu.de/framenet/frame?id=559 (letzter Zugriff: 09.07.2020); das reduplizierte Nomen instantiiert hier das FE ENTITÄTEN.
28 Die folgende Analyse lässt sich aber ohne Weiteres analog auf nominale Quantitätskodierungen der drei hier nicht berücksichtigten Kasus (Gen-Pl, Dat-Pl, Akk-Pl) sowie des Numerus Singular (Nom-Sg, Gen-Sg, Dat-Sg, Akk-Sg) übertragen.
29 Zu dieser Unterscheidung vgl. etwa Löbner 2005 (Abschnitt 2.2) am Beispiel von *jeder*.
30 Die generische Variante hat mithin die Struktur [[ANKER][[N_{NOM}][PL]]].

tisch unterschiedlich realisiert werden, so etwa durch ein Zahlwort (*zwei Autos* in *Zwei Autos stehen auf dem Parkplatz*) oder einen adjektivischen Modifikator (*blaue Autos* in *Blaue Autos stehen auf dem Parkplatz*), einen definiten Artikel (z. B. *die Autos*) oder, eingebettet in eine Possessivkonstruktion, als eine NP in Kopfstellung (Possessor) (*Peters Autos*). Man beachte allerdings, dass es sich bei der erstgenannten Konstruktion, die die Struktur [[ZAHLWORT/MODIFIKATOR] [[N][PL]] aufweist, im Unterschied zu den letzten beiden um eine intrinsisch polyseme Konstruktion handelt. Sie kann eine referentielle Bedeutung haben, so etwa dann, wenn die quantifizierte Entität situativ-deiktisch verankert wird, was insbesondere definite NP oder PP leisten (wie im genannten Beispiel die PP: *Zwei/Blaue Autos stehen auf dem Parkplatz*); sie kann aber auch eine generische Bedeutung haben. Diese Polysemie kann mitunter auch im Satzkontext nicht aufgelöst werden, wie (7) exemplifiziert.

(7) a. Ich kaufe zwei Autos. [generische Bedeutung: ‚Ich kaufe irgendwelche zwei Autos']
    b. Ich kaufe zwei Autos. [referentielle Bedeutung: ‚Ich kaufe zwei bestimmte Autos']

Die Konstruktion mit der Struktur [[ZAHLWORT/MODIFIKATOR][[N][PL]] ist also polysem; sie teilt das Schicksal zahlreicher lexikalischer Einheiten (z. B. *Universität* als Gebäude, Institution oder Lehreinrichtung). Im semantisch strukturierten Konstruktikon erhalten polyseme Konstruktionen so viele Einträge, wie sie Bedeutungsvarianten aufweisen, im vorliegenden Fall also einen Eintrag für die generische und einen für die referentielle Bedeutung.

Die Mutterkonstruktion mit der erwähnten Struktur [[N_{NOM}][PL]] vererbt auf alle Töchter ihre wesentlichen – durch ihre beiden KE kodierten – semantischen Eigenschaften; auch die syntaktischen Beschränkungen ihrer beiden KE werden vollständig vererbt. Für alle Mitglieder der Nomen-Plural-Konstruktionsfamilie gilt, dass sich die syntaktischen Beschränkungen der KE aus kategorialen Eigenschaften der Nomen ableiten, die in die Konstruktion eintreten. Lizensiert sind zählbare Nomen; die Flexionsklasse, der sie zugehören, determiniert jeweils, welches Flexionsmorphem den Numerus Plural markiert. Die Flexionsklasse des Nomens fungiert mithin als – einzige – Beschränkung des KE [PL]. Grundsätzlich kommen als Instanzen die in Tabelle 7 in der ersten Spalte aufgelisteten Flexionsmorpheme in Frage. Bei der KE [PL] handelt es sich also um eine geschlossene Klasse („closed class").

Tabelle 7: Flexionsklassen von Nomina im Nominativ (in Anlehnung an grammis[31]).

Nominativ Plural	Beispiele
-(e)n	Frau-en, Katz-en
¨-(e)	Händ-e, Äpfel, Mann – Männer
¨-er	Mütt-er, Amt – Ämter, Kind-er
-s	Oma-s, Auto-s
-(e)	Tag-e, Gewebe – Gewebe
-(e)n	Staat-en, Bär-en, Funke-n, Muskel-n

Die Flexionsklasse, der ein Nomen zugehört, selegiert also jeweils die pluralmarkierende Instanz: Sie beschränkt die Anzahl der möglichen pluralmarkierenden Suffixe auf genau eine Instanz, so etwa im Fall des Nomens *Monat* im Nominativ auf das Flexionsmorphem *-e*.

Es ist wichtig zu sehen, dass die NomenNom-Plural -Konstruktion in hyperonymischer Relation zu den erwähnten Töchtern NomenNom-Plural_referentiell und NomenNom-Plural_generisch steht; deren Bedeutungen fallen jeweils spezifischer aus bei gleichzeitiger Übernahme der Bedeutung ihrer Mutterkonstruktion. Gleichwohl bleiben ihre Bedeutungen freilich sehr abstrakt. So denotiert die Tochterkonstruktion NomenNom-Plural_generisch eine unbestimmt große Anzahl der Bezugsentität unter der Maßgabe, die Klasse der Entitäten insgesamt – also alle ihr zugehörigen Instanzen – abzubilden. Wie viele Instanzen die Klasse umfasst, bleibt offen; die quantitative Spezifizierung ist keine sprachlich kodierte Leistung der Konstruktion, sondern vielmehr von dynamischen Variablen des Gebrauchs der Konstruktion (Hintergrundwissen, Kotext etc.) abhän-

---

31 Vgl. https://grammis.ids-mannheim.de/kontrastive-grammatik/3482 (letzter Zugriff: 15.03.2021). Die doppelten Anführungsstriche in dritten und vierten Zeile („Hand" - „Hände"; „Mutter - Mütter" etc.) signalisieren, dass es im Zuge der Flexion zu Umlautbildungen kommt. In Tabelle 7 wird ferner zwischen weniger Klassen differenziert als in grammis, da formidentische Flexionsmorpheme zu einer Klasse zusammengefasst wurden. Ob aus konstruktionsgrammatischer Sicht eine weitere Differenzierung (wie in grammis) notwendig ist, hängt von der allein empirisch zu beantwortenden Frage ab, ob SprachbenutzerInnen zwischen der Flexionsklassen-Zugehörigkeit von Nomen auch dann unterscheiden, wenn pluralmarkierende Flexionsmorpheme formidentisch sind, sie aber gleichwohl unterschieden werden können, weil sie verschiedenen Flexionsparadigmen angehören. Zu klären wäre also generell die kognitive Relevanz von (Flexions-)Paradigmen beim Lernen und beim Gebrauch von einzelnen Form-Bedeutungspaaren, hier insbesondere der Töchter der Nomen-Plural-Konstruktion (vgl. die Überlegungen hierzu in Diewald 2008 und 2020).

gig.³² Dies gilt auch für die Bedeutung der Schwesterkonstruktion Nomen_Nom-Plural_referentiell. Diese unterscheidet sich von der generischen Variante nur insofern, als sie eine *Auswahl* an Instanzen der Klasse der Bezugsidentität denotiert. Auch hier bleibt unbestimmt, um wie viele Instanzen es sich handelt; die Anzahl kann aber durch einen Ausdruck, der das KE ANKER instantiiert, genau angegeben oder auf einen Wertebereich eingeschränkt werden, so etwa durch ein Zahlwort (*zwei Autos*) oder durch einen possessorkodierenden Eigennamen (*Peters Autos*).

Die Bedeutung der Nomen_Nom-Plural-Konstruktion (einschließlich ihrer Töchter) ist die semantisch abstrakteste quantitätskodierende Konstruktion. Sie ergibt sich aus der binären Opposition zur Nomen_Nom-Singular-Konstruktion und lässt sich folglich mit „> 1" angeben.³³ Vor dem Hintergrund, dass es keine kasus- und flexionsklassenspezifische Variation der Konstruktionsbedeutung gibt, lässt sich festhalten, dass die Nomen-Plural-Konstruktion den von ihr aufgerufenen Quantifizierte_Menge-Frame wie in Tabelle 8 zusammengefasst näher bestimmt. Wie erwähnt, vererbt die hierarchiehöchste Nomen-Plural-Konstruktion ihre semantischen Eigenschaften an alle hierarchieniedrigeren morphologischen Konstruktionen mit gleicher, pluralindizierender Funktion.

Tabelle 8: Bedeutung der Nomen-Plural –Konstruktion als Spezifikationen von Frame-Elementen.

Quantifizierte_Menge	Nomen-Plural
Frame-Elemente	
INDIVIDUEN (schließt MENGE aus)	[möglich]
MENGE (schließt INDIVIDUEN aus)	[nicht lizensiert]
QUANTITÄT	> 1
GRAD	[unspezifisch]
EIGENSCHAFT	[unspezifisch]

---

32 So etwa vom Kotext, vom Hintergrundwissen und von der (zeit-, orts-, personen-)deiktischen Verankerung (vgl. *Serientäter gibt es hier* vs. *Lottogewinner gibt es hier*)
33 Gäbe es weitere Numerus-Kategorien, etwa einen Duativ (wie im Arabischen), hätte dies auch Auswirkungen auf die Bedeutung der NomenNom-Plural; diese wäre dann mit „> 2" anzugeben.

4 Arbeitsteilung im Konstruktikon: Rückblick und Ausblick

Ausgangspunkt des vorliegenden Beitrags war die Annahme, dass zwischen Lexikon und Grammatik ein Kontinuum besteht, das eine integrative Behandlung von Konstruktionen verschiedener Schematizität und syntagmatischer Komplexität erforderlich macht. Diesem Anforderungsprofil sollte eine framesemantische Analyse von Konstruktionen Rechnung tragen. Eine zentrale Aufgabe besteht darin, Besonderheiten von (teil-)schematischen und syntagmatisch komplexen Konstruktionen genauso wie von lexikalischen Konstruktionen so einzubeziehen, dass die Bedingungen ihres Gebrauchs und ihres Verstehens einheitlich expliziert werden können.

Wenn man mit grammatiktheoretischem Interesse einen Blick auf das Kontinuum wirft, dürfte ein wichtiger Forschungskomplex die Frage betreffen, welcher Stellenwert teilschematischen Konstruktionen zukommt und wie sich ihre – aus kerngrammatischer Sicht ‚irregulären' – Eigenschaften erfassen lassen. Auch zur Beantwortung dieser Frage hat die durchgeführte Pilotstudie einen Beitrag leisten können, indem sie eine Reihe von Konstruktionen, die im vernachlässigten ‚Niemandsland' zwischen Lexikon und Grammatik – also dort, wo sich weder Grammatiken noch Wörterbücher verantwortlich zeigen – einbezogen hat. In diesem Niemandsland sind insbesondere teilschematische Konstruktionen, vor allem so genannte konstruktionelle Idiome, anzusiedeln. Darüber hinaus stellen auch feste Mehrworteinheiten mit ‚irregulärer' Syntax oder idiomatischer Bedeutung sowie bestimmte vollschematische Konstruktionen (wie Vokal-Reduplikationskonstruktionen, z. B. *sooo groß*, *groooß* für ‚besonders groß', und Wort-Reduplikationen zur Intensivierung, z. B. *hart hart* für ‚besonders hart', vgl. hierzu auch Finkbeiner 2015) eine Herausforderung dar. Generell erweisen sich teilschematische Konstruktionen für ein (traditionelles) Wörterbuch als zu schematisch, für eine Grammatik jedoch als zu wortähnlich.

Der vorliegende Beitrag war aber nicht nur grammatiktheoretisch, sondern insbesondere auch (konstruktions-)semantisch motiviert. So wurde aus onomasiologischer Perspektive am Beispiel der semantischen Domäne der QUANTITÄT gezeigt, welche sprachlichen Formen der Kodierung sich strukturell unterscheiden und inwiefern zwischen ihnen eine semantische ‚Arbeitsteilung' festzustellen ist: Alle Einheiten kodieren zwar QUANTITÄT, sie tun dies – gemäß des von Goldberg (1995: 67f.) formulierten Nicht-Synonymie-Prinzips – aber in je spezifischer Weise.

Sprachliche Formen mit quantifizierender Funktion, so zeigte sich, treten im Lexikon-Grammatik-Kontinuum in vielfältiger Gestalt auf. Das Repertoire sprachlicher Formen zur Kodierung von QUANTITÄT ist im Deutschen umfangreich. Es umfasst LE wie *einige, viele, Menge, Flut, Welle, Masse, Millionen, Dutzende* usw. genauso wie feste MWE (etwa *in rauen Mengen, in Strömen, nicht zu knapp*), konstruktionelle Idiome (z. B. *[N₁] über [N₁], voll von [N], ADJ₁-er als ADJ₁*) und vollschematische grammatische Konstruktionen (so etwa Pluralmarkierung bei Nomen innerhalb eines Flexionparadigmas).

Alle quantitätskodierenden sprachlichen Formen zeigten sich durch denselben Frame – nämlich Quantifizierte_Menge – motiviert. Zugleich unterscheiden sie sich aber hinsichtlich des Grades an semantischer Elaboration: Semantische Arbeitsteilung betrifft innerhalb einer konzeptuellen Domäne insbesondere Nuancen der Bedeutungselaboration, wobei alle Einheiten im Kontinuum – von LE über feste MWE und konstruktionelle Idiome bis hin zu schematischen Konstruktionen – einheitlich über systematische Mapping-Beziehungen von Konstruktionelementen der jeweiligen Konstruktion auf Frame-Elementen (des Quantifizierte_Menge Frames) erfasst und beschrieben werden können.

Konkret konnte am Beispiel der konzeptuellen Domäne der QUANTITÄT der Nachweis erbracht werden, dass der Grad an Schematizität von Konstruktionen mit dem Grad an semantischer Elaboration folgendermaßen korreliert: Je schematischer eine Konstruktion ist, je näher sie also am Grammatik-Pol des Kontinuums angesiedelt ist, desto schematischer, d. h. weniger elaboriert fällt auch ihre Bedeutung aus. Und umgekehrt: Je weniger schematisch eine Konstruktion ist, je näher sie sich also am Lexikon-Pol des Kontinuums befindet, desto weniger schematisch, d. h. elaborierter fällt ihre Bedeutung aus. Es ist demnach erwartbar, dass lexikalische Einheiten und MWE prinzipiell den höchsten Grad an semantischer Spezifikation und umgekehrt grammatische Konstruktionen prinzipiell den niedrigsten Grad an semantischer Spezifikation aufweisen. Diese These ist freilich an weiteren konzeptuellen Domänen systematisch zu prüfen.

Aus der hier präsentierten Studie leiten sich zahlreiche weiterführende Forschungsfragen ab. Ein zentraler Forschungskomplex besteht darin, ausgehend von anderen – und größeren – konzeptuellen Domänen (wie etwa VERGLEICH, BEWERTUNG, SEMANTISCHE SPEZIFIZIERUNG, POSSESSIVITÄT, KONTRASTIERUNG, FOKUSSIERUNG, DEIKTISCHE VERANKERUNG, INTENSIVIERUNG, ZEIT, NEGATION) Prozesse der semantischen Arbeitsteilung unter Einbezug bestehender Strukturzusammenhänge zwischen Konstruktionen einer Konstruktionsfamilie semantisch zu ergründen. Ein weiterer Komplex betrifft die Interaktion zwischen konzeptuellen Domänen und ihren jeweiligen Vertretern. So unterhält beispielsweise die Domäne der QUANTITÄT eine enge Beziehung zur Domäne des VERGLEICHS, insofern Quantifizierung eine elementare Komponente von Komparations- und Superlativ-Konstruktionen ist. Ähnliches gilt für andere Domänen, so etwa für EXKLAMATIVITÄT; auch Exklamativ-Konstruktionen (z. B. *Wie schön, dass heute ein Feiertag ist!*, *Dass heute ein Feiertag ist!*) kommen ohne Quantifizierung nicht aus.

Welche und wie viele konzeptuelle Domänen das Lexikon-Grammatik-Kontinuum semantisch strukturieren und wie strukturelle Zusammenhänge zwischen Konstruktionen und Frames wie auch zwischen Konstruktionsfamilien und Framefamilien zu modellieren sind, dürfte ein Thema sein, das weit über konstruktionsgrammatische und grammatiktheoretische Forschungsbereiche hinaus von Interesse ist, nicht zuletzt auch für zahlreiche kognitionspsychologische und generell epistemologische Fragestellungen.

Literatur

Barðdal, Jóhanna (2008): *Productivity: Evidence from Case and Argument Structure in Icelandic.* Amsterdam, Philadelphia: John Benjamins.
Boas, Hans C. (2013): Wie viel Wissen steckt in Wörterbüchern? Eine frame-semantische Perspektive. *Zeitschrift für Angewandte Linguistik* 57, 75–97.
Boas, Hans C. (2008): Determining the Structure of Lexical Entries and Grammatical Constructions in Construction Grammar. *Annual review of cognitive linguistics* 6, 113–144.
Boas, Hans C. (2010): The Syntax-Lexicon Continuum in Construction Grammar: A Case Study of English Communication Verbs. *Belgian Journal of Linguistics* 24, 57–86.
Booij, Geert E. (2010): *Construction morphology.* Oxford: Oxford University Press.
Broccias, Cristiano (2012): The syntax-lexicon continuum. In Terttu Nevalainen & Elizabeth Closs Traugott (Hrsg.), *The Oxford Handbook of the History of English*, 735–747. Oxford: Oxford University Press.
Clausner, Timothy C. & William Croft (1997): Productivity and Schematicity in Metaphors. *Cognitive Science* 21(3), 247–282.
Croft, William (2001): *Radical Construction Grammar. Syntactic Theory in Typological Perspective.* Oxford: Oxford University Press.
Croft, William (im Druck): *Morphosyntax: Constructions of the World's languages.* Oxford: Oxford University Press.
Diewald, Gabriele (2009): Konstruktionen und Paradigmen. *Zeitschrift für Germanistische Linguistik* 37, 445–468.
Diewald, Gabriele (2020): Paradigms lost – paradigms regained: Paradigms as hyper-constructions. In Lotte Sommerer & Elena Smirnova (Hrsg.), *Nodes and Networks in Diachronic Construction Grammar*, 277–315. Amsterdam: Benjamins.
Dobrovol'skij, Dmitrij (2011): Phraseologie und Konstruktionsgrammatik. In Alexander Lasch & Alexander Ziem (Hrsg.), *Konstruktionsgrammatik III: Aktuelle Fragen und Lösungsansätze*, 111–130, Tübingen: Narr.
Du Bois, John W. (2007). *Stancetaking in Discourse.* Amsterdam: Benjamins.
Fillmore, Charles J., Paul Kay & Mary C. O'Connor (1988): Regularity and Idiomaticity in Grammatical Constructions: The Case of *Let Alone*. *Language* 64 (3), 501–538.
Fillmore, Charles J., Russell, R. Lee-Goldman & Russell Rhodes (2012): The FrameNet Constructicon. In Hans C. Boas & Ivan A. Sag (Hrsg.), *Sign-based Construction Grammar*, 283–299. Stanford: CSLI Publications.

Fillmore, Charles J. (2008): Border Conflicts: FrameNet Meets Construction Grammar. In Elisenda Bernal & Janet Cesaris (Hrsg.), *Proceedings of the XIII EURALEX International Congress*, 49–68. Barcelona: Universitat Pompeu Fabra.

Finkbeiner, Rita (2015): *Reduplikative Konstruktionen im Deutschen als Phänomen der Grammatik-Pragmatik-Schnittstelle*. Unveröffentlichte Habilitationsschrift. Universität Mainz.

Goldberg, Adele E. (1995): *Constructions: A Construction Grammar Approach to Argument Structure. Cognitive theory of language and culture*. Chicago: University of Chicago Press.

Goldberg, Adele E. (2006): *Constructions at work: the nature of generalization in language*. Oxford: Oxford University Press.

Hofmann, Thomas (2019): *English Comparative Correlatives: Diachronic and Synchronic Variation at the Lexicon-Syntax Interface*. Cambridge: Cambridge University Press.

Löbner, Sebastian (2005): Quantoren im GWDS. Herbert E. Wiegand (Hrsg.), *Untersuchungen zur kommerziellen Lexikographie der deutschen Gegenwartssprache II. „Duden. Das große Wörterbuch der deutschen Sprache in zehn Bänden"*, 171–192. Tübingen: Niemeyer.

Quirk, Randolph, Sidney Greenbaum, Geoffrey Leech & Jan Svartvik (1985): *A Comprehensive Grammar of the English Language*. London: Longman.

Stefanowitsch, Anatol (2007): Wortwiederholungen im Englischen und Deutschen: eine korpuslinguistische Annäherung. A. Ammann & A. Urdze (Hrsg.), *Wiederholung, Parallelismus, Reduplikation: Strategien der multiplen Strukturanwendung*, 29–45. Bochum: Brockmeyer.

Talmy, Leonhard (1988): Force dynamics in language and cognition. *Cognitive Science* 12, 49–100.

Vater, Heinz (2005): *Referenz-Linguistik*. Paderborn: Fink.

Ziem, Alexander (2020a). Wortbedeutungen als Frames: ein Rahmenmodell zur Analyse lexikalischer Bedeutungen. In Sven Staffeldt & Jörg Hagemann (Hrsg.), *Semantiktheorien II. Analysen von Wort- und Satzbedeutungen im Vergleich*, 57–56. Tübingen: Stauffenburg.

Ziem, Alexander (2020b): Wenn sich FrameNet und Konstruktikon begegnen: erste Annäherungsversuche zwischen zwei neuen Repositorien zum Deutschen. In Michel Lefèvre & Katharina Mucha (Hrsg.), *Konstruktionen, Kollokationen, Muster*, 13–38. Tübingen: Stauffenburg.

Ziem, Alexander (2020c): Konzeptuelle Metaphern zwischen Sprachsystem und Diskurs. In Roman Mikulas (Hrsg.), *Metaphernforschung in interdisziplinären und interdiskursiven Perspektiven*, 153–169. Münster: mentis.

Ziem, Alexander (2018): *Tag für Tag Arbeit über Arbeit*: konstruktionsgrammatische Zugänge zu Phraseoschablonen mit nominaler Reduplikation. In Kathrin Steyer (Hrsg.), *Sprachliche Verfestigung. Wortverbindungen, Muster, Phrasem-Konstruktionen* (= Studien zur Deutschen Sprache, 79), 25–48. Tübingen: Narr.

Rita Finkbeiner

„Kein ZDF-Film ohne Küsse im Heu."
Kein X *ohne* Y zwischen Lexikon, Grammatik und Pragmatik

1 Einleitung

Es gibt im Deutschen viele Sprichwörter, mit denen Sprecherinnen und Sprecher ausdrücken können, dass zwischen zwei Eigenschaften oder Situationen ein Zusammenhang besteht, z. B. *Auf Regen folgt Sonnenschein*; *Wie der Vater, so der Sohn*; *Aus den Augen, aus dem Sinn*; *Die dümmsten Bauern haben die dicksten Kartoffeln*; *Wer rastet, der rostet*. Zu diesen Sprichwörtern gehört auch ein Set von usuellen Instanzen des Schemas *Kein* X *ohne* Y, vgl. (1).

(1) a. Keine Rose ohne Dornen
 b. Kein Licht ohne Schatten
 c. Kein Rauch ohne Feuer

Die Semantik der in (1) angegebenen Sprichwörter lässt sich vorläufig angeben als Allaussage des Typs ‚Wenn etwas eine Rose ist, dann hat es Dornen' oder ‚Wenn irgendwo Licht ist, ist dort auch Schatten'. Der darin ausgedrückte Zusammenhang kann je nach lexikalischer Besetzung des Musters unterschiedlich ausbuchstabiert werden, z. B. als Teil-von-Relation (vgl. 1a.), als Gleichzeitigkeit von Ereignissen, vgl. (1b.), oder als Ursachenrelation (vgl. 1c.). Mit Äußerungen von (1a.-c.) rekurrieren Sprecherinnen und Sprecher auf eine allgemeingültige Regel. Sie eignen sich besonders dazu, bestimmte Sachverhalte zu erklären oder zu rechtfertigen.

Ausdrücke wie (1a.-c.) sind usuelle Sprichwörter im Deutschen. Man kann daher annehmen, dass sie als Mehrworteinheiten im Lexikon eingetragen sind und als Ganze erlernt werden müssen. Betrachtet man Korpusdaten, fällt aber schnell auf, dass das Strukturmuster auch über die Verwendung der in (1) genannten usuellen Sprichwörter hinaus von Sprecherinnen und Sprechern genutzt wird, vgl. z. B. (2).

(2) a. Keine Fußball-WM ohne Panini-Album (SZ, 29.05.2002)
 b. Kein Gewerbegebiet ohne Fressnapf-Megamarkt (Zeit, 06.01.2011)
 c. Kein ZDF-Film ohne Küsse im Heu (HAZ, 29.02.2008)

Bei den Beispielen in (2) handelt es sich um okkasionelle Bildungen auf Basis des genannten syntaktischen Strukturmusters, denen sich ebenfalls die o. g. Grundbedeutung zuordnen lässt (‚Wenn etwas ein ZDF-Film ist, dann kommen darin Küsse im Heu vor'). Das kommunikative Potential dieser Äußerungen scheint aber in Abgrenzung zu (1) weniger in einer Rechtfertigung eines Sachverhalts durch Verweis auf eine allgemeine Regel zu liegen als in der Verallgemeinerung eines bestimmten Zusammenhangs und dessen (negativer) Bewertung durch die Sprecherin.

Eine weitere Verwendungsweise des Musters zeigt sich in Beispielen wie (3).

(3) a. Kein Diesel ohne Filter (MM, 12.05.2013)
 b. Kein Kind ohne Mahlzeit (taz, 06.06.2007)
 c. Keine Buchung ohne Beleg (RZ, 10.12.2008)

Auch in diesen Beispielen liegt eine Allaussage vor, diese muss jedoch im Unterschied zu den Beispielen (1) und (2), die faktisch interpretiert werden, offenbar normativ verstanden werden, in etwa: ‚Wenn etwas ein Diesel ist, dann *soll/muss* es einen Filter haben'. Äußerungen von Beispielen wie (3) eignen sich aufgrund ihrer Normativität besonders gut für Verwendungskontexte, in denen (politische) Forderungen aufgestellt, Leitsätze formuliert oder Versprechen abgegeben werden.

Die hier angedeuteten unterschiedlichen Bedeutungen von Äußerungen, die auf dem Muster *Kein X ohne Y* basieren, lassen sich aber nicht einfach kontextfrei bestimmten Klassen von Beispielen zuweisen. Vielmehr scheint es stark vom Kontext abhängig zu sein, welche Bedeutung entsteht. So ließe etwa eine Äußerung wie „Kein Weihnachten ohne Punsch" je nach Kontext sowohl eine faktische (‚Das ist so') als auch eine normative Interpretation zu (‚Das soll so sein'), zudem können je nach Kontext verschiedene Sprecherbewertungen evoziert werden (z. B. ‚Das ist bedauerlich' oder ‚Das ist unvermeidbar') und verschiedene Illokutionen ausgedrückt werden (z. B. Versprechen, Erklärung, Kritikäußerung). Es deutet sich damit an, dass die Bedeutung von *Kein X ohne Y* nur angemessen beschrieben werden kann, wenn über die festgelegten, kodierten Bedeutungsaspekte hinaus auch die Interaktion mit pragmatischen Prozessen genau erfasst wird.

Aus diesen ersten Beobachtungen ergeben sich zwei Thesen, die in diesem Beitrag verfolgt werden sollen. Die erste These ist, dass es sich bei dem Schema *Kein X ohne Y* um eine Phrasem-Konstruktion handelt, also um ein verfestigtes, lexikalisch teilweise gefülltes und teilweise offenes syntaktisches Schema mit einer ihm zugeordneten, nicht völlig kompositionellen Strukturbedeutung, das Sprecherinnen und Sprecher des Deutschen als Ganzes im Lexikon gespeichert haben und das sie in bestimmten Grenzen produktiv nutzen können. Insofern hat man es hier mit einem Phänomen der Lexikon/Grammatik-Schnittstelle zu tun. Die zweite These ist, dass diese Phrasem-Konstruktion im Gebrauch durch

Sprecherinnen und Sprecher ein Spektrum von Bedeutungen entfaltet, die nur erfasst werden können, wenn über die kodierte Konstruktionsbedeutung hinaus auch kontextuelle Prozesse sowohl auf der Ebene der Proposition als auch auf der Ebene von Sprechereinstellung und Illokution einbezogen werden, die in einer zur Grammatik komplementären Komponente der Pragmatik zu beschreiben sind. Insofern hat man es hier mit einem Phänomen der Grammatik/Pragmatik-Schnittstelle zu tun.

Im Folgenden erläutere ich zunächst kurz den Begriff der Phrasem-Konstruktion und zeige, dass es berechtigt ist, in Bezug auf *Kein X ohne Y* von einer Phrasem-Konstruktion zu sprechen. Dass die Konstruktion produktiv ist, wird anhand einer automatischen Slotanalyse nachgewiesen (Abschnitt 2). Danach zeige ich anhand von Korpusbelegen, dass pragmatische Prozesse für die Bedeutungskonstitution der Konstruktion eine wichtige Rolle spielen (Abschnitt 3). Aus der Analyse ergibt sich als theoretische Implikation für die Konstruktionsgrammatik, eine systematische Schnittstelle zur Pragmatik vorzusehen, in der diese Prozesse erfasst werden können. Dies umreiße ich ausblickartig in Abschnitt 4.

2 *Kein* X *ohne* Y als Phrasem-Konstruktion

Der Begriff der Phrasem-Konstruktion reflektiert die Einsicht, dass es Phraseme gibt, die „bis zu einem gewissen Grad einem Muster folgen und dementsprechend eine bestimmte Freiheit in ihrer lexikalischen Struktur zulassen" (Dobrovol'skij 2011: 116). Zwar ist auf den Aspekt der Serialität bestimmter Typen von Phrasemen in der sowjetischen und deutschen Phraseologieforschung bereits früh hingewiesen worden, etwa bei Černyševa (1975) mit dem Terminus „Modellbildungen" und bei Fleischer (1982) mit dem Terminus „Phraseoschablonen". Erst in jüngster Zeit, unter dem wachsenden Einfluss der Konstruktionsgrammatik, hat sich die Phraseologie aber verstärkt solchen Einheiten zugewandt (vgl. z. B. Finkbeiner 2008a, 2008b; Steyer 2013, Steyer 2018; vgl. auch Feilke 2007). Das lässt sich forschungsgeschichtlich mit dem lange vorherrschenden Interesse der Phraseologie erklären, gerade die nicht vorhersagbaren, irregulären und idiosynkratischen Einheiten der Sprache zu erforschen.

Die Konstruktionsgrammatik versteht unter einer Konstruktion eine kognitive Einheit, zu der Sprecherinnen und Sprecher über schrittweise Abstraktion aus ihrer sprachlichen Erfahrung gelangen. Diese kognitiven Einheiten werden als Form-Bedeutungs-Paare aufgefasst, vgl. die vielzitierte Definition von Goldberg (1995) in (4).

(4) C is a construction iff$_{def}$ C is a form-meaning pair <F$_i$, S$_i$> such that some aspect of F$_i$, or some aspect of S$_i$ is not strictly predictable from C's component parts or from other previously established constructions. (Goldberg 1995: 4)

Die meisten konstruktionsgrammatischen Ansätze[1] – die z. T. nur lose miteinander verknüpft sind – gehen davon aus, dass Nichtkompositionalität ein wichtiges, wenn auch nicht das einzige Kriterium für eine Konstruktion ist. Insbesondere die Einsicht, dass sprachliche Ausdrücke oft Gebrauchsrestriktionen aufweisen, ohne deshalb notwendigerweise semantisch nichtkompositionell zu sein, hat zu späteren Erweiterungen dieser Definition geführt, so dass auch die reine Gebrauchsfrequenz ausschlaggebend für den Konstruktionsstatus sein kann, vgl. (5).

(5) Any linguistic pattern is recognized as a construction as long as some aspect of its form or function is not strictly predictable from component parts or from other constructions recognized to exist. In addition, patterns are stored as constructions even if they are fully predictable as long as they occur with sufficient frequency. (Goldberg 2006: 5)

Vor dem Hintergrund von (4) und (5) ist klar, dass jeder Phraseologismus als Konstruktion aufgefasst werden kann. Die Klasse der Phrasem-Konstruktionen scheint sich für eine Analyse in Termen der Konstruktionsgrammatik aber besonders anzubieten. Phrasem-Konstruktionen basieren auf einem syntaktischen Pattern, dem selbst eine (nicht-kompositionelle) Bedeutung zukommt (vgl. Dobrovol'skij 2011). Sie können deshalb als Paradebeispiele für die konstruktionsgrammatische Grundannahme gelten, dass es keine strikte Dichotomie zwischen Lexikon und Grammatik gibt, sondern dass sprachliches Wissen als ein Kontinuum von mehr oder weniger komplexen, mehr oder weniger abstrakten und mehr oder weniger produktiven Konstruktionen zu konzeptualisieren ist, die miteinander in einem strukturierten Netzwerk von Beziehungen stehen und insgesamt das „Konstruktikon" einer Sprache bilden.

Phrasem-Konstruktionen können nach Dobrovol'skij (2011)

(6) „als Konstruktionen definiert werden, die als Ganzes eine lexikalische Bedeutung haben, wobei bestimmte Positionen in ihrer syntaktischen Struktur lexikalisch besetzt sind, während andere Slots darstellen, die gefüllt werden müssen, indem ihre Besetzung lexikalisch frei ist und nur bestimmten semantischen Restriktionen unterliegt." (Dobrovol'skij 2011: 114)

---

[1] Vgl. für einen Überblick über die wichtigsten konstruktionsgrammatischen Richtungen Ziem & Lasch (2013: Kapp. 4–5).

Als Beispiele für deutsche Phrasem-Konstruktionen nennt er [*es/das* IST *zum* N$_{inf}$], z. B. *Es ist zum Verrücktwerden*, [*was* PP *nicht alles* V], z. B. *Was du nicht alles gelesen hast!*,[2] [DET N$_1$ *von* (DET$_{dat}$) N$_2$], z. B. *ein Betonklotz von einem Hotel*, [PP HAT *gut* V$_{inf}$][3], z. B. *du hast gut lachen* und [N$_1$ *hin*, N$_1$ *her*], z. B. *Krise hin, Krise her* (vgl. zu dieser Konstruktion ausführlich Finkbeiner 2017), ferner eine Klasse von weniger idiomatischen Beispielen, die eine breitere Variation bei der Besetzung der Slots zulassen und bei denen oft nur funktionale Elemente spezifiziert sind, z. B. [N$_1$ *der* N$_2$] (*Buch der Bücher*) oder [*So ein* N!] (*So ein Trottel!*).

Problematisch an der Definition (6) scheint mir zu sein, dass dort für die Phrasem-Konstruktion als Ganzes eine „lexikalische Bedeutung" gefordert wird. Man kann zwar einerseits davon ausgehen, dass es sich bei den betreffenden Form-Bedeutungs-Schemata um Einheiten eines (weit gefassten) Lexikons bzw. „Konstruktikons" handelt, also um als Ganzes gespeicherte Einheiten, die bei Bedarf abgerufen werden können. Es ist aber klar, dass Beispiele wie *Es ist zum Verrücktwerden!* und *Was du nicht alles gelesen hast!* semantisch keine Lexemäquivalente sind. Es handelt sich ja um Sätze, denen eine *propositionale*, keine *lexikalische* Bedeutung zukommt. Insbesondere für Sätze und satzwertige Äußerungen wie *So ein Trottel!* liegt es auf der Hand, dass pragmatische Aspekte, wie z. B. kontextuelle Anreicherung oder Illokution, bei der Bedeutungsbeschreibung mitberücksichtigt werden müssen. Darauf komme ich zurück.

Inwiefern handelt es sich nun bei *Kein X ohne Y* um eine Phrasem-Konstruktion? Zunächst kann man feststellen, dass die in Definition (6) geforderten strukturellen Eigenschaften offenbar erfüllt sind. Anhand von Beispielen wie den in (1)-(3) genannten lässt sich – etwas vereinfacht – ein syntaktisches Strukturmuster der Form *kein* N$_1$ *ohne* N$_2$ identifizieren, bei dem zwei funktionale Positionen

---

[2] Ich denke nicht, dass man für die Beschreibung von Sätzen wie *Was du nicht alles gelesen hast!* von einer Phrasem-Konstruktion ausgehen sollte, da es hier eine sehr große Variabilität nicht nur im Bereich der Subjektposition und der Verbposition, sondern auch im Bereich des w-Ausdrucks gibt (*Wen der nicht alles kennt!; Wem ich nicht alles zu Dank verpflichtet bin!; Wessen seine Anwälte mich nicht alles beschuldigen!* usw.). Sie sind im Rahmen der germanistischen Satztypforschung als Exklamativsätze beschrieben worden (z. B. d'Avis 2001) und auch mit den entsprechenden Kategorien zu erfassen. Eine andere Frage ist, inwiefern Satztypen als Konstruktionen aufgefasst werden sollten. Vgl. zu dieser Diskussion Finkbeiner & Meibauer (Hrsg.) (2016), zu idiomatischen Satztypen Finkbeiner (2008a,b).

[3] Der Status als Phrasem-Konstruktion scheint mir diskussionswürdig. Außer *du hast gut reden* scheint es nur die Variante *du hast gut lachen* zu geben. Man könnte hier auch von einem Idiom mit sehr eingeschränkter Variabilität ausgehen, ähnlich wie bei *ein Gesicht wie drei/sieben Tage Regenwetter*.

(*kein, ohne*) lexikalisch gefüllt und zwei nominale Positionen offen sind (N_1, N_2).[4] Zur konventionellen Bedeutung des Musters gehört die oben genannte Grundbedeutung einer Allaussage mit zwei Prädikaten. Außerdem ist konventionell festgelegt, dass das Muster „eigenständig" ist, d. h. ein eigenes Illokutionspotential hat. Die Festlegung der konkreten Illokution, also ob es sich z. B. um eine Rechtfertigung, eine Forderung oder eine Kritikäußerung handelt, ist dagegen abhängig von der lexikalischen Füllung und dem jeweiligen Verwendungskontext (vgl. dazu Abschnitt 3).

Um von einer Konstruktion im Sinn von (4) oder (5) sprechen zu können, sollte man nun über die in (3) geforderten oberflächenbasierten strukturellen Eigenschaften hinaus auch zeigen können, dass (a) nichtkompositionelle Aspekte vorliegen und dass (b) das Schema kognitiv verfestigt („entrenched") ist. Nichtkompositionelle Aspekte sind zwar laut Definition (5) kein notwendiges Kriterium für eine Konstruktion, sie sind aber sicherlich typisch für viele Phrasem-Konstruktionen. Nichtkompositionelle Aspekte liegen für *Kein X ohne Y* insofern vor, als es sich um eine verblose Konstruktion handelt. Daraus ergeben sich für eine kompositionelle (bzw. projektionistische, vgl. Jacobs 2008) Analyse verschiedene Probleme, die ich hier nur kurz andeuten will. Erstens lässt sich die interne syntaktische Struktur des Musters nicht kompositionell erklären, da unklar ist, was ihr Kopf ist. Es ist also nicht klar, wodurch die Sequenz aus DP und PP syntaktisch lizensiert ist.[5] Zweitens lässt sich die Semantik des Musters – dass für jedes x, für

---

4 Die Darstellung ist insofern etwas vereinfacht, als die beiden offenen Positionen nicht strikt auf N^0-Kategorien beschränkt zu sein scheinen, sondern auch bestimmte Erweiterungen erlauben, z. B. durch präpositionale oder adjektivische Attribute, vgl. z. B. *Keine Straßenkreuzung ohne Maschinengewehre im Anschlag* (NN, 12.01.2010), *Keine Seniorenfeier ohne leckeren Kuchen* (RZ, 11.12.2002). Ebenso denkbar – wenn auch durch die vorliegende Studie nicht belegbar – sind solche Erweiterungen auch für das erste N, z. B. *Keine Straßenkreuzung in Kabul ohne Maschinengewehre*. Um dies zu überprüfen, müssten weitere Suchanfragen mit größerem Wortabstand zwischen *kein* und N durchgeführt werden. Die ganz überwiegende Zahl der in der vorliegenden Studie durchgesehenen Füller für N_2 sind aber einfache N^0-Kategorien, so dass die vereinfachte Darstellung gerechtfertigt scheint.

5 Eine Möglichkeit wäre, von einem getilgten Verb *(es) gibt* als Kopf einer Struktur *(Es) gibt keine Rose ohne Dornen* auszugehen. Nach dieser Analyse sollte man einen Akkusativ bei N_1 erwarten. Beispiele mit maskulinem N_1 zeigen aber, dass dies nicht der Fall ist (es heißt *Kein Rauch ohne Feuer*, nicht: **Keinen Rauch ohne Feuer*). Ein weiteres Problem ist, dass *(es) gibt* nicht für alle Beispiele als Ausgangsstruktur in Frage kommt (??*Es gibt keine Woche ohne Morde*; besser: *Es vergeht keine Woche ohne Morde*). Aufgrund des fehlenden Verbs kann man auch nicht erklären, wie die internen Abhängigkeiten sind. So könnte die PP [*ohne* N_2] von einem (leeren) Verb abhängen, sie könnte aber auch von N_1 abhängen (das wiederum von einem leeren Verb abhängt). Die Intuition variiert je nach lexikalischer Besetzung (*ohne Dornen* in *keine Rose ohne Dornen* lässt sich gut attributiv verstehen, *ohne Feuer* in *kein Rauch ohne Feuer* eher adverbial). Insgesamt

das P gilt, auch Q gilt – nicht aus der syntaktischen Struktur ableiten, da es in der Syntax kein Element (etwa einen Konnektor) gibt, an dem dieser Zusammenhang festgemacht werden könnte. Drittens lässt sich auch die Illokutionsfähigkeit des Musters nicht kompositionell erklären, denn diese wird normalerweise an das Vorhandensein eines finiten Verbs gebunden (Lohnstein 2000). Man kann damit aus nichts in der syntaktischen Struktur des Musters herleiten, warum eine Verwendung als selbständige Äußerung möglich ist.

In Bezug auf den Nachweis der kognitiven Verfestigung von *Kein X ohne Y* kann man davon ausgehen, dass der Grad der kognitiven Verfestigung einer Konstruktion mit der Häufigkeit des Auftretens der Konstruktion korreliert (Ziem & Lasch 2013: 103). Eine hohe Frequenz im Sinne von Type-Entrenchment liegt vor, wenn sehr viele verschiedene Token als Instanzen ein- und desselben Typs auftreten. Dies ist beim Type *Kein X ohne Y* der Fall. Eine automatische Slotanalyse[6] (vgl. Steyer & Brunner 2014) über aus DeReKo exportierten Treffern ergibt für das Muster 19.333 unterschiedliche Füller[7], bei insgesamt 30.252 Treffern.[8] Tabelle 1 zeigt einen sehr kleinen Ausschnitt aus der sogenannten Füller-Tabelle, die ersten 40 Füller.[9]

---

scheint es damit wenig plausibel, hier von einem kompositionellen Phrasenaufbau auszugehen. Plausibler ist die Annahme eines verfestigten Patterns, das für Analogiebildungen genutzt wird.
6 Die „automatische Slotanalyse" wurde in der Abteilung Lexik des Instituts für deutsche Sprache entwickelt (vgl. *lexpan* – Lexical Pattern Analyzer. Ein Analysewerkzeug zur Untersuchung syntagmatischer Strukturen auf der Basis von Korpusdaten. Entwickelt vom Projekt „Usuelle Wortverbindungen", Institut für Deutsche Sprache, Mannheim, www.ids-mannheim.de/lexik/uwv/lexpan.html). Das Analysetool liest die aus DeReKo exportierten Daten in eine eigene Arbeitsumgebung ein und lässt ein oberflächenbasiertes Suchmuster darüber laufen. Es ermöglicht ein Clustering aller Belege mit bestimmten lexikalischen Füllern einer Leerstelle, die automatische Zählung dieser Füller sowie die Ermittlung ihrer Vorkommensproportionen im Vergleich zum Gesamtvorkommen.
7 Ein Füller ist zu verstehen als Bigram X ... Y, d. h. eine Kombination von X und Y in genau dieser Reihenfolge. Beispielsweise wären *Keine Regel ohne Ausnahme, Keine Ausnahme ohne Regel* und *Keine Regel ohne Spiel* drei verschiedene Füller der Konstruktion *Kein X ohne Y*.
8 Die Suchanfrage „&kein /+w2:2 ohne" in DeReKo (alle öffentlichen und nichtöffentlichen Korpora, ca. 25 Mrd. Textwörter) ergibt 30.252 Treffer. Die automatische Slotanalyse mit dem Lücken-Suchmuster „kein*|Kein* # ohne #" ergibt 19.333 unterschiedliche Füller.
9 Es ist klar, dass nicht alle Treffer tatsächlich Instanzen unserer Konstruktion sind. Da die Suchanfrage rein oberflächenbasiert ist, erhält man auch irrelevante Treffer wie *Das soll kein Fass ohne Boden werden, Es vergeht kein Tag, ohne dass ...* oder *Keiner ist ohne Schuld*. Diese müssen manuell aussortiert werden.

Tabelle 1: Die ersten 40 von 19.333 Füllern für *Kein X ohne Y*.

Lückenfüller	Anzahl	Prozentanteil	Lückenfüller	Anzahl	Prozentanteil
Regel ... Ausnahme	735	2,43	Rose ... Dornen	55	0,18
Strafe ... Gesetz	276	0,91	Schaden ... Nutzen	51	0,17
Fass ... Boden	220	0,73	Vorteil ... Nachteil	50	0,17
Leiche ... Lily	202	0,67	Feier ... Meyer	48	0,16
Abschluss ... Anschluss	180	0,60	Freiheit ... Sicherheit	48	0,16
Leistung ... Gegenleistung	174	0,58	Tag ... eine	48	0,16
Kind ... Mahlzeit	170	0,56	Arbeit ... Arbeit	46	0,15
Tag ... neue	161	0,53	Strafe ... Schuld	43	0,14
Leiche ... Lilly	158	0,52	Spiel ... Grenzen	42	0,14
Tag ... dass	138	0,46	Tag ... Linie	39	0,13
Absatz ... wenigstens	115	0,38	Ausbau ... Nachtflugverbot	38	0,13
Daimler ... Benz	103	0,34	Nachteil ... Vorteil	38	0,13
Wurf ... Weite	90	0,30	Entwicklung ... Sicherheit	37	0,12
Woche ... dass	88	0,29	Ort ... dich	37	0,12
Rauch ... Feuer	70	0,23	Freiheit ... Verantwortung	35	0,12
Licht ... Schatten	66	0,22	Tag ... daß	35	0,12
Regel ... Ausnahmen	65	0,21	Entscheidung ... die	34	0,11
ist ... Schuld	63	0,21	Frieden ... Gerechtigkeit	33	0,11
Faß ... Boden	62	0,20	Wirkung ... Nebenwirkung	33	0,11
Diesel ... Filter	60	0,20	Zukunft ... Vergangenheit	33	0,11

Man sieht einerseits, dass die oben in (1) genannten Sprichwörter, zusammen mit weiteren usuellen Instanzen wie *Keine Regel ohne Ausnahme*, *Keine Leistung ohne Gegenleistung* oder *Kein Schaden ohne Nutzen*, unter den am häufigsten belegten Füllern sind. Andererseits wird auch ersichtlich, dass es sich dabei keineswegs um dominante Füller handelt: Mit nur 735 Belegen von insgesamt über

30.000 Treffern, das entspricht 2,4%, ist *Keine Regel ohne Ausnahme* zwar am häufigsten belegt, aber aufs Ganze gesehen dennoch selten.

Unter den 40 häufigsten Füllern finden sich auch viele Slogans der Art, wie sie in (3) illustriert sind, wie *Kein Kind ohne Mahlzeit, Kein Abschluss ohne Anschluss, Keine Freiheit ohne Sicherheit*, ebenso wie der strafrechtliche Grundsatz *Keine Strafe ohne Gesetz*. Dass es sich dabei jeweils um Instanzen der Konstruktion handelt, kann man leicht überprüfen, indem man sich die einzelnen Treffer (Kwic-Zeilen) anschaut. Zum Beispiel sieht man anhand der Kwic-Zeilen für *Kein Kind ohne Mahlzeit* (vgl. den Ausschnitt in Tabelle 2), dass die überwiegende Zahl der Treffer alle Eigenschaften der Konstruktion erfüllt, d. h. insbesondere, dass es sich um selbständige, verblose Verwendungen von *Kein Kind ohne Mahlzeit* handelt.[10] Eine Besonderheit dabei ist, dass die Slogans in der Regel zitiert, d. h. erwähnt, aber nicht i.e.S. gebraucht werden (Recanati 2001). So fungiert die Äußerung *Kein Kind ohne Mahlzeit* fast durchweg als Name eines Fonds, einer Initiative, eines Projekts bzw. Programms (vgl. den Auszug in Tabelle 2).

Tabelle 2: Die ersten 20 von 170 Belegen (Kwic-Zeilen) für *Kein Kind ohne Mahlzeit*.

Sigle		Kein*|Kein*	#	ohne	#	
PNW	beheben, was immer noch aussteht. Dasselbe gilt für das Programm „	Kein	Kind	ohne	Mahlzeit	" oder die Frage der Lermittelfreiheit. Hier
PNW	eines Landes zuständig ist. Deshalb sei das Landesprogramm „	Kein	Kind	ohne	Mahlzeit	" vom Schuletat auf den Sozialetat übergegangen.
PNW	die direkt bei den Kindern ansetzen, will ich auf den Landesfonds „	Kein	Kind	ohne	Mahlzeit	" hinweisen, der jetzt im Sozialhaushalt mit 15
T08	FLORIAN ZINNECKER Dass sich erst jetzt jemand für die Initiative „	Kein	Kind	ohne	Mahlzeit	" interessiere, nur weil sich jemand beschwert
T08	die den Bedürftigen nicht helfe, sei „Blödsinn". Die Initiative „	Kein	Kind	ohne	Mahlzeit	" will all jene Eltern unterstützen, die sich

---

10 Eine Ausnahme bildet der Treffer in Tabelle 2, Zeile 11 („... stimmen wir darin überein, dass kein Kind ohne Mahlzeit bleiben darf"). Hier tritt die Kette *kein Kind ohne Mahlzeit* als Teil eines eingebetteten finiten Satzes auf. Es handelt sich bei diesem Treffer also nicht um eine Instanz der Konstruktion.

Tabelle 2 (fortgesetzt)

Sigle		Kein*|Kein*	#	ohne	#	
PNW	Vizepraesident/in Edgar Moron Wir kommen zu: 2	Kein	Kind	ohne	Mahlzeit	an den Schulen mit Nachmittags- unterricht Antrag
PNW	Fläche gebracht werden. Zugleich hat die Landesregierung den Fonds „	Kein	Kind	ohne	Mahlzeit	" aufgelegt, um auch Kindern aus
T08	Einen schönen Bock hat Schleswig-Holstein mit seiner Initiative „	Kein	Kind	ohne	Mahlzeit	" geschossen. Gemeint als Nothilfe für die
PNW	Denn es war unser Minsterpräsident Jürgen Rüttgers, der den Fonds „	Kein	Kind	ohne	Mahlzeit	" ins Leben gerufen hat. (Sylvia Löhrmann
PNW	Polemik ersparen. Zur Sache selbst: Die Zahlen für das Projekt „	Kein	Kind	ohne	Mahlzeit	" steigen. Diese Initiative kommt an.
PNW	aller Antragspolemik Ihrerseits stimmen wir darin überein, dass	kein	Kind	ohne	Mahlzeit	bleiben darf. – Herzlichen Dank.
PNW	Schließlich hat die Landesregierung 2007 den Landesfonds „	Kein	Kind	ohne	Mahlzeit	" ins Leben gerufen. Dieser Fonds, der mit
DPA08	Schwachen Familien. In Nordrhein-Westfalen kommt das Programm „	Kein	Kind	ohne	Mahlzeit	" rund 65 000 Kindern und Jugendlichen zu Gute.
PNW	Euro erhalten. Die Landesregierung hat 2007 den Landesfonds „	Kein	Kind	ohne	Mahlzeit	" ins Leben gerufen. Dieser Fonds, der mit
PNW	armen Kinder in Nordrhein-Westfalen haben wir nun den Landesfonds „	Kein	Kind	ohne	Mahlzeit	", der aber längst nicht alle bedürftigen
PNW	Lehrer ein und reduziert den Unterrichtsausfall. Mit dem Programm „	Kein	Kind	ohne	Mahlzeit	" soll außerdem erreicht werden, dass die Kinder
PNW	dass Sie den Fall Lohmar jetzt benutzen, um in der Debatte um „	Kein	Kind	ohne	Mahlzeit	" ein bisschen aufzuschließen. Anders ist das

Tabelle 2 (fortgesetzt)

Sigle		Kein*|Kein*	#	ohne	#	
PNW	CDU setzen mit den unterschiedlichsten Programmen, zum Beispiel „	Kein	Kind	ohne	Mahlzeit	",„Schulmilch-programm", mit Kongressen zur
PNW	Förderung, ob Ausbau der U3-Betreuung oder Mittagstisch – „	Kein	Kind	ohne	Mahlzeit	" –, ob Kinder-gesundheit oder Kinderschutz, ob
PNW	aber trotzdem ist es wichtig, in diesem Zusammenhang das Programm „	Kein	Kind	ohne	Mahlzeit	" zu erwähnen, durch das Eltern pekuniär

Blättert man in der Lückenfüllertabelle für *Kein* X *ohne* Y weiter nach unten, zeigt sich, dass die ganz überwiegende Mehrheit der 19.333 Füller sogenannte Einmalfüller (Hapax legomena) sind, d. h. nur einmal belegte Instanzen der Konstruktion.[11] Das kann man sich exemplarisch an den Füllern mit N_1=*Weihnachten* anschauen. Allein hier gibt es 32 verschiedene Füller, die je nur einmal belegt sind, vgl. Tabelle 3.

Tabelle 3: Alle Füller mit N_1=*Weihnachten*, die nur einmal belegt sind.

Lückenfüller	Anzahl	Prozent-anteil	Lückenfüller	Anzahl	Prozent-anteil
Weihnachten ... Alexander-Show	1	0,0	Weihnachten ... Kerzenschein	1	0,0
Weihnachten ... Aschen-brödel	1	0,0	Weihnachten ... Kirchgang	1	0,0
Weihnachten ... Bacalhau	1	0,0	Weihnachten ... Krippe	1	0,0

---

11 Dass es sich dabei tatsächlich um Belege der relevanten Konstruktion handelt, also um Äußerungswertige, nicht-eingebettete und verblose Verwendungen, zeigt ein Blick in die Kwic-Zeilen, vgl. exemplarisch die Belege (i) *Gute Weihnachtsmänner FRANKFURT/MAIN Kein Weihnachten ohne Schokomann – und das kann auch ohne schlechtes Gewissen so bleiben* (MOPO, 22.11.2008); (ii) *Bis Heiligabend haben die Darsteller Zeit, ihre neue Rolle einzustudieren. Noch klappt nicht alles. Da hilft nur üben! Kein Weihnachten ohne Krippenspiel.* (RZ, 27.11.2004); (iii) *Die Uckermärker halten es mit der Kartoffel. [...] Kein richtiges Sonntags-Essen ohne die beliebten Knollen. Und kein Weihnachten ohne Gänsebraten.* (Nordkurier, 26.11.2005).

Tabelle 3 (fortgesetzt)

Lückenfüller	Anzahl	Prozent-anteil	Lückenfüller	Anzahl	Prozent-anteil
Weihnachten ... Bach	1	0,0	Weihnachten ... Krippenspiel	1	0,0
Weihnachten ... Chris	1	0,0	Weihnachten ... Kurrende	1	0,0
Weihnachten ... Christmas	1	0,0	Weihnachten ... Lieder	1	0,0
Weihnachten ... Disney-Zeichentrick	1	0,0	Weihnachten ... Nussknacker	1	0,0
Weihnachten ... Engel	1	0,0	Weihnachten ... Punsch	1	0,0
Weihnachten ... Familien-Sechsteiler	1	0,0	Weihnachten ... Schokomann	1	0,0
Weihnachten ... Geschenkpäckchen	1	0,0	Weihnachten ... Schokomann	1	0,0
Weihnachten ... Goldrausch	1	0,0	Weihnachten ... Sissy	1	0,0
Weihnachten ... Gänsebraten	1	0,0	Weihnachten ... Straßenmusik	1	0,0
Weihnachten ... Hektik	1	0,0	Weihnachten ... Süsses	1	0,0
Weihnachten ... Heringssalat	1	0,0	Weihnachten ... Turrón	1	0,0
Weihnachten ... It	1	0,0	Weihnachten ... Warten	1	0,0
Weihnachten ... Jullen	1	0,0	Weihnachten ... Weihnachtsbaum	1	0,0

Eine hohe Zahl von Hapax legomena, also von nur einmal belegten Vorkommen eines Musters, wird in der quantitativen Linguistik als Hinweis darauf gedeutet, dass das betreffende Muster sehr produktiv ist.[12] Insgesamt bestätigt die Analyse damit die erste These dieses Beitrags, dass es sich bei dem Muster

---

[12] Produktivitätsmaße, die Hapax legomena einbeziehen, werden häufig in quantitativ-korpuslinguistischen Ansätzen zu morphologischer Produktivität eingesetzt (z. B. Baayen & Lieber 1991). Wie Wortbildungsmuster sind auch phraseologische Muster Teil des Lexikons, und wie Wortbildungsmuster unterliegen auch phraseologische Muster hinsichtlich ihrer Produktivität starken Beschränkungen. In Finkbeiner (2008a,b) zeige ich, dass und wie ein morphologischer Produktivitätsbegriff auch für die Phraseologieforschung nutzbar gemacht werden kann.

Kein X ohne Y um eine nicht völlig kompositionelle, kognitiv verfestigte und produktive Phrasem-Konstruktion handelt.

Der folgende Abschnitt wendet sich der zweiten These zu. Anhand einer Analyse von Korpusbelegen soll gezeigt werden, dass *Kein X ohne Y* im Gebrauch durch Sprecherinnen und Sprecher ein Spektrum von Bedeutungen entfaltet, das weit über das hinausgeht, was durch die konventionelle Konstruktionsbedeutung festgelegt ist. Ich argumentiere, dass pragmatische Prozesse sowohl auf der Ebene der Proposition als auch auf der Ebene von Sprechereinstellung und Illokution wirksam sind, die nur angemessen erfasst werden können, wenn man eine systematische Interaktion zwischen „Konstruktikon" und Pragmatik annimmt.

3 Zur Bedeutungskonstitution von *Kein* X *ohne* Y

In einer ersten semantischen Annäherung an die Konstruktion *Kein X ohne Y* kann man sagen, dass ihr die Bedeutung einer Allquantifikation mit zwei Prädikaten zugeordnet ist, d. h. einer allgemeingültigen Aussage über Eigenschaften von Entitäten oder Situationen. Formal kann man das wie in (7) darstellen (mit x=Entität oder Situation).

(7) $\forall x(P(x) \rightarrow Q(x))$
   Für alle x gilt: Wenn x die Eigenschaft P hat, hat x die Eigenschaft Q
   Beispiel: Für jedes x gilt: Wenn x eine Rose ist, dann hat x Dornen

Die Allquantifikation (7) entspricht semantisch einer negierten Existenzquantifikation, vgl. (8).

(8) $\neg \exists x(\neg(P(x) \rightarrow Q(x)))$
   Es gibt kein x, für das nicht gilt: Wenn x die Eigenschaft P hat, hat x auch die Eigenschaft Q
   Beispiel: Es gibt kein x, für das nicht gilt: Wenn x eine Rose ist, dann hat x Dornen

Die negierte Existenzquantifikation ist etwas näher an der Syntax des Strukturmusters, das ja zwei negierte Phrasen verknüpft, semantisch sind (7) und (8) aber äquivalent.

Wenn man sich die unterschiedlichen Belegungsmöglichkeiten für die Konstruktion anschaut, zeichnet sich ab, dass man mindestens die folgenden drei semantischen Subtypen der Konstruktion unterscheiden muss.[13]

Typ 1: faktisch-notwendig
(9) a. Keine Rose ohne Dornen (MM, 02.09.1995)
   b. Kein Licht ohne Schatten (Braunschw. Z., 14.12.2012)
   c. Kein Rauch ohne Feuer (MM, 31.01.2007)
   d. Kein Eisen ohne Rost (Zeit, 18.05.2006)
   e. Keine Wirkung ohne Ursache (NZZ, 20.08.2008)

Beispiele dieses Typs benennen einen Zusammenhang, für den Allgemeingültigkeit beansprucht wird. Dieser Zusammenhang wird als faktisch dargestellt, d. h. es wird vorausgesetzt, dass der Zusammenhang existiert. Die Existenz dieses Zusammenhangs kann als notwendig gelten, da er auf einer Naturgesetzlichkeit oder Quasi-Naturgesetzlichkeit beruht, gegen die nicht verstoßen werden kann. So ist beispielsweise Licht ohne Schatten eine physikalische Unmöglichkeit.

Typ 2: faktisch-kontingent
(10) a. Keine Fußball-WM ohne Panini-Album (SZ, 29.05.2002)
    b. Kein Gewerbegebiet ohne Freßnapf-Megamarkt (Zeit, 06.01.2011)
    c. Kein ZDF-Film ohne Küsse im Heu (HAZ, 29.02.2008)
    d. Kein S-Bahnhof ohne Weihnachtsbaum (RZ, 09.12.2008)
    e. Keine Straßenkreuzung ohne Maschinengewehre im Anschlag (NN, 12.01.2010)

Beispiele dieses Typs benennen ebenfalls einen Zusammenhang, für den Allgemeingültigkeit beansprucht wird und der als faktisch dargestellt wird. Dieser Zusammenhang ist aber zufällig und keineswegs notwendig. Er lässt sich nicht auf Naturgesetze zurückführen, sondern benennt lediglich eine kontingente Korrelation von Eigenschaften oder Situationen. So sind durchaus ZDF-Filme ohne

---

[13] Diese drei Subtypen sind besonders augenfällige und gut belegbare Typen. Ich will aber nicht ausschließen, dass noch weitere Typen unterscheidbar sind. So könnte man auch noch einen kontrafaktischen Typ annehmen, zu dem etwa Beispiele wie *Kein JFK ohne Jackie* (Wikipedia-Diskussion „First Lady", 29.10.2011) oder *Kein Fortschritt ohne Hexenverbrennung* (Sigle T87 in *lexpan*, genauere Belegangabe nicht verfügbar) zu zählen wären. Diese Beispiele sind so zu interpretieren, dass X ohne Y nicht hätte existieren können, d. h. als alternative Modelle zum tatsächlichen Geschehen. Zahlenmäßig scheinen mir solche Verwendungen aber nur einen sehr kleinen Teil aller Verwendungen auszumachen.

Küsse im Heu vorstellbar (wenn auch nur mit Mühe), nicht aber das Auftreten von Rauch, ohne dass es ein Feuer gibt.

Typ 3: normativ/deontisch
(11) a. Kein Diesel ohne Filter (MM, 12.05.2013)
 b. Kein Kind ohne Mahlzeit (taz, 06.06.2007)
 c. Keine Buchung ohne Beleg (RZ, 10.12.2008)
 d. Keine Strafe ohne Gesetz (St. Galler Tagbl., 29.05.2008)
 e. Kein Schüler ohne Lehrstelle (RZ, 22.05.2012)

Beispiele dieses Typs benennen einen allgemeingültigen Zusammenhang, der nicht als faktisch dargestellt wird, sondern als erwünscht. Es geht also um einen Zusammenhang, der erst noch herbeigeführt werden bzw. dessen Umsetzung als Handlungsleitlinie gelten soll. Darin ist impliziert, dass es sich hier wie in Fall 2 immer um einen kontingenten, also keinen notwendigen Zusammenhang handelt. Für Fall 3 muss die Allquantifikation durch einen modalen Operator erweitert werden, der sie in seinen Skopus nimmt, vgl. (12).

(12) DEONT($\forall x(P(x) \rightarrow Q(x))$)
 Es soll gelten: Für alle x: Wenn x die Eigenschaft P hat, hat x die Eigenschaft Q
 Beispiel: Für jedes x soll gelten: Wenn x ein Kind ist, dann bekommt x eine Mahlzeit

Was mögliche lexikalische Beschränkungen für N_1 und N_2 angeht, so sind solche kaum angebbar. Die einzige Restriktion scheint zu sein, dass es möglich sein muss, einen Zusammenhang zwischen N_1 und N_2 zu konstruieren. Da dieser Zusammenhang in der Konstruktion unterspezifiziert ist, hängt es im Prinzip nur von geeignetem Kontext- und Weltwissen, bzw. von der Phantasie einer Hörerin ab, inwiefern ein Zusammenhang möglich oder denkbar ist. Solches Wissen ist kaum beschränkbar. Es ist aber klar, dass sich die Bedeutung der eingesetzten Nomen in systematischer Weise auf den entstehenden Bedeutungstyp auswirkt.

Je nach eingesetzten Nomen wird auch die Wahrscheinlichkeit der Usualisierung als Sprichwort beeinflusst. Dabei kann man davon ausgehen, dass Aussagen über Zusammenhänge zwischen universellen Größen (Typ 1) auf mehr Situationen anwendbar sind und deshalb frequenter gebraucht werden als Aussagen über Zusammenhänge zwischen spezifischen Größen (Typ 2). Mit anderen Worten hätte eine Neubildung wie *Kein Baum ohne Wurzeln* eine größere Usualisierungswahrscheinlichkeit als eine Neubildung wie *Keine Brotbox ohne Hello-Kitty-Aufdruck*. Für politische Slogans vom Typ 3 ist ähnlich wie für Werbeslogans ebenfalls eine Usualisierung erwartbar, die aber stärker bestimmten Moden – bzw. Diskursen – unterworfen sein dürfte.

Mit der Angabe einer semantischen Grundbedeutung für die Konstruktion sowie einer genaueren Unterscheidung in semantische Subtypen hat man nun aber noch nichts darüber gesagt, welche Prozesse dazu beitragen, dass in einer gegebenen Verwendung einer Instanz von *Kein X ohne Y* eine bestimmte Bedeutung entsteht. Hier scheint es mir nicht zu genügen, wie das oft gemacht wird, einfach auf „den Kontext" zu verweisen. Vielmehr ist die Bedeutung der Konstruktion so stark unterspezifiziert, dass man von einer Interaktion mit kontextuellen Prozessen auf verschiedenen Ebenen ausgehen muss, und zwar so, dass der Kontext sowohl notwendig ist, um überhaupt die Proposition der Äußerungen zu bestimmen, als auch, um weitergehende Bedeutungen, wie Sprecherbewertungen und Illokution, zu erschließen. Die Frage, welche Bedeutungsanteile konventionell zur Konstruktion gehören, ist damit keineswegs trivial.

3.1 Proposition

Um die Proposition einer gegebenen Äußerung von *Kein X ohne Y* zu bestimmen, ist es zunächst erforderlich, dass Hörerinnen und Hörer die konkrete Relation zwischen P und Q inferieren. Welche konkrete Relation zwischen P und Q angenommen wird, ist nicht nur abhängig von der Semantik der in die Leerstellen eingesetzten Nomen, sondern auch von Weltwissen über die Konzeptklassen, die die Nomen bezeichnen. So ergibt sich beispielsweise für (13) eine lokale Relation, für (14) eine temporale Relation, für (15) eine lokal-temporale Relation ('während des Kinderfestes' und/oder 'im lokalen Bereich des Kinderfestes'), für (16) eine Bestandteil-Relation und für (17) eine Thema- oder Inhaltsrelation.

(13) a. Kein S-Bahnhof ohne Weihnachtsbaum (RZ, 09.12.2008)
   b. Kein Podium ohne Musikgruppe (SZ, 02.06.2014)

(14) a. Kein Samstag ohne Fußball im Radio (Zeit, 09.02.1996)
   b. Kein Monat ohne Brandanschlag (Zeit, 03.02.1989)

(15) a. Kein Kinderfest ohne Hüpfburg (Braunschw. Z., 05.05.2011)
   b. Kein Presseempfang ohne Lachs (Frankf. Rundschau, 03.05.1997)

(16) a. Kein Gurkensalat ohne Dill (Nordkurier, 10.03.2003)
   b. Keine Salami ohne Bakterien (Südostschweiz, 22.11.2012)

(17) a. Kein Satz ohne Pointe (SZ, 09.10.2002)
      b. Keine Nachrichtensendung ohne WM (Braunschw. Z., 16.06.2006)

N_1 muss dabei stets im Kontext von N_2 interpretiert werden. So wird im Kontext der in (18) gegebenen N_2-Belegung die ‚Institution'-Lesart von Schule selektiert, im Kontext der in (19) gegebenen N_2-Belegung dagegen die ‚Gebäude'-Lesart.

(18) Keine Schule ohne Leistungsdifferenzierung (taz, 29.06.2011)

(19) Keine Schule ohne Hakenkreuz-Geschmiere (RZ, 03.11.2006)

Wichtig ist zu sehen, dass hier nicht nur die lexikalische Bedeutung der Nomen mit der Konstruktionsbedeutung verrechnet wird, sondern dass diese Bedeutung weitere Wissensbestände aktiviert, die von Hörerinnen und Hörern eingebracht werden müssen, um die Relation festzulegen. So kann in (20) eine Relation HABEN (Kinder, Spielzeug) inferiert werden, in (21) dagegen liegt eine Relation HABEN (Eltern, Trauschein) nahe, obwohl von Eltern gar nicht explizit die Rede ist.

(20) Keine Kinder ohne Spielzeug (Südostschweiz, 23.12.2010)

(21) Keine Kinder ohne Trauschein (RZ, 27.09.1999)

Diese je unterschiedliche Inferenz basiert auf Weltwissen von Hörerinnen und Hörern, und sie ist kontextabhängig. Das sieht man z. B. daran, dass in einem entsprechenden Kontext, beispielsweise wenn von Kinder-Ehen die Rede wäre, die Äußerung *Keine Kinder ohne Trauschein* eine Lesart analog zu (20) erhalten könnte.

Auch die Modalität einer gegebenen Verwendung, also ob sie als faktisch oder normativ zu interpretieren ist, ist ein in der Semantik der Konstruktion unterspezifizierter Aspekt, der in Abhängigkeit von Welt- und Kontextwissen erschlossen werden muss. Dabei spielt insbesondere Wissen über gesellschaftliche Normen und Werte eine wichtige Rolle. So würde man *Kein Schulkind ohne Pausenbrot* präferiert normativ verstehen, i. S. eines gesellschaftlich erwünschten Zustands, während man *Keine Schule ohne Rauschgifthandel* faktisch auffasst. Ob eine normative Komponente enthalten ist oder nicht, lässt sich aber letztlich nur in Abhängigkeit von (kontextuell zu inferierenden) Sprecherintentionen festlegen.

Über die inferenzielle Bestimmung der Relation zwischen P und Q und die Erschließung der intendierten Modalität einer Verwendung hinaus ist es schließlich bei vielen Instanzen der Konstruktion, insbesondere bei solchen, die man Typ 1 zuordnen kann, notwendig, Metaphern aufzulösen bzw. eine Konkretisierung abstrakter Ausdrücke wie *Vorteil* oder *Nachteil* auf den gegebenen Kontext vorzunehmen, um ihre Proposition zu bestimmen. So lässt sich z. B. für das metaphorische *Keine Rose ohne Dornen* erst im Kontext festlegen, auf welche Zielkonzepte die Ursprungskonzepte ROSE und DORNEN bezogen sind. Im Kontext (22) ist das Konzept ROSE beispielsweise als ‚sofortige Abspielbarkeit der DVD-Camcorder-Filme' auszubuchstabieren, das Konzept DORNEN als ‚geringe Aufnahmekapazität der DVDs'.

(22) Wer mit den neuen DVD-Camcordern Filme dreht, kann sich diese sofort auf jedem DVD-Player anschauen. Anders als bei den alten Tapes müssen die Aufnahmen nicht mehr überspielt werden. Doch keine Rose ohne Dornen: Auf die Minisilberscheiben passen dafür nur zwischen 30 und 60 Minuten. (NEWS, 02.02.2006)

Eine Konkretisierung der Bedeutung muss auch bei bestimmten abstrakten, nicht-metaphorischen Ausdrücken wie *Kein Vorteil ohne Nachteil* erfolgen. Wie solche Ausdrücke zu interpretieren sind, lässt sich erst im Kontext festlegen, so zum Beispiel in (23) in der Art, dass das einfache Schalten mit minimalem Aufwand einen Vorteil, die Gefahr des versehentlichen Schaltens aber einen damit verbundenen Nachteil darstellt.[14]

(23) Durch Drehen des Griffs wird geschaltet. Auf den ersten Blick wirkt diese Idee sehr einleuchtend, weil die Hände ohnehin die Lenkergriffe umfassen, um sich festzuhalten und das Fahrrad zu steuern. Zum Schalten muß man also im wahrsten Sinne des Wortes keinen Finger krumm machen. Doch kein Vorteil ohne Nachteil: Hält der Fahrer sich allzu stark am Lenker fest, dreht er den Griff aus Versehen. (SZ, 22.01.1992)

---

14 Eine kontextuelle Konkretisierung der Nomenbedeutung ist für Verwendungen von Typ 2 und 3 normalerweise nicht notwendig. Dies hat damit zu tun, dass mit Ausdrücken von Typ 2 und 3 keine allgemeine Regel auf einen konkreten Fall angewandt, sondern eine bestimmte Regelmäßigkeit erst anhand eines konkreten Falles (ad hoc) konstatiert wird. Verwendungen von Typ 2 und 3 sind mit anderen Worten bereits sehr konkret. Dies zeigt sich oft an einem relativ hohen Spezifizitätsgrad der verwendeten Nomen. So finden sich hier häufig Nominalkomposita, die sehr spezifische Konzepte bezeichnen, vgl. z. B. *Kein Gewerbegebiet ohne Freßnapf-Megamarkt* (Zeit, 06.01.2011), *Keine Kreuzfahrt ohne Sicherheitsübungen* (MOPO, 19.07.2008), *Keine Volkshochschule ohne Creative-Writing-Kurse* (NZZ, 15.10.2005).

3.2 Sprechereinstellung und Illokution

Pragmatische Aspekte spielen nicht nur auf der Ebene der Propositionsbestimmung eine Rolle, sondern auch auf der Ebene der Bestimmung von Sprecherbewertungen und Illokutionen. Man kann hier einerseits davon ausgehen, dass die drei semantischen Subtypen ein je unterschiedliches kommunikatives Potential eröffnen, das konventionell mit dem entsprechenden Subtyp assoziiert ist. Andererseits ist klar, dass erst in einem konkreten Kontext, unter Einbeziehung von Sprecherintentionen und Hörererwartungen, festgelegt werden kann, welche Illokution eine Äußerung der Konstruktion hat.

Typ 1 scheint sich aufgrund seines Allgemeingültigkeitsanspruchs besonders für assertive Illokutionen zu eignen, die im Rahmen von Argumentationshandlungen vollzogen werden, z. B. erklären, beurteilen, rechtfertigen, anzweifeln oder bestreiten. Für argumentative Strategien des Abwägens von Pro und Contra eignen sich dabei insbesondere Beispiele wie *Keine Rose ohne Dornen, Kein Licht ohne Schatten, Kein Vorteil ohne Nachteil*. Mit solchen Äußerungen legen Sprecherinnen und Sprecher eine kommunikative Gewichtung von X und Y nahe, nach der X für eine bestimmte Entscheidung oder Situation als gewichtiger anzusehen ist als Y.

So gibt die Sprecherin in (24) zu verstehen, dass die Erhöhung der Klassenobergrenzen an Realschulen und Gymnasien eine weniger gewichtige Nebenkonsequenz aus der als wichtiger anzusehenden Senkung der Klassenobergrenzen in der Hauptschule – im Sinne einer Stärkung der Hauptschulen – ist. Die Äußerung fungiert damit als Rechtfertigung für die angekündigten unpopulären Maßnahmen.

(24) Wir wollen im Sinne einer weiteren Unterstützung der Hauptschule die Klassenobergrenzen an dieser Schulform um zwei Schülerinnen und Schüler auf maximal 26 senken. Damit setzen wir konsequent unseren Kurs zur Stärkung der Hauptschule fort. Meine Damen und Herren, keine Rose ohne Dornen. [...] Um alle diese Ziele umsetzen zu können, wollen wir folgende Maßnahmen ergreifen: Wir erhöhen die Klassenobergrenzen an den Realschulen und Gymnasien um zwei Schülerinnen und Schüler auf 32 und an den Integrierten Gesamtschulen auf 30. (Protokoll der Sitzung des Parlaments Landtag Niedersachsen am 20.11.2003 [S. 1842])

Ein Beispiel für eine problematisierende Argumentationshandlung mit einer Äußerung von Typ 1 gibt (25). Mit *Kein Rauch ohne Feuer* wird die Erklärung, es gebe keine Pläne, den jährlichen Abschlag zu verdoppeln, durch Gysi angezweifelt.

(25) Der Vorruhestand soll unattraktiver werden. Deshalb soll der jährliche Abschlag auf jedes Jahr früheren Rentenbeginns von heute 3,6 auf 6,7 Prozent fast verdoppelt werden. Ein Sprecher des Finanzministeriums erklärte, es gebe keine derartigen Pläne. „Kein Rauch ohne Feuer" sagte dagegen Linken-Fraktionschef Gregor Gysi. Ein halbseidenes Dementi aus dem Ministerium sei keineswegs beruhigend. Schäuble selbst müsse sich erklären und im Parlament Auskunft über den „unsozialen Horrorkatalog" geben, forderte Gysi. (MOPO, 23.12.2012)

Sprecherinnen und Sprecher können mit Äußerungen von Typ 1 aber auch nicht-assertive Illokutionen realisieren. Während im Kontext (26) mit der Äußerung von *Kein Genuss ohne Reue* das geschilderte Ereignis kommentiert wird, wird im Kontext (27) primär eine Warnung, und damit ein direktiver Sprechakt vollzogen.

(26) Kehrseite guten Wetters – Ostvorpommern. Kein Genuss ohne Reue: Urlauber, die während des Wochenendes das schöne Wetter auf Usedom genossen haben, fanden sich gestern auf der Rückreise im Stau vor Anklam wieder. FOTO: Denzel (Nordkurier, 05.05.2008)

(27) Viele Männer glauben immer noch, ein uneheliches Kind sei ein finanzielles Kavaliersdelikt. Aber kein Genuss ohne Reue: Uneheliche Kinder sind erbrechtlich mit anderen Kindern gleichgestellt und voll unterhaltsberechtigt. (Stern, 20.12.2000)

Wie die Beispiele zeigen, sind Äußerungen von Typ 1 häufig mit fatalistischen Sprechereinstellungen der Art ‚Das ist unvermeidbar', ‚Das muss man in Kauf nehmen' verbunden (vgl. z. B. [24], [26]). Dagegen gehen Äußerungen von Typ 2 oft mit einer kritischen Sprechereinstellung einher. Dies ist im Zusammenhang mit dem unterschiedlichen kommunikativen Potential von Typ 1 gegenüber Typ 2 zu sehen.

Äußerungen von Typ 2 dienen kommunikativ nicht dazu, bestimmte Sachverhalte mit Hilfe universeller Regeln zu erklären oder zu begründen, sondern dazu, einen bestimmten beobachtbaren Zusammenhang zu verallgemeinern, um ihn dann zu bewerten. Mit ihnen wird eine überzufällige Häufigkeit des Auftretens einer Sache Y im Rahmen von X konstatiert, ohne dass dabei X ein Haupt- und Y ein Nebengewicht zugewiesen würde. Sie eignen sich vor allem für assertive Sprechhandlungen im Rahmen von Kritikäußerungen. So verallgemeinert die Verfasserin der Filmkritik in (28) mit *Kein ZDF-Film ohne Küsse im Heu* die Beobachtung, dass sich im Film „Die Gustloff" eine heiße Romanze im

Pferdestall abspielt, auf alle ZDF-Filme, und gibt zugleich zu verstehen, dass sie die Omnipräsenz von Küssen im Heu in ZDF-Filmen störend oder bedauerlich findet.

(28) In weiten Teilen ist „Die Gustloff" zu einem fast shakespearesken Versteckspiel auf der Ostsee geraten. Vor den tödlichen Torpedotreffern jagt man viele Filmminuten lang durch die Schiffsflure, schlägt Kabinentüren zu und Hacken zusammen und verpasst sich knapp im Treppenhaus, wenn's gerade passt. Die Frage „Wo ist Erika?" beherrscht den ersten Teil, und zwischendurch gibt es gar eine heiße Romanze im Pferdestall. Kein ZDF-Film ohne Küsse im Heu („Wann sehen wir uns wieder?" – „Sobald ich kann"). (HAZ, 29.02.2008)

Etwas indirekter ist die Kritikäußerung in (29). Hier illustriert der Verfasser mit Hilfe der assertiven Sprechakte *Kein Hof ohne Hofladen, keine Kreuzung ohne Stau, kein Deich ohne Fahrradausflugsgruppe* die Kommerzialisierung des dörflichen Lebens im Alten Land, eine Entwicklung, die er in dem Artikel kritisiert.

(29) Im niedersächsischen Westerjork soll eine Familie Supermarkt-Marmelade als hausgemacht verkauft haben, nun steht sie vor Gericht Von Ralf Wiegand Hamburg – Die Bauern im Alten Land sind entzückt: Sonnenschein treibt die Kundschaft scharenweise auf die Obstplantagen. Kein Hof ohne Hofladen, keine Kreuzung ohne Stau, kein Deich ohne Fahrradausflugsgruppe. Clevere Landwirte stellen Plastikstühle auf und verkaufen zum selbst gepflückten Obst selbst gebackenen Kuchen und selbst gekochten Kaffee. Jedenfalls behaupten sie das auf Pappschildern am Zaun: selbst gemacht, selbst gekocht. [...] Doch die Idylle in Europas größtem zusammenhängenden Anbaugebiet für Obst täuscht ebenso wie der Spruch, wonach der dümmste Bauer die dicksten Kartoffeln ernte. Nein, es muss sich etwas einfallen lassen, wer vorn mitspielen will. (SZ, 12.07.2005)

In anderen Äußerungen von Typ 2 findet sich dagegen die mitausgedrückte (positive) Bewertung, dass der konstatierte Zusammenhang gerade das Wesen einer Sache ausmacht, dass ein X ohne Y also aus Sicht des Sprechers kein „richtiges" X wäre. So wird z. B. in (30) zum Ausdruck gebracht, dass eine Fußball-WM nur dann eine „richtige" Fußball-WM ist, wenn es auch Panini-Alben dazu gibt.

(30) Kicker zum kleben Keine Fußball-WM ohne Panini-Album – der Deutschland-Handel mit den begehrten Sammelbildern wird am Niederrhein organisiert Von Thomas Mersch Nettetal – Birgit Barner hat sie alle. Ganz locker

zieht sie das Panini-Sammelalbum der Bundesliga-Saison 2001/02 aus dem Regal und schlägt es wahllos auf. Auf einer Doppelseite ist der 1.FC Kaiserslautern verewigt: Mario Basler grinst im Kreis seiner Mitspieler. Ein paar Seiten weiter der Hamburger SV: die komplette Mannschaft um Jörg Albertz, blitzsauber eingeklebt. (SZ, 29.05.2002)

Hier gibt es fließende Übergänge zu einer normativen Interpretation: Wenn ein Zusammenhang als wesensbestimmend für eine Sache dargestellt wird, liegt es nahe, daraus einen normativen Anspruch abzuleiten, der Art, dass eine Sache genau so-und-so sein soll.

Das Beispiel *Kein Kinderfest ohne Hüpfburg* macht noch einmal die Kontextabhängigkeit der jeweils ausgedrückten Sprechereinstellung deutlich. Während mit dieser Äußerung im Kontext (31) eine abwertend-persiflierende Sprechereinstellung zur Proposition ausgedrückt wird, wird im Kontext (32) eine positive Sprechereinstellung der Art vermittelt, dass zu jedem guten Kinderfest eine Hüpfburg dazugehört.

(31) Wie konnte es bloß zu dem Gemeinplatz kommen, die Deutschen seien ein [...] zu Grämlichkeit und Abschottung neigender Schlag [...], null südliche Lebenslust, täppisches geselliges Talent? Alles Quatsch. Deutschland [...] feiert sich [...]. Kurzweil, Kurzweil lückenlos: kein Waldstück ohne Kiesgruben-, Wald-, Löschfest, „Beach-Party", Karibische Nacht, oder „Happy Hörbering". [...] Kein Arkadenhof ohne Quantz samt Tropfkerzen-Illumination (und anschließender „Verwöhnung mit regionalen Spezialitäten durch Cäcilie Freifrau von C. in unseren historischen Kellern".) Und kein Kinderfest ohne Hüpfburg. Wobei „Pfarrer Hans-Joachim Quasbarth persönlich die Tragerlrutsche ausprobierte", weiß dann das Heimatblatt. (SZ, 24.08.1998)

(32) „Für mich persönlich ist es die schönste Veranstaltung in unserem Terminkalender", stellt Manfred Walter, Vorsitzender von Helmstedt aktuell, heraus. Vorausgesetzt, das Wetter spielt mit. Denn fast alle Angebote finden draußen statt [...] Kein Kinderfest ohne Hüpfburg: Gelegenheit zum Toben haben die Kleinen in einer überdimensionalen Schnecke, gestellt von der Aktiven Meile auf der Kornstraße, sowie in einem riesigen Wal. „The Big Wally", so der Name der Hüpfburg auf dem Gröpernplatz, ist ein Angebot unserer Zeitung. (Braunschw. Z., 05.05.2011)

Das kommunikative Potential von Äußerungen von Typ 3 unterscheidet sich wiederum von Typ 1 und 2 darin, dass es v. a. direktive und kommissive Sprechakte umfasst, die im Rahmen von politisch-gesellschaftlichen Debatten angesiedelt sind, z. B. Forderungen, Wahlversprechen oder Handlungsleitlinien. Dieses kommunikative Potential ergibt sich aus der normativen Bedeutungskomponente der entsprechenden Äußerungen. Der in der Proposition benannte Zusammenhang zwischen X und Y wird dabei, auch dies als Resultat der normativen Bedeutung, in der Regel als erwünscht dargestellt.

So fordert die Sprecherin in (33) mit der Äußerung *Kein Abbruch ohne Abschluss*, dass auch Menschen mit einer abgebrochenen Ausbildung weitere Qualifikationschancen eröffnet werden sollen.

(33) Ein letzter wichtiger Bereich im Zusammenhang mit den Hochschulen ist für uns das lebenslange Lernen. Es muss gelten – das ist eine ganz entscheidende Zukunftsforderung –: Kein Abschluss ohne Anschluss. Ich würde sogar noch weiter gehen und sagen: Kein Abbruch ohne Abschluss. Jeder erreichte Abschluss muss die Möglichkeit eröffnen, sich weiter zu qualifizieren. Aber auch dann, wenn ein Abschluss einmal nicht erreicht werden konnte, darf es keine Sackgassen geben. Es muss vielmehr auch dann noch Wege geben, [...] auf denen man möglicherweise den nächsten Qualifikationsschritt erreichen kann. (Protokoll der Sitzung des Parlaments Landtag Niedersachsen am 22.12.2008 [S. 2956])

In (34) verweist der Sprecher in seinem Zitat „Kein Ausbau ohne Nachtflugverbot" auf ein Versprechen, das die Landesregierung mit dieser Äußerung abgegeben hat.

(34) Wenn Sie es ernst meinten mit Ihrer politischen Ankündigung [...], hätten wir am Ende die Situation, dass 3,3 Millionen DM oder Euro für eine neue Landebahn verbraten worden sind, die zwar fertig gestellt ist, aber nicht benutzt wird, weil sich die Landesregierung an ihr Versprechen „Kein Ausbau ohne Nachtflugverbot" gebunden fühlt. Wenn das der Sinn der Sache ist, haben wir es [...] mit einem historischen Schildbürgerstreich [zu tun], der uns wirtschaftspolitisch ins Haus steht. (Protokoll der Sitzung des Parlaments Hessischer Landtag am 13.06.2002)

Beispiel (35) zeigt hingegen, dass Äußerungen von Typ 3 nicht immer direktiv oder kommissiv sein müssen, sondern beispielsweise auch zur Begründung von Forderungen herangezogen werden können. In diesem Kontext hat *Keine Leistung ohne Gegenleistung* assertiven Charakter, als Formulierung für ein Grundprinzip menschlichen Handelns, das als Begründung der Forderung nach Strukturreformen dient.

(35) Die Diskussion zum Schuldenschnitt in Griechenland kommt zur Unzeit. Sie schwächt diejenigen Kräfte, die hinter dem Reformprogramm stehen, und stärkt jene, die Veränderungen infrage stellen. Was tun wir, wenn die Griechen versprochene Reformen weiter einfach nicht umsetzen? Der Umbau einer Wirtschaft dauert mindestens zehn Jahre, da braucht es Geduld. Aber keine Leistung ohne Gegenleistung: Daher muss Griechenland die Strukturreformen jetzt konsequent umsetzen. (RZ, 13.07.2013)

Insgesamt zeigen die hier angestellten Analysen, dass die Bedeutungskonstitution von Äußerungen, die auf der Phrasem-Konstruktion *Kein* X *ohne* Y basieren, äußerst komplex ist. Sie umfasst viel mehr als nur eine Verrechnung von Strukturbedeutung und lexikalischer Füllung. Sowohl auf der Ebene der Propositionsbestimmung als auch auf der Ebene der kommunikativen Funktionen spielen pragmatische Prozesse eine Rolle, durch die systematisch sprecher- und hörerrelatiertes Wissen in die Bestimmung der Äußerungsbedeutung eingebracht wird. In Termen der modernen Pragmatikforschung könnte man hier von Explikaturen und Implikaturen sprechen (vgl. z. B. Levinson 2000; Carston 2002). Vor diesem Hintergrund stellt sich die Frage, wie die Konstruktionsgrammatik das Verhältnis von Konstruktionen und Pragmatik theoretisch expliziert. Ich habe hierzu verschiedentlich Überlegungen angestellt (vgl. Finkbeiner 2017, Finkbeiner 2019, Finkbeiner 2021). Im Rahmen dieses Beitrags kann ich diese Frage nicht ausführlich diskutieren. Ich möchte abschließend aber kurz skizzieren, welchen Herausforderungen sich die Konstruktionsgrammatik dabei stellen muss.

4 Pragmatik und Konstruktionsgrammatik – Forschungsdesiderate

Das Grundproblem bei der Beschreibung pragmatischer Bedeutungsaspekte im Rahmen einer Konstruktionsgrammatik scheint mir darin zu liegen, dass nicht klar ist, welche Rolle die Pragmatik in der Konstruktionsgrammatik spielt. Dies betrifft einerseits den Kontextbegriff, für den Ziem & Lasch (2013) konstatieren:

> Trotz des Umstands, dass die Orientierung am Sprachgebrauch die Konstruktionsgrammatik zu einer kontextualistischen Sprachtheorie [...] werden lässt, wird der Kontext-Begriff nur selten reflektiert und problematisiert. (Ziem & Lasch 2013: 88)

Das Problem liegt m. E. aber nicht nur in dem unscharfen Kontextbegriff und der selektiven Berücksichtigung relevanter Kontext-Dimensionen in der Konstruktionsgrammatik. Das übergreifende Problem liegt darin, dass die Konstruktionsgrammatik einerseits keine klare Grenze zwischen Grammatik und Pragmatik zieht und andererseits keine klare Vorstellung dazu entwickelt hat, wie die Pragmatik mit der Semantik interagieren soll. Das heißt, es wird – entsprechend der dezidiert nicht-modularen Konzeption der Konstruktionsgrammatik – keine autonome Pragmatik-Komponente mit bestimmten, pragmatikspezifischen Prozessen und Kategorien angenommen, die systematisch mit der Grammatikkomponente interagiert. Stattdessen wird das „Konstruktikon" als Netzwerk sprachlichen Wissens in unsystematischer Weise je nach Bedarf mit pragmatischen Informationen angereichert, die bis hin zur Festlegung ganzen Diskurspatterns reichen (vgl. z. B. Östman 2005).

Die Konstruktionsgrammatik ist also durchaus an komplexen und vor allem gebrauchsbezogenen Bedeutungsbeschreibungen interessiert, in die neben semantischen auch verschiedene Arten von pragmatischen Aspekten Eingang finden können. Beispielsweise gibt es viele Konstruktionen, für die bestimmte illokutive Funktionen als Teil ihrer Bedeutungsseite beschrieben worden sind (vgl. z. B. Fillmore et al. 1988, Kay & Fillmore 1999). Die Frage ist aber, wieviel Pragmatik die grammatische Beschreibung einer Konstruktion verträgt. Besonders bei sehr reichhaltigen Bedeutungen besteht die Gefahr einer Überfrachtung der Grammatik mit pragmatischen Informationen. Wie die Analyse von *Kein X ohne Y* gezeigt hat, muss man sehr genau spezifizieren, wie Konstruktionen auf welchen Ebenen mit welchen kontextbezogenen Parametern interagieren, wenn man ihre Bedeutung angemessen erfassen will. Dies scheint in ökonomischer und flexibler Weise nur möglich, wenn man eine Vorstellung von verschiedenen Bedeutungsebenen hat, wie sie in modularen Modellen üblich ist (Bierwisch 1980).

So weist *Kein X ohne Y* so etwas auf wie eine konventionelle semantische Grundbedeutung, die mit der Bedeutung der eingesetzten Nomen verrechnet wird. Die Bestimmung der Proposition involviert aber zusätzliche pragmatische Anreicherungsprozesse (Explikaturen), die sich je nach Äußerungskontext unterscheiden. Die mitausgedrückten Sprecherbewertungen variieren ebenfalls je nach Kontext. Sie lassen sich als konversationelle Implikaturen auffassen, die nicht fest an die Konstruktion gebunden sind. Die illokutiven Potentiale sind zwar – in Abhängigkeit von der Festlegung der Propositionen – an die verschiedenen Subkonstruktionen gebunden, werden aber erst im Kontext konkretisiert. Ohne eine Vorstellung von den Prozessen, die an der konkreten Illokutionszuweisung beteiligt sind, lassen sich die entstehenden Illokutionen nicht erklären.

Es zeichnet sich hier somit als Desiderat konstruktionistischer Grammatiktheorien ab, genauer zu explizieren, wie das Verhältnis von Pragmatik zu Konstruktionsgrammatik beschaffen sein soll. Konstruktionen sind symbolische Repräsentationen, mit denen Sprecherinnen und Sprecher in der sprachlichen Interaktion Bedeutung erzeugen. In dem Maße, in dem Bedeutung erst in der Verwendung von Konstruktionen durch Sprecherinnen und Sprecher in bestimmten kommunikativen Situationen entsteht, sollten auch die in der modernen Pragmatik entwickelten einschlägigen Kategorien zur Analyse kontextabhängiger Bedeutung stärker in die konstruktionsgrammatische Theoriebildung einbezogen werden.

Literatur

Baayen, Harald & Rochelle Lieber (1991): Productivity and English derivation: a corpus-based study. *Linguistics* 29, 801–843.
Bierwisch, Manfred (1980): Semantic Structure and Illocutionary Force. In John R. Searle, Ferenc Kiefer & Manfred Bierwisch (Hrsg.), *Speech Act Theory and Pragmatics*, 1–35. Dordrecht: Reidel.
Carston, Robyn (2002): *Thoughts and Utterances. The Pragmatics of Explicit Communication*. Oxford: Oxford University Press.
Černyševa, Irina I. (1975): Phraseologie. In Marija D. Stepanova & Irina I. Černyševa (Hrsg.), *Lexikologie der deutschen Gegenwartssprache*, 175–230. Moskau: Verlag Hochschule.
d'Avis, Franz (2001): *Über ,w-Exklamativsätze' im Deutschen*. Tübingen: Niemeyer.
Dobrovol'skij, Dmitrij (2011): Phraseologie und Konstruktionsgrammatik. In Alexander Lasch & Alexander Ziem (Hrsg.), *Konstruktionsgrammatik III. Aktuelle Fragen und Lösungsansätze*, 111–130. Tübingen: Stauffenburg.
Feilke, Helmuth (2007): Syntaktische Aspekte der Phraseologie III: Construction Grammar und verwandte Ansätze. In Harald Burger, Dmitrij Dobrovol'skij, Peter Kühn & Neal R. Norrick (Hrsg.), *Phraseologie. Ein internationales Handbuch der zeitgenössischen Forschung* (HSK 18.1), 63–76. Berlin, New York: De Gruyter.
Fillmore, Charles J., Paul Kay & Mary Cc. O'Connor (1988): Regularity and idiomaticity in grammatical constructions: The case of *let alone*. *Language* 64, 501–538.
Finkbeiner, Rita & Jörg Meibauer (Hrsg.) (2016): *Satztypen und Konstruktionen*. Berlin, Boston: De Gruyter.
Finkbeiner, Rita (2008a): *Idiomatische Sätze im Deutschen. Studien zu ihrer Syntax, Semantik und Pragmatik und Untersuchung ihrer Produktivität*. Stockholm: Acta Universitatis Stockholmiensis.
Finkbeiner, Rita (2008b): Zur Produktivität idiomatischer Konstruktionsmuster. Interpretierbarkeit und Produzierbarkeit idiomatischer Sätze im Test. *Linguistische Berichte* 216 (4), 391–430.
Finkbeiner, Rita (2017): *Argumente hin, Argumente her*. Regularity and idiomaticity in German N *hin*, N *her*. *Journal of Germanic Linguistics* 29 (3), 205–258.
Finkbeiner, Rita (2019): Reflections on the role of pragmatics in Construction Grammar. *Constructions & Frames* 11, 2019 (Special issue "Pragmatics and Constructions").
Finkbeiner, Rita (2021): Konstruktionen an der Grammatik-Pragmatik-Schnittstelle. *Linguistische Berichte* 265 (1), 1–33.
Fleischer, Wolfgang (1982): *Phraseologie der deutschen Gegenwartssprache*. Leipzig: VEB Bibliographisches Institut.

Goldberg, Adele E. (1995): *Constructions. A Construction Grammar Approach to Argument Structure*. Chicago, IL: Chicago University Press.
Goldberg, Adele E. (2006): *Constructions at Work: The Nature of Generalization in Language*. Oxford: Oxford University Press.
Jacobs, Joachim (2008): Wozu Konstruktionen? *Linguistische Berichte* 213, 3–44.
Kay, Paul & Charles Fillmore (1999): Grammatical constructions and linguistic generalizations: The 'What's X doing Y?' Construction. *Language* 75, 1–33.
Levinson, Stephen (2000): *Presumptive Meanings: The Theory of Generalized Conversational Implicature*. Cambridge, Mass.: MIT Press.
Lohnstein, Horst (2000): *Satzmodus – kompositionell. Zur Parametrisierung der Modusphrase im Deutschen*. Berlin: Akademie.
Östman, Jan-Ola (2005): Construction Discourse. A prolegomenon. In Jan-Ola Östman & Mirjam Fried (Hrsg.), *Construction Grammars: Cognitive grounding and theoretical* extensions, 121–144. Amsterdam: Benjamins.
Recanati, François (2001): Open Quotation. *Mind* 110/439, 637–687.
Steyer, Kathrin (2013): *Usuelle Wortverbindungen. Zentrale Muster des Sprachgebrauchs aus korpusanalytischer Sicht*. Tübingen: Narr.
Steyer, Kathrin (2018): *Sprachliche Verfestigung. Chunks, Muster, Phrasem-Konstruktionen*. Tübingen: Narr.
Steyer, Kathrin & Annelen Brunner (2014): Contexts, Patterns, Interrelations – New Ways of Presenting Multi-word Expressions. *Proceedings of the 10th Workshop on Multiword Expressions (MWE)*. ACL Anthology. https://aclanthology.org/W14-0814.pdf
Ziem, Alexander & Alexander Lasch (2013): *Konstruktionsgrammatik. Konzepte und Grundlagen gebrauchsbasierter Ansätze*. Berlin, Boston: De Gruyter.

Günter Schmale
Zur Beschreibung syntaktischer Phänomene als Konstruktionen am Beispiel der Modalpartikel *denn*

Einleitung

Als Auslandsgermanist fallen einem die Probleme auf, die selbst ansonsten sehr kompetente DaF-Sprecher/innen mit der angemessenen Verwendung von Modalpartikeln des Typs *ja, denn, doch, eigentlich* usw. haben. Was von unnatürlicher Ausdrucksweise abgesehen sogar zu Kommunikationsproblemen führen kann, wenn französische Sprecher/innen ihre Äußerungen durch das „du-weißt-ja"-*ja* modalisieren, deren Gesprächspartner/innen den entsprechenden Sachverhalt jedoch nicht kennen können, oder durch *denn* auf ein stattgefundenes Ereignis Bezug genommen wird, das nicht stattgefunden hat. Dabei weisen DaF-Didakter/innen systematisch auf die Notwendigkeit der Vermittlung von Modal- oder Abtönungspartikeln (im Folgenden MPn) hin, um eine angemessene kommunikative Kompetenz des Deutschen herauszubilden.

> Ein wichtiges Lernziel im modernen Fremdsprachenunterricht ist die Fähigkeit, die Fremdsprache in Alltagssituationen angemessen und nach Möglichkeit korrekt zu gebrauchen. Daraus folgt, dass MPn (als typische „Gesprächswörter") auch gelernt werden sollten.
> (Heggelund 2001: 6)

Werner (2009) oder Busse (1992) halten modalpartikelfreies Deutsch sogar für „unnatürlich" bzw. „barsch, schroff oder apodiktisch".

> Man kann auch unter Ausschluss von Modalpartikeln Deutsch unterrichten, aber dies ist ein unnatürliches Deutsch. Doch man muss als Bedingung für den heutigen Fremdsprachen-Unterricht die Forderung stellen können, ein natürliches authentisches Deutsch zu vermitteln. Und in natürlich gesprochenem Deutsch von L1-Sprechern kommen eben viele Modalpartikeln vor.
> (Werner 2009: 4)

> Partikellose Sprache ist im Deutschen eindeutig als barsch, schroff oder apodiktisch markiert; wenn ausländische Deutschlerner oftmals ihre Verwunderung darüber kundtun, daß der Kommunikationsstil der Deutschen „zu sachlich", „krass unverbindlich" oder gar „unhöflich" sei, so ist dies ein Hinweis darauf, daß sie in ihrem Fremdsprachenunterricht den Partikelgebrauch nicht gelernt haben und ihnen damit die wichtigen kommunikativen Möglichkeiten fehlen, welche die Partikeln den Deutschen bereitstellen. Das Lehren von Partikeln ist aber trotz der Probleme der Bedeutungsbeschreibung, die ja auch Probleme der Bedeutungsvermittlung – und damit der Didaktik – sind, unbedingt notwendig, wenn

die Deutschlernenden ein nicht als „schroff" oder wenigstens eindeutig „unidiomatisch" markiertes Deutsch lernen sollen (mit allen negativen Folgen, die dies im sozialen Verkehr haben kann).
(Busse 1992: 39)[1]

Wenn dennoch die Vermittlung von MPn an DaF-Lerner/innen nur wenig Erfolg zu haben scheint, dann kann dies nur an einer unzureichenden Didaktisierung von *ja, denn, doch* usw. liegen. Geht man andererseits davon aus, dass – idealiter[2] – eine mehr oder weniger enge Beziehung zwischen linguistischen Erkenntnissen und didaktischen Ansätzen besteht,[3] so muss man schließen, dass das, was die Linguistik bereitstellt, entweder kommunikative Realität nicht angemessen abbildet oder aber von der Didaktik nicht adäquat umgesetzt wird. Die Untersuchung der beiden vorstehenden Thesen ist Gegenstand des vorliegenden Beitrags. Sie erfolgt am Beispiel der MP *denn*, die in didaktischen Abhandlungen als Grundform, die fast systematisch jegliche Frage begleiten kann, behandelt wird (vgl. Busse 2009: 3; cf. infra).

In einem ersten Schritt werden die Ergebnisse vorliegender linguistischer Studien zu MPn im Allgemeinen und zu *denn* im Besonderen dargestellt (Abschnitt 2), im Anschluss daran Arbeiten zur Didaktik des Erwerbs und der Vermittlung von MPn (Abschnitt 3). Vorwegnehmend, dass Formen und Funktionen der MP-Verwendung bisher unzureichend Gegenstand empirischer Analysen waren, werden im zentralen Punkt 4 auf der Grundlage des *Forschungs- und Lehrkorpus Gesprochenes Deutsch* (FOLK) des IDS Mannheim quantitative Erhebungen zur Frequenz bestimmter *denn*-Konstruktionen präsentiert. Im Vorspann dieses Hauptpunktes wird das der Beschreibung von *denn*-Strukturen zugrunde liegende Verständnis des Konzeptes „Konstruktion" skizziert. Im abschließenden Punkt 5 werden Überlegungen zur didaktischen Relevanz der herausgearbeiteten *denn*-Konstruktionen angestellt.

---

[1] Busse präsentiert i.F. allerdings eine sehr differenzierte Sichtweise (cf. infra). – Vgl. auch Montag (2014) oder Patrukhina (2019) zur Forderung nach (früher) MP-Vermittlung im FS-Unterricht.

[2] Auf die Darstellung einer FS-Didaktik ohne linguistische Grundlagen muss hier verzichtet werden.

[3] Es liegt auf der Hand, dass didaktische Theorien zum Fremdsprachenlernen, i. e. die Grammatik-Übersetzungs-Methode, direkte Methode, audiolinguale/-visuelle Methode, kommunikative Didaktik usw. mit einiger zeitlicher Verzögerung von linguistischen und lernpsychologischen (neuen) Theorien, aber auch von gesellschaftspolitischen Veränderungen angestoßen wurden. So kann man nur hoffen, dass auch Konversationsanalyse und Konstruktivismus i.w.S. schon bald die FS-Didaktik beflügeln bzw. zur empirischen Fundierung beitragen werden.

2 Zur linguistischen Untersuchung von Modal- oder Abtönungspartikeln

Krivosonov (1977/1963), Autor der ersten Studie deutscher MPn, ordnet Abtönungspartikeln bzw. MPn der Klasse der Synsemantika mit Morphemcharakter zu, da sie seiner Meinung nach keinerlei Einfluss auf den propositionalen Gehalt der sie beherbergenden Äußerung ausüben.[4] Selbst wenn – oder vielleicht gerade weil – Reiners (1967) MPn als „Läuse im Pelz der Sprache" (Reiners 1967: 340) bezeichnete,[5] wurden diese durch die grundlegende Studie Weydts (1969) zum Untersuchungsgegenstand der germanistischen Linguistik und in Folge, um nur einige der inzwischen äußerst zahlreichen Arbeiten zu nennen, von Weydt & Hrsg. (1977, 1979, 1981, 1983, 1989 usw.), Hentschel & Weydt (1983), Hentschel (1986), Helbig, (1988), Meibauer (1994), Thurmair (1989, 1991, 2014), Diewald (2007) erforscht, wobei für den Ansatz des vorliegenden Aufsatzes die konversationsanalytisch-korpusbasierte Untersuchung zur MP *denn* Arnulf Deppermanns (2009) am weitaus relevantesten ist.

Es kann im vorliegenden Beitrag allerdings nicht darum gehen, die verschiedenen vorstehend erwähnten Ansätze im Einzelnen nachzuzeichnen, vor allem nicht darum, diese vom heutigen Forschungsstand her zu kritisieren, sondern allein darum, sie in ihrem Nutzen und Wert für eine didaktisch relevante Darstellung von MPn i. A. und von *denn* i.B. zu bewerten und Lehren aus den zugrundeliegenden Analyseansätzen und -ergebnissen zu ziehen. Dazu muss eine Beschränkung auf einige zentrale Punkte erfolgen:

- Der Großteil der erwähnten Arbeiten beruht auf erfundenen und/oder isolierten Beispieläußerungen,[6] die trotz des Hinweises auf die zentrale Rolle des Kontextes ohne Berücksichtigung vorausgehender und nachfolgender Aktivitäten – intuitiv – isoliert analysiert werden. Thurmair (1991) untersucht *denn* in Fragesätzen zwar auf der Grundlage eines Korpus authentischer Telefongespräche, dies aber rein quantitativ (cf. infra), so wie Gutzmann & Turgay (2016) die *Stellung* von MPn.

---

[4] Siehe dazu auch Helbig (1988), der davon ausgeht, dass Partikeln keine lexikalische Bedeutung besitzen.
[5] Später von Eisenberg (2006) als „inhomogene Restklasse" (Eisenberg 2006: 106) aufgrund der nicht lösbaren Abgrenzungsprobleme zu anderen nicht flektierbaren Lexemklassen (Adverbien, Konjunktionen, Präpositionen) bezeichnet. Weydt (1969: 21) erwähnt, dass MPn als „sinnlose Einschiebsel" oder „Flickwörter" angesehen werden.
[6] Zudem z. T., wie bei Métrich & Faucher (2009), auf schriftlichen Texten mit allenfalls sekundärer Mündlichkeit.

– Der Begriff der „Abtönungspartikel", selbst wenn er inzwischen fast durchgängig durch „Modalpartikel" ersetzt wurde, verstellt den Blick darauf, dass MPn zwar immer „tönen", um mit Zifonun, Hoffmann & Strecker (1997: 905) zu sprechen,[7] aber längst nicht immer „*ab*-tönen" im Sinne von ‚abschwächen' oder ‚in der Intensität reduzieren', sondern sehr häufig auch „*hoch*tönen", d. h. die illokutionäre Kraft einer Äußerung verstärken.
– Bisher vorliegende Studien konzentrieren sich meist auf syntaktische Aspekte der MP-Verwendung: sie sind unflektierbar, besitzen einen Äußerungsskopus und Polyseme oder Homonyme in anderen Wortarten, sind nicht erfragbar oder negierbar, können nicht in initialer Position, aber auch nicht in beliebiger Position im Mittelfeld stehen, sind nur sehr bedingt mit anderen Äußerungselementen kombinierbar; und die Gastäußerung wird beim Weglassen weder ungrammatisch noch verändert sich der propositionale Gehalt, wohl aber der jeweilige Illokutionstyp (vgl. Werner 2009: 16).
– Auch wenn man i. d. R. die Relevanz des Kontextes unterstreicht[8], wird in den vorgelegten Analysen die pragmatische Perspektive vernachlässigt, häufig nur aus semantischer Perspektive darauf hingewiesen, dass MPn im Gegensatz zu Autosemantika nicht auf -Gegenstände und Sachverhalte der außersprachlichen Wirklichkeit referieren.

Die skizzierten Voraussetzungen bisheriger Analysen haben Erkenntnisse zur Folge, die den tatsächlichen interaktiven Gebrauch (vgl. Deppermann 2009; Abschnitt 2.2) von MPn nicht widerspiegeln und infolgedessen auch nicht die Grundlage für eine erfolgreiche Didaktisierung bilden können. Hier sind insbesondere folgende Punkte zu nennen, abgesehen davon, dass man nichts über die didaktisch hochrelevante Gebrauchsfrequenz der MP-Konstruktionen erfährt:
– Wie bei Thurmair (1991; cf. infra) erwähnt, werden MPn Funktionen zugeschrieben, die Äußerungen auch ohne die jeweilige MP haben könnten.[9] So meint Hentschel (1986: 4), dass die MP *vielleicht* und *aber* Erstaunen zum Ausdruck bringen können.[10] Als Beispiele nennt sie *Die Kollegen haben vielleicht gestaunt!* und *Das ist aber schön!* (Hentschel 1986: 4). Im ersten Fall

---

[7] In der IDS-Grammatik wird zurecht darauf hingewiesen, dass der Begriff „Tönungspartikel" angemessener wäre.
[8] Bei Busse (1992: 45) werden MPn als „Kontextualisierungsanweisungen", bei Heggelund (2001: 255) als „indexikalische Ausdrücke" bezeichnet.
[9] Dies trifft auch auf Funktionen zu, die Schanen & Confais (1989: 515, 519) *denn*-Fragen zuschreiben, die diese auch ohne *denn* hätten.
[10] Vgl. auch Busse (1995: 55), der rät, „quasi-psychologische Beschreibungen" wie „Erstaunen oder Überraschung ausdrücken" zur Erklärung zu verwenden.

bringt allein das Verb die Proposition *staunen* zum Ausdruck; im zweiten könnte *aber* bei entsprechender Intonation und Akzentuierung, die jedoch auch im Falle der *denn*-Realisierung vonnöten ist,[11] entfallen. Auch der Ausdruck eines *Vorwurfes* – ¤*Bist du (denn) wahnsinnig?*[12] – könnte problemlos ohne die MP *denn* auskommen. Ebenso können Fragen, die auf Begründungen oder Erklärungen abzielen, auf *denn* verzichten, bspw. ¤*Hast du ihn (denn) gefragt?* oder ¤*Wann kommst du (denn)?* In all diesen Fällen verstärken MPn die Illokution der getroffenen Aussage und stellen im Falle von *denn* die Verbindung zu vorausgehenden Aktivitäten her, sind folglich allein in sequentiell zweiter Position denkbar.

- Andererseits gibt es Äußerungen, die ohne die MP *denn* nicht möglich sind; das von der bisherigen Forschung stipulierte syntaktische Charakteristikum, wonach MP für die Lebensfähigkeit der Gastäußerung nicht obligatorisch sind, wird so falsifiziert. Dies gilt für Nachfrage-Konstruktionen vom Typ <w-Fragepronomen + (betontes) °*denn*> im Anschluss an ein negiertes Informationselement oder <w-Fragepronomen + (unbetontes) *denn*> im Hinblick auf die Vervollständigung einer Information. Auch in vorgefertigten Formeln vom Typ ¤*Na, gibt's denn so was?* oder Wunschsätzen wie ¤*Wenn sie doch käme!* sind die jeweiligen MPn unverzichtbar.[13]

- Die häufig angenommene Funktion des Ausdrucks von *Freundlichkeit* durch *denn*, bspw. bei Hentschel & Weydt (1983)[14] oder bei Kemme (1979), trifft nur in Ausnahmefällen zu. Dies kann der Fall sein, wenn man ein Kind mit entsprechender Prosodie und Körpersprache[15] ¤*Na, wie heißt du denn?* fragt, aber nicht gegenüber einem Erwachsenen, wo eine dominante oder übergeordnete, hierarchische Position interpretiert werden könnte, die eher das Gegenteil von *Freundlichkeit* ausdrücken würde. Die Vorliebe von Lehrbuchautoren (cf. infra, Abschnitt 3.1) für prinzipielle *denn*-Fragen ist deshalb ungerechtfertigt.

- In die gleiche Richtung geht auch die Aussage, dass MPn „[...] nicht der Darstellung eines Sachverhalts [dienen], sondern [...] die emotionale Haltung

---

[11] Darauf weist ja das Ausrufezeichen hin. Bei fehlender entsprechender Intonation könnte der Satz sonst auch *Ironie* ausdrücken.
[12] Das Sonderzeichen ¤ kennzeichnet Äußerungen, die zu Darstellungszwecken erfunden wurden.
[13] Ebenso in den von Pittner (2007) behandelten „*doch*-Kausalsätzen", z. B. „Wenn die Stunde nur/doch/bloß schon zu Ende wäre!" oder „Wäre die Stunde nur/doch/bloß schon zu Ende!" (Pittner 2007: 81), in denen die MP folglich eine im Rahmen der Linearisierung zentrale syntaktische Funktion übernehmen.
[14] Weydt (2003) liefert allerdings eine kritische Diskussion dieser Annahme. Siehe auch Thurmair (2014: 4).
[15] *Denn* drückt also keinesfalls *allein* eine empathische Haltung aus.

des Sprechers zum Gesagten [kennzeichnen]" (Zellweger 1982: 39), die zentrale KONNEX-Funktion von MPn vernachlässigt und Emotionalität[16] des Sprechers mit der Herstellung oder Aufrechterhaltung von Reziprozität zwischen den Interaktanten verwechselt (cf. infra).
- Ähnlich Heggelunds (2001) Behauptung, *Akzeptabilität* sei wichtiger als *Verständlichkeit* einer MP-Äußerung, dabei geht es bei *denn* (cf. Abschnitt 2.2) doch gerade um die gemeine Organisation des Verstehens als zentrale Aufgabe der Interaktionskonstitution (vgl. Deppermann; Abschnitt 2.2).
- Generell fehlen Informationen zur Multimodalität der Verwendung von MPn, insbesondere zur Körpersprache, zur sozialen Beziehung der Interaktanten, des Kontextes, wenn auch gelegentlich auf die Wichtigkeit der Intonation hingewiesen wird (z. B. bei Busse 1992: 52 oder Thurmair 2014: 3). Dabei meint Heggelund (2001):

> Ich bezweifle, dass eine MP allein in der Lage ist, den jeweiligen Illokutionstyp oder die jeweilige Illokutionstypvariante anzuzeigen. In der Regel scheinen andere Indikatoren zugleich im Spiele zu sein, wie Akzentuierung, Stimmfarbe, Körperbewegungen und Kontext. In diesem Bereich wäre mehr Forschung durchaus wünschenswert. (Heggelund 2001: 4)

Dies sind nur einige der Auswirkungen einer nicht-empirischen und nicht-interaktionalen Herangehensweise an die Analyse der MP-Verwendung und ihrer Funktionen. Im Anschluss an von Thurmair (1991) beschriebene *denn*-Funktionen (Abschnitt 2.1) und interaktionale Eigenschaften von *denn* bei Deppermann (2009) (Abschnitt 2.2) werden im Punkt 3 gängige Didaktisierungskonzepte von MPn i. A. und von *denn* i.B. diskutiert.

2.1 *denn* in Fragesätzen (Thurmair 1991)

Thurmair (1991) untersucht die Verwendung der MP *denn* in *w*-Fragen und *ja/nein*-Entscheidungsfragen mit dem Ziel, eine einzige zentrale Funktion für alle denkbaren Funktionen von *denn* in Fragesätzen zu beschreiben. Anders als andere frühe Arbeiten geht sie korpusbasiert vor[17] und erfasst sämtliche Frage-Äußerungen mit *denn* ihres Korpus. Wie schon frühere Studien (und auch Deppermann; cf. infra) kommt Thurmair zu dem Ergebnis, dass die Grundfunktion von *denn* in beiden

---
16 Diese wird durch ein multimodales Faktorenbündel zum Ausdruck gebracht.
17 Auf der Grundlage von Brons-Alberts' (1984) *Telefondialogen*. Erst Gutzmann & Turgay (2016) gründen ihre Untersuchung zur Stellung von *denn* in Äußerungen des gesprochenen Deutsch dann wieder auf ein größeres Korpus von 1890 Minuten aufgezeichneter Unterrichtsstunden.

Fragetypen darin besteht, die entsprechende Äußerung in den Interaktionszusammenhang einzubinden, so

> daß ein Konnex zum Vorgängerbeitrag bzw. zu Folgerungen oder Implikaturen aus diesem oder allgemeiner zu Aspekten der Gesprächssituation hergestellt wird. [...] *Denn* dient also dazu, anzuzeigen, daß der Anlaß für die Frage direkt in der aktuellen Kommunikationssituation liegt. (Thurmair 1991: 378)

Anders als andere Studien (cf. supra und infra) schreibt Thurmair *denn*, das häufig enklitisch als '*n* realisiert wird,[18] keine Spezialfunktionen wie den Ausdruck von Erstaunen oder Überraschung oder die Forderung nach Begründungen oder Erklärungen zu, die die jeweiligen Fragen auch ohne die MP innehaben. Vielmehr gehe es einfach nur darum zu signalisieren, „daß eine Frage eine Standardfrage, d. h. eine unmarkierte Frage ist" (Thurmair 1991: 379).

> Unter einer Standardfrage verstehe ich in Anlehnung an Searle eine Äußerung, mit der der Sprecher einen Informationsmangel anzeigt, den er beheben will, und mit der er den Hörer, der über diese Information verfügt, auffordert, ihm diese zu geben. Hinzu kommt [...], daß die Frage im gegebenen Kontext kohärent sein muss (Thurmair 1991: 379).

Im verwendeten Korpus ist die Zahl von *w*-Fragen mit und ohne *denn* gleich groß. Ausgehend von der Beobachtung, dass bei einer *denn*-Verwendung einfach nur das Merkmal <KONNEX> zutrifft, bei nicht-*denn*-Auftreten jedoch weitere Charakteristika – Einleitung eines Themenwechsels; in rhetorisch-stereotypen Fragen oder festen Wendungen; in Fortsetzungsfragen oder zur „reinen" Informationserlangung – zu konstatieren sind, schließt Thurmair darauf, dass letztere markiert sind, *denn*-Fragen dagegen unmarkiert, kurz: der Normalfall der *w*-Frage (vgl. Thurmair 1991: 379–382).

> *w*-Fragen mit *denn* dagegen sind unmarkiert, insofern es sich um (kohärente) Fragen im Interaktionszusammenhang handelt, mit denen der Sprecher eine Informationslücke anzeigt und mit denen er den Hörer, von dem er annimmt, daß dieser die Antwort kennt, auffordert, ihm diese Antwort zu geben. – Also der klare Standardfall von Frage, nicht mehr und nicht weniger. (Thurmair 1991: 382)

Unterstützt wird diese Feststellung dadurch, dass 33% der Fragen ohne *denn* keine Antwort erhalten, gegenüber nur 10% der Fragen mit der MP *denn*.

In *ja/nein*-Fragen tritt *denn* sehr viel seltener auf; in der Tat stehen 116 Entscheidungsfragen ohne *denn* 22 mit der MP gegenüber (Thurmair 1991: 383). Die in der Forschung neben der KONNEX-Markierung stipulierten Funktionen der

---

[18] Das enklitische *n* wird lt. Gutzmann & Turgay (2016: 17) allerdings signifikant früher als die Vollform linearisiert.

Forderung nach Begründung, Erklärung, Voraussetzung bzw. des Ausdrucks von Erstaunen oder Überraschung bewertet Thurmair zurecht wie folgt (cf. supra):

> Was hier der Modalpartikel *denn* als Funktion zugeschrieben wird, liegt keineswegs an *denn*, sondern läßt sich auf die Eigenschaften einer in die Interaktion eingebundenen Entscheidungsfrage zurückführen. Tatsächlich zeigt auch die Analyse der Entscheidungsfragesätze im Korpus, daß bei den Fragen mit *denn* in etwa 60% der Fälle nach einer Begründung, Erklärung oder Voraussetzung für den Vorgängerzug gefragt wird, bei Fragen ohne *denn* sind es aber 81% [...]. Es ist also sicher nicht die Funktion von *denn* anzuzeigen, daß nach einer Begründung etc. gefragt wird. (Thurmair 1991: 384)

Thurmair hält deshalb als Fazit ihrer korpusbasiert-quantitativen Studie fest:

> *Denn* dient in beiden Fragetypen lediglich dazu, anzuzeigen, daß es sich um eine im Kontext kohärente Standardfrage handelt. In den Standard-w-Fragen ist *denn* ein (fast) obligatorischer Frageanzeiger; in Entscheidungsfragen ist *denn* dagegen fakultativ und gleicht in dieser Hinsicht der steigenden Intonation. (Thurmair: 1991: 385–386)

Es fragt sich, ob Thurmairs (1989) Behauptung, die Funktion von *denn* reduziere sich darauf, als reiner Frageanzeiger, als unspezifische Fragepartikel (vgl. Thurmair 1991: 167, 170) zu dienen, nicht dafür verantwortlich sein könnte, dass Fragen in Lehrbuchdialogen fast ausnahmslos *denn* enthalten, selbst wenn sie keinen KONNEX markieren (siehe dazu die reproduzierten Dialoge unter Punkt 3 des vorliegenden Aufsatzes).

2.2 Interaktionale Eigenschaften der MP *denn* in Fragen

Im Gegensatz zu den vorstehend skizzierten nicht-empirischen und/oder vom Kontext abstrahierenden Untersuchungen erfolgt bei Deppermann (2009) eine in streng konversationsanalytischer Mentalität ausgeführte korpusorientierte Studie der interaktionalen Eigenschaften der MP *denn* in Fragekonstruktionen. Der Autor stützt sich dabei auf Sequenzen aus Gesprächstranskriptionen der *Datenbank für Gesprochenes Deutsch* des IDS Mannheim,[19] in denen *denn*-Funktionen nicht *quantitativ*, sondern in ihrem sequentiellen Ablauf in Kategorien der Interaktionsbeteiligten *qualitativ* herausgearbeitet werden. So verfügt man zwar in didaktischer Perspektive nicht über die im Korpus frequentesten *denn*-Konstruktionen, erhält aber Kenntnis der *tatsächlichen Funktionen* dieser MP, was im Anschluss an die dargestellten nicht-interaktionalen Ansätze nicht bzw. nicht vollumfänglich

---

19 https://dgd.ids-mannheim.de/dgd/pragdb.dgd_extern.corpora?v_session_id=66914812A2E502C-CF1667909 ABE79626 (26/09/2019); daraus die Korpora SG, OS, GF, BR, FR, DS, PF.

der Fall war. I.F. werden deshalb die von Deppermann dargestellten interaktiven Funktionen von *denn* umrissen.

Deppermann verortet zunächst MPn im Paradigma der Mittel zur Lösung rekurrenter kommunikativer Aufgaben, für die sich sedimentierte Lösungen herausgebildet haben.

> Eine Klasse solcher rekurrenter Aufgaben für GesprächsteilnehmerInnen besteht darin, dass sie anzeigen müssen, wie sie einander verstehen. Diese Aufgabe der Verstehensdokumentation [...] betrifft unterschiedliche, regelmäßig in Gesprächen auftretende Verstehenskonstellationen: Zu signalisieren ist z. B. bereits erreichtes, nicht erreichtes, revidiertes, unsicheres oder den eigenen Intentionen nicht entsprechendes Verstehen. Die hier vorgelegte Untersuchung zur Verwendung von *denn* in Gesprächen steht im Kontext der Erforschung solcher Verfahren der Dokumentation von Verstehen. (Deppermann 2009: 23)

MPn und Diskursmarker haben in diesem Rahmen die Aufgabe, rekurrente Verstehenskonstellationen zu indizieren: Unterstellung von geteiltem Wissen (*ja, eben, halt...*), Erwartungsdiskrepanz oder Überraschung (*doch, auch*), revidiertes Verständnis (*aha, ach so*) oder Interpretationsunsicherheit (*vielleicht, wohl*). Angesichts der Tatsache, dass sich diese Elemente auf „hochgradig kontextspezifische Konstellationen und Sachverhalte" beziehen, ist ihre Bestimmung äußerst schwierig (vgl. Deppermann 2009: 23), was an den nicht konversationsanalytisch ausgerichteten Arbeiten erkennbar ist.

Laut Deppermann hat die MP *denn* gleichzeitig eine organisatorische und eine epistemische Funktion im Rahmen der Interaktionsorganisation. Durch die MP *denn* wird angezeigt, „dass eine Frage durch den vorangehenden interaktiven Kontext motiviert ist und dass aus diesem Kontext für die Adressatin die Verpflichtung erwächst, dem Sprecher die erfragte, verstehensnotwendige Information zu liefern" (Deppermann 2009: 23). So wird über die Unterstellung geteilten Wissens die Beteiligungspflicht des Interaktionspartners im Rahmen eines unterstellten gemeinsamen „Projekts" aufgerufen und die konditionelle Relevanz für eine Folgeaktivität des Partners verstärkt. *Denn* zeigt somit eine „epistemische Haltung"[20] an, durch die der Sprecher seine eigene Frage legitimiert und in ihrem Wahrheitsgehalt bewertet, gleichzeitig aber auch einen Kooperationsappell an den Partner abgibt, der unterschiedliche Stärke- oder Verpflichtungsgrade besitzen kann.

Deppermann arbeitet im Anschluss folgende Punkte heraus:
- *Denn* kommt fast ausschließlich in *direkten* Fragen vor, *indirekte* sind äußerst selten, hauptsächlich in Ergänzungsfragen mit *w*-Pronomen, seltener in *ja/*

---

[20] *Epistemische Modalität* bezeichnet den Grad der Sicherheit bzw. Unsicherheit, den ein Sprecher der in seiner Äußerung ausgedrückten Proposition zuschreibt.

nein-Entscheidungsfragen, aber nie in Deklarativsatzfragen, aber als Exklamation mit Fragesyntax *(»Bist du denn wahnsinnig?)* (Deppermann 2009: 25).
- *Denn* fungiert als Konnektor, der den aktuellen Turn mit – meist direkt, aber auch situational – vorausgehenden Aktivitäten verknüpft, sich in Ausnahmefällen auch auf Äußerungen der Frageproduzenten selbst bezieht (Deppermann 2009: 28).
- Als Verfahren der Verstehensdokumentation signalisiert *denn*, dass der Produzent dem Partner „Präzisierungswissen" unterstellt, dieser folglich über den behandelten Sachverhalt über zusätzliches, für die Bewältigung der vorgängigen Aktivitäten relevantes Wissen verfügt.

Dies scheint ganz generell die retrospektive diagnostische Funktion von *denn* zu sein, [...]. (Deppermann 2009: 30)

Der Fragende zeigt an, dass er nun einen Aspekt erfragt, hinsichtlich dessen die Adressatin nach dem, was sie bisher gesagt hat, auskunftsfähig sein müsste. Denn ist also nicht nur ein Konnektor, sondern auch eine epistemische und normative Partikel. (Deppermann 2009: 31)

- Gleichzeitig markiert *denn* das unterstellte geteilte Wissen (den „common ground").
- *W*-Ergänzungsfragen mit *denn* beziehen sich auf die Wissenselemente als Teile der vorausgehenden Partneräußerung, die der Produzent für die Fortsetzung des „joint project" relevant setzt; *ja/nein*-Entscheidungsfragen bieten dagegen ein Wissenselement dem Partner zur Ratifikation an, „erfragen also deren Wahrheit aus Sicht der Partnerin" (Deppermann 2009: 32–33).
- Deppermann arbeitet schließlich folgende Handlungstypen von *denn*-Äußerungen heraus:
    - Formulierung von – offener oder impliziter – Kritik, Vorwürfen, Klagen, Ungeduld;
    - Reparatur-Initiation, wenn die Vorgängeräußerung nicht die erwarteten Informationen enthält;
    - Einladung an die Partner/in, das vorgängige Thema weiter auszuführen (Deppermann 2009: 34).

In Abgrenzung zur bisherigen MP-Forschung, die *denn* Bedeutungen wie den Ausdruck eigener Betroffenheit, von Freundlichkeit oder Höflichkeit, aber auch von Überraschung, Erstaunen, Ungeduld oder Vorwürfe zuschreiben, d. h. von Einstellungen, die meist auch ohne *denn* kommuniziert werden, definiert Deppermann folgende Grundfunktion:

> In diesem Beitrag wird die These vertreten, dass *denn*-Fragen indizieren, dass bekannt ist, dass die Partnerin die Verpflichtung hat, weitere verstehensnotwendige Informationen, die aufgrund des retrospektiven Kontexts nötig geworden sind, aber noch nicht vorliegen, zu liefern. (Deppermann 2009: 42)

> [...] Auf denn-Fragen bezogene accounts haben also zumindest primär nicht die Funktion, die Frage als solche erst verständlich und legitim zu machen, sondern sie dienen der Eingrenzung der präferierten bzw. möglichen Antwortalternativen. (Deppermann 2009: 46)

> Die retrospektive Verknüpfungsfunktion von denn in Fragen impliziert also unmittelbar ihre initiative und prospektive Funktion. M.a.W: Mit denn wird die interaktive Vergangenheit als Motiv benutzt, um die interaktive Zukunft zu projizieren. (Deppermann 2009: 49)

Im folgenden Abschnitt 3 wird nun die gegenwärtige Position der DaF-Didaktik zu *denn*-Formen und *denn*-Funktionen umrissen.

3 Didaktik der Vermittlung und des Erwerbs von MPn

Wie in der Einleitung des vorliegenden Beitrages erwähnt, bestehen didaktische Abhandlungen zu MPn fast ausnahmslos auf deren Erwerb als absolute Notwendigkeit bei der Herausbildung einer angemessenen DaF-Kompetenz (z. B. Werner 2009: 10–11 oder Busse 1992: 39).

> Die Vermittlung wenigstens der häufigsten deutschen Partikeln ist im DaF-Unterricht wegen der wichtigen kommunikativen Funktion, die sie vor allem in der mündlichen Alltagssprache haben, unbedingt notwendig. (Busse 1992: 56)

Bei der Didaktisierung werden allerdings i.d.R. die oben dargestellten „frühen" linguistischen Ergebnisse zugrunde gelegt (cf. Abschnitt 2), die an der Gebrauchsrealität von MPn in mündlich-dialogischer Kommunikation meist vorbeigehen. Ohne an dieser Stelle noch einmal die einzelnen Punkte aus didaktischer Perspektive zu beleuchten, soll hier nur folgender Tatbestand festgehalten werden: Von der zentralen KONNEX-Funktion abstrahierend, scheint man davon auszugehen, dass MPn generell Äußerungen *ab*-tönen, diese höflicher, freundlicher, auch idiomatischer machen, was dazu führt, dass man bspw. *ja* oder *denn* für beliebig einsetzbar bzw. sogar für unerlässlich hält.

> Die Modalpartikeln sind bei der Blickrichtung Deutsch → Schwedisch nicht unproblematisch. Sie sind ein ‚Schmiermittel' im deutschen Gespräch, u. a. um Höflichkeit zu zeigen. Dies gilt vor allem für *denn, mal* und *wohl*: ‚Wie heißen Sie denn?' Ohne ‚denn' entsteht leicht der Eindruck des Militärtons. (Magnusson 2015: 108: Fn. 7)

Die Tatsache, dass Thurmair (1991) *denn* in w-Fragen als fast obligatorischen Anzeiger *unmarkierter* Fragen bezeichnet, könnte zu dieser Fehleinschätzung beitragen, wobei die von Thurmair deutlich herausgearbeitete Notwendigkeit der Einbettung in den Interaktionszusammenhang offensichtlich vergessen wird. Aussagen zum generellen – kontextlosen – Einsatz von *denn* unterstreichen dies:

> Wer Konversation unterrichtet, ist von Beginn an mit dem Problem der Erklärung der angemessenen Verwendung von Modalpartikeln konfrontiert. Schon die Fragen und Aufforderungen in den ersten Unterrichtsstunden enthalten Modalpartikeln: „Wie heißen Sie denn?", „Wer ist denn diese Frau?", [...] „Was studieren sie denn?", usw. (Werner 2009: 3) [...] Paradesatz ist meist eine ziemlich frühe Einführung der Frage: „Wie heißt du denn?"
> (Thurmair 1991: 7).

Dialoge in DaF-Lehrwerken, die fast systematisch *denn* in Fragen einsetzen, zeugen von dieser Fehleinschätzung; hier ein Auszug aus *Menschen A1.1* für Anfänger:

> Verkäufer   Hallo! Brauchen Sie Hilfe?
> Sibylle   Ja, bitte. Wie viel kostet *denn* der Tisch?
> Verkäufer   Der Tisch kostet ... ähh ... 1478 Euro.
> (Kalender & Pude 2013: 182; zitiert nach Patrukhina 2019: 52)

Angesichts der Tatsache, dass hier in keiner Weise KONNEX zum Vorausgehenden hergestellt wird, ist *denn* völlig unangebracht, könnte sogar Probleme zur Folge haben. Das Gleiche gilt für den folgenden Dialog aus dem DaF-Lehrwerk *Lagune 2*:
- Guten Tag, Herr Sundermann. Wann fängt *denn* Ihr Urlaub an?
- Freitag ist das schon, Herr Noll.
- Freitag schon? Das find' ich toll. Ist Ihr Flug *denn* früh am Morgen?
- Ja. Ich muss noch viel besorgen.
- Dann guten Flug, Herr Sundermann. Bald fängt auch unser Urlaub an.

(Aufderstraße, Müller & Storz 2006: 21)

Gegenüber älteren Lehrwerken – hier zwei Mini-Dialoge aus *Ping Pong* (1994) – ist hier kaum ein Fortschritt zu konstatieren. Ein kleiner Junge kommt zu seiner Schwester bzw. seinem Vater ins Zimmer.

- Eva, was machst du *denn*?   – Papi, was machst du *denn*?
- Ich lese.   – Ich arbeite.
- Was liest du *denn*?   – Was arbeitest du *denn*?
- Hm.   – Laß mich doch. Ich möchte arbeiten.
- Ist das interessant?
- Laß mich in Ruhe. Ich möchte lesen. (Kopp, Fröhlich & Le Gall 1994: 42)

Während *denn* in der jeweils zweiten Äußerung des kleinen Jungen KONNEX-Funktion erfüllt, also angemessen ist, ist diese MP in dessen initialen Äußerungen sehr merkwürdig, könnte bei falscher Akzentuierung sogar zum Vorwurf werden.

Nun wäre es sicherlich übereilt, ohne eine eingehende Lehrwerkanalyse, die hier nicht erfolgt ist, DaF-Lehrbüchern generell eine unzureichende oder gar falsche Vermittlung von MPn, speziell von *denn* vorzuwerfen. Teilweise sind Dialoge nämlich völlig realistisch, wie im folgenden Dialog aus *Passwort 1*:

Frau Schnell	Wie ist Ihr Name bitte?
Frau Mainka	Mainka.
Frau Schnell	Ist das Ihr Vorname?
Frau Mainka	Nein, das ist mein Familienname.
Frau Schnell	Und Ihr Vorname?
Frau Mainka	Irene.
Frau Schnell	Also: Irene Mainka. Wie alt sind Sie, Frau Mainka?
Frau Mainka	Ich bin 34 Jahre alt.
Frau Schnell	Und was sind Sie von Beruf?
Frau Mainka	Ich bin Krankenschwester, aber jetzt arbeite ich nicht. Im Moment bin ich Hausfrau. (Albrecht, Fandrych, Grüsshaber & Henningsen 2013: 33)

Alle Fragen kommen hier ohne die MP *denn* aus, was in einem Vorstellungsgespräch, in dem sich Interaktantinnen nicht auf Vorinformationen beziehen können, die Norm darstellt. *Bitte* in der der Eingangsfrage *Wie ist Ihr Name bitte?* ist dagegen völlig natürlich und überdies höflicher als ein ohnehin unangebrachtes *denn*.

Leider bleibt dieser Dialog die Ausnahme, wenn auch gelegentlich angemessene *denn*-Verwendungen zu finden sind. Dennoch insistieren manche Didaktiker, z. B. wie Montag (2014: 278) oder Patrukhina (2019) auf einer Vermittlung von MPn schon im DaF-Anfängerunterricht, andere wollen bis zur Mittelstufe warten (z. B. Busse 1992: 55). Alle kritisieren jedoch berechtigterweise, dass adäquate Erklärungen des MP-Gebrauchs fehlen wie z. B. Werner (2009: 7): „Eine explizite Erklärung wird meist weder bezüglich der Wortarten, noch der Verwendung der Partikeln gegeben."[21]

Stattdessen wird davon ausgegangen, dass DaF-Lerner MPn intuitiv über das wiederholte Einüben von Mustern erwerben (cf. Busse 1992: 55). Dazu eine keineswegs polemische Frage: Wie soll das gehen, wenn die von der Linguistik zur Verfügung gestellten Muster nicht kommunikative Realität widerspiegeln bzw. die Muster auf – nicht angemessenen – Intuitionen beruhen? Umso mehr, als

---

[21] Vgl. auch Thurmair (2014: 3).

die Übungen, wie Thurmair (2014: 4) zurecht kritisiert, oft aus kontextfreien Einzelsätzen bestehen, in denen stereotypisch bestimmte MPn verwendet werden sollen. Auch der Vorschlag, deutsche MPn mit solchen der eigenen Muttersprache zu kontrastieren (vgl. Werner 2009: 4), ist impraktikabel, wenn derartige Entsprechungen nicht existieren.

Dem heutigen Stand von Linguistik und Didaktik entspricht der folgende Vorschlag Thurmairs (2014), auch wenn Musterlernen und Automatisierung immer noch ein heikles Thema darstellen.

> Anstatt zu versuchen, über hochkomplexe kognitive Verfahren eine MP-Kompetenz aufzubauen, kann – so mein Vorschlag – eine entsprechende Kompetenz auch über Chunk-Lernen, Imitation und ein gewisses Maß an Automatisierung erreicht werden.
>
> (Thurmair 2014: 5)[22]

Anders als audiolinguale Methodik, die kontextlos und intuitiv Mustersätze als „patterns" einüben ließ, werden die entsprechenden Chunks streng korpusorientiert bestimmt, um dann in adäquate Kontexte eingebettet eingeübt zu werden. Ähnlich argumentiert schon Busse (1992: 55), der dafür plädiert, MPn, ähnlich wie Idiome, in „typischen Kollokationen" auswendig zu lernen. Das Problem besteht jedoch darin, dass die entsprechenden Chunks bzw. „typischen Kollokationen" bis dato noch nicht streng korpusbasiert herausgearbeitet worden sind. Dies soll im folgenden Punkt des vorliegenden Beitrages am Beispiel der MP *denn* erfolgen.

4 Korpusbasierte Ermittlung lexikogrammatischer Konstruktionen mit *denn*

> The grammar/vocabulary dichotomy is invalid; much language consists of multi-word chunks.
>
> (Lewis 1997: vi)[23]

Nachdem wir uns bereits bemüht haben, Äußerungen mit den Modalverben *sollen-müssen* (Schmale 2012) und mit Vorgangs- oder Zustands-Passiv (Schmale 2016) als lexikogrammatische Konstruktionen zu beschreiben, sollen im vorliegenden Beitrag Äußerungen mit der MP *denn* als sprachliche Gebilde herausgear-

---

22 Diesen Ansatz verfolgt auch Patrukhina (2019).
23 "Key principle" Nr. 2 von Michael Lewis "Lexical Approach".

beitet werden, in denen man diese MP rekurrent antrifft.[24] Langjährige Erfahrung in der DaF-Ausbildung zeigt, dass Lerner mit der kompetenten Beherrschung der genannten Phänomene fast unüberwindliche Schwierigkeiten haben, wenn diese allein über theoretisch bleibende grammatische Regeln erklärt werden. Es liegen inzwischen in ausreichendem Maße Studien vor, die belegen, dass sprachliche Produktion – sogar mehrheitlich – über den Rückgriff auf sprachlich Vorgeformtes erfolgt.[25] Sprachliche Präformierung geht aber eben weiter als Routineformeln, Kollokationen, usuelle Wortverbindungen, Idiome, Sprichwörter usw. Untersuchungen aus dem Bereich der Konstruktionsgrammatik belegen, dass auch syntaktische Strukturen nicht beliebig lexikalisch füllbar sind, dass andererseits bestimmte lexikalische Mittel an bestimmte syntaktische Rahmen gebunden sein können. Dies trifft auf Modalverben, Passiv-Konstruktionen, aber auch MPn als „form-meaning pairs" zu. Wenn Sprecher derartige Konstruktionen in der Kommunikation produzieren und Hörer sie verstehen, dann beweist dies, dass sie kognitiv verankert sind. Diese Verankerung soll im vorliegenden Beitrag indirekt über die Gebrauchshäufigkeit in Korpora gesprochener Sprache nachgewiesen werden. Der Bezug zur Konstruktionsgrammatik ist dabei gegeben, ohne dass allerdings ein – bisher nicht existierendes – „Modell zur Bestimmung von Form- und Inhaltsseite von Konstruktionen" innerhalb dieses heute breit diskutierten Forschungsparadigmas aufgerufen werden kann (vgl. Ziem & Lasch 2013: 110).[26] Folgende Prinzipien existierender konstruktionsgrammatischer Ansätze sind für die vorliegende Untersuchungen der MP *denn* als Konstruktion oder in Konstruktionen zentral:
- Konstruktionen werden im Anschluss an Goldbergs (2006) erweiterte Definition verstanden:

> Any linguistic pattern is recognized as a construction as long as some aspect of its form or function is not strictly predictable from its component parts or from other constructions recognized to exist. In addition, patterns are stored as constructions even if they are fully predictable as long as they occur with sufficient frequency. (Goldberg 2006a: 5)

Konstruktionen brauchen folglich nicht mehr dem Kriterium fehlender Kompositionalität zu entsprechen, sondern können auch syntaktisch und semantisch regulär gebildet sein,[27] sofern sie kognitiv verfestigt, „entrenched", und so in hohem Maße

---

24 Dies geschieht auf der Grundlage langjähriger Beobachtungen bzgl. der besonderen Probleme, die DaF-Lerner gerade mit diesen Phänomenen des Deutschen haben.
25 Siehe für einen Abriss Schmale (2017).
26 In der Tat existieren lt. Ziem & Lasch (2013: 64–66) sieben unterschiedliche Theoriebildungen, die „sich teilweise nur in Nuancen, teilweise aber auch substantiell unterscheiden" (Ziem & Lasch 2013: 31), deren Unterschiede an dieser Stelle jedoch nicht ausdiskutiert werden können. Vgl. auch Ziem & Lasch (2013: 36).
27 Was im Übrigen auch für die weitaus größte Zahl phraseologischer Ausdrücke der Fall ist.

vorhersehbar sind, sofern sie in rekurrenter Weise auftreten. Dementsprechend verstehen wir Konstruktionen als konventionalisierte, rekurrent auftretende Form-Funktions-Paare.
- Form-Bedeutungs-Paare sind dabei in einem weiten Sinne zu verstehen,

> dergestalt, dass erstere nicht nur phonologische, sondern auch syntaktische Aspekte umfasst, und letztere nicht nur semantische Aspekte, sondern auch pragmatische Gebrauchsbedingungen einschließt. Konstruktionen sind demnach weder hinsichtlich ihrer Abstraktheit noch hinsichtlich ihrer Komplexität beschränkt. (Ziem & Lasch 2013: 10)

- Unsere Bemühungen situieren wir in einem gebrauchsorientierten Paradigma, das auf Formalisierungen verzichtet und Konstruktionen als sozio-kognitive Einheiten versteht (Ziem & Lasch 2013: 38), die in der kommunikativen Verwendung aufscheinen.

> Sie zeichnen sich dadurch aus, dass sie der Auftretensfrequenz von sprachlichen Einheiten bei der Herausbildung von Konstruktionen einen zentralen Stellenwert beimessen [...].

Diese Auftretensfrequenz stellt laut Goldberg (2006: 5) wiederum einen Beweis der kognitiven Verfestigung, des „entrenchment", dar.
- Neben sprachlichen Strukturen sind bei der Beschreibung ko- und kontextueller von Konstruktionen aber auch „außersprachliche, situative Zusammenhänge, in denen die Ausdrücke tatsächlich gebraucht werden" (Ziem & Lasch 2013: 88) zu berücksichtigen.[28] Dazu gehören auch körpersprachliche Elemente, die integraler Bestandteil von Konstruktionen sein können (Ziem & Lasch 2013: 88): „[...] konstruktionsgrammatische Studien [müssen] auch auf Kontextwissen abheben [...], um linguistische Analysen zu plausibilisieren." (Ziem & Lasch 2013: 184)
- Daraus ergibt sich folgende Definition von Konstruktion, die unseren Analysen zugrunde gelegt wird:

> Konstruktionen sind (a) nicht-kompositionelle und konventionalisierte Form-Bedeutungspaare, die (b) kognitiv einen gestalthaften Charakter haben, gleichwohl aber (c) konstruierte Einheiten und als solche (d) konzeptueller Natur sind, insofern sie sich (e) kontextgebunden im Sprachge-brauch herausbilden und verändern. (Ziem & Lasch 2013: 77)

- Der im vorliegenden Aufsatz praktizierte interaktionale Ansatz ist empirisch und streng korpusorientiert angelegt, einen quantitativen Zugang mit einem qualitativen kombinierend. Auf experimentelle und introspektiv-interpretative Analyseverfahren wird bewusst verzichtet, da es um den Gebrauch von Muttersprachlern der MP *denn* in natürlichen, d. h. nicht künstlich provozierten Kommunikationsanlässen geht.

---

28 Siehe dazu auch Langacker (1987: 401): "All linguistic units are context-dependent. They occur in particular settings, from which they derive much of their import, [...]."

Dementsprechend werden zunächst in einem großen Gesprächskorpus, dem *Forschungs- und Lehrkorpus Gesprochenes Deutsch* (FOLK) des *Instituts für Deutsche Sprache*[29] quantitativ *denn*-Konstruktionen erhoben, um möglichst die gesamte Bandbreite der möglichen Formen abzudecken. Nachdem alle *denn*-Treffer in sämtlichen Teil-Korpora im pdf-Format[30] abgespeichert worden waren, erfolgte eine für die Auswertung mit der „corpus-research"-Freeware *AntConc*[31] notwendige Umwandlung in das *txt*-Format (cf. Abschnitt 4.1). Diese erlaubte in einem nächsten Schritt eine syntaktisch-lexikalische Beschreibung der häufigsten Konstruktionstypen mit der MP *denn*.

4.1 Resultate der FOLK-Korpusstudie von *denn*-Okkurrenzen

Insgesamt erzielt man 3172 Treffer für *denn* in nicht-initialer Äußerungsposition im Folk-Korpus. Davon exzerpiert ein in die Suchmaske integrierter Zufallsgenerator 1000 Sequenzen, in denen insgesamt 1056 Fälle des Gebrauchs von *denn* auftreten.[32] Mit AntConc wurden anschließend 3-6-gram-Konstellationen für die MP *denn* erhoben (cf. Abbildung 1).[33] Bei einer Beschränkung auf minimal 10 Treffer pro n-gram-Typ erhielt man insgesamt 103 Klassen, die „manuell" untersucht wurden, bspw. durch Anklicken von *was is denn* (No. 1, 93 Treffer), um die „Begleiter" herauszufiltern und so typische Konstruktionen zu beschreiben. Auf diese Weise konnten sieben Konstruktionstypen für *denn* beschrieben werden mit einer Reihe von Untertypen (cf. die Überblickstabelle im Anhang des vorliegenden Beitrags). Hier die Haupttypen (s. Tabelle 1):[34]

---

29 URL: https://dgd.ids-mannheim.de/dgd/pragdb.dgd_extern.welcome.
30 Ich bin Herrn Thomas Schmidt des IDS ganz besonders dankbar, der DGD-Abfragemaske auf meine Nachfrage hin zusätzliche Filter hinzugefügt zu haben, die es ermöglichten, *denn* „mindestens N Wörter nach Beginn eines Beitrags, mindestens N Wörter vor Ende eines Beitrags, nicht am Anfang oder Ende eines Beitrags" (aus einer Mail von Herrn Schmidt vom 29.06.2018) als nicht-kausalen Koordinator zu erheben.
31 http://www.laurenceanthony.net/software/antconc (21/10/2019).
32 Dies bedeutet, dass in manchen Sequenzen multiple Okkurrenzen von *denn* zu verzeichnen sind, was allerdings an der Trefferkonfiguration der Maske liegt und keinen Einfluss auf die präsentierten Ergebnisse hat.
33 Andere Suchkonstellationen wie 5-6-grams oder 4-7-grams ergaben nur eine äußerst geringe Zahl an konstruktionsrelevanten Treffern.
34 Der strukturelle Phraseologismus ‚es sei denn', 46 Mal repräsentiert, wird hier nicht berücksichtigt, da *denn* hier keine KONNEX-Funktion hat.

```
denn 3-6 - Bloc-notes
Fichier Edition Format Affichage Aide
#Total No. of N-Gram Types: 103
#Total No. of N-Gram Tokens: 1883
1       93      1       was is denn
2       53      1       hast du denn
3       53      1       is das denn
4       49      1       denn f xfcr
5       49      1       denn xe h
6       46      1       es sei denn
7       36      1       was denn was
8       34      1       denn was denn
9       32      1       k xf nnte
10      31      1       was war denn
11      27      1       was hast du
12      26      1       wo is denn
13      25      1       f xfcr n
14      25      1       was hast du denn
15      24      1       denn was is
16      24      1       gibt s denn
17      24      1       k xf nnen
18      24      1       w xe re
19      24      1       xe h xe
20      23      1       hab ich denn
21      23      1       was is das
22      23      1       was is das denn
23      23      1       xe h was
24      22      1       willst du denn
25      21      1       habt ihr denn
26      21      1       hei xdft denn
27      21      1       soll ich denn
28      21      1       was ist denn
29      20      1       du denn da
```

Abbildung 1: Treffer für 3-6-grams.

Tabelle 1: Konstruktionstypen für die Modalpartikel *denn*.

Typ	Beschreibung Konstruktionstyp	Treffer	Token-Beispiel
I	was + sei-/hab- + KOMP$_1$[35] + denn + K$_2$	248	was is denn hier passiert
II	w- + V + denn + K[36]	80	was hast du denn da
III	was + soll + [K$_{[1/PP]}$] + denn + [K$_2$]	32	was soll denn das
IV	w- [K$_1$] + V + K$_2$ + denn + [K$_3$]	80	was willst du denn (da)
V	was für + NP[NOM/ACC] + denn	18	ne Mauer/Filme/Ziele
VI	V + [NP$_{[NOM]}$] + denn + [K$_2$]	54	überlegt, ob…/gedacht, dass
VII	w- + denn + [nich]	93	was denn/warum denn nich

---

35 Komplement, i.F. K abgekürzt.
36 w = w-Fragepronomen ; V = finites Verb.

Obwohl der weitaus größte Teil der herausgearbeiteten *denn*-Konstruktionen aus nur teilweise oder nicht vollständig lexikalisch besetzten syntaktischen Rahmen besteht, kristallisieren sich doch einige syntaktische Rahmen heraus, die lexikalisch völlig gefüllt sind. Dies sind *was is/war das denn* (I/2), *was hast °du denn da* (I/3a), *°was denn* (VI/1) sowie das strukturelle Idiom *es sei denn* (VII). Stereotype Fragen phatischer Art vom Typ ¤*Na, wie geht's denn so?* oder ¤*Ja, gibt's denn das?*, in denen *denn* in hohem Grade erwartbar ist bzw., im Falle von ¤*Wie geil ist das denn?*, unverzichtbar[37], sind im Korpus nicht repräsentiert, jedenfalls nicht in statistisch relevanter Zahl. A propos Statistik: die in DaF-Lehrbüchern hochbeliebte *denn*-Frage vom Typ ¤*Wie heißt du denn?* taucht im FOLK-Korpus ein einziges Mal auf, als nämlich eine Kindergärtnerin ein neues Kind begrüßt. Ebenso wie ¤*Wie alt bist du denn?* haben Fragen dieses Typs *nur* in dieser Konstellation ihren Platz. Ohne vorhandenen KONNEX kann sie nur ein Erwachsener einem Kind stellen. Möglicherweise trägt *denn* hier zum Ausdruck von Empathie bei, allerdings nicht allein, da Prosodie und Körpersprache hinzukommen müssen. Einem Erwachsenen gegenüber kann *denn* nur in KONNEX-Funktion verwendet werden; bei falscher Akzentuierung – ¤*Wie heißen °Sie denn?* – könnte *denn* sogar eine ablehnende Haltung signalisieren.

4.2 *Denn*-Konstruktionen im Gesprächskontext

Problematisch ist nun, dass mit Ausnahme der stereotypen Formel *es sei denn* (VIII) alle übrigen Konstruktionstypen auch ohne *denn* realisiert werden könnten, auch die drei genannten lexikalisch gefüllten Rahmen mit *denn*. Quantitative Methodik stößt hier an ihre Grenzen, da nicht jede Frage der jeweiligen Typen mit *denn* realisiert werden muss. Es ist deshalb unerlässlich, die quantitativ mit *AntConc* herausgefilterten *denn*-Konstruktionen qualitativ im Gesprächskontext zu untersuchen. Dies soll i.F. exemplarisch an neun *denn*-Konstruktionen geschehen, für die jeweils ein vereinfachter[38] FOLK-Transkriptionsausschnitt *denn* im Kontext zeigen soll:

---

37 Gutzmann & Turgay (2016: 14) weisen darauf hin, dass *doch* in Wunschsätzen – ¤*Ach, wäre ich doch Millionär!* obligatorisch ist; auch in *doch*-Kausalsätzen vom Typ „Wäre die Stunde nur/ doch/bloß schon zu Ende!" (Pittner 2007: 81). Oder in Ausrufesätzen vom Typen ¤*Das gibt's doch nicht!*.

38 Wir präsentieren hier in der Tat eine vereinfachte Version der FOLK-Transkription. Dies mag überraschen, wenn zuvor auf die Multimodalität mündlicher Kommunikation hingewiesen wurde. Es versteht sich von selbst, dass in einem zweiten Schritt insbesondere die *Akzentuierung* von MPn zu analysieren sein wird.

- **was ist *denn* das? (I/1a)**
    (1) [PRÜFUNGSGESPRÄCH ZUR DEUTSCHEN GRAMMATIK; FOLK 29]
    Der Student hat Erklärungen zu Artikeln geliefert, der Prüfer fragt nach:
    P   so gibt's da noch was wichtiges zu diesem artikel zu sagen
    P   **was is *denn* das genau für ein artikel** konkret
    S   das is ein bestimmter artikel

- **was is/war °das *denn*? (I/2a)**
    (2) [KOPFSCHMERZEN; FOLK 21]
    P   spricht über starke Kopfschmerzen und wie er sie zu behandeln versucht.
    P   habe dann heut ma mein kräuterbuch zu rate gezogen
    P   die haben wacholdertee und löwenzahntee empfohlen [...]
    J   nicht gleich die rauwolfia
    P   äh sagt mir jetz nix
    U   **was is das *denn***
    J   rauwolfia
    U   ne pflanze oder was
    J   isch ne pflanze so wie [...] tollkirsche

- **was hast du *denn* + [K]? (I/3a)**
    (3) [MONOPOLY ; FOLK 11]
    VK ich musse hundert mäuse zahlen (.) krankenhausgebühren
    SK **was hast du *denn* (.) fuß gebrochen**
    VK nein ich glaube nicht (.) angebrochen

- **wo is *denn* + NP[NOM]? (II/1)**
    (4) [BANDBESPRECHUNG; FOLK 45]
    KL zum hauptbanhof sinds irgendwie zehn oder so [...]
    OM wie weit is denn (.) von hauptbahnhof bis kwartier
    TV nee ich glaub das sin schon sechzehn siebzehn [...]
    OM **wo is *denn* kwartier noch ma**
    TV direkt an der esbahn
    KL eine weiter als zülpicher platz

- **was soll ich *denn* + K? (III/1)**
    (5) [MONOPOLY ; FOLK 11]
    VK also sabine (.) du musst ihr siebenhundertfünfzig geben [...]
    VK du musst irgendwas von dir verkaufen
    SK hm aber was

VK   na du hast du hier genuch
NK   **was soll ich *denn* verkaufen**
VK   ich weiß nich verkauf doch hier diese beiden straßen da [...]
SK   ich verkauf sie mit haus an die bank

- **Was willst du *denn* + [K]? (IV/1)**
  (6) [MITARBEITERBESPRECHUNG; FOLK 24]
  AW   den kann ich mal net in den buchhandel jagen [...]
  AW   is viel zu doff n buch zu kaufen
  NG   wen willst du denn in den buchhandel jagen
  AW   ich hätt den der als erstes fährt in n buchhandel gejagt
  NG   **was willst du *denn* im buchhandel**
  AW   sams erster teil (.) [...] ich würds gern mit hannah lesen
  NG   des ham wir doch hier
  AW   nein wir haben nur den zweiten teil

- **was für + NP + *denn*? (V)**
  (7) [VORLESEN FÜR KINDER; FOLK 14]
  CJ   du rutscht auch gerne oder
  TJ   ja auf einer riesenrutsche [...]
  TJ   und is kauf für dis ein gehege
  CJ   oh **was für ein gehege *denn***
  TJ   ein holzgehege
  CJ   da freu ich mich

- **hast du *denn* + K? (VI/1)**
  (8) [PAARGESPRÄCH; FOLK 30]
       Es geht um die Organisation eines gemeinsamen Urlaubs: Fahrzeiten von Zügen und Bussen usw.
  AM   **hast du *denn* gedacht dass ich da zuvor zu dir komm**
  PB   ja

- **°was *denn*? (VII/1)**
  (9) [FAMILIENGESPRÄCH; FOLK 18]
  EM   dann noch die schöne musik dazu
  HM   **was *denn***
  EM   na die ausm radio des is des eine lied wars beste
  EM   ich bin hausfrau und mutter und (.) keine ahnung ärztin und beraterin in liebe
  EM   un dann kommt im hintergrund so alles easy

Es kann kein Zweifel daran bestehen, dass in allen angeführten neun FOLK-Sequenzen, die *denn*-Äußerungen enthalten, *denn* die von Thurmair (cf. Abschnitt 2.1) stipulierte KONNEX-Funktion erfüllt, d. h., dass sie sich jeweils auf eine i.w.S. vorausgehende Aktivität oder einen bereits erwähnten, besprochenen oder bekannten Sachverhalt beziehen. Des Weiteren erfüllen sie auch die von Deppermann (cf. Abschnitt 2.2) beschriebenen Aufgaben im Rahmen der Verstehenssicherung. Es ist möglich, dass durch *denn* Präzisierungswissen des Interaktionspartners aufgerufen und damit die konditionelle Relevanz für eine Folgeaktivität im Hinblick auf die Lieferung einer zusätzlichen Information verstärkt wird. Es wäre auch möglich, dass die jeweiligen Fragen durch *denn* weniger kategorisch klingen: *was willst du im buchhandel* (cf. Sequenz (6)), *was für ein gehege* (cf. Sequenz (7)) könnten in der Tat zu direkt oder gar peremptorisch klingen und würden also tatsächlich durch *denn abgetönt*. Dies gilt vor allem für Fragen vom Typ *was denn* usw., die nicht nur viel zu direkt klingen würden, sondern bei denen auch der KONNEX verloren gehen könnte. Diese Hypothese wäre allein durch kontrastive Untersuchungen auf der Grundlage von Probandenbefragungen oder – idealiter – Korpusanalysen zu eruieren. Der zentrale festzuhaltende Punkt bleibt, dass Interaktanten in Fragen, die sich auf vorausgehende Aktivitäten oder Sachverhalte beziehen, in auffällig hoher Anzahl auf die MP *denn* zurückgreifen. Festzustellen ebenfalls, dass die durch die *denn*-Fragen aufgebaute konditionelle Relevanz jeweils in der Folgeaktivität eingelöst wird.

5 Didaktisierung der Modalpartikel *denn*

Die sieben *denn*-Konstruktionstypen und deren Untertypen wurden auf der Grundlage von w-Fragen und *ja/nein* Entscheidungsfragen herausgearbeitet, die in einem großen Korpus rekurrent auftreten. Es ist deshalb legitim – die zitierten Didaktiker/innen hätten also recht (cf. supra) – diese Konstruktionen im DaF-Unterricht in angemessener Art und Weise zu vermitteln (cf. infra). Bis dato in DaF-Lehrmaterialien hochbeliebte Formen vom Typ ▯*wie heißt du denn?* usw. sind bei fehlendem KONNEX dagegen endgültig aus dem DaF-Unterricht zu verbannen! Was die Didaktisierung angeht, hier einige Gedanken zu Prinzipien, die berücksichtigt werden sollten; eine endgültige Umsetzung müsste mit Fachdidaktiker/innen und DaF-Praktiker/innen erfolgen:
- Die Einführung der MP *denn* muss dann erfolgen, gleichgültig auf welcher Lernstufe, wenn der jeweilige *denn*-Konstruktionstyp unterrichtsrelevant wird, d. h. in verwendeten Kursmaterialien, insbesondere Dialogtexten, auftaucht.

- *Denn*-Konstruktionen, ob *w*- oder *ja/nein*-Fragen, werden nur dann vermittelt, wenn ein KONNEX zu vorausgehenden Aktivitäten oder situativen Faktoren eindeutig erkennbar ist.
- Es wird darauf verzichtet, auf Funktionen wie Empathie oder Freundlichkeit hinzuweisen, die stark sprecher-, beziehungs-, situationsabhängig usw. sind. Die korpusbasiert ermittelten *denn*-Konstruktionen werden als solche Lerner/innen an die Hand gegeben, die so kompetent auf Aktivitäten von Interaktionspartner/innen reagieren können, um diese um Präzisierungen oder Bestätigungen zu bitten. Es ist nicht besser oder schlechter, in diesen KONNEX-Fragen *denn* zu verwenden; es ist einfach notwendig, um wechselseitiges Verstehen zu sichern, das für die erfolgreiche Bearbeitung der gemeinsamen Aktivitäten eine *conditio sine qua non* ist.
- Komplexe metasprachliche Erklärungen werden so überflüssig; möglicherweise sind Erklärungen zum situativen Kontext aber notwendig.
- Thurmairs (cf. supra) im Prinzip richtige Beobachtung, dass *denn* in *w*-Fragen als Standard zu betrachten ist, müsste Didaktiker/innen, Lehrer/innen und Lerner/innen differenziert nahegebracht werden. Es handelt sich nur dann um *Standardfragen*, wenn ein eindeutiger KONNEX zu vorausgehenden Aktivitäten gegeben ist.
- Sämtliche Aktivitäten sind prinzipiell im dialogischen Kontext zu situieren, in dem die Beziehung zwischen vorausgehenden Aktivitäten und der *denn*-Frage absolut deutlich werden. Auch Folgeaktivitäten sollten aufgenommen werden, um zu demonstrieren, dass *denn*-Fragen zum Erfolg führen. Thurmair (2014: 4) weist zurecht auf fehlende Einbettung in adäquate Kontexte hin, beklagt insbesondere, dass teilweise Übungen darin bestehen, MP in isolierte Äußerungen stereotyp einzusetzen.
- Auch wenn man wie Thurmair (2014) für Chunk- oder, wie wir, für Konstruktionslernen eintritt, sollten folglich keinesfalls mechanisch *denn*-Fragen als „patterns" eingeübt werden.[39] Sämtliche Übungen werden systematisch dialogisch durchgeführt, wodurch auch die Integration durch Kontexte gesichert ist.

(¤10) A Wann kommst du mich mal wieder besuchen?
B Nächste Woche vielleicht.
A °**Wann *denn*?**
B Würde es dir am Mittwoch passen?
A Ja, prima, ich freu mich.

---

[39] Vgl. für ähnliche Positionen auch Behrens (2009), Lieven (2014) oder Tomasello (2003).

(¤11)   A   Du, ich hab das Gefühl, der hat gar keine Lust.
           B   **Hast du ihn *denn* ge°fragt?**
           A   Nee, noch nicht.
           B   Das würde ich dann doch erstmal machen.
           A   Ja, du hast völlig recht.

– Wie durch das Satzakzentzeichen „°" angedeutet, sollte auf richtige Akzentuierung Wert gelegt werden, da eine Akzentverschiebung, bspw. auf *wann* °*denn* (in ¤10), interkationsrelevante Bedeutungsveränderungen nach sich zieht.
– Stark idiomatisch geprägte stereotype Fragen phatischer Art vom Typ ¤*Na, wie geht's denn so?* oder ¤*Ja, gibt's denn das?*, in denen *denn* in hohem Grade erwartbar ist, bzw., im Falle von ¤*Wie geil ist das denn?*, sogar unverzichtbar, sind den Muttersprachlern vorbehaltenen Kuluremen zuzurechnen und deshalb für selbst fortgeschrittene DaF-Lerner nicht geeignet.

Eine abschließende selbstkritische Bemerkung: Es wurde trotz der Betonung der Relevanz von Akzentuierung in den dargestellten *denn*-Konstruktionen völlig auf die Analyse von Prosodie verzichtet. Dies müsste in einem zweiten Analyseschritt geschehen, da Akzentuierungen ebenso wie körpersprachliche Elemente, die wahrscheinlich beim Ausdruck von Freundlichkeit oder Empathie sogar eine wichtigere Rolle als MPn spielen, kommunikativ hochrelevant sind.

Anhang – *denn*-Konstruktionen

3-6-grams für ‚denn': 3172 *denn*-Teffer für 1.952.159 Wörter des FOLK-Korpus.

Typ	Sub-Typ	Konstruktionstyp	Treffer >5	Tokens
I		was + sei-/hab- + [KOMP$_1$]⁴⁰ + denn + [K$_2$]	248	
	I/1	was + V$_{[sei-]}$ + denn + K	145	
	I/1a	was is denn + K	93	das (7)/hier passiert/heute los/mit dem Schrank
	I/1b	was ist denn + K	21	damit/das hier/überhaupt los
	I/1c	was war denn + K	31	das/mit dem Leo/da noch

---

40 I.F. „K" abgekürzt; V = finites Verb; PP = Personalpronomen.

(fortgesetzt)

Typ	Sub-Typ	Konstruktionstyp	Treffer >5	Tokens
I/2		was + V$_{[sei-]}$ + °das + denn	**33**	
	I/2a	was + is + °das + denn	24	was is das denn
	I/2b	was + war + °das + denn	9	was war das denn
I/3		was + V$_{[hab-]}$ + K$_{[PP/NOM]}$ + denn + K	**70**	
	I/3a	was + hast + du + denn + [K$_2$]	25	was hast du denn da (9)/Ø/ gemacht
	I/3b	was + hab + ich + denn + [K$_2$]	13	gesagt/getan/falsch gemacht
	I/3c	was + hat + er/sie + denn + [K$_2$]	9 + 9	Ø/gemacht/gesagt/bloß wieder
	I/4d	was + habt + ihr + denn + [K$_2$]	7	Ø/gegessen/davon gehört/ für Pflanzen
	I/4e	was + ham + wir/sie + denn + [K$_2$]	5 + 2	Ø/gemacht/heute mit/zu verlieren
II		**w- + V + denn + K**	**80**	
	II/1	wo + is + denn + NP$_{[NOM]}$	26	der Zettel/der andere/der Junge
	II/2	was + heißt + denn + K	15	das/modisch/betreuen/ Sprachreflexion
	II/3	wer + is + denn + K	13	rot/jetzt dran/nach Ottensen gegangen
	II/4	wer + is + denn + K	10	das/interessiert an.../ weggelaufen
	II/5	wie + war + denn + K	10	der so/das damals/das Leben bevor...
	II/6	wie + heißt + denn + NP$_{[NOM]}$	6	der/der Ort/dieser Berg/die Freundin von...
III		**was + soll + [K$_{1/PP}$] + denn + [K$_2$]**	**32**	
	III/1	was + soll + ich + denn + K$_2$	12	da/mit dem/verkaufen/ machen:woanders
	III/2	was + soll + denn + K$_1$	11	das/der Scheiß/sein, wenn...
	III/3	was + soll + das + denn + K$_2$	9	Ø/jetzt sein/heißen

(fortgesetzt)

Typ	Sub-Typ	Konstruktionstyp	Treffer >5	Tokens
IV		w- [K_1] + V + K_2 + denn + [K_3]	80	
	IV/1	was + willst + du + denn + [K3]	12	∅/da/jetzt/machen
	IV/2	wie + heißt + $NP_{[NOM]}$ + denn	12	die/das/dat/des/er/sie/du
	IV/3	was + machst + du + denn + [K_3]	12	∅/da/gerade/hier
	IV/4	was + mach + ich + denn + K_3	11	jetzt/da/mit denen/falsch
	IV/5	was + gibt + s + denn + K_3	11	da zu lachen/zu sehen/ heute Leckeres
	IV/6	wo + bist + du + denn + [K_3]	7	∅/jetzt
	IV/7	wie + [K_1] + is + es + denn + [K_3]	6	K_1: spät/warm; K_2: mit den Analysen
	IV/8	warum + bist + du + denn + K	5	so schmutzig/so laut/so komisch
	IV/9	wie + war + das + denn + [K]	4	∅/eben/zu Hause/bei Dorothea
V		was für + $NP_{[NOM/ACC]}$ + denn	18	ne Mauer/ne Position/ Filme/Ziele
VI		V + [$NP_{[NOM]}$] + denn + [K_2]	54	
	VI/1	hast + du + denn + K_2	18	überlegt…/gedacht, dass…/ noch Zuckererbsen
	VI/2	habt + ihr + denn + K_2	11	nur eine Mannschaft/noch die alten Türn
	VI/3	is + das + denn + K_2	10	so/produktiv
	VI/4	sind + sie + denn + K_2	6	immer zufrieden/lutherisch/ Demokrat geworden
	VI/5	is + es + denn + K_2	5	ein gutes Zeichen/zu viel verlangt…/angenehm, wenn…
	VI/6	gibt + (e)s + denn + K_2	4	diese Liebe auf ewig/eine vergleichbare Möglichkeit
VII		w- + denn + [nich]	93	
	VII/1	°w + denn bzw. w- + ° denn[41]	88	was (60); wo (8); wer (6); warum (6); wann (3); wie , wen (2)
	VII/2	warum + denn + nich bzw. °nich	5	

---

41 Es müsste selbstverständlich eine Differenzierung nach der Akzentuierung von °w- oder °*denn* erfolgen die im Rahmen der vorliegenden Untersuchung nicht geleistet werden konnte. Dies gilt auch für das folgende Item.

Literatur

Albrecht, Ulrike, Christian Fandrych, Gaby Grüsshaber & Uta Henningsen. (2013): *Passwort 1. Kurs- und Übungsbuch mit Audio-CD*. Stuttgart: Klett.
Aufderstraße, Hartmut, Jutta, Müller & Thomas Storz (2006): *Lagune 2. Kursbuch Deutsch als Fremdsprache*. Niveaustufe A2. München: Hueber.
Behrens, Heike (2009): Usage-based and emergentist approaches to language acquisition. Linguistics 47, 383–411.
Brons-Albert, Ruth (1984): *Gesprochenes Standarddeutsch Telefondialoge*. Tübingen: Narr.
Busse, Dietrich (1992): Partikeln im Unterricht Deutsch als Fremdsprache Semantische und didaktische Probleme der Synsemantika. *Muttersprache* 102, 37–59.
DGD – Datenbank für Gesprochenes Deutsch/IDS Mannheim. https://dgd.ids-mannheim.de/dgd/pragdb.dgd_extern.welcome (26/09/2019).
Deppermann, Arnulf (2009): Verstehensdefizit als Antwortverpflichtung: Interaktionale Eigenschaften der Modalpartikel denn in Fragen. In Susanne Günthner & Jörg Bücker (Hrsg.), *Grammatik im Gespräch. Konstruktionen der Selbst- und Fremdpositionierung*, 23–56. Berlin, New York: De Gruyter.
Diewald, Gabriele (2007): Abtönungspartikel. In Ludger Hoffmann (Hrsg.), *Handbuch der deutschen Wortarten*. Berlin, 117–142. New York: De Gruyter.
Eisenberg, Peter (2006): *Der Satz. Grundriss der deutschen Grammatik*. Stuttgart, Weimar: Metzler.
FOLK – Forschungs- und Lehrkorpus Gesprochenes Deutsch/IDS Mannheim. http://agd.ids-mannheim.de/folk.shtml (26/09/2019).
Goldberg, Adele E. (2006): *Constructions at Work. The Nature of Generalization in Language*. Oxford: OUP.
Gutzmann, Daniel & Katharina Turgay (2016): Zur Stellung von Modalpartikeln. *Deutsche Sprache* 44(2), 97–122. https://static1.squarespace.com/static/527cdeb7e4b00ec91674987e/t/5684fa4f0e4c1155e1f6d66a/1451555407032/Gutzmann-Turgay-2015-Zur-Stellung-von-Modalpartikeln-in-der-gesprochenen-Sprache.pdf (26/09/2019).
Heggelund, Kjell T. (2001): Zur Bedeutung der deutschen Modalpartikeln in Gesprächen unter besonderer Berücksichtigung der Sprechakttheorie und der DaF-Perspektive. *Linguistik online* 9(2) https://bop.unibe.ch/linguistik-online/article/view/969 (26/09/2019).
Helbig, Gerhard (1988): *Lexikon deutscher Partikeln*. Leipzig: Verlag Enzyklopädie.
Hentschel, Elke (1986): *Funktion und Geschichte deutscher Partikeln. Ja, doch, halt und eben*. Tübingen: Niemeyer.
Hentschel, Elke & Harald Weydt (1983): Der pragmatische Mechanismus: *denn* und *eigentlich*. In Harald Weydt, (Hrsg.), *Partikeln und Interaktion*, 263–273. Tübingen: Niemeyer.
Hentschel, Elke & Harald Weydt (1989): Wortartenprobleme bei Partikeln. In Harald Weydt (Hrsg.), *Sprechen mit Partikeln*, 3–18. Berlin, New York: De Gruyter.
Kalender, Susanne & Angela Pude (2013): *Menschen A1.1. Deutsch als Fremdsprache. Lehrerhandbuch*. Ismaning: Hueber.
Kemme, Hans-Martin (1979). *Ja, denn, doch usw. Die Modalpartikeln im Deutschen. Erklärungen und Übungen für den Unterricht an Ausländer*. München: Goethe-Institut.
Kopp, Gabriele, Konstanze Fröhlich & Corinne Le Gall (1994): *Ping Pong. Allemand LV2. 4ème*. Ismaning: Hueber/Magnard.
Krivonosov, Alexej (1977, 1963): *Die modalen Partikeln in der deutschen Gegenwartssprache*. Göppingen: Kümmerle.

Langacker, Ronald W. (1987): *Foundations of Cognitive Grammar. Vol. 1: Theoretical Prerequisites*. Stanford: Stanford University Press.
Lewis, Michael (1997): *The lexical approach. The state of ELT and a way forward*. Hove: Language Teaching Publications.
Lieven Elena (2014): First language learning from a usage-based approach. In Thomas Herbst, Hans-Jörg Schmid & Susan Faulhaber (Hrsg.), *Constructions, Collocations, Patterns*, 1–24. Berlin, Boston: De Gruyter.
Magnusson, Gunnar (2015): Sprachen im Modernisierungstrend. Deutsch und Schwedisch in sprach- und übersetzungswissenschaftlicher Kontrastierung. *Stockholmer Linguistische Forschungen* 80, 99–141. https://www.diva-portal.org/smash/get/diva2:823 508/ FULLTEXT04. pdf (19/08/2018).
Meibauer, Jörg (1994): *Modaler Kontrast und konzeptuelle Verschiebung. Studien zur Syntax und Semantik deutscher Modalpartikeln*. Tübingen: Niemeyer.
Métrich, René & Eugène Faucher (2009): *Wörterbuch deutscher Partikeln. Unter Berücksichtigung ihrer französischen Äquivalente*. Berlin, New York: De Gruyter.
Montag, Manja (2014): *Die Abtönungspartikeln im DaF-Unterricht. Zur Effektivität der methodischen Vermittlung von Partikelbedeutungen*. Frankfurt/Main: Peter Lang.
Patrukhina, Liubov (2019): Anfänger/innen Modalpartikeln beibringen? Über den Versuch, eine explizite Erklärung der MPn in die Erwachsenenbildung einzuführen. In Malgorzata Barras, Katharina Karges, Thomas Studer & Eva Wiedenkeller (Hrsg.), *IDT 2017. Band 2: Sektionen*, 50–56. Berlin: Erich Schmidt.
Pittner, Karin (2007): Dialog in der Grammatik: *Doch* in Kausalsätzen mit Verberststellung. In Sandra Döring & Jochen Geilfuss-Wolfgang (Hrsg.), *Von der Grammatik zur Pragmatik*. Leipzig: Universitätsverlag, 39–56.
Reiners, Ludwig (1967), *Stilkunst. Ein Lehrbuch deutscher Prosa*. München: Beck.
Schmale, Günter (2012): Morpho-Syntax oder präformierte Konstruktionseinheiten – Welcher linguistische Ansatz für das Fremdsprachenlernen? In DAAD (Hrsg.), *Zukunftsfragen der Germanistik. Beiträge der Germanistentagung 2011 mit den Partnerländern Frankreich, Belgien, Niederlande, Luxemburg*, 195–209. Göttingen: Wallstein.
Schmale, Günter (2016): Konstruktionen statt Regeln. In Christoph Bürgel, Dirk Siepmann (Hrsg.), *Sprachwissenschaft und Fremdsprachendidaktik: Zum Verhältnis von sprachlichen Mitteln und Kompetenzentwicklung*, 1–24. Baltmannsweiler: Schneider Verlag Hohengehren.
Schmale, Günter (2017): Von der Routineformel zur Konstruktion – Präformierte Konstruktionseinheiten als polyfaktorielles Phänomen. In Zofia Berdychowska, Heinz-Helmut Lüger, Czesława Schatte & Grażyna Zenderowska-Korpus (Hrsg.), *Phraseologie als Schnittstelle von Sprache und Kultur I: Abgrenzungen – sprach- und textvergleichende Zugänge*, 41–59. Frankfurt/Main: Peter Lang.
Thurmair, Maria (1989): *Modalpartikeln und ihre Kombinationen*. Tübingen: Niemeyer.
Thurmair, Maria (1991): Zum Gebrauch der Modalpartikel *denn* in Fragesätzen. Eine korpusbasierte Untersuchung. In Eberhard Klein, Francoise Pouradier-Duteil & Karl Heinz Wagner (Hrsg.), *Betriebslinguistik und Linguistikbetrieb. Akten des 24. Linguistischen Kolloquiums, Universität Bremen. 4.-6. September 1989*, Bd. 1, 377–387. Tübingen: Niemeyer.
Thurmair, Maria (2014): Alternative Überlegungen zur Didaktik von Modalpartikeln. *Deutsch als Fremdsprache* 1, 3–9.

Tomasello, Michael (2003): *Construction a language. A Usage-Based Theory of Language Acquisition*. Cambridge (Mass.), London: Harvard University Press.
Werner, Angelika (2009): Überlegungen zur Vermittlung von Modalpartikeln im DaF/JaF-Unterricht. *Dokkyo Universität Germanistische Forschungsbeiträge* 62, 1–24. https://dokkyo.repo.nii.ac.jp/index.php? (06/08/2018).
Weydt, Harald (1969): *Abtönungspartikel. Die deutschen Modalwörter und ihre französischen Entsprechungen*. Bad Homburg: Gehlen.
Weydt, Harald (2003): (Warum) Spricht man mit Partikeln überhaupt höflich? In Gudrun Held (Hrsg.), *Partikeln und Höflichkeit*, 13–39. Frankfurt/Main: Peter Lang.
Weydt, Harald (Hrsg.) (1977): *Aspekte der Modalpartikeln. Studien zur deutschen Abtönung*. Tübingen: Niemeyer.
Weydt, Harald (Hrsg.) (1979): *Die Partikeln der deutschen Sprache*. Berlin, New York: De Gruyter.
Weydt, Harald (Hrsg.) (1981): *Partikeln und Deutschunterricht. Abtönungspartikeln für Lerner des Deutschen*. Heidelberg: Groos.
Weydt, Harald (Hrsg.) (1983): *Partikeln und Interaktion*. Tübingen: Niemeyer.
Weydt, Harald. (Hrsg.) (1989): *Sprechen mit Partikeln*. Berlin, New York: De Gruyter.
Zellweger, Rudolf (1982): Die Modalpartikeln im Deutschunterricht für Frankophone. *Bulletin CILA* 36, 38–55.
Ziem, Alexander & Alexander Lasch (2013): *Konstruktionsgrammatik. Konzepte und Grundlagen gebrauchsbasierter Ansätze*. Berlin, Boston: De Gruyter.
Zifonun, Gisela, Ludger Hoffmann & Bruno Strecker u. a.. (Hrsg.) (1997). *Grammatik der deutschen Sprache. Band 1*. Berlin, New York: De Gruyter.

Sven Staffeldt
Von da- und dem her
Äußerungsnachgestellte Konnektoren als Slotbesetzungen einer Phrasem-Konstruktion

1 Einleitung

Im Vordergrund dieses Beitrags stehen Verwendungsweisen von Konnektoren, deren Spezifika es möglicherweise angeraten erscheinen lassen, sie als Konstruktionen im Sinne der oder einer Konstruktionsgrammatik anzusehen (vgl. Ziem & Lasch 2013). Dafür wäre es notwendig, formseitig wiederkehrende Verfestigungen zu identifizieren, zu denen als ganze Bedeutungen ermittelbar sind. Man kann hier auch von Zeichenhaftigkeit syntagmatischer Einheiten reden, die sich nicht in der reinen Kombination lexikalischer Einheiten zu einer syntaktischen Einheit erschöpft, sondern eine quasi-lexikalische Perspektive auf Syntagmen zulässt. Derartige Syntagmen können hinsichtlich des Vorkommens lexikalischer Elemente verschieden stark spezifiziert sein. In dem vorliegenden Aufsatz geht es um das Vorkommen bestimmter Konnektoren am Ende einer Äußerungseinheit, wo sie ihre grundlegende Konnektor-Eigenschaft verlieren können, sprachliche Einheiten zu fügen. Als Kandidaten für diese Position kommen einerseits Subjunktionen wie *obwohl* (vgl. Günthner 1999) und *wobei* (vgl. Günthner 2000), andererseits aber auch Konjunktionaladverbien wie *also*, *deswegen* (König 2012), *deshalb* und komplexe Adverbiale wie *von daher* oder *von dem her* infrage (vgl. zu letzteren Bücker 2011, 2013 und Imo 2011, 2013). In dem Beitrag werden zunächst die letzten beiden betrachtet, die dazu gewonnenen Einsichten werden anschließend auf weitere Konnektoren ausgedehnt. Es werden Ergebnisse kleinerer Studien zu ihrem Vorkommen im geschriebenen und vor allem aber im gesprochenen Deutsch vorgestellt. Datengrundlage ist einerseits das DeReKo (besonders für *von dem her*), andererseits das FOLK-Korpus der DGD (besonders für *von daher* und dann auch für die anderen potenziellen Füller der Konstruktion). Die grundlegende Frage ist: Lassen sich aus der Untersuchung von Instanzen des Musters äußerungsnachgestellter Konnektoren, das vorläufig als [Äußerung + Konnektor]-Konstruktion erfasst wird, Bedeutungsaspekte herausarbeiten, die dieses Muster als Ganzes (und nicht nur kompositional dessen Realisierungsbestandteile) betreffen? Um es vorwegzunehmen: Ja, solche Aspekte lassen sich postulieren. Diese Konstruktion verstärkt die Konnektorbedeutung und kann daher auch als Verstärkerkonstruktion bezeichnet werden. Es kann dann die These vertreten werden, dass wir es hier mit einer Konstruktion im konstruktionsgrammatischen Sinn, also mit einem Form-Bedeutungspaar zu tun haben. Oder anders perspektiviert: Mit einer Phrasem-Konstruktion (vgl. Dobrovol'skij 2011), deren Slotbesetzungen linksseitig lexikalisch, syntaktisch oder morphosyntaktisch nicht spezifiziert, rechtsseitig aber durch alleinstehende und nicht mehr fügende Konnektoren bestimmt sind. Ziel des Beitrags ist die Beantwortung der Frage nach der Bedeutungshaftigkeit dieser Konstruktion durch korpusbasierte Untersuchungen von Form und Funktion der als Instanzen dieser Phrasem-Konstruktion zu verstehenden sprachlichen Einheiten. Ob man dann in theoretischer Hinsicht besser eine konstruktionsgrammatische Beschreibung als Konstruktion oder eine phraseologische als Phrasem-Konstruktion wählt, diese Frage steht nicht im Vordergrund dieses Aufsatzes. Ich gehe einstweilen davon aus, dass beide Perspektiven auf dasselbe Phänomen in diesem hier interessierenden Bereich letztlich auf gleichen Beobachtungen beruhen (formseitige Verfestigungen lexikalisch teilspezifizierter Syntagmen) und auch ein gemeinsames Beschreibungsziel haben: Nachzeichnen der Verfestigung und Ermittlung oder Postulat von Bedeutungsaspekten, die das verfestigte Syntagma insgesamt betreffen. Vom Ansatz her interessiert sich die Phraseologie dabei vielleicht mehr für Einheiten mit stärkerer lexikalischer Füllung, wohingegen die Konstruktionsgrammatik sich vielleicht – wenn sie nicht ohnehin alles als Konstruktion betrachtet – mehr für die lexikalisch weniger spezifizierten Einheiten interessiert.

2 *von dem her*: Verwendungsbreite

Das Syntagma *von dem her* taucht im Geschriebenen (DeReKo) in drei verschiedenen, von der *dem*-Kategorisierung abhängigen Verwendungen auf:
1) Rel: als Attribut mit dem Relativpronomen *dem* (gern zu: Ort oder (*Stand-, Ansatz-, Ausgangs-, Bezugs-*) *Punkt*, also Belege des Typs *der Punkt, von dem her...*),
2) Dem: als Lokaladverbial mit dem Demonstrativpronomen (oder Korrelat) *dem* (hauptsächlich mit Bezug auf folgende *was*-Relativsätze, also Belege des Typs *Von dem her, was...*) und
3) Adv: als komplexes/phrasales Kausaladverb mit einem nicht mehr voll kompositional eigenständigen (aber vielleicht noch als Komplexanapher[1]) verstehbarem *dem* (also Belege des Typs [Satz/Sätze]. *Von dem her* [Verbletzt/V2-Satz].

---

[1] Vgl. zur Komplexanapher und weiteren Typen textueller Anaphern Schwarz-Friesel & Consten (2014: 110–127, insb. 123–126).

Die ersten beiden *von dem her*-Verwendungen (Rel, Dem) sind voll kompositional in dem Sinne, dass es um eine *von*-Relation geht, die den Ursprungspunkt profiliert, wobei dieser Ursprungspunkt durch das Relativum *dem* anaphorisch oder durch das Demonstrativum *dem* kataphorisch aufgegriffen wird und *her* die von dem Ursprungspunkt ausgehende Richtung zu einem Betrachterpunkt erfasst. Die Dem-Verwendung (also die des Typs *von dem her, was...*) nähert sich dabei bedeutungsseitig insofern der Adv-Verwendung an, als damit weniger lokale, sondern eher kausale Relationen i.w.S. einhergehen.

Wie sind die drei Verwendungen über die verschiedenen Korpora im DeReKo (Schriftspracharchiv W) verteilt? Nach Abzug von nicht ganz wenigen (ca. 30) meta-thematisierenden Treffern (was das phasenweise größere, laiensprachkritische Interesse an dieser Einheit widerspiegelt) bleiben insgesamt 380 Treffer übrig. Die Verteilung ist wie folgt (s. Tabelle 1):

Tabelle 1: Verteilung der *von dem her*-Vorkommen im DeReKo (Archiv W) auf die drei Verwendungsweisen mit *dem* als Rel(ativum), Dem(onstrativum) oder Teil eines nicht-kompositionalen phrasalen Adv(erbs)[2].

	Rel	Dem	Adv	Gesamt
in Redewiedergaben	5	15	129	149
Zeitungen	58	22	136	216
Sachbücher	13	1	0	4
Wikipedia	6	2	0	8
Disk Wikipedia	7	5	117	129
Parl Protokolle	2	8	3	13
Gesamt	86	38	256	380

Interessant ist hier,
- dass sowohl in Sachbüchern als auch in (wie ein Blick auf die Belegdaten ergibt) älteren Zeitungen Rel und Dem dominieren, Adv aber zunehmend in Zeitungen vorkommt. Letzteres geschieht vor allem über die Verwendung innerhalb direkter oder indirekter Redewiedergaben (insg. über ein Drittel aller Belege; die erste Zeile ist separat zu lesen) und
- dass selbst in Wikipedia-Artikeln keine Adv-Verwendungen auszumachen, diese dagegen in den Diskussionsseiten von Wikipedia sehr häufig sind.

---

2 Die Tabelle ist so zu lesen, dass die erste Zeile eine Art Zusatzzeile ist (es gibt ja kein Korpus Redewiedergabe). Insofern bezieht sich „gesamt" mit 380 auf die fünf nachfolgenden Zeilen, die erste ist dazu quer zu sehen.

Diese beiden Punkte sprechen dafür, dass (*von dem her*)_Adv sich aus dem medial Gesprochenen kommend auch im medial (dort aber noch nicht im konzeptionell) Geschriebenen seinen Platz erobert. Die Verwendung in den Wikipedia-Diskussionen kann man als einen Fall von konzeptioneller Mündlichkeit in medialer Schriftlichkeit ansehen, zumal hier kommunikative Beiträge ja auch häufig direkt adressiert werden: Man diskutiert miteinander. Was einen eventuellen Sprachwandel in Bezug auf *von dem her* im Geschriebenen angeht, so müsste man beobachten, ob sich über diese noch ans Gesprochene angelehnten Verwendungen hinaus in der Zukunft weitere und mehr schriftsprachliche Verwendungen ergeben als bislang. Für *von daher* als Adv darf dies jedenfalls klar bejaht werden. Hier gibt es ca. 45.000 Treffer im DeReKo (W-Archiv), unter denen nach stichprobenhafter Überprüfung sehr viele nicht konzeptionell mündliche anzutreffen sind (es wurden hier aber keine genauen Auszählungen und Auswertungen vorgenommen). Aber auch im Gesprochenen gibt es (in FOLK) mehr Belege für *von daher* als für *von dem her* (ca. 70 zu 10). Im Folgenden beschäftige ich mich mit der Verwendung von *von daher* im Gesprochenen. Alle gesprochensprachlichen Beispiele stammen aus der *Datenbank Gesprochenes Deutsch* DGD des IDS Mannheim (gewähltes Korpus: FOLK). Transkribiertes wird weitgehend so übernommen, wie DGD/FOLK es auswirft. Auf Retranskriptionen (etwa genaues Untereinandersetzen der Überlappungsklammern) wurde verzichtet. Lediglich bei den Beispielen (1) bis (4) wurde das Transkript aus Gründen der Übersichtlichkeit der Ergebnisse der positionell topologischen Analyse vereinfacht (keine Notation von Pausen, Rückmeldesignalen usw.). Alle anderen Belege sind unverändert übergeführt worden. Die Prozentzahlen beziehen sich auf die Gesamtmenge (= 70) der in FOLK erzielten Treffer für *von daher*. Gesucht wurde nach *von* mit der kotextuellen Positionsbeschränkung direkt vor *daher*.

3 (*von daher*)_Adv als Konnektor – Funktionsbestimmung und Topologie

Konnektoren sind Konnektoren, weil sie einen Konnex, eine Verknüpfung zwischen Einheiten (im Konnektorenhandbuch: Sätzen bzw. Propositionen) herstellen:

> Ihre Bedeutung setzt im Normalfall mindestens die Bedeutungen zweier Sätze zueinander in eine spezifische Relation, welche eine spezifische Beziehung zwischen den von den Sätzen beschriebenen und bezeichneten Sachverhalten identifiziert und dadurch einen spezifischen Aspekt realisiert, der geäußerten Ausdrucksfolgen zukommt, die als Texte intendiert sind. (Pasch et al. 2003: 1)

Zu dieser funktionalsemantisch bestimmten Klasse sprachlicher Einheiten gehören wortartenbezogen Konjunktionen und Subjunktionen, aber auch Konjunktionaladverbien, Relativadverbien, Pronominaladverbien und relationale Partikeln. Auch die phraseologisch komplexe Einheit *von daher/von dem her* gehört zu den Konnektoren. Im ersten Band des „Handbuch deutscher Konnektoren" (Pasch et al. 2013) taucht *von daher* (jedoch nicht *von dem her*) auf, beide aber nicht im zweiten (Breindl, Volodina & Hermann Waßner 2014; bzw. dort nicht im Wortregister, aber in Aufzählungen, vgl. Breindl, Volodina & Waßner 2014: 21). Mit Pasch et al. (2003: 40) kann man diesen Konnektor als einen in sein zweites Konnekt[3] integrierbaren Adverbkonnektor klassifizieren, der im Vorfeld (VF) stehen kann (vorfeldfähig ist), dort aber nur allein und nicht nach einem weiteren Satzglied stehen kann (nicht nacherstfähig ist). Über die weiteren Stellungsmöglichkeiten des Konnektors *von daher* informiert der erste Band folgendermaßen (vgl. Pasch et al. 2003: 509): Außer im VF kann der Konnektor auch im Mittelfeld (MF) oder im Nachfeld (NF) des Konnekts stehen, in den er integriert ist, oder auch zwischen den beiden Konnekten (Null), weder aber in der sog. Vorerstposition (also innerhalb des VF vor einem dort stehenden Satzglied) noch in der sog. Nachsatzposition (also nach beiden Konnekten). Bis auf NF und Vorerst lassen sich nun alle Positionen im gesprochenen Deutsch nachweisen, auch die Nachsatzposition:

(1)   Null (20%)
                    es is ganz selten dass jemand da mal richtich en dialekt spricht
      Konnekt 1   so und hier in ort_a in der ecke ja sowieso eher weniger dialektreich
      Null   **von daher**
      Konnekt 2   ich denk mal die sind in etwa off_n gleichen niveau wie ich

---

3 Erstes und zweites Konnekt sind stellungsbezogen definierbar als: Konnekt I = Konnekt vor Konnektor bzw. vor dem nachfolgenden, über den Konnektor verknüpften Konnekt, Konnekt II = Konnekt nach Konnektor bzw. nach dem vorhergehenden, über den Konnektor verknüpften Konnekt. Davon unabhängig können diese Konnekte semantisch interpretiert werden. Bei *deshalb* und integriertem *von daher* etwa ist das erste Konnekt der Grund (bzw. das Antezedens) und das zweite die Folge (bzw. das Konsequens) wohingegen dies bei *denn* genau umgekehrt ist (Konnekt I = Folge, Konnekt II = Grund). Zu Schwierigkeiten führt die obige Einteilung in Konnekt I und II dann, wenn das zweite Konnekt in das erste eingebettet ist und dort z. B. im VF steht (etwa: Weil xy, ist z). Hier kann man dann besser ein internes von einem externen Konnekt unterscheiden, wobei intern = das Konnekt, in das der Konnektor integriert ist, und extern = das Konnekt ohne den Konnektor (vgl. dazu Pasch et al. 2003: 8–9 . und Breindl, Volodina & Waßner 2014: 23–28). In seltenen Fällen ist *von daher* jedoch auch in sein externes Konnekt integriert und fungiert dann (bedeutungsmäßig ähnlich wie *deswegen/deshalb*) als kataphorische Stütze (Korrelat) für einen (z. B. mit *weil* angeschlossenen) Nebensatz, z. B.: *bei ihm is es in der wahrnehmung von daher so weil die frau sich ja über nix anneres mit dem kind wahrscheinlich unnerhält*. Nicht alle Verwendungen sind aber integriert und um diese geht es in diesem Beitrag vorrangig.

(2) VF (49%)
Konnekt 1   aber ich kenn mich da aus
Konnekt 2   **von daher** lauf ich da gern hoch weil da fühl ich mich sicher

(3) MF (nur sehr selten: 3%)
Konnekt 1   wenn nachher die zeitdifferenzen [...] nicht erkennbar sind [...]
Konnekt 2   dann kann man **von daher** sagen also gut_s lohnt sich nicht

(4) Nachsatz (26%)
Konnekt 1   weißt wir können das ma erscht auch so stehen lassen
Konnekt 2   weil jetzt im winter geht eh kaum jemand auf de balkon weißt
Nachsatz   **also von daher**

4 (*von daher*)$_{Adv}$ in Null- und Nachsatzposition

Wenn man VF und MF als integrierte und Null und Nachsatz als nicht-integrierte Verwendungen gruppiert, so zeigt sich eine 50-50-Verteilung: *von daher* kommt etwa je zur Hälfte nicht-/ integriert vor. Besonders bei der nicht-integrierten Verwendung in der Null-Position lässt sich dabei zugleich auch eine Ausweitung der Konnekte (zumindest von Konnekt I) erkennen. Der Konnektor *von daher* fungiert hier nicht mehr so sehr als *Satz*verknüpfer (i. S.v. verknüpft Satz 1 mit Satz 2) und ist damit so recht eigentlich auch kein Konnektor im Sinne des Konnektorenhandbuchs mehr (denn hier wäre die definitorische Festlegung M5 evtl. nicht erfüllt; vgl. Pasch et al. 2003: 1 und 4–6). *Von daher* dient eher als Verknüpfer größerer *Äußerung*seinheiten:

(5) *Gilgi*
0496 KW ähm (.) ja also es werden (.) alle (.) es s wi wird natürlich auch dieser alte typus noch mal mit dem gretchen wird kommt ja auch °h vor bei der (.) bei der verlobten von dem max
0497   (0.76)
0498 KW ((schmatzt)) also man sieht im prinzip alle typen schon so n bisschen vertreten aber natürlich s steht das °h girl sozu[sagen im mittelpunkt]
0499 HN [((schmatzt)) okay jetz ham sie] (.) n wunderbares stichwort geliefert [nämich] (.) typen °hh ähm (.) in der tat (.) man greift auf typen zurück figuren charaktere [spielen bei bei]den °h eine untergeordnete rolle °h (.) inwieweit ist das vereinbar mit der literarischen konzeption der

		neuen sachlichkeit °h was ja och so n ganz schwammi[cher] (.) begriff is dass sie vielleicht jetz versuchen noch mal diesen begriff °h zu fassen °h und die verbindungen zu den autorinnen [her] (.) zustellen
0500	KW	[h°]
0501	KW	ja
0502	KW	[hm]
0503	KW	[äh]
0504	KW	[ja]
0505	KW	(.) also das war [im prinzip eins] der °h ähm
0506	XM	[((räuspert sich))]
0507		(0.38)
0508	KW	((schnalzt))
0509		(0.42)
0510	KW	der anliegen sag ich mal der neuen sachlichkeit dass man nich mehr so die einzelschicksale darstellt sondern (.) gruppenschicksale typen also ty ((knarrt)) wirklich ähm °h einen
0511		(0.71)
0512	KW	stellvertretenden ((knarrt)) menschen in dem sinne schafft ähm (.) der das schicksal von dieser zeit in der °h man ja auch
0513		(0.23)
0514	KW	zunehmend einfach (.) nicht mehr individualisiert wird durch die medien und so weiter einfach °h darstellt (.) und (.) ähm
0515		(0.21)
0516	KW	°h da darüber hab ich ei (.) auch ähm viel nachgedacht muss ich [ehrlich sagen] weil ähm °h ich halt schon finde (.) dass man (.) ähm bei manchen
0517	HN	[hm_hm]
0518		(0.28)
0519	KW	bei doris oder bei (.) gilgi is so
0520		(0.27)
0521	KW	die wern ja schon relativ klar auch so_n bisschen gezeichnet man kann auch ja mit denen °h schon n bisschen (.) mitfühlen aber wenn man sich das schon überlegt dass zum beispiel auch nicht die vergangenheit und die (.) zukunft ähm im °h
0522		(0.22)
0523	KW	((schnalzt)) (.) dargestellt wird °h stimmt das schon (.) also dass (.) grade ähm °h bei
0524		(0.27)
0525	KW	bei gilgi man kommt einfach rein in den roman °h lebt f (.) ein paar monate mit ihr mit un dann is man auch schon wieder weg

0526		(0.45)
0527	KW	also **von daher** es werden wirklich (.) in dem sinne °h keine einzelschi[cksale] dargestellt weil es is ja auch vielen so passie[rt]
0528	HN	[hm_hm]
0529	HN	[°h] okay jetz müssen (.) uns bitte nur vor einem hüten dass sie sagen wir können da so_n bisschen mitleiden [°h ja (.) so d (.) das hab] ich absolut überhört

Es ist hier schwer auszumachen, was genau alles zum Konnekt I von *von daher* (in 0527) gehört und i. Ü. auch, zwischen welchen Einheiten eine Grund-Folge-Beziehung etabliert werden soll. Möglicherweise ließe sich deshalb hier davon sprechen, dass *von daher* zu einer Diskurspartikel pragmatikalisiert wird.[4] Eine solche Pragmatikalisierung ließe sich konversationsanalytisch vielleicht an dem Vorhandensein eines strukturellen Kontextes festmachen (vgl. Fischer 2008: 139–140). Für das pragmatikalisierte *von daher* wäre der strukturelle Kontext allerdings nicht festgelegt auf das Ende eines Turns, sondern eher thematisch-strukturell auf das Ende eines im Turn oder in einer Folge von Turns verhandelten Themas, das mit *von daher* angezeigt und in verknappte Reformulierungen überführt wird. Übrig bliebe also eine resümierende Grundfunktion, die vielleicht auch durch *also* oder ähnliche Einheiten an dieser Stelle übernommen werden könnte. Halten wir dies als eine These über die nicht-integrierte Null-Verwendung fest:

→ Mit desintegriertem *von daher* in der Nullposition kann ein davor liegender Äußerungsabschnitt (Konnekt I) in ein Resümee (Konnekt II) überführt werden.

Semantisch verblasst *von daher* in solchen Fällen zu einem fast schon reinen Bezugnahmekonnektor (und nähert sich damit kurioserweise wieder der kompositional wörtlichen Bedeutung eines Lokaladverbs an: Markierung eines vorangehenden Äußerungsteils oder Abschnittes, in Bezug auf den jetzt etwas wichtig wird). Es geht nicht mehr vordergründig um die Etablierung einer Grund-Folge-Beziehung. Vielmehr wird Vorheriges ‚bloß' anaphorisch aufgegriffen, um es (zumindest vorläufig) resümierend abzuschließen. Diese Verblassung in der Null-Verwendung ist aber nicht total oder notwendig. Es kann – wie auch oben Beispiel (1) zeigt – noch durchaus eine Grund-Folge-Beziehung zu erkennen sein (‚mitschwingen', wie Freywald (2018) sagen würde; s. u.). Diese aber – und darauf komme ich gleich mit der zweiten These noch einmal zu sprechen – unterliegt einem pragmatischen Shift, insofern sie nämlich nicht mehr propositional, sondern epistemisch oder sprechaktbezogen ist.

---

4 Zu Pragmatikalisierungsprozessen vgl. Mroczynski (2012).

Hinsichtlich der laut Handbuch nicht möglichen Nachsatzposition lassen sich im Gesprochenen in FOLK über (4) hinaus weitere Gegenbeispiele finden:

(6) *chronologisch* (Prüfungsgespräch: CH Prüfer, FR Geprüfte)
0033   CH   zwei
0034   (0.33)
0035   CH   themen (.) äh (.) regionalintonation des dresdnerischen °hh und
0036   (0.25)
0037   CH   spracherwerb
0038   (0.69)
0039   FR   ja
0040   CH   dann eins zwei (.) ham sie
0041   (0.27)
0042   CH   vorliebe für_n beginn
0043   (1.65)
0044   FR   ach so °h äh die eins
0045   (0.23)
0046   CH   ein[s]
0047   CH   [okay]
0048   FR   [es] is [chronologisch] **von daher**
0049   CH   okay ja okay °hhh
0050   FR   ja h°
0051   CH   öh h° regionale intonation des dresdnerischen (.) sie ham

Hier steht *von daher* (in 0048) hinter dem Konnekt II *es ist chronologisch*, das *von daher* als Grund markiert. Es ist aber nicht das Konnekt II, in das *von daher* integrierbar wäre, denn *von daher ist es chronologisch* würde nicht einen Grund, sondern eine Folge markieren. Durch die Verwendung des Konnektors in der Nachsatzposition wird (unterstützt durch die Anapher *es*) vielmehr ein früherer Beitrag als Folge markiert. Infrage dafür kommt die Antwort auf die Frage von CH, ob FR eine Vorliebe für die Reihenfolge der jetzt abzuprüfenden Themen hätte. Die Pause in 0043 und auch *ach so* in 0044 zeigen an, dass FR 0040-0042 nicht sofort als Frage versteht (wohl auch wegen der untypisch stark fallenden Tonhöhenendbewegung des schweizerstandarddeutschen CH in 0042, die nicht transkribiert, aber im entsprechenden Tonausschnitt gut zu hören ist). Wir haben hier also die verglichen zu integriertem *von daher* gewissermaßen umgekehrte Abfolge: erst die Folge, dann der Grund und danach erst *von daher*. Dadurch bekommt diese Verwendung den Charakter des Nachträglichen. Man könnte dies als eine Art Richtigstellung, als Canceln einer nicht-ausgedrückten Bedeutung ansehen. Als Antwort auf die Frage nach der *Vorliebe fürn Beginn* kann *die eins* nämlich verstanden werden als: ‚meine Vorliebe für den Beginn ist das Thema 1'. Das wäre dann eine Explikatur bzw. Implizitur[5], also die gerade auch syntaktisch und satzsemantisch klar verstehbare Vervollständigung bzw. Sättigung des Geäußerten. Und dies kann dann insgesamt als Implikatur angesehen werden: Auf die Entscheidungsfrage, *ob* sie eine *Vorliebe fürn Beginn* hat, antwortet FR, als würde sie auf die Ergänzungsfrage antworten, *welche* Vorliebe sie hat. Da aber klar ist, dass eine direkte Antwort (etwa: *ja, habe ich*) nicht ausreichen würde (ähnlich wie bei dem auf das Wörtlich-Nehmen eines indirekten Sprechakts beruhenden mäßig lustigen Scherz A: Können Sie mir sagen, wie spät es ist? B: Ja, kann ich. – und geht weiter) kann von FR angenommen werden, dass sie die erste Maxime der Quantität befolgt, den Beitrag so informativ zu machen, wie für die gegebenen Gesprächszwecke nötig (oder sprechakttheoretisch reformuliert: dass sie nicht nur auf den an der Oberfläche erkennbaren sekundären, sondern auch auf den eigentlich oder auch gemeinten primären adäquat reagiert). Nun können solche Entscheidungen in Prüfungen aber auch unabsehbare Folgen haben. Etwa wenn *Vorliebe fürn Beginn* als *Vorliebe für das Thema, mit dem man beginnen möchte* verstanden wird, und dies (diese Sinn-Erweiterung bzw. Anreicherung) ist die Implizitur bzw. Explikatur, die FR schließlich cancelt. Einer solchen Fehlinterpretation wirkt FR entgegen: Die Wahl *die eins* ist nicht unbedingt darauf zurückzuführen, dass FR dafür eine thematische Vorliebe für Thema *eins* hätte, sondern soll zunächst einmal neutral verstanden werden als ‚der Abfolge der Zahlenreihe 1, 2 usw. entsprechend'. In der Nachsatzposition behält *von daher* hier also seine Konnektoreigenschaft, einen Grund mit einer Folge zu verknüpfen. Allerdings ist die Verwendung dieses Konnektors pragmatisch stark angereichert und das Wesentliche dürfte nicht in der etablierten Grund-Folge-Beziehung liegen, sondern in der Zurückweisung etwaig mitzuverstehender Inhalte. Halten wir dies als zweite These fest:

> → Bei nicht-integrierten Verwendungen verschiebt oder erweitert sich die kommunikative Leistung der Konnektorverwendung vom Herstellen semantischer Beziehungen auf pragmatisch zu beschreibende Bedeutungsprozesse.

Insbesondere diese letzte These hat in verschiedener Gestalt besonderes Gewicht erhalten, etwa wenn von der epistemischen oder sprechaktbezogenen Verwendung von Subjunktionen mit Verbzweitstellung (V2) die Rede ist (vgl. hierzu Breindl, Volodina & Waßner 2014: 186–204). Man kann bei der Fokussierung eher pragmatisch zu fassender Bedeutungen auch von einer funktionalen Desambiguierung sprechen:

---

[5] Vgl. zu den Konzepten Implikatur, Explikatur bzw. Implizitur Finkbeiner (2015: 21–34 und 78–82) oder auch Rolf (2013: 62–125 und 167–171) sowie Liedtke (2016: 69–82 und 111–146).

Zum Beispiel ist in revidierenden, korrektiven bzw. adversativen *obwohl-*, *wobei-* und *während-*VL-Sätzen [revidierend, korrigierend und adversativ sind hier die pragmatischen Bedeutungen von *obwohl*, *wobei* und *während*; d. Verf.] die Möglichkeit einer konzessiven (für *obwohl*), rein additiven (für *wobei*) oder temporalen Interpretation (für *während*) bzw. zumindest das Mitschwingen einer solchen [semantisch-propositionalen; d. Verf.] Lesart grundsätzlich immer auch gegeben. Verknüpfen diese Konjunktionen jedoch zwei Hauptsätze, ist für *obwohl* und *wobei* nur die Korrekturlesart, für *während* nur die adversative Lesart möglich. Jegliche Vagheit hinsichtlich anderer Bedeutungsanteile wird so ausgeschlossen. (Freywald 2018: 30)[6]

Eine solche Funktionsbestimmung bezieht sich zunächst einmal auf Einheiten in Turns nur einer Person, wo also die Konnekte und der Konnektor von ein und derselben Person geäußert werden. Hinzu kommen noch dialogische Verwendungen, in denen Konnekt I von einer ersten und der Konnektor plus Konnekt II von einer zweiten Person geäußert wird (vgl. für *obwohl* bspw. Günthner 1999: 421–422.). Aber auch hier zeigt sich bei der V2-Verwendung eine klar korrektive Funktion: Fremdreparatur[7].

Nun unterscheidet sich *von daher* von den ‚eigentlich' subordinierenden Konjunktionen *obwohl* und *wobei* etc. allerdings darin, dass es sich als komplexes Adverb ja nicht auf die Verbstellung auswirkt. Während bei den Subjunktionen als formales Kriterium der Wechsel von VL zu V2 zu beobachten ist, ist bei der Verwendung von *von daher* in der Nullposition der Wechsel von integrierter, meist VF-Verwendung hin zu einer nicht-integrierten Verwendung zwischen den Konnekten festzustellen. Und genau dies ist dann doch die Gemeinsamkeit zu *obwohl* und

---

6 Günthner (1999: 429) modelliert für *obwohl* ein Spektrum vom Konzessivkonnektor zum Diskursmarker mit den folgenden drei stellungsgebundenen Vorkommen: konzessiv/VL, restriktiv/VL und V2, korrektiv/V2. Hier ergeben sich stellungsmäßig also Überschneidungen, was den Zwischenbereich der restriktiven Verwendung mit denen der konzessiven und der korrektiven anbetrifft. Freywald modelliert dagegen anders herum: Selbst in korrektiven VL-Sätzen ‚schwingt' konzessiv noch ‚mit', in V2-Sätzen mit *obwohl* liegt dagegen nur noch korrektiv vor. Gegen die Desambiguierungsthese würde es allerdings sprechen, wenn sich die Lesarten doch distinkt auf VL und V2 aufteilen (so etwa bei Moraldo 2013, wobei hier allerdings auch didaktische Reduktionen eine Rolle spielen könnten). Auch Günthner (2000: 253) formuliert: „Während also *obwohl*-Konstruktionen mit Verbendstellung zur Markierung konzessiver Relationen verwendet werden, dienen *obwohl*-Konstruktionen mit Verbzweitstellung dazu, die Gültigkeit der vorausgehenden Äußerung einzuschränken bzw. diese vollständig zu korrigieren." Ob man nun also einen Überschneidungsbereich annimmt oder nicht und ob man von einer Desambiguierung ausgeht oder nicht, klar ist: VL- und V2-Konstruktionen mit *obwohl* können funktional differenziert werden, wenn auch vielleicht nicht so klar distinkt, wie Freywald dies annimmt (also VL zwei Lesarten, V2 nur noch eine).
7 Die Termini *Korrektur* und *Reparatur* verwende ich in diesem Aufsatz synonym und in einem weiten Sinn, auch wenn mir klar ist, dass Korrekturen ansonsten auch als ein spezieller Typ von Reparaturen aufgefasst werden (vgl. zum spezielleren Begriff der (Selbst-)Korrektur als Fehlerbehebung vs. Elaborierungen als Verbesserung (Präzisierung u.ä.) Pfeiffer 2015: 55–83).

wobei in V2-Konstruktionen: Sie sind hinsichtlich ihres zweiten Konnekts, in das sie eigentlich syntaktisch als Satzglied (*von daher*) oder die linke Satzklammer (LSK) besetzende Subjunktion integriert wären,[8] nicht integriert. Daher kann man vielleicht auch sagen: Nicht-integrierte Verwendungen von integrierbaren Konnektoren bekommen einen pragmatischen Dreh. Natürlich gibt es hier auch Zwischenstufen. Eine der auffälligeren ist die, bei der auf *von daher* eine Pause folgt oder der Konnektor von Pausen gerahmt wird, wobei es nach der Pause aber mit der LSK weitergeht, *von daher* also prosodisch vereinsamt, syntaktisch aber dann doch integriert ist und man als HörerIn (H) die syntaktische Konstruktion erneuern muss:

(7) *Fehlkurse*
0130   CS   ja (.) leider gottes ham_ma natürlich auch wieder einige fehlkurse aber die parallelklasse
0131   (0.49)
0132   CS   sin ja drei leute weniger und ham no_mal drei fehlkurse mehr glaub ich
0133   (0.56)
0134   CS   oder zwei meh[r]
0135   MH   [glei]cht sich ja aus
0136   CS   **von daher**
0137   CS   (0.38)
0138   CS   ähm
0139   (0.48)
0140   CS   sieht_s da bei uns sogar noch_n bisschen besser aus aber es is trotzdem unbefriedigend °hhh hh° was halt schon interessant is jetz mal abgesehen vom udo (.) der is immer so e_bissele abweich äh abweichend
0141   XM   boah

---

8 Ich verwende hier einen leicht anderen Begriff von syntaktischer Integriertheit als das Konnektorenhandbuch. Dort sind Konnektoren in ihr internes Konnekt integriert, wenn sie in einem *Feld* des Satzes stehen können, der ihr internes Konnekt darstellt. Subjunktionen sind dort also nicht-integriert, weil sie ja nicht in einem Feld stehen. Nun besetzen Subjunktionen aber LSK und diese Position ist ja eine ganz entscheidende Position für die innere syntaktische Organisation von Sätzen. LSK-Besetzungen müssen m. E. deshalb als integriert betrachtet werden. Für *obwohl* wäre dann ein Wechsel von LSK zum Vorvorfeld (oder einer etwaig anzunehmenden Koordinationsposition) anzunehmen. Damit tritt es dem Satz aber gegenüber und ist – im Unterschied zur Verwendung als LSK – nicht mehr in den Satz integriert. Ein Rest von Integriertheit bleibt aber auch hier noch bestehen. So können V2-Sätze mit *obwohl* beginnen und problemlos allein stehen (im Schriftlichen: Satzzeichen *Obwohl*-V2 Satzzeichen). Sätze mit *obwohl* zu beenden und das Ende auch deutlich prosodisch als solches zu markieren (etwa durch fallende Tonhöhenendbewegung), wäre dagegen sehr auffällig (und auch nicht erwartbar).

Auch hier haben wir es nicht mehr nur mit einer propositionalen Ursache-Folge-Verknüpfung zu tun (immerhin möglich wäre: Grund 0130-134 und Folge 0140 *sieht's da bei uns noch'n bisschen besser aus*). Bedeutungsseitig kann man hier (Konnekt II in 140) aber auch schwanken zwischen einer reinen Bezugnahme (des Typs Limitativangabe: *was das betrifft, so*) oder einer epistemischen oder sprechaktbezogenen Lesart (etwa: *aufgrund der eben genannten Fakten komme ich zu der Einschätzung, dass*). Die Frage ist nun: Wohin geht die Reise, wenn *von daher* ohne zweites Konnekt verwendet wird?

5 Leerlaufendes (*von daher*)$_{Adv}$ und *insofern*

Wenn *von daher* ohne zweites Konnekt auftaucht (sozusagen in der Null-Position oder als VF-Besetzung ins Leere läuft, weil kein V2 oder keine LSK mehr folgt), dann kann es sein, dass sich etwaig ausgesparte Äußerungsinhalte interpretativ problemlos rekonstruieren lassen:

(8) *meine Mutter*

1155	JO	ja ich mein so da hinten hinter_m arbeitsamt is e bissle eher milieu also da (.) da ham die ja hunde und wohn da auch [zum teil und s]o also damals ham_s °h is jetzt nich so streng wie in manchen anderen ecken
1156	PA	[ah okay]
1157		(0.51)
1158	AL	(echt)
1159		(0.24)
1160	JO	ja ja
1161		(1.61)
1162	JO	meine mutter is da öfters [(**von daher**)]
1163	AL	[ja was heißt die] wohnen da teilweise
1164		(0.76)
1165	JO	((schmatzt)) oder sch scht wohnen dann halt in ihren hütten
1166		(0.76)
1167	AL	echt
1168		(0.84)
1169	JO	[oder ham oder sp °h] oder ham zum beispiel [eins so da ham se] ja ja klar °h ham dann en hund zum beispiel (weiß ich was der) die ganze zeit da (.) im garten is (.) was ja eigentlich au nich geht oder so wenn nach satzung

Hier könnte man in 1162 rekonstruieren: *von daher [weiß ich es recht gut, kann ich das so sagen]* o. ä.). Da die Stelle mit 1163 überlappt, kann zwar anhand des Transkripts nicht entschieden werden, ob ein voll vereinzeltes *von daher* geplant war. Aber beim Abspielen des Audiosegments ist für *von daher* festzustellen, dass es als eigene Intonationsphrase mit nur leicht fallender bis schwebender Tonhöhenendbewegung realisiert ist: *von daher* ist also eine eigenständige Turnkonstruktionseinheit (TCU). In solchen Fällen kann man dann von einer Ellipse sprechen oder mit Imo (2011 und 2013) von einer Mikro-Aposiopese. Es ist klar, dass ein Inhalt ausgespart ist (das ist in Nachsatzposition anders: hier weiß man, dass beide Konnekte vorangegangen sind) und es ist auch einigermaßen klar, welches dieser Inhalt ist – er kann verstanden werden, als würde er geäußert worden sein.

Man kann sich übrigens im weiteren Interaktionsverlauf auch auf diesen ausgesparten Inhalt beziehen, ohne ihn explizieren zu müssen. Dies kann als eine weitere These festgehalten werden:

→ Es wird durch ein als TCU vereinsamtes *von daher* ein Inhalt interaktional verfügbar gemacht und mit Bezugnahmen interaktional relevant gesetzt, der aber über keine materielle Manifestation verfügt, weil er nicht geäußert wurde, sondern durch das Vorhandensein des bloßen Konnektors lediglich verankert ist.

Im folgenden Fall geschieht diese Bezugnahme auf einen unhörbar verfügbar gemachten Inhalt übrigens mit einschränkend korrektivem *obwohl*:

(9) *alte Eltern*

0754	FK	[do wär ick] immer die ollste (.) eine von den ollsten n n bi n [eltern] abend do (.)
0755	TU	[(guck)]
0756	TU	ja guck un bei mir nich u [ich_äh] äh äh ich war 31 da is uwe geboren
0757	FK	hm
0758	FK	ja
0759		(0.2)
0760	TU	es war jetzt letztens abschiedsfest hier von der klasse und so w[eiter] und äh °h äh es m hält sich die waage ((klatscht))
0761	FK	ja
0762		(0.43)
0763	TU	die sin alle so in meinem al[ter]
0764	FK	[ja]
0765	FK	[ja] (.) ja das is [+++ +++ (irgendwie) ne]
0766	TU	[ne (.) gewesen also jetzt] die eltern (.) also **von daher**
0767	AJ	[hmhm]

0768	AJ	[ja]
0769		(0.88)
0770	TU	obwohl ich muss sagen mit einunddreißig das war dann auch schon spät genuch (.) aber dann war_s auch gut gewesen
0771	FK	ja
0772		(0.31)
0773	FK	da [bin ick dir] ok sehr
0774	TU	((räuspert sich))
0775		(0.25)
0776	TU	aber das lag auch bloß daran weil rupert noch in stadt_i war da ham wir gesacht bevor der hierher versetzt wird will ich kein zweites kind

Hier lässt sich in 0766 rekonstruieren: *also von daher [so alt bin ich im Vergleich dann doch nicht]*, was dann mit *obwohl*+V2 einschränkend korrigiert wird in 0770: Immerhin war TU doch schon so alt, dass es dann *auch gut gewesen* sei, was übrigens in 0776 von TU wieder relativiert wird (es lag damals nur am Arbeitsort von Rupert, dass sie kein zweites Kind bekommen haben).

Die unproblematische Verstehbarkeit eines gemeinten, durch *von daher* verankerten, aber nicht mehr geäußerten Inhalts muss aber nicht gegeben sein. Es kann auch so sein, dass sich ein solcher Inhalt gar nicht so einfach oder auch überhaupt nicht erschließen lässt, wobei dies interaktional bemerkenswerter Weise aber zu keinerlei Metaereignissen (etwa Verständnisrückfragen) führt: Die Leere wird hingenommen. Vielleicht ist sie keine?

(10) *erst jetzt*

0569	BP	für (.) kopfbahnhof einundzwanzig
0570		(0.32)
0571	BP	gibt es
0572		(0.29)
0573	BP	ein betriebskonzept
0574		(0.7)
0575	BP	des müssen wir betonen denn selbstverständlich is des nicht °hh
0576	TG	((unverständlich))
0577		(0.65)
0578	BP	es is nich selbstverständlich (.) ((schmatzt)) °h weil es (.) für stuttgart einundzwanzig jedenfalls bis gestern abend noch kein betriebskonzept gab sie erinnern sich f[rau gönner] hat
0579	HG	[tschuldigung können die] (.) können die folien weiter verteilt werden

0580   (0.56)
0581   HG   des (.) äh wär (.) nicht schlecht
0582   TG   da müssen se doch +++ +++
0583   BP   ich kann auch warten (.)
0584   HG   hallo
0585   ((unverständlich ca. 3.3s))
0586   BP   °h sie erinnern sich frau gönner hat uns beim letzten mal gesagt was wir ham
0587   (0.44)
0588   BP   was wir als (.) °h gegenseite bekommen haben ist nur ein zwischenstand seit gestern abend haben wir jetzt °h auch ein betriebskonzept °hh es scheint so dass des in den letzten zwei wochen fertiggestellt wurde (.) wir können es (.) erst (.) jetzt prüfen (.) **von daher** °h
0589   TG   (doch)
0590   (0.27)
0591   BP   ja natürlich (.) der unterschied is sie hatten sechzehn jahre vorbereitung un fünfhundert millionen un wir eben nur (.) ehrenamtlich tätige
0592   XM   dach
0593   TG   die zahl stimmt so nicht und im übrigen sie haben_s uns geschtern abend s erschte mal zur verfügung gestellt wir dürfen_s nicht prüfen und sollen uns heut de mit auseinandersetzen [insofern °h finde ich dass es auch ein] punkt [wert is]

Hier ist nicht ohne Weiteres klar, was eine durch *von daher* angedeutete Folge sein könnte. Es lässt sich deshalb auch nicht einfach von einer Ellipse (und aus demselben Grund auch nicht von einer Aposiopese) sprechen. Zu konstatieren ist jedenfalls, dass *von daher* einen längeren Turn von BP zwischenzeitlich beendet (im Ausschnitt beginnt dieser Turn bei 0569, dies ist aber nicht der Anfang des Gesamtturns, der – institutionell durch die Redevergabe bei diesem Schlichtungsgespräch bedingt – weit vorher liegt). Daraufhin gibt es einen Einwand (TG in 0589, wobei allerdings auch nicht ganz klar ist, worauf sich *doch* bezieht), eine Erwiderung (BP in 0591, pointiert) und wiederum einen Einwand (TG in 0593). Beide gegnerisch zueinander stehenden Seiten werfen sich gegenseitig u. a. vor, dass Ihnen das jeweilige Betriebskonzept der Gegenseitige nicht rechtzeitig vorgelegen habe. Das wird besonders deutlich in 0595 und 0598:

0594 HG [also des war jetzt ein zwischenruf jetz mach ma]
0595 BP [war länger zw]ischenruf ich hab [gar kein problem fr]au gönner wenn sie sagen es is nich möglich des so schnell zu prüfen dass wir heute die einbringung machen un bei der sitzung wo die leistungsfähigkeit ihres betriebskonzeptes analysiert wird (.) °h dann auch über unser betriebskonzept °h sprechen dagegen °h kann es keine einwände geben ich weise nur darauf hin (.) °h es is nich selbstverständlich eines zu haben weil sie bis
0596 HG [herrgott sakrament]
0597 (0.27)
0598 BP vorgestern (.) noch keines hatten und weil wir ohne (.) V millionenschwere planungsbeträbe arbeiten müssen wir haben trotzdem eines (.) °hh un des is uns nicht möglich weil wir (.) unglaublich viel gscheiter sin herr doktor geißler °h als die andere seite °h sondern der grund warum wir ein betriebskonzept vorweisen können ist der °h dass unsere infrastruktur so flexibel is (.) °h des was ihnen herr arnadi vorgestellt hat °h dass man mit relativ wenig planerischem aufwand ein sehr vernünftiges betriebskonzept erarbeiten (.) °h und präsentieren kann (.) °h
0599 (0.4)

Das Gespräch befindet sich an einem schwierigen Punkt: Man kann nicht über etwas diskutieren, das man noch nicht hinreichend zur Kenntnis genommen hat. Sollte dies bereits eine Inferenz aus der *von daher*-Verwendung in 0588 sein? Unklar. An dieser Stelle schlage ich vor, die üblichen Bahnen zu verlassen und darüber nachzudenken, ob nicht eine (vielleicht nah verwandte aber doch) ganz andere Funktion mit *von daher* einhergeht. Klar scheint zu sein, dass *von daher* interaktionsstrukturelle Relevanz besitzt und damit in Richtung Diskursmarker geht. Es ist ganz hervorragend geeignet, das inhaltliche Ende eines Turns oder eines Turnabschnitts anzuzeigen. Man macht klar, dass man jetzt einen wichtigen Punkt gemacht hat. Insofern würde nichts fehlen. Gleichwohl könnte ein nicht-manifester Inhalt im weiteren Verlauf manifest oder als nicht-manifester verfügbar sein, was hier aber nicht der Fall ist. Vielmehr drängt sich der Verdacht auf, dass hier ein Schlusspunkt gesetzt wird. Dies hätte dann Ähnlichkeiten zu der Verwendung von *insofern* in vergleichbaren Fällen (also syntaktisch desintegriert und ohne zweites Konnekt, das nicht einfach nur elliptisch ist). Hier kann von einer restriktiven oder limitativen Bedeutung, die in Grammatiken gern für *insofern* angenommen wird, nicht gesprochen werden. Ganz im Gegenteil: Verwaistes[9] *insofern* hat affirmativen Charakter, auch wenn oder gerade weil das Affirmierte nicht ausgesprochen wurde (vgl. dazu insg. Staffeldt 2018, insb. zu der Verwendung von *insofern* als Schlusspunkt). Man bedient sich der Technik des Es-nicht-mehr-sagen-Müssens, wodurch was immer man hätte gesagt haben können gestärkt wird. Für *von daher* drückt Bücker (2011: 28) – der die verwaiste Verwendung von *von daher* „topic tag" nennt, also die Hauptfunktion in dem Hinweis auf ein Thema sieht – dies etwas vorsichtiger formulierend so aus:

> In diesem Sinne kann das ‚Topic Tag'- *von daher* sequenziell als ein Angebot eingestuft werden, das die interaktive Ratifikation des zurückliegenden Diskursabschnittes als in sich geschlossenes, argumentativ kohärentes thematisches Integral als *präferierte* Option in den Raum stellt [...].

M. a. W.: Solche *von daher*-Verwendungen sind, wie auch solche *insofern*-Verwendungen stark zustimmungsheischend. Dies haben sie mit dem rhetorischen Mittel der Aposiopese gemeinsam, sie unterscheiden sich von letzterem allerdings durch die Vagheit des Nicht-Gesagten.

6 Ähnliche Fälle (*obwohl* und *wobei*)

Was passiert bei leerlaufendem *obwohl*? Kann hier ein vergleichbarer Effekt beobachten werden? Zunächst einmal ist auffällig, dass in FOLK kaum Realisierungen zu finden sind, bei denen *obwohl* als Schlusspunkt gesetzt wird. Vielmehr sind hier Null-Verwendungen (s. Bsp. (12)) ebenso einschlägig, wie späte Anschlüsse (s. Bsp. (11). Damit möchte ich Verwendungen von *obwohl* bezeichnen, bei denen das erste Konnekt weit zurückliegt oder sogar zu fehlen scheint:

(11) *Basel*

0191	AM	h° wie sieht denn die situation aus h°
0192		(4.67)
0193	AM	blöd
0194		(7.07)
0195	KA	hmhm
0196	AM	ah **obwohl**

---

9 Die Redeweise von einem „syntaktisch verwaisten Adverb" findet sich bei Fahrländer (2013: 11), einer über OPAL veröffentlichten Seminararbeit im Rahmen eines Konnektorenseminars von Hardarik Blühdorn. Dort ist damit die prosodisch desintegrierte Verwendung eines Konnektors als scheinbarer Konjunktor in Null-Position gemeint.

0197 (1.21)
0198 AM h° ich glaub ich krall mir doch grad mal basel
0199 (0.67)
0200 JA ((kichert))
0201 PA da bin ich

In diesem Ausschnitt aus einer Spielinteraktion Erwachsener sucht AM offenbar nach einer guten Möglichkeit für den nächsten Spielzug (empraktisch formuliert in 0191), bewertet die Situation als *blöd* (0193) und findet schließlich aber doch eine Möglichkeit, was sie über korrektives *obwohl* anzeigt: *obwohl, ich glaub ich krall mir doch grad mal Basel*. Die Korrektur besteht darin, dass nicht alles (die Situation insgesamt) blöd ist. Dieses *blöd* liegt aber bereits über sieben Sekunden zurück. Dadurch ist es als Konnekt I zwar nicht aufgehoben, aber man könnte mit Langacker sagen, dass hier (nur) die Korrektur profiliert ist.

(12) *Ukulele*
0571 JL °h (.) ((schmatzt)) °h der technikgott hatte
0572 (0.25)
0573 JL erbarmen und äh bei uns funktioniert wieder alles °h ein traum °h da kann ich ja jetz auch ähm °h was vortragen was ich extra vobereitet hab °h mit meiner ukulele h° (.)°h
0574 ((im Hintergrund ist ganz leise die Ukulele zu hören))
0575 JL äh ja hört sich doch gut an
0576 FB [su]per (.) ein[wandfrei]
0577 JL [**obwohl**]
0578 JL [ohne ukulele] hört sich_s doch besser an
0579 (0.42)
0580 JL ich tu se wieder weg

In diesen Fällen bleibt es bedeutungsseitig bei dem durch den pragmatischen Shift entstandenen Effekt, hier: Wechsel von konzessiv zu korrektiv, der mit dem Wechsel von VL zu V2 einhergeht. Jetzt wäre die Frage, was passiert, wenn *obwohl* verwaist. Bei *von daher* hatten wir gesehen, dass es sich affirmativ und damit konsensheischend auswirkt. Man könnte dies auch so modellieren: Geht es bei der Verwendung von *von daher* in Nullposition darum, das Konnekt II nicht (oder nicht nur) als propositionale Folge des Konnekts I herauszustellen, sondern es (das Konnekt II) als fraglos gegeben anzunehmen, und geht es bei der Verwendung von *insofern* in der Null-Position darum, nicht propositional konzessiv zu verknüpfen, sondern interaktional korrektiv einzuschreiten, so verstärken sich diese Verwendungen, wenn diese Konnektoren verwaisen. Beide zielen auf die

Verstärkung ihrer pragmatisch geshifteten Bedeutung: Das nicht genannte (und auch nicht notwendig rekonstruierbare) Konnekt II enthält etwas, das interaktional hoch relevant ist und dessen Richtigkeit im Grunde außer Frage steht. Bei *obwohl* nun scheint dies ähnlich zu sein. Auch hier liegt eine Verstärkung der geshifteten Bedeutung vor:

(12) *sieben null*

0174	CH	ha ja klar (.) der kann schon was werden
0175		(0.74)
0176	PL	nee
0177		(0.7)
0178	CH	hm
0179		(1.86)
0180	SK	sieben null kriegscht du
0181		(1.38)
0182	DK	vermutlich
0183		(0.67)
0184	SK	sieben null zum er[sten zum]
0185	PL	[halt **ob]wohl**
0186		(0.87)
0187	CH	((lacht))
0188	JZ	geht_s um den cacau immer noch
0189	PL	((hustet))
0190	SK	(.) ja (.) zum ersten zum zweit[en]
0191	PL	[ja]ja
0192		(0.28)
0193	PL	kannst haben
0194	CH	((lacht)) °h voll (sinnlose) geblättert
0195	SK	sieben null
0196	MT	((lacht))

In diesem Ausschnitt aus einer Spielinteraktion Erwachsener (die ein ähnliches Spiel wie „Fußballmanager" spielen, bei dem einzelne Spieler Punkte bekommen) wird darüber verhandelt, wieviel jemand für Cacao bekommt. Während des erkennbar als Versteigerung begonnenen performativen Akts der Punktevergabe (in 0184) wird dieser Vollzug mittels *halt obwohl* (0185) gestoppt. Man könnte sagen: Stoppen wird durch *halt* signalisiert, Korrigieren wird mit *obwohl* angezeigt (auch wenn PL nur kurzfristigen Erfolg hat). Gerade aber, weil keine inhaltliche Ausgestaltung der Korrektur vorgenommen wird, kann sich PL hier auch nicht durchsetzen. PL verzichtet mit *jaja*, was überlappend mit der erneut einsetzenden Versteigerungsformulierung geäußert wird, und *kannst haben* explizit auf die Korrektur. Durch den Verzicht auf die Korrektur wird klar, dass eine Verstärkung der Korrektur nicht die Funktion dieser *obwohl*-Verwendung sein kann. Vielmehr scheint es im ersten Zugriff zu einer Abschwächung zu kommen: Die Gewissheit darüber, dass korrigiert werden muss, wird abgeschwächt zu einem Zweifel daran, ob die in Rede stehenden Sachverhalte tatsächlich so sind. Wenn man nun aber *obwohl*-Verwendungen in Null-Position anschaut (wie etwa oben (12) *Ukulele*), dann lässt sich auch dort der Zweifel (als Selbstzweifel an der Richtigkeit von etwas selbst oder von etwas von jemand anderem Gesagten) interpretativ annehmen. *Obwohl* würde in dieser Interpretation das Vorliegen von Zweifeln anzeigen und wenn Konnekt II folgt, ist dies dann die Korrektur. *Obwohl* ist als Zweifelsmarker dann die Vorbereitung einer selbstinitiierten Selbst- oder Fremdkorrektur. Und dieser Zweifel wird verstärkt oder hervorgehoben, wenn kein Konnekt II mehr realisiert wird. Das verwaiste Vorkommen von *obwohl* kann demnach als Anzeiger dafür angesehen werden, dass gezweifelt wird, auch wenn dieser Zweifel nicht (oder noch nicht) zu einer Korrektur führt.

Hier noch ein Beispiel für eine Fremdkorrektur:

(13) *rumgeflunkert*
0067   NO   is ja alleene schon t
0068   (0.46)
0069   NO   wat ick wat ick schon zu dir jesacht hab mit (dem) autos wenn du det allet einsparst
0070   (0.95)
0071   EL   hm_hm
0072   (0.24)
0073   NO   mit versicherung
0074   EL   ((atmet ein, 1.26 Sek.))
0075   NO   für et auto s[elber]
0076   EL   [ja]
0077   (1.09)
0078   EL   **obwohl** det is ja jetze ooch
0079   (0.5)
0080   NO   jetz is [ooch aber] et aber et geht noch günstjer wenn du auf deinem eigenen hof
0081   EL   [mit der]
0082   EL   ja
0083   (1.05)
0084   NO   du hattest ja (.) is es so anjemeldet ne

```
0085    EL      hm_hm
0086            (1.04)
0087    NO      ((zieht die Nase hoch))
0088            (0.79)
0089    EL      is ja_n garagenwagen
0090    NO      hm_hm
0091            (1.29)
0092    NO      haste_n bisschen rumjeflunkert ne
0093            (0.65)
0094    EL      hm_hm ((Lachansatz))
```

In diesem Ausschnitt aus einem Paargespräch geht es um die besten Möglichkeiten, die (Versicherungs-)Kosten günstig zu gestalten, wozu wohl auch gehört, gar kein Auto zu haben. Im konkreten Fall steht zur Debatte: Auto oder Gartenlaube. NO markiert seine Standpunktäußerung als Wiederaufgreifen früherer Redebeiträge (0069). Kern des Arguments scheint zu sein, dass so (auch wenn man an dieser Stelle nicht weiß, was genau der Vorschlag oder die Erwägung gewesen sein mag) gut Geld gespart werden kann. Das zieht EL in Zweifel. Mit *obwohl* (in 078) meldet sie Zweifel an, mit *det is ja jetze ooch* (direkt danach in 078) vollzieht sie die Korrektur – was intonatorisch nicht als Ellipse oder Abbruch, sondern mit fallender Tonhöhenendbewegung zumindest als Intonationsphrase, inhaltlich aber auch als vollständig markiert wird. NO übernimmt Äußerungsteile und signalisiert so seine Zustimmung, die aber sogleich mit einer *aber*-Fortsetzung wieder angegriffen wird. Zunächst mit einem Vergleich, dann zusätzlich noch aus der Perspektive, dass hier aber irgendetwas (die Anmeldung des Autos) nicht ganz rechtens ist (LO in 0092). Das ist eine Form der Loch-im-Topf-Strategie: der ausgeliehene Topf hat kein Loch und das war ja auch schon vorher drin.

Kurzum: Hat *obwohl* in Null-Position bereits die Markierung von Zweifel an der Richtigkeit irgendeines Äußerungsteils, so verstärkt die verwaiste Verwendung diesen Zweifel. Aber da ja keine Reparaturdurchführung vollzogen wird, bleibt es dabei. Ähnliches lässt sich auch für verwaistes *wobei* festzustellen. Es folgen drei Beispiele mit *wobei* in der Null-Position und einer selbstinitiierten Selbstreparatur (14), mit einer fremdinitiierten Fremdreparatur (15) und mit ausbleibender Reparatur, also mit verwaistem *wobei* (16)

(14) *marga/morga*
```
0368    VAD2    äh das ist immer so (.) es sind nur so kleine unterschiede also dass
                ich morga °hh
0369    MF      hm[_hm]
0370    VAD2    [sa]ge und sie sagt marga
```

0371	MF	hm_hm
0372		(0.57)
0373	VAD2	halt (.) immer so diese kleinen
0374		(0.65)
0375	VAD2	unterschiede **wobei**
0376		(0.58)
0377	VAD2	marga ist eher
0378		(0.44)
0379	VAD2	weiter im norden und morga kommt eher weiter im süden
0380		(0.21)
0381	VAD2	[wobei norden und süden] bei uns im lande ja °hh kleine distanzen sind
0382	MF	[hm_hm ((schmatzt)) °hh]

(15) *net so realistisch*

0539	SZ	des wird sicher so sein dass ma mit ihr immer mal wieder so was ekschtra ä wurscht macht dann oder un oder oder mit hannah und ihr weil des die zwei jüngschten sind
0540	HM	hm_hm
0541		(0.34)
0542	SZ	und ähm
0543		(0.56)
0544	SZ	des find ich irgendwie net so
0545		(2.05)
0546	SZ	realistisch
0547		(0.31)
0548	SZ	umzusetzen
0549		(2.24)
0550	HM	°h aja [**wobei**]
0551	SZ	[ei ja ich find]_s
0552		(2.84)
0553	HM	mache mer jo bei denne annere zum teil auch also ich mein

(16) *max frisch*

0062	LG	ähm
0063		(0.58)
0064	LG	((schluckt)) mir isses eigentlich egal also ich hab mich
0065		(1.6)
0066	LG	glaub ich am meisten würd ich sagen mit max fris °h [öh beschäf]tigt (.)

0067	HN	[eh okay]
0068	HN	gut dann
0069	LG	w[obei]
0070	HN	[steigen] wir mit max frisch ein wenn sie einverstanden sind
0071	LG	ja
0072	HN	°hh max frisch ((räuspert sich)) äh versuchen sie zunächst erst mal diesen autor ((schnieft)) im kontext der deutschsprachigen literatur
0073		(0.31)
0074	HN	in der zweiten hälfte
0075		(0.35)
0076	HN	des zwanzigsten jahrhunderts zu verorten °hh was ihnen einfällt auch so an verbindungslinien

Im letzten Fall (Prüfungsgespräch) ist es wieder – wie schon oben bei (6) – von großer Wichtigkeit, keine vorschnelle Festlegung zu treffen. *Wobei* ist ganz hervorragend geeignet, um diesen Zweifel zu signalisieren. Hier kommt die zu prüfende Studentin wegen eines überlappend vollzogenen Sprecherwechsels nicht mehr dazu, eine eventuelle Korrektur in Bezug auf 0064/66 anzuschließen. Der Zweifel bleibt – er bleibt aber auch folgenlos, weil die Prüfende bereits mit der Prüfungsfrage begonnen hat – es ist nun zu spät, auch mit markiertem Zweifel.

7 Kurze Zusammenfassung und Schlussbemerkung

Ich denke, wir haben nun Grund zur Annahme einer Konstruktion. Diese besteht aus zwei Teilen, einer Bezugsäußerung (bzw. einem Konnekt I) und der Realisierung eines Konnektors, dem aber kein Konnekt II mehr folgt. Funktional kann dies als eine Verstärkerkonstruktion angesehen werden. Die Vereinsamung des Konnektors zu einer Halbwaise bringt eine Stärkung desjenigen Aspekts der Grundbedeutung des Konnektors mit sich, der auch für den pragmatischen Shift verantwortlich gemacht werden kann, nicht aber unbedingt auch semantisch zur Grundbedeutung des Konnektors zu rechnen ist. In den Fällen von *obwohl* und *wobei* ist dies der Ausdruck des Zweifels, bei *von daher* und *insofern* ist es demgegenüber der Ausdruck von Unfraglichkeit: so ist es. Prosodisch werden zumindest diese Halbwaisenkonnektoren mit schwebender oder (leicht bis) steigender Tonhöhenendbewegung realisiert. Bei hier nicht untersuchtem *deswegen* oder auch *deshalb* kann sich prosodisch übrigens die Nachsatzverwendung von der verwaisten Verwendung formal unterscheiden lassen: Fallende Intonation würde eher mit Nachsatz in Verbindung zu bringen sein, schwebende oder steigende eher mit Leerlauf (vgl. zu prosodisch und topologisch beschreibbaren verschiedenen Verwendungen von *deswegen*: König 2012). Vielleicht sei noch eine kleine private Beobachtung im Kinderumfeld (6 –8 Jahre) gestattet. Hin und wieder wird dort als Antwort auf Fragen, warum man dies oder jenes gemacht hätte, einfach mit verwaistem *weil* (fallende Intonation) geantwortet. Auch hier könnte man eine Verstärkung sehen. Die Antwort signalisiert: meine Handlung ist begründet oder begründbar, ich brauche dir etwaige Gründe nicht zu nennen und vielleicht habe ich sogar keinen Grund. Es gilt dennoch: *weil* – es ist so, wie es ist. Damit würde auch verwaistes *weil* hier zu der Verstärkung des Unfraglichen gehören.

Eine solche Konstruktion anzunehmen, ist ein dritter Weg im Rahmen der Erfassung von Sprachgebrauchserscheinungen. Imo (2011: 280–287, 2013: 311–314) kommt von der Rhetorik zu verwaisten *von daher*-Verwendungen und betrachtet sie als bedeutsamen Abbruch mit gut rekonstruierbaren elliptischen Inhalten, als eine Mikro-Aposiopese. Allerdings haben wir gesehen, dass es bei weitem nicht immer so ist, dass elliptische Inhalte unproblematisch rekonstruierbar sind. Bücker (2011, 2014) stellt verwaiste *von daher*-Verwendungen als topic tag-Verwendungen an das Ende einer Reihe mit vier weiteren *von XP her*-Realisierungen (lokaladverbiale, temporaladverbiale, metakommentierende, anaphorisch-kausale). Dies hat den Vorteil, dass man auf diese Weise Verfestigungen mit Slotbesetzungen der XP korrelieren kann. Insofern ist dies eine wichtige Arbeit zu einer anzunehmenden Phrasem-Konstruktion [*von XP her*]. Allerdings ist nicht ohne Weiteres klar, ob alle fünf Verwendungen auch funktionale bzw. bedeutungsmäßige Gemeinsamkeiten haben, die es rechtfertigen würden, hier von einer Konstruktion im Sinne einer Konstruktionsgrammatik zu sprechen. Bücker (2014: 128–131) redet vielleicht deswegen auch von einem Konstruktionscluster, wobei er lediglich die ersten beiden Muster (lokal- und temporaladverbiale Realisierungen) zusammenfasst und so insgesamt also vier Konstruktionen annimmt. Die XP-Besetzung scheint dabei viel wichtiger zu sein, als eine konstruktionale Bedeutung und bei der topic-tag-Verwendung liegt eine stärkere Verfestigung mit einer stärkeren, wenn man so will: Idiomatisierung und damit verbunden: Zeichenhaftigkeit vor (also keine Phrasemkonstruktion mehr, sondern ein handfester Phraseologismus). Bücker (2014: 131) redet hier von einer „Konstruktion ‚in statu nascendi' [...], die sich momentan [...] als eine eigenständige Konstruktion zu emanzipieren scheint."

Mit der in dem vorliegenden Papier besprochenen Verstärkerkonstruktion

[Äußerung(steil) + Konnektor...]

ist aber genau dieser Punkt einer zu erfassenden konstruktionalen Bedeutung eingeholt. Es handelt sich um eine phraseologisch erfassbare Phrasem-Konstruktion, die auch ein guter Kandidat für eine konstruktionsgrammatisch beschreibbare Konstruktion ist. Letztlich aber könnte man diese Konstruktion auch – ein vierter, vielleicht eher traditioneller Weg – als einen bestimmten Konnektorgebrauch beschreiben. Ob man dafür die Existenz einer unbedingt konstruktionsgrammatisch zu erfassenden Konstruktion annehmen muss, bleibt unklar.

Literatur

Breindl, Eva, Anna Volodina, Ulrich Hermann Waßner (2014): *Handbuch der deutschen Konnektoren 2. Semantik der deutschen Satzverknüpfer. 2 Teilbände*. Berlin, München, Boston: De Gruyter.

Bücker, Jörg (2011): Von Familienähnlichkeiten zu Netzwerkrelationen: Interaktion als Evidenz für Kognition. gidi Arbeitspapiere 33. https://centrum.sprache-interaktion.de/cesi-umfasst/dfg-projekt-grammatik-in-der-interaktion-gidi/arbeitspapiere/arbeitspapier33.pdf (21.07.2019)

Bücker, Jörg (2014): Konstruktionen und Konstruktionscluster. Das Beispiel der Zirkumposition *von* XP *her* im gesprochenen Deutsch. In Alexander Lasch & Alexander Ziem (Hrsg.), *Grammatik als Netzwerk von Konstruktionen. Sprachwissen im Fokus der Konstruktionsgrammatik*, 117–138. Berlin: De Gruyter.

Dobrovol'skij, Dmitrij (2011): Phraseologie und Konstruktionsgrammatik. In Alexander Lasch & Alexander Ziem (Hrsg.), *Konstruktionsgrammatik III. Aktuelle Fragen und Lösungsansätze*, 111–130. Tübingen: Stauffenburg

Fahrländer, Sarah (2013): Zur Syntax und Semantik der konzessiven Satzkonnektoren *obwohl* und *trotzdem*.: OPAL 1. https://ids-pub.bsz-bw.de/files/1229/Fahrlaender_Zur_Syntax_und_Semantik_der_konzessiven_Satzkonnektoren_obwohl_und_trotzdem_2013.pdf (letzter Zugriff am 28.09.2021).

Finkbeiner, Rita (2015): *Einführung in die Pragmatik*. Stuttgart: WBG.

Fischer, Kerstin (²2008): Konstruktionsgrammatik und Interaktion. In Kerstin Fischer & Anatol Stefanowitsch (Hrsg.), *Konstruktionsgrammatik I. Von der Anwendung zur Theorie*, 133–150. Tübingen: Stauffenburg.

Freywald, Ulrike (2018): Parataktische Konjunktionen. Zur Syntax und Pragmatik der Satzverknüpfung im Deutschen – am Beispiel von *obwohl*, *wobei*, *während* und *wogegen*. Tübingen: Stauffenburg.

Günthner, Susanne (1999): Entwickelt sich der Konzessivkonektor *obwohl* zum Diskursmarker? Grammatikalisierungstendenzen im gesprochenen Deutsch. *LB* 180, 409–446.

Günthner, Susanne (2000): „wobei (.) es hat alles immer zwei seiten". Zur Verwendung von *wobei* im gesprochenen Deutsch. *InLiSt* 18. http://www.inlist.uni-bayreuth.de/issues/18/inlist18.pdf (letzter Zugriff am 28.09.2021).

Imo, Wolfgang (2011): *Cognitions are not observable – but their consequencies are*: Mögliche Aposiopese-Konstruktionen in der gesprochenen Alltagssprache. *Gesprächsforschung*.

Online-Zeitschrift zur verbalen Interaktion 12, 265–300. www.gespraechsforschung-online.de/heft2011/ga-imo.pdf (letzter Zugriff am 28.09.2021).

Imo, Wolfgang (2013): Ellipsen und Verstehen in der Interaktion. In Mathilde Hennig (Hrsg.), *Die Ellipse. Neue Perspektiven auf ein altes Phänomen*. Berlin, 281–319. Boston: De Gruyter.

König, Katharina (2012): Formen und Funktionen von syntaktisch desintegriertem *deswegen* im gesprochenen Deutsch. *Gesprächsforschung. Online-Zeitschrift zur verbalen Interaktion* 13, 45–71. www.gespraechsforschung-online.de/fileadmin/dateien/heft2012/ga-koenig.pdf (letzter Zugriff am 28.09.2021).

Liedtke, Frank (2016): *Moderne Pragmatik. Grundbegriffe und Methoden*. Tübingen: Narr/Francke/Attempto.

Moraldo, Sandro M. (2013): „Ich muss Kunst und Deutsch lernen. Obwohl – nee, Deutsch lernen hab ich nicht nötig." Sprachwandel als Sprachvariation: *obwohl*-Sätze im DaF-Unterricht. In Sandro M. Moraldo & Federica Missaglia (Hrsg.), *Gesprochene Sprache im DaF-Unterricht*, 267–286. Heidelberg: Winter.

Mroczynski, Robert (2012): *Grammatikalisierung und Pragmatikalisierung. Zur Herausbildung der Diskursmarker* wobei, weil *und* ja *im gesprochenen Deutsch*. Tübingen: Narr/Francke/Attempto.

Pasch, Renate, Ursula Brauße, Eva Breindl & Ulrich Hermann Waßner (2003): *Handbuch der deutschen Konnektoren. Linguistische Beschreibung und syntaktische Merkmale der deutschen Satzverknüpfer (Konjunktionen, Satzadverbien und Partikeln)*. Berlin, New York: De Gruyter.

Pfeiffer, Martin (2015): *Selbstinitiierte Selbstreparaturen im Deutschen. Syntaktische und interaktionale Analysen*. Berlin, Boston: De Gruyter.

Rolf, Eckard (2013): *Inferentielle Pragmatik. Zur Theorie der Sprecher-Bedeutung*. Berlin: Erich Schmidt.

Schwarz-Friesel, Monika & Manfred Consten (2014): *Einführung in die Textlinguistik*. Stuttgart: WBG.

Staffeldt, Sven (2018): Bemerkungen zu *insofern*. Beschreibungsrealitäten in Grammatiken und Verwendungsrealitäten im Sprachgebrauch. In Konstanze Marx & Simon Meier (Hrsg.), *Sprachliches Handeln und Kognition. Theoretische Grundlagen und empirische Analysen*, 205–233. Berlin, Boston: De Gruyter.

Ziem, Alexander & Alexander Lasch (2013): *Konstruktionsgrammatik. Konzepte und Grundlagen gebrauchsbasierter Ansätze*. Berlin, Boston: De Gruyter.

Sabine De Knop
Eine konstruktionsbasierte Beschreibung von Mehrwortverbindungen mit Lokalisierungsverben im Deutschen

1 Einleitung

Deutsche Lokalisierungsverben (LKV) wie *stellen, setzen* oder *legen*[1] treten in Mehrwortverbindungen[2] oder Verbalphrasen wie Kollokationen (vgl. u. a. Hausmann 1985, Wotjak 1994) und so genannten Funktionsverbgefügen [FVG] (siehe u. a. Eisenberg 2006; Harm 2016; Heine 2006; Kamber 2008; von Polenz 1963; Van Pottelberge 2001) privilegiert auf. In den folgenden Beispielen aus dem Kernkorpus des Digitalen Wörterbuchs der Deutschen Sprache (DWDS) und aus dem Deutschen Referenzkorpus (DeReKo) werden unterschiedliche LKV in den Mehrwortverbindungen benutzt.

(1) Maclean erklärte seinerseits, er werde sich mit seinen Verwandten *in Verbindung setzen*. (DWDS, Archiv der Gegenwart, 2001 [1956])

(2) In Deutschland werden zum Beispiel die individuellen Rechte *in den Vordergrund gestellt*. (DeReKo, Die Zeit, 21.06.1996, Nr. 26)

(3) Die Pläne wurden *zu den Akten gelegt*. (DeReKo, Die Zeit, 15.04.1999, Nr. 16)

Auf den ersten Blick ist nicht klar zu erkennen, warum verschiedene LKV in (1)-(3) vorkommen und wodurch ihre Wahl motiviert ist. Die Kognitive Linguistik sieht eine enge Verbindung zwischen Sprachzeichen und den Konzepten, auf die sie verweisen (siehe u. a. Delbecque 2002 oder Dirven 2004). Daher ist

---

[1] Es gibt weitere LKVs im Deutschen, wie etwa *hängen, stecken, versetzen*. Sie werden aber seltener in Mehrwortverbindungen benutzt und daher in diesem Beitrag nicht berücksichtigt.
[2] Zum Terminus „Mehrwortverbindungen" und zur Abgrenzung der verschiedenen Wortklassen, die der Terminus bezeichnet, siehe Hermann (2020). Mehrwortverbindungen umfassen kompositionelle Phrasen, Kollokationen, so genannte Funktionsverbgefüge und sogar Idiome. Auf die einzelnen Kategorien geht der Beitrag in Abschnitt 3 näher ein.

Anmerkung: Ich bedanke mich bei den Herausgebern des Sammelbands sowie bei den zwei anonymen Gutachtern für ihre konstruktiven Kommentare zu einer ersten Fassung dieses Beitrags.

Open Access. © 2022 Sabine De Knop, publiziert von De Gruyter. Dieses Werk ist lizenziert unter einer Creative Commons Namensnennung 4.0 International Lizenz.
https://doi.org/10.1515/9783110770209-006

anzunehmen, dass die Wahl eines spezifischen Verbs in den Verbalphrasen kein Zufall ist, sondern dass dessen Gebrauch in der Konzeptualisierung dieses Verbs zu finden ist. Eine nähere konzeptuelle und semantische Untersuchung der LKV bietet eine erste Möglichkeit, den Gebrauch dieser Verben zu erfassen und zu beschreiben. Aufgrund ihrer parallelen diachronen Entwicklung sind LKV eng mit den nicht-kausativen Positionsverben (PSV) *stehen*, *sitzen* und *liegen* verbunden (siehe dazu etwa Berthele 2012). Aber auch synchron betrachtet drücken LKV und PSV eine verwandte Semantik aus und können in ähnlichen Strukturen vorkommen, wie aus folgenden Beispielpaaren ersichtlich ist:

(4a) Jake Skowran hatte grade noch Arbeit, jetzt *sitzt* er *auf der Straße* und vertrödelt seine Zeit mit Sportwetten, was nur Schulden einbringt. (DWDS, Berliner Zeitung, 29.12.2005)

(4b) Man kann nicht erst Zugeständnisse verlangen und dann die Mitarbeiter doch *auf die Straße setzen*. (DWDS, Berliner Zeitung, 23.12.2005)

(5a) Heute um 18 Uhr darf er bei der Premiere seines Buches *im Mittelpunkt stehen*. (DWDS, Berliner Zeitung, 10.12.2005)

(5b) Bei dem Verfahren wird die suchende Person besonders *in den Mittelpunkt gestellt*. (DWDS, Berliner Zeitung, 19.02.2005)

(6a) Während die Hochhausplanungen in der City West weiter *auf Eis liegen*, wird in diesem Jahr die Umgestaltung des Breitscheidplatzes abgeschlossen. (DWDS, Berliner Zeitung, 22.04.2005)

(6b) Seit der letzten Wahl wurde die Verfassung *auf Eis gelegt*, der Jahrmarkt der Partikularen schlägt alles, was man sich vorstellen kann. (DWDS, Berliner Zeitung, 27.08.2005)

In früheren Studien (siehe etwa Berthele 2004, 2012; De Knop 2014, 2016; De Knop & Perrez 2014; Fagan 1991) ist die Semantik der PSV, und in geringerem Maße der LKV, schon ausführlicher behandelt worden. Allerdings ist ihre semantische Funktion in Mehrwortverbindungen wie Kollokationen und FVG eher außer Acht gelassen worden. Der vorliegende Beitrag nimmt sich daher vor, den Gebrauch von LKV in Kollokationen und FVG etwas näher zu untersuchen und die Motivation für das Selegieren der drei geläufigsten LKV *stellen*, *setzen* und *legen* in solchen Mehrwortverbindungen zu definieren. Bezugnehmend auf die Konstruktionsgrammatik und einige Aspekte aus der Phraseologie befasst sich der Beitrag weiter mit der Form und der Bedeutung der untersuchten Mehrwortverbindungen und zielt auf eine genauere Abgrenzung zwischen Kollokationen und FVG ab.

Seit Kambers (2006, 2008) korpusbasierter Untersuchung zu den FVG ist allgemein anerkannt, dass Mehrwortverbindungen mit LKV unterschiedlichen formalen Strukturen entsprechen können, z. B. mit oder ohne Präposition (*in den Vordergrund stellen/eine Frage stellen*), mit einem Substantiv, das deverbal ist oder nicht (*in Bewegung setzen/in die Welt setzen*), mit einem Bewegungs-/Zustandsverb oder mit einem anderen Verb (*in Verbindung setzen/in Verbindung bringen*), usw. Nach Kamber (2008: 22) besteht ein FVG in seinem prototypischen Gebrauch aus der Verbindung einer durch eine Präposition eingeleiteten nominalen Konstituente mit einem so genannten Funktionsverb, das semantisch schwach ist und hauptsächlich eine grammatische Funktion erfüllt (vgl. u. a. De Knop & Hermann 2020; Heine 2006; Helbig 2006; Hermann 2020; von Polenz 1963). Kollokationen können dieselbe Struktur aufweisen. Wie wir in Abschnitt 3.1 sehen werden, ist es eine Frage der Gradation, ob eine Mehrwortverbindung ein FVG oder eine Kollokation ist. Die in diesem Beitrag untersuchten Belege instanziieren alle diese prototypische Struktur und entsprechen als Form-Bedeutungspaare so genannten Konstruktionen, wie sie in der Konstruktionsgrammatik definiert worden sind. Für die Beschreibung der oben erwähnten Beispiele kann eine abstrakte Konstruktion der Art [Präpositionalphrase$_{\text{[Präposition (+ Determinant) + Nomen]}}$+ LKV] postuliert werden.

Ausgehend von einer Beispielsammlung aus den Korpora des Digitalen Wörterbuchs der Deutschen Sprache (DWDS) und des Leibniz-Instituts für Deutsche Sprache (DeReKo) werden in diesem Artikel die lexikalischen Bedingungen sowie die Semantik der Mehrwortverbindungen mit LKV untersucht. Der Beitrag ist wie folgt strukturiert: In folgendem Abschnitt 2 werden die Gebrauchsmöglichkeiten der drei geläufigsten LKV *stellen, setzen* und *legen* mit Beispielen beschrieben. Ziel dieses Abschnitts ist es, die unterschiedliche Semantik der drei LKV zu bestimmen, um weiter zu sehen, ob diese Verben eine ähnliche Bedeutung in Kollokationen oder FVG zum Ausdruck bringen. Abschnitt 3 diskutiert einige terminologische Fragen, wie etwa den Unterschied zwischen Kollokationen und Funktionsverbgefügen (siehe Abschnitt 3.1). Da die Struktur der Mehrwortverbindungen mit LKV auch partiell schematisch (vgl. Rostila 2011: 264) und fest ist, weisen sie auch Ähnlichkeiten mit Phraseologismen auf, was uns dazu veranlasst, sie eher als Phrasem-Konstruktionen (Dobrovol'skij 2011: 114) zu definieren (siehe Abschnitt 3.2). Dies setzt aber voraus, dass diese Mehrwortverbindungen auch Konstruktionen im Sinne der Konstruktionsgrammatik sind. Abschnitt 3.3 beschreibt verschiedene Konstruktionsschemata aufgrund der Gesamtsemantik und der Semantik der einzelnen Konstituenten der Mehrwortverbindungen (vgl. Zeschel 2008). Dies erlaubt uns auch festzuhalten, warum ein spezifisches LKV in einer Kollokation oder einem FVG auftritt. Schließlich fasst Abschnitt 4 alle Ergebnisse zusammen und bespricht noch einige Eigenschaften des Konstruktionsgrammatik-Ansatzes.

2 Semantische Beschreibung der LKV *stellen*, *setzen* und *legen*

Die Semantik der Positionsverben *stehen*, *sitzen* und *liegen* ist in verschiedenen Studien detailliert behandelt worden (vgl. etwa De Knop 2014, 2016; De Knop & Perrez 2014) und Serra-Borneto (1995, 1996). So können PSV eine konkrete Position oder eine Lokalisierung zum Ausdruck bringen, wie in den Beispielen (7) und (8) illustriert wird.

(7) Peter *stand* hinter seiner Schwester, die ihn nicht gesehen hatte.[3] [konkrete Position]

(8) Der Gefangene *saß* lange Zeit in Alcatraz, bis das Gefängnis geschlossen wurde. [Lokalisierung]

PSV können auch in einem metaphorischen Sinne gebraucht werden, wie etwa in (9) und (10):

(9) Dichter Nebel *liegt* über der Stadt [metaphorische Lokalisierung]

(10) Er *sitzt* in der Falle [metaphorische Lokalisierung].

In Beispiel (9) wird der Nebel wie ein horizontales Tuch konzeptualisiert, das sich über die Stadt ausbreiten lässt. Beispiel (10) dagegen konzeptualisiert die Falle wie einen Container, in dem die Person sich befindet. Für eine ausführliche Besprechung der Gebrauchsmöglichkeiten der PSV kann auf De Knop (2014, 2016) und De Knop & Perrez (2014) verwiesen werden. Wie schon oben erwähnt, sind die LKV mit den PSV eng verbunden, da sie eine ähnliche Semantik teilen.

---

3 Wenn nach den Belegen kein Quellennachweis steht, handelt es sich um von der Autorin gesammelte Beispiele aus dem mündlichen Diskurs. Diese persönliche Belegsammlung ist von deutschen Sprechern auf ihre Richtigkeit überprüft worden.

Folglich können die verschiedenen Gebrauchsmöglichkeiten der LKV parallel zu den PSV beschrieben werden, allerdings mit einer Einschränkung: LKV drücken selten eine konkrete Position aus. Dies wundert nicht, da LKV als kausative Verben keine statische Position, sondern eine dynamische Bewegung zum Ausdruck bringen. Wie dies im Einzelnen realisiert wird, wollen wir in den folgenden Abschnitten darstellen.

2.1 Das Lokalisierungsverb *stellen*

Während das PSV *stehen* konkret für den Ausdruck einer bestimmten Position benutzt wird, wie etwa in

(11) Warum ist der Korb nass? Die Flasche *stand* doch darin!

wird das LKV *stellen* oft zur Bezeichnung einer Lokalisierung von Objekten oder Personen benutzt. Dies ist in folgenden Beispielen zu beobachten.

(12) Schließlich *stellt* sie sich mit ihrem Wagen an das Ende der langen Schlange vor Kasse sieben. (DWDS, Dückers, Tanja, Spielzone, Berlin: Aufbau-Verl. 1999, S. 42)

(13) Plötzlich erscheint er ihr wieder sehr fremd, ein Kunde bei Karstadt, der gerade Zwiebeln und ein Glas Marmelade auf das Fließband *stellt*. (DWDS, Dückers, Tanja, Spielzone, Berlin: Aufbau-Verl. 1999, S. 43)

Genauso wie beim PSV *stehen* ist bei der Konzeptualisierung von *stellen* die Basis des Objekts oder der Person ausschlaggebend für die Wahl dieses Verbs. In einigen Fällen jedoch ist die vertikale Dimension dominant, vor allem wenn das Objekt keine wirkliche Basis aufweist, wie etwa in (14).

(14) Hast du daran gedacht, die Blumen in die Vase zu *stellen* oder liegen sie noch auf dem Tisch?

Die kanonische Position, die mit *stellen* zum Ausdruck gebracht wird, ist auch in bildhaften oder abstrakten Lesarten dieses Verbs relevant für dessen Gebrauch:

(15) Andere Technologiekonzerne wie Google, Facebook und Microsoft *stellten* sich hinter Apple. (DWDS, Die Zeit, 29.03.2016)

In Beispiel (15) herrscht eine semantische Inkompatibilität zwischen dem LKV und seinem Subjekt, die durch eine metaphorische Übertragung erklärt werden kann. Die Konzerne werden personifiziert und die Idee einer ‚Platzierung' von einigen Konzernen hinter andere wird auch noch mit der räumlichen Präposition *hinter* unterstützt. In anderen Belegen kann die semantische Unvereinbarkeit die Beziehung zwischen dem LKV *stellen* und anderen Ergänzungen betreffen:

(16) Der Fund von drei Leichen in einem Schwimmbad in Bergheim bei Köln *stellt* die Polizei vor ein Rätsel. (DWDS, Die Zeit, 29.03.2016)

(17) Nun wolle sich die FDP ihrer Verantwortung *stellen*. (DWDS, Die Zeit, 29.03.2016)

Wie mit den Beispielen (16) und (17) deutlich wird, kann das Verb *stellen* entweder transitiv mit einem direkten Objekt (etwa *die Polizei* in (16)) oder reflexiv (siehe Beispiel (17)) benutzt werden. Bevor wir in Abschnitt 3 sehen, wie *stellen* in FVG benutzt wird, wollen wir die semantischen Gebrauchsmöglichkeiten der beiden anderen LKV etwas näher beschreiben.

2.2 Das Lokalisierungsverb *legen*

Während *stellen* eine vertikale Orientierung auf einer Basis konzeptualisiert, fokussiert das LKV *legen* eher auf die horizontale Dimension.

(18) Ich gehe in mein Zimmer, schmeiße meine neueste Easy-CD an und *lege* mich aufs Bett. (DWDS, Dückers, Tanja, Spielzone, Berlin: Aufbau-Verl. 1999, S. 18)

(19) Wenn du krank bist, ist es besser, wenn du dich *hinlegst*.

In diesen Beispielen wird *legen* als reflexives Verb benutzt. Es kann aber auch als transitives Verb mit einem direkten Objekt auftreten:

(20) Anne-Catherine *legte* ihm ihre Hand auf die Schulter. (DWDS, Degenhardt, Franz Josef, Für ewig und drei Tage, Berlin: Aufbau-Verl. 1999, S. 172)

(21) Andy *legte* eine Decke über die den quälenden Schlaf der Betrunkenen Schlafende. (DWDS, Degenhardt, Franz Josef, Für ewig und drei Tage, Berlin: Aufbau-Verl. 1999, S. 168)

Legen wird auch oft als Gegenpol zu *stellen* benutzt, um die unordentliche oder chaotische Platzierung von Objekten, die nicht auf ihrer Basis sind, zu bezeichnen, wie etwa in (22):

(22) Die Schuhe der gesamten Familie *lagen* in der Ecke.

Dies bedeutet, dass die Schuhe durcheinander sind und nicht auf deren Sohlen.
Legen wird weiter – genau wie *liegen* – für geotopographische Lokalisierungen benutzt, wie etwa in (23).

(23) Ein Sturm *legte* sich über die Stadt, er verwüstete viele Dächer.

Genauso wie mit *stellen* wird *legen* in Verbindung mit der Konzeptualisierung abstrakter Entitäten zusammengebracht, die aber als ‚liegend' oder horizontal aufgefasst werden, wie in

(24) Der Streit *legte* sich nach kurzer Zeit.

(25) Den Fokus sollte man auf die Integration *legen*.

In diesem Fall wird *legen* metaphorisch benutzt.

2.3 Das Lokalisierungsverb *setzen*

Auch das Verb *setzen* wird für den Ausdruck einer Lokalisierung im wörtlichen und im metaphorischen Sinne benutzt. Folgendes Beispiel (26) konzeptualisiert die Lokalisierung in der kanonischen Position:

(26) Karl-Walter zur Linden blätterte in dem Buch, *setzte* sich in den Lesesessel, [...] (DWDS, Degenhardt, Franz Josef, Für ewig und drei Tage, Berlin: Aufbau-Verl. 1999, S. 111)

Dies gilt auch ganz besonders für die Lokalisierung von kleinen Tieren wie Vögeln und Insekten – die nicht unbedingt ‚sitzen', aber als sitzend gesehen werden, etwa (27) und (28).

(27) Der frei umherfliegende Vogel *setzte* sich mit Vorliebe seinem Herrn auf die Schulter. (DWDS, Bredel, Willi, Die Väter, Berlin: Aufbau-Verl. 1946, S. 217)

(28) Eine Fliege *setzte* sich auf meine Glatze, ich wollte sie wegjagen [...] (DWDS, Die Zeit, 12.11.1993)

Für die ‚Lokalisierung' eines geschriebenen Textes oder von Wörtern (zum Beispiel an eine Tafel oder auf eine Tagesordnung) wird auch *setzen* gebraucht – im Gegensatz zum PSV *stehen* –, wie aus folgendem Beispielpaar zu erkennen ist:

(29) Auch das Thema Geld *steht* auf der Tagesordnung. (DWDS, Die Zeit, 21.12.2011) [PSV *stehen*]

(30) [...] man kann nach der Anrede auch ein Komma *setzen* und schreibt dann den Text mit kleinem Buchstaben weiter. (DWDS, Oheim, Gertrud, Einmaleins des guten Tons, Gütersloh: Bertelsmann 1955, S. 401) [LKV *setzen*]

Aber *setzen* konzeptualisiert auch ‚Containment', vor allem im Zusammenhang mit Gefängnissen, die als ‚Container' für Gefangene dienen:

(31) Der Vater wurde ins Gefängnis *gesetzt*, der Junge eingefangen und in ein KZ gebracht. (DWDS, Klemperer, Victor, [Tagebuch] 1942, S. 225)

Die Container-Konzeptualisierung kann auch metaphorische Beispiele betreffen, etwa in

(32) Großes Vertrauen *setzten* die Befragten dagegen in die deutschen Schwimm-Asse. (DWDS, Die Zeit, 17.07.2011)

Weiter kann das Verb *setzen* für den Ausdruck von Kontakt benutzt werden, etwa in

(33) Er *setzte* die Brille schief auf die Nase.

(34) Kuno sprang auf und *setzte* mir ein Messer an die Kehle. (DWDS, Die Zeit, 15.03.1974)

In (33) besteht der Kontakt zwischen der Brille und der Nase, in (34) zwischen dem Messer und der Kehle. Wie zu beobachten ist, wird das LKV *setzen* gerne mit Ausdrücken von Körperteilen benutzt, die als Basis für den Kontakt konzeptualisiert werden. Nachdem die Gebrauchsmöglichkeiten der drei Haupt-LKV beschrieben worden sind, wollen wir uns dem Gebrauch dieser Verben in Kollokationen und FVG widmen.

3 Lokalisierungsverben in Kollokationen und Funktionsverbgefügen

In Abschnitt 1 haben wir den Untersuchungsgegenstand dieser Studie auf Mehrwortverbindungen eingeschränkt, die die prototypische Struktur [Präpositionalphrase_[Präposition (+Determinant) + Nomen] + LKV] instanziieren, wie etwa *(etwas) in den Vordergrund stellen, (jmd) in Kenntnis setzen, (etwas) an den Tag legen*. Dabei sind zwei Aspekte relevant:

(1) Das Selegieren eines spezifischen LKV kann häufig mit den zugrundeliegenden Konzeptualisierungen (siehe 2.1–2.3) erklärt werden, aber der Gebrauch unterschiedlicher LKV in ähnlichen Mehrwortverbindungen ist nicht immer deutlich zu erkennen, wie mit den obigen Beispielen (1)–(3) oder mit folgenden Beispielen zu sehen ist.

(35) Der Bundeskanzler verspricht, daß er sich sofort mit Präsident Mitterrand in Verbindung *setzen* werde (DWDS, Nr. 257: 55. Deutsch-französische Konsultationen vom 26. April 1990, S. 3101)

(36) Stone habe im Wahlkampf seine persönlichen Interessen in den Vordergrund *gestellt*. (DWDS, Die Zeit, 09.08.2015)

Beide LKV kommen in der gleichen syntaktischen Struktur mit einer Präpositionalphrase vor, die mit derselben Präposition *in* eingeführt wird. Mit *setzen* wird in Beispiel (35) eine inchoative Bedeutung, die den Anfang des Prozesses bezeichnet, vermittelt. Dagegen konzeptualisiert Beispiel (36) die Interessen wie ein Objekt, das man vor sich platzieren kann, um es sichtbar und vordergründig zu machen. Abschnitt 3.3 befasst sich näher mit der Unterscheidung im Gebrauch der LKV in Mehrwortverbindungen.
(2) Da die Konstituenten der Mehrwortverbindungen eine Einheit bilden, soll deren Bedeutung als Ganzes ermittelt werden. In den nächsten Abschnitten wird mit Hilfe der Untersuchungen von Rostila (2011) und Zeschel (2008) auf diesen Punkt näher eingegangen. Aber bevor wir uns mit diesen Fragen im Detail befassen, möchten wir kurz auf den Unterschied zwischen Kollokationen und FVG eingehen.

3.1 Kollokationen vs. Funktionsverbgefüge

Wie oben schon erwähnt, umfasst der Terminus „Mehrwortverbindung" eine Reihe von mehr oder weniger festen Phrasen, die als Kollokation, FVG oder sogar

Idiom realisiert werden können und oft als Einheiten der Phraseologie betrachtet werden. In der Phraseologieforschung besteht Einigkeit darüber, dass eine genaue Abgrenzung dieser drei Klassen schwierig ist und dass es keine eindeutigen Kriterien zu deren Unterscheidung gibt (vgl. u. a. etwa Burger 2007; Donalies 2009; Fleischer 1997; Hermann 2020). So können Kriterien wie die „Festigkeit" der die Mehrwortverbindung bildenden Konstituenten (Burger 2007, 2010) oder der „usuelle" Charakter der Einheit (Steyer 2000) bei der Unterscheidung zwischen freien Wortverbindungen und Kollokationen oder FVG eine Rolle spielen. Hermann (2020: 53) weist etwa darauf hin, dass Kollokationen im Gegensatz zu FVG „einen niedrigen Festigkeitsgrad auf[weisen] (siehe u. a. Helbig 2006: 166)". Sie illustriert dies mit dem Kollokationsbeispiel *ins Internet stellen*. Nach Burger (2010: 16) ist das Kriterium der Festigkeit psycholinguistischer Natur, d. h. dass Phraseologismen mental als Einheit gespeichert werden. Dies betrifft ganz besonders Idiome, die durch „Idiomatizität" gekennzeichnet sind:

> Wenn überhaupt eine Diskrepanz zwischen der phraseologischen Bedeutung und der wörtlichen Bedeutung des ganzen Ausdrucks besteht, dann ist der Ausdruck idiomatisch im semantischen Sinn. Je stärker die Diskrepanz zwischen diesen beiden Bedeutungsebenen ist, umso stärker idiomatisch ist der Phraseologismus. (Burger (2010: 30)

Weiter definiert Burger (2010: 52) Kollokationen als feste Wortverbindungen, „die nicht oder nur schwach idiomatisch sind". Als Beispiele erwähnt er *die Zähne putzen* oder *in der Sonne sitzen* (2010: 53). Substantiv-Verb-Kollokationen sieht Burger als besondere Klasse an, von denen die FVG eine Untergruppe bilden (2010: 54). Aber in der Forschung zu den Mehrwortverbindungen sind sich Wissenschaftler nicht darüber einig, (1) ob FVG tatsächlich eine Untergruppe der Kollokationen oder eine Klasse für sich bilden (vgl. Heine 2006; Helbig 2006; Steyer 2000; Wotjak 1994; Wotjak & Heine 2005) und (2) welche Mehrwortverbindungen zur Klasse der FVG gehören. In die Definition gehört auf jeden Fall immer die Verbindung eines semantisch armen Verbs mit einem Substantiv. Schon bei der Kennzeichnung des Substantivs herrscht Uneinigkeit darüber, ob es unbedingt ein Abstraktum sein muss oder ob auch Konkreta dazugehören können. So stellt sich die Frage, ob die Mehrwortverbindungen (*ein Gerücht*) *in die Welt setzen* oder (*Pläne*) *auf Eis legen* zu den FVG zählen, oder ob sie eher Kollokationsstatus zugeschrieben werden sollen. Wie wir oben in der Einführung schon besprochen haben, schlägt Kamber (2006, 2008) eine Lösung vor, die sich aus der Definition von vier Hauptkriterien ergibt, die mehr oder weniger realisiert werden sollen: (1) das Vorhandensein eines semantisch armen Verbs, (2) die Präsenz eines Verbalabstraktums, (3) die Präsenz eines Bewegungs- bzw. Zustandsverbs (*nehmen, geben, bringen, kommen, setzen, stellen,* usw.) und (4) das Auftreten einer Präpositionalphrase in der Fügung (Kamber 2006: 112–114; 2008: 20–28). Die Beispiele, die im Fokus dieses Beitrags stehen, realisieren die Kriterien (3) und (4). Kambers Beschreibung ermöglicht eine bessere Klassifizierung der Beispiele (siehe Helbig 2006 für weitere Kriterien zur Unterscheidung von FVG und Kollokationen), da er von einem Kontinuum mit mehr oder weniger prototypischen FVG ausgeht. Dies entspricht auch Burgers (2010: 30) Ansatz, bei dem es mehr eine Frage der semantischen Gradation ist, ob eine Mehrwortverbindung als Idiom oder Kollokation aufzufassen ist. Diese Idee der semantischen Gradation lässt sich auf alle unterschiedlichen Realisierungen der Mehrwortverbindungen übertragen. Angesichts der Abgrenzungsschwierigkeiten aufgrund der gängigen Kriterien wie Festigkeit, Usualität und Idiomatizität wird in diesem Aufsatz dafür plädiert, von der schon oben erwähnten prototypischen formalen Struktur der Mehrwortverbindungen mit LKV, [Präpositionalphrase[Präposition (+Determinant) + Nomen] + LKV], auszugehen, die sowohl als Kollokation als auch als FVG realisiert werden kann. D. h. Kollokationen und FVG sind zwei mögliche Realisierungen einer selben prototypischen Struktur auf einem Kontinuum zwischen freien Wortverbindungen und idiomatisierten Einheiten, wie in Abbildung 1 dargestellt wird.

Abbildung 1: das Kontinuum zwischen Syntax und Phraseologie.

Eine scharfe Grenze zwischen Kollokationen und FVG scheint uns für die Beschreibung der oben erwähnten Struktur nicht nötig. Vielmehr geht es darum, auf der semantischen Ebene die einzelnen Konstituenten zu definieren und die lexikalischen Beschränkungen für diese Konstituenten aufzulisten (vgl. Rostila 2011). Dies wird in Abschnitt 3.3 ausführlich behandelt. Davor soll die Definition der untersuchten Mehrwortverbindungen im Rahmen der Konstruktionsgrammatik etwas näher diskutiert werden.

3.2 Konstruktionen vs. Phrasem-Konstruktionen

Die Konstruktionsgrammatik bietet einen interessanten Beschreibungsrahmen für Kollokationen und FVG, da sie die semantische und syntaktische Analyse nicht voneinander getrennt behandelt und das Lexikon und die Syntax als ein Kontinuum sieht (vgl. Stathi 2011: 150; Croft & Cruse 2004: 255–256). In diesem Rahmen sind Kollokationen und FVG mit der Form [Präpositionalphrase[Präposition (+Determinant) + Nomen] + LKV] Konstruktionen (vgl. Goldberg 1995, 2006, 2019), d. h.

Form-Bedeutungspaare, die eine gewisse Frequenz aufweisen und in der deutschen Sprache verfestigt sind. Goldberg (2006: 5) definiert Konstruktionen wie folgt: „Patterns are stored as constructions even if they are fully predictable as long as they occur with sufficient frequency". Im Rahmen der Konstruktionsgrammatik untersuchen Zeschel (2008: 265) und Rostila (2011: 267) eine kleinere Gruppe an Mehrwortverbindungen[4], bei der die Nominalphrase als [Präposition + Verbalabstraktum] realisiert wird, wie etwa in (37) und (38).

(37) Endlich kam der Stein ins Rollen (Zeschel 2008: 264)

(38) Er brachte das Eisen zum Schmelzen (Rostila 2011: 270).

Die abstrakte Konstruktion definiert Zeschel wie folgt:

[(NP$_{agt}$) NP$_{thema}$ [in [N$_{bewegung.art+weise}$]] V] (Zeschel 2008: 265)

Semantisch betrachtet drückt diese Konstruktion das Bewirken einer Bewegung durch ein Agens. Diese Bewegung betrifft ein Thema.

Bei genauerer Betrachtung kann eine formale und semantische Ähnlichkeit mit der so genannten *caused-motion*-Konstruktion (siehe Goldberg 1995, 2006) festgestellt werden. Denn semantisch gesehen drücken Kollokationen und FVG mit LKV oft eine Bewegung bzw. eine Art und Weise (vgl. Zeschel 2008: 265) oder „eine lokale bzw. direktionale Grundbedeutung" (Eisenberg 2013: 305) aus. Diese Bedeutung ist mit der Semantik der *caused-motion*-Konstruktion verbunden. Das Beispiel einer *caused-motion*-Konstruktion *Die Mutter legt das Kind ins Bett* lässt sich in Anlehnung an Goldberg (1995, 2006) wie in Abbildung 2 darstellen:

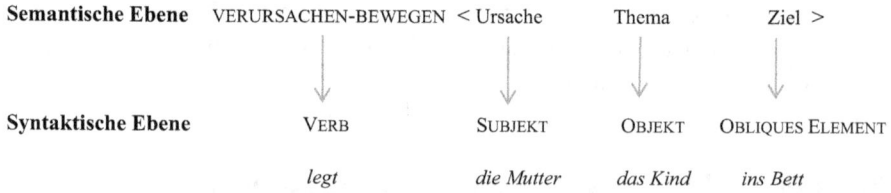

Abbildung 2: Die *caused-motion*-Konstruktion nach Goldberg (1995).

So kann ein Beispiel einer Mehrwortverbindung wie (39),

---

4 In seiner Studie spricht Zeschel (2008: 263) von „Idiomverbänden", da diese Konstruktionen „regelhafte Tendenzen mit ausgeprägten idiomatischen Beschränkungen verbinden".

(39) etwas in den Vordergrund stellen

etwa als Teilrealisierung der *caused-motion*-Konstruktion angesehen werden, wie im folgenden Beispiel illustriert wird:

(39') Wir müssen die Menschenrechte in den Vordergrund stellen, weshalb ich die Präsidentin des Europäischen Parlaments hiermit auffordern möchte, [...] (europarl.europa.eu)

Die *caused-motion*-Konstruktion drückt einen Prozess oder eine Aktion aus, der/die von einem so genannten „Verursacher" (*Wir* in Beispiel (39')) angestoßen wird. Der Prozess oder die Aktion betrifft ein Thema (*die Menschenrechte*) und ist auf ein Ziel hin gerichtet (*in den Vordergrund*). Das LKV *stellen* drückt die kausative Bedeutung aus, mit dem gesamten FVG wird aber mehr als Kausativität vermittelt. Auf dieses Thema gehen wir im folgenden Abschnitt differenzierter ein.

Da die einzelnen Konstituenten einer Kollokation oder eines FVG mit einem LKV oft eine mehr oder weniger feste Einheit bilden, können diese Mehrwortverbindungen auch als eigenständige phraseologische Konstruktionen aufgefasst werden. Fleischer (1997: 131) hat den Terminus „Phraseoschablone" für solche phraseologischen Mehrwortverbindungen geprägt. Diese Strukturen entsprechen teil-abstrakten Mustern, die dadurch gekennzeichnet sind, dass „ihre lexikalische Füllung variabel ist, [sie] aber eine Art syntaktische Idiomatizität aufweisen" (Fleischer 1997: 131). Fleischer betont dabei die „festgeprägte Modellbedeutung" (1997: 131), veranschaulicht etwa in solchen Strukturen wie

X ist X	*sicher ist sicher, Urlaub ist Urlaub*
X hin, X her	*Bruder hin, Bruder her*
Es ist zum Infinitiv	*Es ist zum Lachen/Davonlaufen!*
	(Fleischer 1997: 131–132)

Eine Verbindung zwischen Fleischers (1997) Überlegungen zu den Phraseoschablonen und der Konstruktionsgrammatik wird von Dobrovol'skij (2011: 114) mit seinem Terminus „Phrasem-Konstruktionen" für solche Mehrwortverbindungen hergestellt. Phrasem-Konstruktionen sind zuerst mal Konstruktionen, haben aber einen stark ausgeprägten phraseologischen Status.

> Ph[rasem]K[onstruktionen] können als Konstruktionen definiert werden, die als Ganzes eine lexikalische Bedeutung haben, wobei bestimmte Positionen in ihrer syntaktischen Struktur lexikalisch besetzt sind, während andere Slots darstellen, die gefüllt werden müssen. (Dobrovol'skij 2011: 114)

In der Konstruktion [Präpositionalphrase[Präposition (+Determinant) + Nomen] + LKV] sollen etwa die lexikalischen Slots der Präposition, des Substantivs und des LKV gefüllt werden. Fest besetzt sind dagegen die Struktur der Präpositionalphrase als Gruppe und das Auftreten eines LKV (und nicht irgendeines anderen Verbs). Es wird folglich darum gehen, die möglichen lexikalischen Slots zu bestimmen. Damit befasst sich der Beitrag in folgendem Abschnitt.

3.3 Semantik der Phrasem-Konstruktionen

Sowohl Rostila (2011) als auch Zeschel (2008) befassen sich in ihren Untersuchungen mit der Semantik der Mehrwortverbindungen. Zeschel (2008: 265) fokussiert auf Mehrwortverbindungen, die folgende abstrakte Konstruktion instanziieren: [(NP$_{agt}$) NP$_{thema}$ [in [N$_{bewegung.art+weise}$]] V] (Zeschel 2008: 265–267; siehe Abschnitt 3.2 oben). Bezugnehmend auf die aspektuellen Konzepte der Kausativität, der Intransitivität, der Inchoativität und des Stativen unterscheidet Zeschel (2008: 268) vier Konstruktionsschemata für die FVG:

a) intransitiv/inchoativ: *in Schwung kommen*
b) intransitiv/stativ: *in Bewegung bleiben*
c) kausativ/inchoativ: *etwas ins Rollen bringen*
d) kausativ/stativ: *etwas in Schwung halten*

Die in diesem Beitrag untersuchten FVG mit den LKV *stellen*, *setzen*, oder *legen* veranschaulichen das Schema ‚kausativ/inchoativ'. Da das Funktionsverb ein kausatives LKV ist, ist das Konzept des Stativen in unseren Beispielen nicht vertreten. Auch sind die beschriebenen Belege immer kausativ, da sie ein Thema zum Ausdruck bringen. Einige weitere Konzepte wie etwa Telizität oder Lokalisierung sind auch nötig, um die Semantik aller Mehrwortverbindungen mit LKV zu beschreiben. Hier unten wollen wir uns die Semantik dieser Verbindungen mit den drei Haupt-LKV näher ansehen.

3.3.1 Kollokationen und FVG mit *setzen*

Die größte Gruppe der Kollokationen und FVG mit dem Verb *setzen* bilden Belege, die eine kausative und inchoative Bedeutung zum Ausdruck bringen, etwa

(40) etwas in Kraft/Betrieb setzen

(41) etwas in Brand setzen

(42) jmd in Verlegenheit setzen

(43) jmd unter Druck setzen

(44) etwas außer Aktion/Betrieb/Gefecht/Kraft setzen.

Mit diesen Belegen wird eine Zustandsveränderung ausgedrückt, etwa vom Statischen in die Dynamik (Beispiele (40)–(43)), oder von einem dynamischen Zustand in einen statischen (siehe Beispiele unter (44)). Das betroffene Thema kann ein Objekt (wie in den Beispielen (40), (41), (44)) oder eine Person sein ((42), (43)). Das Substantiv in der Präpositionalphrase ist meistens aus einem Bewegungsverb abgeleitet (Zeschel 2008: 268), wobei die Ableitung auch oft lexikalisiert ist (Rostila 2011: 274), etwa *Brand, Betrieb, Gefecht,* etc. Die Präposition ist eine räumliche Wechselpräposition, die sich für den Ausdruck einer kausativen Bewegung besonders gut eignet.

Eine andere Gruppe von Mehrwortverbindungen mit dem LKV *setzen* drückt Kausativität gepaart mit Finalität/Telizität aus, d. h. mit dem Fokus auf einem Ziel, wie etwa in

(45) ein Gerücht in die Welt setzen[5]

(46) etwas auf die Tagesordnung setzen

(47) jmd auf die Mailing List setzen

(48) jmd vor die Tür setzen.

Das das Ziel ausdrückende Substantiv ist keine deverbale Ableitung mehr. Auffallend ist auch der Gebrauch eines definiten Determinanten, der fossilisiert ist (vgl. Rostila 2011: 279).

Bei diesen Beispielen ist fraglich, ob es sich noch um FVG im engen Sinne handelt (wir erinnern an Kambers Typologie (2008), die wir oben besprochen haben), da das Substantiv keine Ableitung ist und ein definiter Artikel auch noch in der Mehrwortverbindung vorkommt. Weiter kann die Semantik der Mehrwortverbindung einfach durch den metaphorischen Ausdruck einer Lokalisierung erklärt werden (siehe die semantischen Gebrauchsmöglichkeiten des

---

5 Wie ein Gutachter anmerkte, ist bei diesem Beispiel die Grenze zum Idiom fließend, genauso wie bei Beispiel (48).

LKV *setzen*, unabhängig von den Kollokationen oder FVG, in 2.3), wobei die verschiedenen für das LKV *setzen* typischen semantischen Lesarten von Containment oder Kontakt erkennbar sind. So wird in Beispiel (45) die Welt als Container aufgefasst, in die etwas ‚gesetzt' werden kann. Diese Lesart wird auch durch die Semantik der Präposition *in* unterstützt. Nach Hermann (2019: 109) wird in einem Beispiel wie (48) die gleiche Container-Bedeutung ausgedrückt, da jemand aus dem ‚Haus-Container' (metonymisch mit *vor die Tür* verbunden) gebracht wird. Das Ziel kann auch metaphorisch als Fläche konzeptualisiert werden, in solchen Fällen wird ein Kontakt zwischen dem Thema und dem Zielausdruck fokussiert. Diese Lesart wird in den Beispielen (46) und (47) veranschaulicht. In (46) werden Wörter oder Schriftstücke auf die Tagesordnung als Fläche ‚gesetzt'. Diese Semantik wird von der Präposition *auf* in diesem Kontext unterstützt. Beispiel (47) konzeptualisiert wie Beispiel (46) den Kontakt zwischen Wörtern und einer Mailing List, allerdings wird in diesem Falle eine Person als Metonymie für deren Namen erwähnt.

3.3.2 Kollokationen und FVG mit dem LKV *stellen*

Auch das LKV *stellen* kommt in FVG vor, um Kausativität und Inchoativität zum Ausdruck zu bringen, wie etwa in,

(49) etwas zur Verhandlung/Verfügung stellen.

(50) etwas zur Debatte/Diskussion/Aussprache/Erörterung stellen.

Das Substantiv in der Präpositionalphrase ist meistens deverbal, d. h. das Ergebnis einer Ableitung, wie etwa *Verhandlung, Verfügung, Erörterung, Diskussion*. In Beispiel (50) wird mit dem Substantiv eine bestimmte Ausdrucksform (*Debatte, Diskussion, Aussprache*, oder *Erörterung*) konzeptualisiert, die auch als Ziel konzeptualisiert wird. Die Präposition *zu* unterstützt diese Semantik, da sie eine Finalität ausdrückt. In diesen Mehrwortverbindungen kommt auch ein fossilisierter definiter Artikel vor.

Eine andere Klasse von Mehrwortverbindungen mit *stellen* thematisiert Kontrolle in verschiedenen Formen, etwa in den Belegen

(51) jmd/etw. unter Strafe/Arrest/Anklage/Kontrolle/Aufsicht stellen.

Es überrascht nicht, dass die Präposition *unter* in dieser Lesart auftritt, da mit Kontrolle eine Hierarchie vorausgesetzt wird, in der zwei Parteien involviert sind.

Eine Partei übt die Kontrolle aus und die andere ist unterwürfig. Die Präposition *unter* unterstützt diese Konzeptualisierung der Unterwürfigkeit. In diesen Mehrwortverbindungen wird kein Artikel benutzt. Die Wahl des LKV *stellen* ist bedingt durch die semantische Lesart ‚auf einer Basis', auch wenn diese Bedeutung in den besprochenen Beispielen nur schwach ausgeprägt ist.

Genauso wie mit dem LKV *setzen* kann *stellen* auch benutzt werden, um Kausativität und Telizität mit der Spezifizierung einer Lokalität (als Antwort auf eine *wohin*-Frage) zum Ausdruck zu bringen. Diese Lokalität ist metaphorischer oder metonymischer Natur, wie etwa in folgenden Beispielen zu sehen ist.

(52) jmd vor eine Verantwortung stellen

(53) jmd vor vollendete Tatsachen stellen

(54) jmd vor die Wahl stellen

(55) jmd in den Vordergrund/in den Schatten[6] stellen.

Die Semantik dieser Beispielklasse kann mit Hilfe einer metaphorischen oder metonymischen Interpretation der Grundbedeutung des Verbs *stellen* als die Lokalisierung eines Themas auf einer Basis erklärt werden (siehe hier oben 2.1). Als Konsequenz gehören diese Beispiele nicht zur engen Klasse der FVG, sondern sind als Kollokationen aufzufassen. Ein weiteres Argument für die Definition dieser Beispiele als Kollokationen ist ihr kompositioneller Charakter, der auch mit dem Gebrauch eines nicht fossilisierten Artikels in der Mehrwortverbindung deutlich wird (vgl. dagegen Beispiele (45)-(48)). Auch könnte man ein attributives Adjektiv vor das Substantiv einfügen.

Eine Reihe von Beispielen mit *stellen* ist reflexiv, wie etwa in

(56) sich auf den Kopf/auf die Hinterbeine stellen

(57) sich in Positur stellen

(58) sich hinter jmdn. stellen.

---

6 Auch hier handelt es sich eher um ein Idiom als um eine Kollokation oder ein FVG, zumindest in der nicht-wörtlichen Bedeutung. Das Beispiel ist trotzdem erwähnenswert, da es als Pendant zu *in den Vordergrund stellen* betrachtet werden kann.

In diesen Beispielen wird die konkrete Lokalisierung in einer stehenden Position ‚auf einer Basis' konzeptualisiert, es handelt sich demnach nicht um FVG, sondern allgemeiner um Kollokationen. Die Bedeutung einer Basis wird auch mit den das Verb *stellen* begleitenden Präpositionen (etwa *hinter* in (58)) oder Zielausdrücken (*auf den Kopf/auf die Hinterbeine* in (56), oder *in Positur* in (57)) bestätigt.

3.3.3 Kollokationen und FVG mit dem LKV *legen*

Zuerst kann beobachtet werden, dass dieses LKV seltener in Kollokationen und FVG vorkommt. Dies ist nicht erstaunlich, da dieses Verb eine Lokalisierung in horizontaler Dimension konzeptualisiert, was im Alltag weniger vertreten ist. Die Grundsemantik des Verbs ist in den Beispielen mit *legen* zwar abgeschwächt, lässt sich aber noch erkennen und durch eine metaphorische Lesart interpretieren, wie in folgenden Beispielen ersichtlich ist.

(59)   etwas zu den Akten legen

(60)   etwas in die Hände legen

(61)   etwas zu Füßen legen.

Auch in diesen Beispielen wird Kausativität und eine Lokalisierung auf ein Ziel hin konzeptualisiert, allerdings als horizontale Platzierung. In Beispiel (59) kann das Thema ein Dokument, ein Blatt, usw. sein. Auch in (60) können Gegenstände oder Objekte in den Händen flach gehalten werden. Während die Beispiele (59) und (60) noch etwas konkret sind, ist Beispiel (61) eher idiomatisch und schon abstrakter aufzufassen. Eine konkrete Lesart wäre auch denkbar, allerdings mit einem Determinanten, etwa (61') *etwas zu meinen/ihren/den Füßen legen*. Noch konkreter wäre der Gebrauch der Präposition *vor* mit einem Determinanten, etwa (61") *etwas vor seine/meine/die Füße legen*.

Ein andere, auch eher idiomatische Mehrwortverbindung mit *legen* ist in Beispiel (62) realisiert,

(62)   etwas an den Tag legen.

Dabei ist die Bedeutung des LKV *legen* ganz abgeschwächt und die einzelnen Konstituenten der Mehrwortverbindung bilden eine semantische Einheit, die Kausativität und Inchoativität ausdrückt.

3.3.4 Zusammenfassung

Kollokationen und FVG mit den drei LKV *stellen*, *setzen* und *legen* drücken eine kausative und inchoative Bedeutung aus, oft gepaart mit Finalität, d. h. mit einer Lokalisierung auf ein Ziel hin. Die Wahl eines LKV in einer Kollokation oder einem FVG hängt stark von der Bedeutung des Substantivs in der Präpositionalphrase ab, aber auch vom Thema. Das LKV *setzen* tritt auf, wenn das Ziel ein Container (vgl. Beispiel (45) *ein Gerücht in die Welt setzen*) oder eine Fläche (vgl. (46) *etwas auf die Tagesordnung setzen*) konzeptualisiert. In diesen Fällen findet die Lokalisierung durch Containment oder Kontakt statt und das Thema muss ein Konzept sein, das in einen Container passt oder das mit einer Fläche kompatibel ist. Mit dem Verb *stellen* dagegen kann das Ziel eine bestimmte Ausdrucksform sein (vgl. (50) *etwas zur Debatte/Diskussion/Aussprache/Erörterung stellen*) oder eine Lokalität für ein Thema, das mit einer Basis konzeptualisiert werden kann (vgl. (53) *jmd vor vollendete Tatsachen stellen*). Das Thema mit einer möglichen Basis spielt auch eine wesentliche Rolle bei der Wahl von *stellen* im Zusammenhang mit der Semantik einer Kontrolle. Dabei ist der weitere Aspekt einer möglichen Hierarchie auch wichtig. Schließlich tritt *legen* in Mehrwortverbindungen auf, wenn das Ziel auch einen Ort konzeptualisiert und das Thema eine flache oder horizontale Struktur aufweist, wie mit Beispiel (59) *etwas zu den Akten legen* veranschaulicht wird. Folgende Tabelle 1 fasst noch einmal die Möglichkeiten zusammen.

Tabelle 1: Semantik der LKV in Mehrwortverbindungen.

LKV	Bedeutung	N in PP	Thema
setzen	Lokalisierung durch Containment	Container	passend in Container
setzen	Lokalisierung durch Kontakt	Fläche	Geschriebenes
stellen	Auseinandersetzung, Erörterung	Ausdrucksform	Fragestellung, Thematik
stellen	Lokalisierung auf Basis	Lokalität	mit Basis
stellen	Dominanz, Kontrolle	Kontrollinstanz/-prozess	kann unterwürfig sein
legen	Lokalisierung horizontal/flach	Lokalität	horizontal/flach

Nun können die oben gestellten Fragen genauer beantwortet werden. Für die Ermittlung der Gesamtbedeutung der Kollokation oder des FVG spielen alle konstituierenden Sprachzeichen eine Rolle. Die Wahl eines spezifischen LKV ist durch die Semantik der begleitenden Präpositionalphrase und des Themas motiviert. Ist das Thema zum Beispiel eher horizontal oder flach, wird das Verb *legen* gebraucht, wenn das Thema dagegen eine Basis aufweist (eventuell auch im metaphorischen Sinne), auf die fokussiert wird, wird eher *stellen* vorgezogen.

4 Fazit und Perspektiven

Der Beitrag beschreibt Mehrwortverbindungen mit der Form [Präpositionalphrase$_{[Präposition (+Determinant) + Nomen]}$ + LKV] und mit dem Gebrauch der drei Haupt-LKV in solchen Mehrwortverbindungen. Wie schon in Abschnitt 2 gezeigt worden ist, ist das Selegieren eines spezifischen LKV im Allgemeinen nicht willkürlich, sondern kann auf die Semantik eines solchen Verbs zurückgeführt werden. Die allgemeinen Gebrauchsmöglichkeiten der LKV sind mit Beispielen ausführlich beschrieben worden. Mit der Untersuchung der Mehrwortverbindungen ist deutlich geworden, dass das Selegieren eines spezifischen LKV in solchen mehr oder weniger festen Kollokationen oder FVG nicht nur von der allgemeinen Semantik dieses Verbs abhängig ist, sondern auch von den begleitenden Konstituenten, nämlich dem Thema und der Präpositionalgruppe (siehe Tabelle 1 hier oben). Im Rahmen dieses Beitrags konnten nur einige semantische Kategorien mit den drei LKV angesprochen werden, eine ausführlichere Untersuchung mit umfangreicheren Beleg-Sammlungen aus Korpora wäre wünschenswert. Erste Ansätze in dieser Richtung sind in den Arbeiten von Hermann (2019, 2020 und 2021 zu finden. Dabei sollte die semantische Rolle der Präposition, die – wie wir gesehen haben – oft die Grundbedeutung der LKV und der gesamten Mehrwortverbindung unterstützt, beachtet werden. Auch ist immer wieder auf die Rolle des Determinanten, der mehr oder weniger fossilisiert sein kann, hingewiesen worden.

Die Besprechung der Beispiele von Mehrwortverbindungen hat auch deutlich gemacht, dass es keine eindeutigen Kriterien zur Unterscheidung zwischen Kollokationen und FVG gibt und dass es mehr eine Frage der Gradation ist. Allerdings kann behauptet werden, dass Mehrwortverbindungen, die als Ziel eine Lokalität ausdrücken, wie etwa in (56) *sich auf den Kopf/auf die Hinterbeine stellen* oder (60) *etwas in die Hände legen*, oft kompositionell zu verstehen sind und daher eher als Kollokation aufzufassen sind. Die Gesamtbedeutung der Mehrwortverbindung ergibt sich in diesen Fällen aus der Bedeutung der einzelnen Konstituenten. Die Unterscheidung zwischen Kollokationen und FVG hat sich bei der Beschreibung der Semantik der Beispiele nicht als notwendig erwiesen. Sowohl Kollokationen als auch FVG mit LKV drücken Kausalität und Inchoativität aus. Weitere Bedeutungsnuancen hängen von der Wahl eines spezifischen LKV und der begleitenden Konstituenten ab. Somit wird deutlich, dass es besser ist, sowohl Kollokationen als auch FVG als bedeutungstragende Konstruktionen zu betrachten. Wie wir gesehen haben, sind die analysierten Mehrwortverbindungen eng mit der *caused-motion* Konstruktion verbunden, da sie einen Teil dieser Konstruktion realisieren. Diese enge Verwandtschaft ermöglicht Generalisierungen, was ein Vorteil der Konstruktionsgrammatik ist.

Das Postulat einer frequenten und rekurrenten Konstruktion wie [Präpositionalphrase$_{[Präposition (+Determinant) + Nomen]}$ + LKV], bei der einige Elemente wie das

Auftreten eines LKV oder einer Präpositionalphrase in dieser Konstruktion fest sind, während andere frei besetzbar sind (etwa das Substantiv in der Präpositionalphrase), führt uns dazu, diese Konstruktionen spezifischer als Phrasem-Konstruktionen aufzufassen, d. h. konstruktionelle Einheiten, die einen ausgeprägten phraseologischen Charakter aufweisen. Dies macht wiederum deutlich, dass es besser ist, von einem Kontinuum zwischen verschiedenen Instanziierungen der abstrakten Konstruktion auszugehen, und zwar zwischen freien Wortverbindungen auf der einen Seite und Idiomen auf der anderen Seite, mit Kollokationen und FVG zwischen diesen beiden Polen.

Literatur

Berthele, Raphael (2004): The typology of motion and posture verbs: A variationist account. In Bernd Kortmann (Hrsg.), *Dialectology meets typology. Dialect grammar from a cross-linguistic perspective*, 93–126. Berlin: Mouton De Gruyter.

Berthele, Raphael (2012): On the use of PUT verbs by multilingual speakers of Romansh. In Anneta Kopecka & Bhuvana Narasimhan (Hrsg.), *Events of "putting" and "taking": A Crosslinguistic Perspective*, 145–166. Amsterdam: John Benjamins.

Burger, Harald (2007): *Phraseologie: Ein internationales Handbuch zeitgenössischer Forschung – Phraseology: An international handbook of contemporary research*. Berlin: Walter De Gruyter.

Burger, Harald (2010): *Phraseologie. Eine Einführung am Beispiel des Deutschen*. Berlin: Erich Schmidt Verlag.

Croft, William & Allan Cruse (2004): *Cognitive Linguistics*. Cambridge: Cambridge University Press.

De Knop, Sabine (2014): Conceptual tools for the description and the acquisition of the German posture verb *sitzen*. In Sabine De Knop & Fanny Meunier (Hrsg.), *Learner corpus research, cognitive linguistics and second language acquisition, special issue of Corpus Linguistics and Linguistic Theory*, 11 (1), 127–160.

De Knop, Sabine (2016): German causative events with placement verbs. *Lege Artis. Language yesterday, today, tomorrow* 1 (2), 75–115.

De Knop, Sabine & Manon Hermann (2020): Funktionsverbgefüge in ein neues Licht setzen. In Sabine De Knop & Manon Hermann (Hrsg.), *Funktionsverbgefüge im Fokus – Theoretische, didaktische und kontrastive Perspektiven*, 1–11. Berlin: De Gruyter.

De Knop, Sabine & Julien Perrez (2014): Conceptual metaphors as a tool for the efficient teaching of Dutch and German posture verbs. *Review of Cognitive Linguistics* 12 (1), 1–29.

Delbecque, Nicole (2002). Linguistique cognitive. Comprendre comment fonctionne le langage. Bruxelles : Duculot.

Dirven, René (2004). *Major strands in Cognitive Linguistics*. Universität Duisburg-Essen: LAUD.

Dobrovol'skij, Dmitrij (2011): Phraseologie und Konstruktionsgrammatik. In Alexander Lasch & Alexander Ziem (Hrsg.), *Konstruktionsgrammatik III. Aktuelle Fragen und Lösungsansätze*, 110–130. Tübingen: Stauffenburg Verlag.

Donalies, Elke (2009). *Basiswissen Deutsche Phraseologie*. Tübingen: Narr Francke Attempto.

Eisenberg, Peter (2006): Funktionsverbgefüge – Über das Verhältnis von Unsinn und Methode. In Eva Breindl, Lutz. Gunkel & Bruno Strecker (Hrsg.), *Grammatische Untersuchungen, Analysen und Reflexionen. Festschrift für Gisela Zifonun*, 297–318. Tübingen: Narr.
Eisenberg, Peter (2013): *Der Satz. Grundriss der deutschen Grammatik.* Stuttgart: Metzler.
Fagan, Sarah (1991): The semantics of the positional predicates *liegen/legen, sitzen/setzen,* and *stehen/stellen. Unterrichpraxis/Teaching German* 24 (2), 136–145.
Fleischer, Wolfgang (1997): *Phraseologie der deutschen Gegenwartssprache.* Tübingen: Niemeyer.
Goldberg, Adele (1995): *Constructions. A construction grammar approach to argument structure.* Chicago: University of Chicago Press.
Goldberg, Adele (2006): *Constructions at work: The nature of generalization in language.* Oxford: Oxford University Press.
Goldberg, Adele (2019): *Explain Me This. Creativity, Competition, and the Partial Productivity of Constructions.* Princeton: Princeton University Press.
Harm, Volker (2016): Funktionsverbgefüge des Deutschen. Untersuchungen zu einer Kategorie zwischen Grammatik und Lexikon. Habilitationsschrift (Manuskript) Universität Göttingen.
Hausmann, Franz Josef (1985): Kollokationen im deutschen Wörterbuch. Ein Beitrag zur Theorie des lexikographischen Beispiels. In Henning Bergenholtz & Jochim Mugdan (Hrsg.), *Lexikographie und Grammatik. Akten des Essener Kolloquiums zur Grammatik im Wörterbuch 28.-30.6.1984,* 118–129. Tübingen: Niemeyer.
Heine, Antje (2006): *Funktionsverbgefüge in System, Text und korpusbasierter (Lerner-) Lexikografie.* Frankfurt am Main: Peter Lang.
Helbig, Gerhard (2006): Funktionsverbgefüge – Kollokationen – Phraseologismen. Anmerkungen zu ihrer Abgrenzung – im Lichte der gegenwärtigen Forschung. In Ulrich Breuer & Irma Hyvärinen (Hrsg.), *Wörter – Verbindungen. Festschrift für Jarmo Korhonen zum 60. Geburtstag,* 165–174. Frankfurt am Main: Peter Lang.
Hermann, Manon (2019): The semantics of German posture and placement verbs in noun-verb phrases. In Constanze Juchem-Grundmann, Michael Pleyer & Monica Pleyer (Hrsg.), *Yearbook of the German Cognitive Linguistics Association* 7, 93–114.
Hermann, Manon (2020): Über Funktionsverbgefüge und verbale Mehrwortverbindungen. Eine Analyse am Beispiel von ‚stellen'. In Sabine De Knop & Manon Hermann (Hrsg.), *Funktionsverbgefüge im Fokus – Theoretische, didaktische und kontrastive Perspektiven,* 39–71. Berlin: De Gruyter.
Hermann, Manon (2021): Eine kontrastive Analyse von verbalen Mehrwortverbindungen mit Positionsverben im Deutschen und im Niederländischen. Dissertation Manuskript, Université Saint-Louis Bruxelles.
Kamber, Alain (2006): Funktionsverbgefüge – empirisch (am Beispiel von ‚kommen'). *Linguistik online* 28 (3), 109–131. http://www.linguistik-online.de/28_06/kamber.html
Kamber, Alain (2008): *Funktionsverbgefüge – empirisch: Eine korpusbasierte Untersuchung zu den nominalen Prädikaten des Deutschen.* Tübingen: Niemeyer.
Lemmens, Maarten (2005): Motion and location: toward a cognitive typology. In Geneviève Girard-Gillet (Hrsg.), *Parcours linguistique. Domaine anglais,* 223–244. St-Etienne: Publications de l'Université St-Etienne, Travaux 122 du Cierec.
Lemmens, Maarten (2006): Caused posture: Experiential patterns emerging from corpus research. In Stefan Th. Gries & Anatol Stefanowitsch (Hrsg.), *Corpora in cognitive linguistics: corpus-based approaches to syntax and lexis,* 261–297. Berlin: De Gruyter.
Lemmens, Maarten & Julien Perrez (2010): On the use of posture verbs by French-speaking learners of Dutch: A corpus-based study. *Cognitive Linguistics* 21 (2), 315–347.

Proost, Kristel (2015): Verbbedeutung, Konstruktionsbedeutung oder beides? Zur Bedeutung deutscher Ditransitivstrukturen und ihrer präpositionalen Varianten. In Stefan Engelberg, Meike Meliss, Kristel Proost & Edeltraud Winkler (Hrsg.), *Argumentstruktur zwischen Valenz und Konstruktion*, 157–176. Tübingen: Narr.

Proost, Kristel (2017): The role of verbs and verb classes in identifying German search-constructions. In: Francisco José Ruiz de Mendoza Ibáñez, Alba Luzondo Oyón & Paula Pérez Sobrino (Hrsg.), *Constructing families of constructions. Analytical perspectives and theoretical challenges*, 17–51. Amsterdam u. a.: Benjamins.

Proost, Kristel (2019): Argumentstrukturmuster mit vor zum Ausdruck von Rangordnung Plädoyer für eine musterbasierte Analyse. In Dániel Czicza, Volodymyr Dekalo & Gabriele Diewald (Hrsg.), *Konstruktionsgrammatik VI. Varianz in der konstruktionalen Schematizität*, 109–140. Tübingen: Stauffenburg.

Rostila, Jouni (2011): Phraseologie und Konstruktionsgrammatik. Konstruktionsansätze zu präpositionalen Funktionsverbgefügen. In Michael Prinz & Ulrike Richter-Vapaatalo (Hrsg.), *Idiome, Konstruktionen, ‚verblümte Rede'. Beiträge zur Geschichte der germanistischen Phraseologieforschung*, 263–282. Stuttgart: Hirzel.

Serra-Borneto, Carlo (1995): ‚Liegen' and ‚stehen' in German: A study in horizontality and verticality. In Eugene H. Casad (Hrsg.), *Cognitive Linguistics in the Redwoods*, 458–505. Berlin: Mouton De Gruyter.

Serra-Borneto, Carlo (1996): Polarity and metaphor in German. In Martin Pütz & René Dirven (Hrsg.), *The construal of space in language and thought*, 373–394. Berlin: Mouton De Gruyter.

Stathi, Katerina (2011): Idiome und Konstruktionsgrammatik: im Spannungsfeld zwischen Lexikon und Grammatik. In Alexander Lasch & Alexander Ziem (Hrsg.), *Konstruktionsgrammatik III. Aktuelle Fragen und Lösungsansätze*, 149–163. Tübingen: Stauffenburg Verlag.

Steyer, Kathrin (2000): Usuelle Wortverbindungen des Deutschen. Linguistisches Konzept und lexikografische Möglichkeiten. *Deutsche Sprache* 2, 101–125.

van Pottelberge, Jeroen (2001): *Verbonominale Konstruktionen, Funktionsverbgefüge. Vom Sinn und Unsinn eines Untersuchungsgegenstandes*. Heidelberg: Winter.

von Polenz, Peter (1963): *Funktionsverben im heutigen Deutsch. Sprache in der rationalisierten Welt*. Düsseldorf: Pädagogischer Verlag Schwann.

Wotjak, Gerd (1994): Nichtidiomatische Phraseologismen. Substantiv-Verb-Kollokationen – ein Fallbeispiel. In Barbara Sandig (Hrsg.), *Europhras 92. Tendenzen der Phraseologieforschung*, 651–677. Bochum: Brockmeyer.

Wotjak, Barbara & Heine, Antje (2005): Zur Abgrenzung und Beschreibung verbonominaler Wortverbindungen (Wortidiome, Funktionsverbgefüge, Kollokationen): Vorleistungen für die (lerner-) lexikographische Praxis. *Deutsch als Fremdsprache* 3, 143–153.

Zeschel, Arne (2008): Funktionsverbgefüge als Idiomverbände. In Anatol Stefanowitsch & Kerstin Fischer (Hrsg.), *Konstruktionsgrammatik II*, 263–278. Tübingen: Stauffenburg Verlag.

Korpora

DeReKo, https://cosmas2.ids-mannheim.de/cosmas2-web/
Digitales Wörterbuch der Deutschen Sprache (DWDS), https://www.dwds.de/

Sören Stumpf
Formelhaft (ir-)reguläre Phrasem-Konstruktionen im Deutschen
Theoretische Verortung und korpuslinguistische Analyse

1 Einleitung

Der vorliegende Beitrag beschäftigt sich mit Phrasemen, deren Nennform durch (grammatische) „Abweichungen" von Normen/Regeln des außerphraseologischen Sprachgebrauchs gekennzeichnet ist (z. B. ein Dativ-*e* wie in *das Kind mit dem Bade ausschütten*, ein unflektiertes Adjektivattribut wie in *Gut Holz!* oder ein nachgestelltes Genitivattribut wie in *viele Hunde/Jäger sind des Hasen Tod*). Feste Wortverbindungen, die solche strukturellen Besonderheiten enthalten, werden in der Phraseologieforschung für gewöhnlich unter dem Terminus „phraseologische Irregularitäten/Anomalien" zusammengefasst (vgl. Burger 2015: 20; Fleischer 1997: 47–49). Somit erfolgt bereits terminologisch eine Abgrenzung von „regulären" Phrasemen. Zudem nimmt man an, dass solche „Irregularitäten" nur in Idiomen vorzufinden sind (vgl. Dobrovol'skij 1995: 20; Gläser 1990: 59):

> Am stärksten idiomatisch wären dann nach wie vor die klassischen Idiome, bei denen vom synchronen Standpunkt aus grammatische und semantische Anomalien vorliegen [...].
> (Stöckl 2004: 170)

Sie werden also in der Regel auf den traditionellen Kernbereich der Phraseologie beschränkt (vgl. Stumpf 2015a: 393–394). Zum Teil findet man darüber hinaus auch Arbeiten, die davon ausgehen, dass es sich hierbei um „vernachlässigbare Überbleibsel" (Dräger 2012: 125) handelt, die „keiner neuen Diskussion" (Burger 2012: 2) bedürfen.

Empirische Untersuchungen zeigen jedoch zum einen, dass die scheinbaren „Irregularitäten" nicht so „irregulär" sind, wie man lange Zeit angenommen hat (siehe Stumpf 2015a), weshalb in dem vorliegenden Artikel der Terminus „formelhafte (Ir-)Regularitäten" bevorzugt wird (Abschnitt 2). Zum anderen sind diese Erscheinungsformen nicht nur auf klassische Idiome beschränkt, sondern erstrecken sich über das gesamte Spektrum phraseologischer Klassen, treten also auch in peripheren Klassen wie Routineformeln (z. B. *ruhig Blut!*) und Kollokationen/Funktionsverbgefügen (z. B. *etw. zu Rate ziehen*) auf (vgl. Stumpf 2015a: 382, 396). Insbesondere sind sie aber auch Bestandteile von teillexikalisierten, modellartigen Wendungen (z. B. *lecker* $X_{[Nomen]}$), die sich zwischen Lexikon und Grammatik bewegen und zu denen innerhalb der phraseologischen und konstruktionsgrammatischen Forschung eine Vielzahl an Termini existiert: „Modellbildung" (Burger 2015), „Phraseoschablone" (Fleischer 1997), „schematic idiom" (Croft & Cruse 2004), „lexically open idioms" (Fillmore, Kay & O'Connor 1988), „Wortverbindungsmuster" (Steyer 2013), „Phrasem-Konstruktion" (Dobrovol'skij 2011) usw.[1]

Diesen gilt im Folgenden das Interesse, wobei durch die Wahl des Terminus „Phrasem-Konstruktion" gezielt Phraseologie und Konstruktionsgrammatik miteinander verbunden werden.[2] Denn ein Blick in konstruktionsgrammatische Studien zeigt, dass formelhaft (ir-)reguläre Wendungen innerhalb dieser Grammatiktheorie eine nicht zu verachtende Stellung einnehmen (siehe Stumpf 2018a). „Phraseologische Irregularitäten" sowie „lexikalisch teilspezifizierte Wendungen" werden also sowohl in der Phraseologie als auch in der Konstruktionsgrammatik (mehr oder weniger ausführlich) behandelt. Die Verbindung zwischen beiden Phänomenen ist bislang aber noch ein Desiderat (Abschnitt 3). Es wird verdeutlicht, dass (grammatische) „Irregularitäten" auch in schematischen Konstruktionen bewahrt bleiben. Im Rahmen dessen ist es ein Ziel, den „irregulären" Status solcher Wortverbindung zu relativieren. Zur Veranschaulichung wird die Korpusanalyse einer Phrasem-Konstruktion ($X_{[Nomen]}$ pur) vorgestellt (Abschnitt 4). Der Zusammenhang zwischen „Irregularität" und Modellierbarkeit wird schließlich sowohl im Rückgriff auf phraseologische Arbeiten als auch unter Berücksichtigung konstruktionsgrammatischer Ansätze diskutiert (Abschnitt 5). Im letzten Abschnitt werden die wichtigsten Ergebnisse zusammengefasst und ein Ausblick gegeben (Abschnitt 6).

2 Formelhafte (Ir-)Regularitäten

2.1 „Irreguläre" Wortverbindungen in der Phraseologie und Konstruktionsgrammatik

In der Phraseologieforschung werden Phrasemen für gewöhnlich drei Eigenschaften zugewiesen: Sie sind polylexikalisch, strukturell und psycholinguistisch

---

[1] Für weitere Termini siehe die Zusammenstellung in Dobrovol'skij (2011: 114).
[2] Es ist wichtig zu erwähnen, dass es eine einheitliche Theorie der Konstruktionsgrammatik nicht gibt (vgl. Stefanowitsch 2011: 12). Den Überlegungen des Aufsatzes liegen daher zentrale Gemeinsamkeiten zugrunde, die mehr oder weniger alle konstruktionsgrammatischen Theorien teilen. Insgesamt wird dabei von einem weiten Konstruktionsbegriff ausgegangen, wie ihn Goldberg (2006: 5) definiert.

fest³ sowie unter Umständen idiomatisch. Die strukturelle Festigkeit macht sich nach Burger (2015: 19–22) insofern bemerkbar, als Phraseme zum einen lexikalischen und morphosyntaktischen Restriktionen unterliegen und sie zum anderen sogenannte „Irregularitäten" aufweisen können. „Phraseologische Irregularitäten" stellen dabei in Phrasemen konservierte Erscheinungsformen dar, die synchron nicht (mehr) dem Regelsystem bzw. der Norm des Deutschen angehören (z. B. artikellose Substantive wie in *vor Ort* und prädikative Genitive wie in *guter Dinge sein*). Gerade weil „phraseologische Irregularitäten" dem „freien" Sprachgebrauch widersprechen, gelten sie gemeinhin als phraseologietypisch, als phraseologiespezifisch oder gar als ein Phraseologie-Indikator (vgl. Neubert 1977: 9; Ettinger 1998: 205). Zudem werden sie – wie gerade angedeutet – immer dann hervorgehoben, wenn das Phraseologizitätsmerkmal der Stabilität thematisiert wird. So gelten sie aufgrund der Tatsache, dass es sich bei den „Abweichungen" für gewöhnlich um tradierte ältere Sprachverhältnisse handelt, als (vermeintliche) Prototypen phraseologischer Festigkeit (vgl. Korhonen 1992: 49; Stöckl 2004: 159). In früheren Werken werden „phraseologische Irregularitäten" sogar häufig als notwendiges Charakteristikum für phraseologische Einheiten angeführt: Mehrwortverbindungen seien demnach nur dann phraseologisch, wenn sie form- und/oder inhaltsseitige Besonderheiten enthalten (vgl. kritisch dazu Wray 2009: 34). Angesichts einer weiten Auffassung von Phraseologie stellt eine solche Betrachtungsweise jedoch eine unzureichende Verkürzung formelhaften Sprachgebrauchs dar. Zum gegenwärtigen Zeitpunkt ist man sich innerhalb der Forschung einig, dass Formelhaftigkeit bzw. sprachliche Vorgeformtheit weit über grammatische und semantische „Irregularitäten" hinausgeht (vgl. Wray 2009: 38).⁴

Auch innerhalb der Konstruktionsgrammatik findet man Ansätze, die zwischen „regulären" und „irregulären" phraseologischen Wortverbindungen unterscheiden. So werden Phraseme insbesondere dann als „prototypische Konstruktionen" (Stathi 2011: 149) angesehen, wenn sie „den syntaktischen Regularitäten mehr oder weniger nicht entsprechen" (Staffeldt 2011: 131) bzw. sie „formale Anomalien" (Stathi 2011: 149) aufweisen. Als Beispiel führt Stathi (2011: 149) neben den englischen Phrasemen *all of a sudden* und *trip the light fantastic* auch das deutsche Idiom *jmd. hat an jmdm./etw. einen Narren gefressen* an, das aus valenztheoretischer Sicht „irregulär" erscheint.⁵ Interessant ist in diesem Zusammenhang die Tatsache, dass in dem für die Konstruktionsgrammatik wegweisenden

---

3 Routineformeln wie *Guten Abend*, *Auf Wiedersehen* und *Herzlichen Glückwunsch* sind darüber hinaus auch pragmatisch fest (vgl. Burger 2015: 26).
4 Vgl. hierzu Stein & Stumpf (2019), die einen Überblick über sprachlich vorgeformte Strukturen und Einheiten auf nahezu allen Sprachsystem- bzw. -beschreibungsebenen geben.
5 Zu Valenzbesonderheiten innerhalb der Phraseologie siehe auch Stumpf (2015b).

Artikel von Fillmore, Kay & O'Connor (1988: 505) nicht nur strukturell unauffällige Phraseme, sondern auch solche mit (grammatischen) „Irregularitäten" als ein Typ phraseologischer Wendungen vorgestellt werden:

> Idioms can further be divided into those which have words filling proper and familiar grammatical structures, and those which have words occurring in constructions which the rest of the grammar cannot account for. The so-called GRAMMATICAL IDIOMS include *kick the bucket, spill the beans, blow one's nose*, etc., where verbs and noun phrases show up just where you would expect them. But expressions like *first off, sight unseen, all of a sudden, by and large, so far so good*, etc., have anomalous structures. Nothing we know about the rest of the grammar of English would enable us to predict that these expressions are sayable in our language. Such expressions have grammatical structure, to be sure, but the structures they have are not made intelligible by knowledge of the familiar rules of the grammar and how those rules are most generally applied. These, then, are the EXTRAGRAMMATICAL IDIOMS.

Croft & Cruse (2001: 233) fassen diese Unterscheidung prägnant zusammen:

> The grammatical/extragrammatical distinction characterizes idioms in contrast to regular syntactic expressions with respect to the rules of the syntactic component. Grammatical idioms conform to the syntactic rules, but are idiomatic in some other fashion. Extragrammatical idioms do not conform to the syntactic rules, and for that reason alone are idiomatic.

Es kann demnach konstatiert werden: Phraseme mit strukturellen „Abweichungen" vom normgerechten Sprachgebrauch werden sowohl innerhalb der Phraseologie als auch innerhalb der Konstruktionsgrammatik thematisiert, wobei in beiden Bereichen eine dichotomische Trennung zwischen „regulären" und „irregulären" Wendungen vorgenommen wird. Lange Zeit liegen jedoch keine empirischen Untersuchungen sowie tiefergehende theoretische Auseinandersetzungen vor, die sich intensiver mit diesem Untersuchungsgegenstand beschäftigen. Diesem Desiderat wird mit verschiedenen korpusbasierten Studien entgegengewirkt (siehe Stumpf 2015a, 2015c, 2016, 2017, 2018a, 2019), wobei die wichtigste Erkenntnis die ist, „dass in vielen Fällen graduelle Übergänge zwischen ‚irregulären' und ‚regulären' Formen bestehen" (Stumpf 2015a: 281).

2.2 Begriffsbestimmung „Formelhafte (Ir-)Regularitäten"

In der bisherigen Phraseologieforschung werden die Auffälligkeiten, die in meinem Beitrag im Mittelpunkt stehen, für gewöhnlich mit den negativ konnotierten Termini „Irregularitäten" oder „Anomalien" etikettiert (siehe Dobrovol'skij 1978;

Fleischer 1997; Filatkina 2013; Burger 2015).[6] Im Folgenden wird demgegenüber der in Stumpf (2015a: 55–59) vorgeschlagene neutrale Terminus „formelhafte (Ir-)Regularitäten" favorisiert. Dieser hebt zum einen durch das Attribut „formelhaft" hervor, dass sich „Irregularitäten" nicht nur auf traditionelle Klassen der Phraseologie beschränken, sondern dass diese auch in Phrasemklassen vorzufinden sind, die der phraseologischen Peripherie angehören. Zum anderen relativiert der Terminus durch das in Klammern gesetzte „ir-" das „irreguläre" Moment dieser sprachlichen Erscheinungen und betont, dass viele innerhalb der Phraseologie als „irregulär" bezeichnete Wendungen nicht so irregulär sind, wie bisher vermutet wird.[7]

Als formelhafte (Ir-)Regularitäten werden feste Wortverbindungen bezeichnet, die strukturelle und/oder semantische Besonderheiten gegenüber dem „freien" Sprachgebrauch aufweisen. Die „Abweichungen" zeigen sich im Gegensatz zu phraseologischen Restriktionen in der Oberfläche und/oder Semantik der kontextunabhängigen Nennform des Phrasems. Formelhaft (ir-)reguläre Erscheinungsformen weisen eine große Vielfalt auf, verteilen sich über verschiedene Sprachsystemebenen und erstrecken sich beispielsweise von unikalen Komponenten (z. B. *im/mit dem **Brustton** der Überzeugung*)[8] über morphologische (z. B. das Dativ-*e* wie in *die Unschuld vom Lande*) und syntaktische Überbleibsel (z. B. die Bewahrung veralteter Genitivobjekte wie in *sich des Lebens freuen*)[9] bis hin zu phonetischen/phonologischen Besonderheiten (z. B. die Apokopierung in *etw. ist für die Katz*). Sie

---

6 Zu finden sind außerdem Termini, die auf die diachrone Perspektive des Gegenstandbereichs abzielen: „Konservativismus" (Mokienko 2002: 234), „erstarrte Reste" (Nübling 2010: 102) und „archaische Formen" (Dräger 2012: 126).
7 Als Gründe, warum diese Phraseme durchaus auch regelhafte Züge aufweisen, können unter anderem folgende genannt werden: Erstens sind die „Irregularitäten" in den meisten Fällen überhaupt nicht phraseologiespezifisch, sondern treten auch im außerformelhaften bzw. „freien" Sprachgebrauch auf. Zweitens stellen sie wenn überhaupt nur Normfehler, jedoch keine Systemfehler dar; so lassen sie sich im Sinne Coserius (1975, 1979, 1988, 2007) überwiegend als im System angelegte Realisierungsmöglichkeiten kategorisieren, die lediglich nicht (mehr) der synchronen Norm entsprechen. Und drittens können sie aus konstruktionsgrammatischer Perspektive nicht als „irreguläre" Wortverbindungen, sondern wie andere Form-Bedeutungspaare auch als verfestigte Konstruktionen bezeichnet werden (vgl. Stumpf 2015a: 406–408).
8 Unikale Komponenten werden im vorliegenden Aufsatz (fett) hervorgehoben. Zu dieser Besonderheit siehe u. a. Dobrovol'skij (1978) und Stumpf (2014, 2018b, 2018c).
9 Es ist anzumerken, dass Genitivobjekte grundsätzlich keine „Irregularitäten" des Deutschen darstellen. Phraseme können aber „genitivregierende Verben enthalten, die nur noch innerhalb der entsprechenden Wendung den Genitiv regieren, im freien Sprachgebrauch also nicht genitivfordernd sind [...]. Mit anderen Worten: Bei bestimmten Wendungen ist das Objekt im Genitiv realisiert, obwohl das Verb im freien Sprachgebrauch einen anderen Kasus fordert" (Stumpf 2015a: 165).

gehen häufig – aber nicht immer[10] – auf ältere Sprachzustände zurück, die in der festen Struktur der Wendungen tradiert werden. Die Bewahrung älterer Sprachverhältnisse steht mit dem Irregularitätscharakter in einem engen Zusammenhang, insofern aus dieser meist zwangsläufig „Abweichungen" von der synchronen Norm resultieren (vgl. Wray 2002: 267).

3 Formelhaft (ir-)reguläre Phrasem-Konstruktionen

3.1 Modellierbarkeit und teillexikalisierte Wortverbindungen in Phraseologie und Konstruktionsgrammatik

Zu Beginn der (germanistischen) Phraseologieforschung wird der Gedanke, Phraseme könnten – wie in der Wortbildung – nach einem bestimmten strukturell-semantischen Modell gebildet werden, zunächst abgelehnt (vgl. Fleischer 1997: 193). Dass Phraseme unikal geformt seien, d. h. vollkommen willkürlich, idiosynkratisch und auf keine Weise nach einem bestimmten Modell bzw. Muster produziert werden, ist in der Anfangsphase weit verbreitet. Lange Zeit gilt die Nichtmodellierbarkeit sogar als ein phraseologiespezifisches Merkmal (vgl. Burger, Buhofer & Sialm 1982: 62). In den 1970er und 1980er Jahren zweifeln aber vor allem die Arbeiten der sowjetischen Phraseologieforschung die „These von der Nichtmodellierbarkeit der Phraseologismen" (Černyševa 1980: 83) an und versuchen, „das Systemhafte in der Bildung von Phraseologismen in Form von strukturell-semantischen Modellen dar[zu]stellen" (Černyševa 1980: 87). Die Skepsis gegenüber der Unmodellierbarkeit ist laut Fleischer (1986: 219) spätestens seit den Arbeiten Černyševas (1970, 1975, 1980, 1984) „sicherlich nicht aufrechtzuerhalten", denn „[i]n bestimmten Grenzen erscheint eine Modellierung von Phraseolexemen heute möglich" (Fleischer 1986: 219). Mitte der 1970er Jahre ist es Fix (1974/76), die sich der Modellhaftigkeit der Phraseologie widmet, indem sie zahlreiche phraseologische Struktur- bzw. Konstruktionsmodelle herausarbeitet. Für Thun (1978: 183) ist es daher offensichtlich, dass bereits existierende Phraseme „bei der Bildung neuer Verbindungen Modellwirkung ausüben können". Und auch zum gegenwärtigen Zeitpunkt hat der Modellgedanke in der Phraseologie

---

10 Man denke beispielsweise an den Werbeslogan *Da werden Sie geholfen* (telegate), der sich innerhalb kürzester Zeit zu einem geflügelten Wort entwickelt hat und aufgrund der ungrammatischen Passivform als formelhaft (ir-)regulär einzuordnen ist (vgl. Stumpf 2015a: 331–332).

(wohl auch aufgrund des Austauschs mit der Konstruktionsgrammatik) nicht an Aktualität verloren (vgl. Burger 2012: 17).

Die bisherigen Ansätze verweisen dabei immer wieder auf die Klasse der Modellbildungen bzw. Phraseoschablonen, bei denen bereits ihre Bezeichnung (Modell, Schablone) auf eine gewisse Musterhaftigkeit anspielen. Der Modellcharakter ist darüber hinaus bei Paarformeln und komparativen Phrasemen beobachtbar, die als „Spezialfälle von Modellbildungen" (Burger 2010: 45) aufgefasst werden können (vgl. Černyševa 1980: 85–86) und zu denen Fleischer (1997: 103–109) unterschiedliche syntaktische Grundstrukturen anführt. Drei weitere Phrasemtypen, die zum Teil auf zugrundeliegende Muster zurückgehen können, sind Funktionsverbgefüge, die Fleischer (1997: 134–138) als Phraseoschablonen klassifiziert, sogenannte idiomatische Sätze wie *Das ist (ja/doch) zum* X[nominales Konvertat] (siehe Finkbeiner 2008) und Sprichwörter (siehe Steyer 2012). Für letztere unternimmt Grzybek (1984) den Versuch, „aus den unzähligen Exemplaren konstante Bildungstypen verschiedenen Abstraktionsniveaus zu filtern" (Burger 2015: 107). Und auch Lüger (1999: 103–110) hebt die syntaktische Musterhaftigkeit satzwertiger Phraseme hervor, indem er herausarbeitet, dass bei dieser phraseologischen Klasse häufig bestimmte „Konstruktionsmuster" bzw. „syntaktische Bildungsmuster" (Lüger 1999: 107–108) existieren. Steyer (2012: 300) spricht deshalb auch von „Sprichwortmuster[n]".

Zusammenfassend lässt sich festhalten, dass auch im Bereich der Phraseologie bestimmte Modelle existieren, auf deren Grundlage Phraseme entstehen können und auf die bei der Bildung neuer Phraseme zurückgegriffen werden kann. Zwar gehört nicht jede feste Wendung einem verbreiteten Modell an, „aber jeder Phraseologismus stellt potentiell ein Modell dar, aus dem Serien hervorgehen können" (Burger, Buhofer & Sialm 1982: 299).[11]

In der Konstruktionsgrammatik stehen teillexikalisierte Form-Bedeutungspaare von Anfang an im Zentrum des Interesses; dies vor allem deshalb, weil sie als Argumente für eine konstruktionsgrammatische Grundannahme dienen: Sie verdeutlichen, dass es keine klare Grenze, sondern fließende Übergänge zwischen Lexikon und Grammatik gibt. Solche Wortverbindungen sind aufgrund ihrer festen lexikalischen Bestandteile (Lexikon) sowie ihrer syntaktischen Struktur mit Leerstellen (Grammatik/Syntax) im mittleren Bereich des sogenannten

---

11 Einschränkend ist mit Stein (2012: 238) zu sagen, dass es sich in der Phraseologie im Gegensatz zur Wortbildung meist um Modelle der Analyse, nicht der Synthese handelt: „Dennoch ist der dem Terminus ‚Wortbildungsmodell' inhärente Aspekt der Produktion und Produzierbarkeit von Neuwörtern nur in engen Grenzen auf die Phraseologie übertragbar – und zwar mit dem wichtigen Unterschied, dass nur in wenigen Ausnahmefällen Modelle der Bildung, sondern vielmehr Modelle der Analyse von (meist semantisch veränderten) Phrasemen bestimmt werden können."

Lexikon-Grammatik-Kontinuums anzusiedeln (vgl. Goldberg 2013: 17). Sie widersprechen also der generativistischen Überzeugung, eine Sprache bestehe aus idiosynkratischen Einheiten (Lexemen) und abstrakten Strukturen (grammatischen Regeln) (vgl. Imo 2007: 23). Aufgrund ihrer großen Bedeutung finden sie sich als „formal" bzw. „lexically open idioms" auch in der Phrasem-Klassifikation von Fillmore, Kay & O'Connor (1988: 505–506) wieder:

> Yet another distinction that we need to make is that between SUBSTANTIVE or LEXICALLY FILLED IDIOMS and FORMAL or LEXICALLY OPEN IDIOMS. The examples of idioms given so far have all been substantive idioms: their lexical make-up is (more or less) fully specified. Formal idioms, by contrast, are syntactic patterns dedicated to semantic and pragmatic purposes not knowable from their form alone. It is the formal idioms which raise the most serious theoretical issues, and which hold our main interest in this paper.

Dass teillexikalisierte Wendungen eine Schnittstelle zwischen Phraseologie und Konstruktionsgrammatik darstellen bzw. aus konstruktionsgrammatischer Sicht eine „besonders relevante Klasse" (Dobrovol'skij 2011: 127) sind, kommt wohl am deutlichsten in dem von Dobrovol'skij (2011, 2012) verwendeten Terminus „Phrasem-Konstruktionen" zum Vorschein. Phrasem-Konstruktionen definiert er als Konstruktionen,

> die als Ganzes eine lexikalische Bedeutung haben, wobei bestimmte Positionen in ihrer syntaktischen Struktur lexikalisch besetzt sind, während andere Slots darstellen, die gefüllt werden müssen, indem ihre Besetzung lexikalisch frei ist und nur bestimmten semantischen Restriktionen unterliegt. (Dobrovol'skij 2011: 114)

Im vorliegenden Artikel wird dieser Terminus bevorzugt, da es mit ihm m. E. besser als mit anderen Termini wie „Modellbildung", „Phraseoschablone" oder „Wortverbindungsmuster" möglich erscheint, eine Brücke zwischen phraseologischen und konstruktionsgrammatischen Ansätzen zu schlagen.

3.2 Begriffsbestimmung „Formelhaft (ir-)reguläre Phrasem-Konstruktionen"

Das bereits Gesagte zusammenführend, lassen sich unter „formelhaft (ir-)regulären Phrasem-Konstruktionen" teillexikalisierte Wortverbindungen verstehen, die formelhafte (Ir-)Regularitäten aufweisen. Im Unterschied zu den Ausführungen in Stumpf (2015a) werden im vorliegenden Aufsatz semantische Auffälligkeiten wie Idiomatizität ausgeschlossen. Der Gegenstandsbereich beschränkt sich auf strukturelle/grammatische, direkt an der (formalen) Oberfläche erkennbare „Abweichungen". Dabei kann es sich um Rudimente vergangener Sprachepochen handeln, die in einer lexikalisch festen Einheit der modellhaften Wendung bewahrt sind, wie zum Beispiel ein Dativ-*e* (*zu Tode* X$_{[Verb]}$) oder ein vorangestelltes Genitivattribut (*etw. ist nicht jedermanns* X$_{[Nomen]}$). Die Besonderheit muss aber nicht zwangsläufig auf ältere Normen und Regeln zurückgehen, sondern kann sich auch synchron, ad-hoc durch „ungrammatischen" Sprachgebrauch herausbilden. Zu denken ist hierbei an Phrasem-Konstruktionen, die sich aus Werbeslogans entwickeln (wie *So muss* X$_{[Nomen]}$[12] und *So geht* X$_{[Nomen]}$[13]) (vgl. Stumpf 2015a: 216–218), oder Phrasem-Konstruktionen, die auf berühmte Zitate zurückgehen (wie *Was erlaube(n)* X$_{[Nomen]}$?, Pressekonferenz von Giovanni Trapattoni im Jahr 1998) (vgl. Stumpf 2015a: 334–339).

4 Beispielanalyse einer formelhaft (ir-)regulären Phrasem-Konstruktion

4.1 Auswahl der Phrasem-Konstruktion und methodisches Vorgehen

Im Folgenden steht die Analyse einer formelhaft (ir-)regulären Phrasem-Konstruktion im Mittelpunkt, die zur Verdeutlichung der angeführten Überlegungen dient. Mit X$_{[Nomen]}$ *pur* wird eine Phrasem-Konstruktion ausgewählt, die aufgrund des nachgestellten (unflektierten) Adjektivattributs „irregulär" erscheint und die sich deshalb als Beispiel anbietet, da sie ein beliebter Gegenstand der Laienlinguistik ist (vgl. Stumpf 2017: 317–318). So lassen sich auf diversen Internetseiten zahlreiche sprachkritische Stimmen finden, die der Konstruktion ihre grammatische Korrektheit absprechen. Und auch der wohl berühmteste deutsche Laienlinguistik Bastian Sick kritisiert die Verwendung des nachgestellten *pur* in einer Kolumne namens „Die reinste Puromanie", wenn er betont, dass die Nachstellung von Adjektivattributen „in der deutschen Sprache eher [ein] ungewöhnlicher Vorgang" ist, man sich „in der Reklamesprache" aber „über Grammatikregeln gern hinweg[setzt] und [...] die natürliche Syntax [verbiegt], um Aufmerksamkeit zu erregen" (Sick 2004: 24).

Im Folgenden wird argumentiert, dass die *pur*-Konstruktion eine vollkommen unproblematische, in jüngster Zeit immer häufiger anzutreffende und (hoch-)produktive Phrasem-Konstruktion darstellt, die keineswegs als „irregulär" bezeich-

---

12 Aus *Soo! Muss Technik* (Saturn).
13 Aus *So geht Bank heute* (Targobank).

net werden kann. Die Phrasem-Konstruktion wird gemäß dem standardisierten konstruktionsgrammatischen Vorgehen aus strukturell-formaler, semantischer und pragmatischer Sicht beschrieben. Die Ausführungen basieren auf umfangreichen Korpusanalysen, wobei sowohl konzeptionell geschriebene als auch gesprochene Daten Berücksichtigung finden (Deutsches Referenzkorpus/COSMAS-II[14]; Datenbank für Gesprochenes Deutsch[15]). Zudem wird das Analysetool *lexpan* (*Lexical Pattern Analyzer*)[16] herangezogen, das „die automatische Zählung der lexikalischen Füller einer Leerstelle" (Steyer 2012: 305) sowie „die Ermittlung ihrer Vorkommensproportionen innerhalb eines Slots" (Steyer 2013: 122) ermöglicht. Die Ergebnisse sind in sogenannten „Lückenfüllertabellen" (Steyer 2014: 120) einsehbar.[17] Die Slotanalyse und die dazugehörigen Lückenfüllertabellen sind ein überaus nützliches Hilfsmittel zur Erforschung von Phrasem-Konstruktionen, da sie empirische Hinweise „auf die Natur der lexikalischen Füller und die Skala der Typizität bzw. Produktivität" (Steyer 2011: 230) und demzufolge auch auf den Verfestigungsgrad bzw. den Leerstellencharakter eines Phrasems geben können (vgl. Steyer & Brunner 2014: 87).

4.2 X$_{[Nomen]}$ *pur*

Die von Laien kritisierte Verwendung des nachgestellten *pur* lässt sich als Konstruktion mit Leerstellencharakter charakterisieren. Die Phrasem-Konstruktion besteht aus dem unflektierten postnominalen Adjektivattribut *pur* und der Leerstelle einer Substantivergänzung (in fast allen Fällen ohne Artikel), woraus sich folgende Strukturformel ergibt: X$_{[Nomen]}$ *pur*.[18] Aus syntaktischer Sicht steht die

---

[14] http://www.ids-mannheim.de/cosmas2/web-app/ (Stand 26. Januar 2022).
[15] http://dgd.ids-mannheim.de/dgd/pragdb.dgd_extern.welcome (Stand 26. Januar 2022).
[16] http://uwv.ids-mannheim.de/lexpan/ (Stand 26. Januar 2022).
[17] Dabei wird wie folgt vorgegangen: Die KWIC-Belege einer COSMAS-II-Suchanfrage, die sowohl die öffentlichen als auch nicht-öffentlichen Korpora umfassen, werden exportiert und in das Slotanalyse-Tool des Projekts „Usuelle Wortverbindungen" eingelesen (http://wvonline. ids-mannheim.de/, Stand 26. Januar 2022). Im Tool wird eine Muster-Suchanfrage mit Lücken über die KWIC-Belege ausgeführt. Diese ist rein oberflächenbasiert und erlaubt keine lemmatisierten oder wortarten-spezifizierten Anfragen. Zu beachten ist dabei, dass die Treffermengen der Muster-Suchanfrage immer geringer sind als die der COSMAS-II-Suchanfrage, da die Muster-Suchanfrage fokussierter auf ein bestimmtes Oberflächenmuster ist. Die Prozentangaben der Lückenfüllertabellen beziehen sich immer auf die Treffermengen der Muster-Suchanfrage. (Für diese Anmerkungen zum allgemeinen Vorgehen einer Slotanalyse danke ich Annelen Brunner).
[18] Dabei zeigen sich sowohl formal-strukturelle als auch semantisch-pragmatische Ähnlichkeiten zu anderen Phrasem-Konstruktionen, in denen ebenfalls eine substantivische Leerstelle durch ein

Konstruktion überaus häufig in Verbindung mit einem Kopulaverb (vor allem *sein*) und wird als Prädikativum gebraucht:

(1) Dieser Meinung ist Monika Krause. Sie besitzt ihren Garten nun seit drei Jahren. Für sie <u>ist</u> es **Erholung pur** und ein Ausgleich für die Arbeit. (Nordkurier, 29.06.2006)

Als Subjekte treten dabei in vielen Fällen Pronomina (in den meisten Fällen *das*) auf, weshalb das (prototypische) abstrakte Konstruktionsschema „Pronomen Kopulaverb X[Nomen] *pur*" lautet:

(2) „Wenn man sich die Langsamkeit leisten kann und dennoch rechtzeitig ans Ziel kommt", schwärmt Verkehrsplaner Hugo Staub, „dann <u>ist das</u> doch **Lebensqualität pur.**" (NZZ am Sonntag, 06.05.2007)

Nicht selten ist auch die Verbindung mit dem Verb *herrschen*:

(3) Im Lindenhof <u>herrschte</u> wieder einmal **Handballspannung pur**, und fast hätte es geklappt! (St. Galler Tagblatt, 18.01.2000)

Die Korpusauswertungen und insbesondere die Slotanalyse verdeutlichen, dass die Konstruktion X[Nomen] *pur* entgegen der sprachkritischen Stimmen keine ungrammatische, sondern eine (hoch-)produktive formelhafte Wendung darstellt, wobei sich die Adjektive „zusammen mit ihrem Bezugswort in die Satzsyntax einbetten [lassen], ohne dass sie ihre attributive Lesart aufgeben" (vgl. Dürscheid 2002: 67). Durch die Analyse mit *lexpan* kommen über 2000 unterschiedliche Lexeme zum Vorschein, die im DeReKo in der Leerstelle realisiert sind. Ein Ausschnitt der Lückenfüllertabelle ist in Tabelle 1 abgebildet.[19] Neben den hier zu sehenden recht frequenten Füllelementen wie *Natur, Spannung, Kultur, Abstiegskampf, Dramatik* usw. existieren hunderte einmalige Auffüllungen wie *Bodenständigkeit, Imageschädigung, Länderspielatmosphäre, Regionalmarketing, Technofieber* usw., die man daher auch als „*hapax legomena*"-Konstruktionsrealisierungen bezeichnen kann.

---

postnominales Lexem bzw. eine postnominale Wortgruppe näher spezifiziert wird und die alle mehr oder weniger die abstraktere Bedeutung ‚prototypisch, perfekt' miteinander teilen: X[Nomen] *sondergleichen/schlechthin/par excellence/in Reinkultur/in Reinform*. Diese stellen somit Mitglieder einer Konstruktionsfamilie dar (siehe Engelberg et al. 2011; Ruiz de Mendoza Ibáñez, Luzondo Oyón & Pérez Sobrino 2017) und lassen sich im Hinblick auf ihre netzwerkartigen Beziehungen beschreiben. (vgl. Mollica & Stumpf 2022)
[19] In Tabelle 1 sind die ersten 50 Treffer erfasst.

Tabelle 1: (Ausschnitt) der Lückenfüllertabelle zu $X_{[Nomen]}$ *pur*.

Lückenfüller	Anzahl	Prozentanteil	Lückenfüller	Anzahl	Prozentanteil
Natur	665	7,23	*Chaos*	64	0,70
Spannung	546	5,94	*Frust*	51	0,55
Kultur	284	3,09	*Idylle*	50	0,54
Abstiegskampf	254	2,76	*Hannover*	49	0,53
Dramatik	195	2,12	*Spaß*	49	0,53
Entspannung	150	1,63	*Fußball*	48	0,52
Romantik	133	1,45	*Emotion*	45	0,49
Stress	126	1,37	*Musik*	41	0,45
Luxus	121	1,32	*Bundesliga*	39	0,42
Action	119	1,29	*Kapitalismus*	36	0,39
Unterhaltung	116	1,26	*Begeisterung*	33	0,36
Gänsehaut	114	1,24	*Fahrspaß*	33	0,36
Erholung	113	1,23	*Einsatz*	32	0,35
Lebensfreude	98	1,07	*Harmonie*	30	0,33
Emotionen	96	1,04	*Kampf*	29	0,32
Adrenalin	95	1,03	*Partystimmung*	29	0,32
Genuss	93	1,01	*Leidenschaft*	28	0,30
Sonne	93	1,01	*Enttäuschung*	27	0,29
Freude	91	0,99	*Vergnügen*	27	0,29
Nostalgie	80	0,87	*Sonnenschein*	26	0,28
Stimmung	80	0,87	*Spektakel*	26	0,28
Feeling	66	0,72	*Erotik*	24	0,26
Nervenkitzel	66	0,72	*Populismus*	24	0,26
Party	65	0,71	*Power*	24	0,26
Abenteuer	64	0,70	*Motivation*	23	0,25

Hervorzuheben ist ferner, dass die Nachstellung des Adjektivs bei einigen Substantiven gegenüber der Voranstellung der unmarkierte Fall darstellt. Die Überprüfung einer Reihe an Substantiven im Hinblick auf die Voran- bzw. Nachstellung des Adjektivattributs *pur* (also z. B. *pure Freude* vs. *Freude pur* oder *pure Erotik* vs. *Erotik pur*) legt offen, dass bei bestimmten Bezugswörtern fast ausschließlich die Postposition bevorzugt wird (z. B. bei *Stimmung, Sonne, Spannung* und *Dramatik*) (vgl. Stumpf 2015a: 144–147).

Zudem sollte berücksichtigt werden, dass die Nicht-Flektiertheit des postnominalen Adjektivattributs vollkommen regelkonform ist, da sich die Kongruenz im Deutschen nur auf den pränominalen Bereich beschränkt. So ist „an dieser Konstruktion [...] im Neuhochdeutschen nicht die unflektierte Form des attributiven Adjektivs [markiert], markiert ist einzig die Nachstellung. Die Flexionslosigkeit ist nur ein Nebeneffekt" (Dürscheid 2002: 64).[20]

Aus semantischer Perspektive lässt sich die Bedeutung des Adjektivs *pur* innerhalb dieser Wendung von der in dem voll-lexikalisierten Phrasem *Whisky pur* abgrenzen. In *Whisky pur* besitzt das Adjektiv die Bedeutung ‚unvermischt', in der hier vorliegenden Phrasem-Konstruktion wird diese aber von weiteren Konnotationen, die sich mit ‚unverfälscht, ungetrübt, durch und durch, perfekt, vollkommen' paraphrasieren lassen, angereichert (vgl. Dürscheid 2002: 67). In der Konstruktion $X_{[Nomen]}$ *pur* dient das Bezugsnomen zudem nicht der Kategorisierung von Objekten. Deutlich wird dies daran, dass überwiegend Abstrakta in die Leerstelle treten (wie z. B. *Leidenschaft*, *Erholung* und *Hektik*).

Es stellt sich die Frage, ob die Position des Adjektivs einen Einfluss auf die Bedeutung der Wendung hat. Mit anderen Worten: Besteht ein Bedeutungsunterschied zwischen den beiden Varianten „$X_{[Nomen]}$ *pur*$_{[unflektiert]}$" versus „*pur*$_{[flektiert]}$ $X_{[Nomen]}$"? Insgesamt kann bei den ausgewerteten Fällen zunächst kein signifikanter Bedeutungsunterschied beobachtet werden, der mit dem post- bzw. pränominalen Gebrauch des Adjektivs in Verbindung steht. Zur Verdeutlichung dieser Bedeutungskonstanz dient ein Beispiel, in dem bei unterschiedlicher Nominalphrase (jedoch mit derselben Verbalergänzung) dieselbe Semantik zum Ausdruck kommt:

Das ist „Romantik pur"/„pure Romantik"

(4) Am Waldesrand, wo die Tannen stehn, ist das alte Forsthaus zu sehn. Alles umgeben mit grüner Natur, das ist doch **Romantik pur**. In den Wipfeln der Bäume rauscht der Wind, das ist unser Wolfshagen, wo wir glücklich sind.

(5) Das ist doch **pure Romantik**: ein Sonnenuntergang wie im Spielfilm. Eine dicke Wolkenschicht bricht am Ende des Tages auf und lässt die letzten Sonnenstrahlen auf dem Rhein tanzen. (Rhein-Zeitung, 28.07.2005)

---

[20] Darüber hinaus können für das heutige Deutsch auch zahlreiche Konstruktionen und Kontexte angeführt werden, in denen auch pränominale Adjektivattribute unflektiert verwendet werden (vgl. Stumpf 2015a: 133–136). Größere Aufmerksamkeit wurde bislang vor allem dem unflektierten *lecker* (wie in *lecker Bierchen* oder *lecker Mädchen*) geschenkt (siehe Spiekermann & Stoltenburg 2006; Stoltenburg 2008; Schwinn 2012; Schwitalla 2012: 140; Stumpf 2015a: 140–143).

Über die rein denotative Bedeutung der Nominalphrase hinaus kann jedoch ein konnotativer/assoziativer Unterschied ausgemacht werden (vgl. Stumpf 2017: 326). Die postnominale Verwendung ist gekennzeichnet durch eine stärkere Intensivierung gegenüber dem pränominalen Gebrauch; sie dient in der Umgangssprache als ausdrucksverstärkendes Stilmittel (vgl. Duden 2011: 50). Die Nachstellung ist letztlich eine Verabsolutierung, die mithilfe der Voranstellung nicht in gleichem Maße erzeugt werden kann (z. B. *Romantik* < *pure Romantik* < *Romantik pur*). Anders gesagt: Die Nachstellung weist gegenüber der Voranstellung einen semantisch-pragmatischen Mehrwert auf, der für referentielle Phraseme generell typisch ist (siehe Kühn 1985, 1994). So ist *Romantik pur* (noch) gefühlsbetonter, leidenschaftlicher, empfindsamer usw. als die *pure Romantik*. Hierbei stehen die Morphosyntax und die Semantik in enger Beziehung zueinander: Im Gegensatz zur Voranstellung, die mit einer morphosyntaktischen Anpassung des Adjektivs an das Substantiv einhergeht, ist *pur* in der hier vorliegenden Konstruktion seinem Bezugswort aufgrund der Nachstellung rein formal nicht untergeordnet. Das Adjektiv wird somit stärker fokussiert als in der pränominalen Verwendung, was letztlich auch Auswirkungen auf die Konstruktionsbedeutung hat.

Aus pragmatischer Sicht lässt sich festhalten, dass mithilfe der Phrasem-Konstruktion eine wertende Sprechereinstellung ausgedrückt werden kann (vgl. Dürscheid 2002: 67). Die Beurteilung eines Sachverhalts kann dabei – je nach verwendetem Substantiv – positiv (z. B. *Hockeykultur/Fahrspaß/Nachhaltigkeit pur*), aber zum Teil auch negativ ausfallen (z. B. *Provokation/Abzocke/Umweltverpestung pur*). Die (be-)wertende Intention wird durch die Einbettung der Phrasem-Konstruktion in eine Kopula-Konstruktion mit *sein* verstärkt, innerhalb der ein Pronomen auf die zu bewertende Begebenheit referiert (in den meisten Fällen „*Das ist/war* X$_{[Nomen]}$ *pur*"):

(6) „Es war eine rundum gelungene Veranstaltung, und das gemütliche Beisammensein bis zum späten Abend in Reppner habe selbst ich noch genossen. Das war **Kameradschaftspflege pur**", sagte am nächsten Morgen Löschbezirksführer Friedhelm Maue. (Braunschweiger Zeitung, 11.09.2006)

(7) „In einem Rennwagen zu sitzen, oder in der Boxengasse dabei zu sein, das ist **Adrenalin pur**", sagt Reichert und kommt ins Schwärmen.

(8) „Technisch hatten wir bestimmt schon bessere Auftritte in dieser Runde, aber in dieser Jahreszeit muss vieles auch über den Kampf gehen. Das war heute **Teamgeist pur**", wusste Vonderschmitt nach dem Abpfiff gar nicht wohin mit der Freude. (Mannheimer Morgen, 08.12.2014)

Die angeführten Beispiele veranschaulichen ferner, dass die Konstruktion entgegen der Annahme Dürscheids (2002: 80) gehäuft auch in konzeptioneller Mündlichkeit auftritt. Denn die drei Beispiele sowie viele weitere, die im DeReKo zu finden sind, stehen in wörtlichen Zitaten und können daher als konzeptionell gesprochen charakterisiert werden. Bereits Best & Zhu (1993: 21) präsentieren Belege aus der mündlichen Kommunikation und kommen zu dem Schluss, dass der Gebrauch der Phrasem-Konstruktion nicht mehr nur auf die geschriebene Gegenwartssprache beschränkt ist. Ein Blick in die Datenbank für Gesprochenes Deutsch kann dies bestätigen. In dieser lassen sich einige Belege für die Konstruktion finden.[21] Im Folgenden zwei Beispiele:

0455 AG wieder so en musikblock
0456 NR (.) hmhm
0457 AG und der musikblock war dann noch mal unterteilt °h und zwar ging dann nach zwei drei alten liedern °h der großteil der band von der bühne un ein backstreet boy blieb vorne °h un die bühne war halt so angeordnet des war ne ganz normale bühn[e un dann ga]b_s noch so wie so en kleiner steg der im halbkreis °h vor d[er bühne herge]führt hat °h un in diesem halbkreis standen noch mal fans die extra viel geld bezahlt haben des warn so vee aye pee fans die [durften auch °h z]um ähm soundcheck un zum meet and greet mit den boys °h und ich hab [ähm im vorfeld natürlich m]al [nee um gottes willen des war **fr]emdschämen pur** glaub ich

Beispiel 1 *Fremdschämen pur*: Gespräch zwischen zwei Freundinnen beim Kochen (FOLK_E_00225)[22]

0237 RK so pass auf
0238   (0.3)
0239 RK da sind se voll an arbeiten °h und das is **stress pur**
0240   (0.38)
0241 RK fahr doch erst ma weiter

Beispiel 2 *Stress pur*: Gespräch zwischen Fahrschullehrer und Fahrschüler (FOLK_E_00167)

---

21 Hierbei wäre sicherlich auch eine Untersuchung der Intonation der Phrasem-Konstruktion interessant. So zeigen die gesprochensprachlichen Belege, dass die Betonung häufig auf dem nachgestellten Adjektiv liegt. Angesichts zu geringer Trefferzahlen lassen sich jedoch keine eindeutigen und allgemeingültigen Schlüsse ziehen.
22 In Klammern werden die genauen Identifikationskürzel der Aufnahmen und Transkriptionen, wie sie in der Datenbank für Gesprochenes Deutsch zu finden sind, angegeben.

5 Modellierbarkeit formelhafter (Ir-)Regularitäten und Relativierung ihres „irregulären" Charakters

Die intensivere Beschäftigung mit formelhaften (Ir-)Regularitäten zeigt, dass nicht nur für unmarkierte Phraseme, sondern auch für Phraseme mit „Irregularitäten" (syntaktische) Baumuster existieren, im Rahmen derer diese auftreten bzw. gebildet werden (können). Hierbei handelt es sich keineswegs nur um volllexikalisierte, sondern auch um offenere, abstraktere Konstruktionsmodelle. Es besteht daher die Möglichkeit, nicht nur Konstruktionen generell, sondern auch formelhafte (Ir-)Regularitäten auf einer Skala zwischen geringer und hoher Abstraktheit und somit geringer und hoher Produktivität einzuteilen. Diese speziellen Wortverbindungen stellen also nicht (nur) – wie allgemein angenommen – völlig erstarrte, nichtmodellierbare und unproduktive Erscheinungen dar. Diese Beobachtung widerlegt darüber hinaus abermals die These der Nichtmodellierbarkeit von Phrasemen im Allgemeinen. Die graduelle Verteilung verschiedener formelhaft (ir-)regulärer Wendungen bezüglich ihres Produktivitätsgrads und damit korrespondierend ihre Position im Lexikon-Grammatik-Kontinuum ist in Abbildung 1 zu sehen (vgl. auch Stumpf 2015a: 363–365):

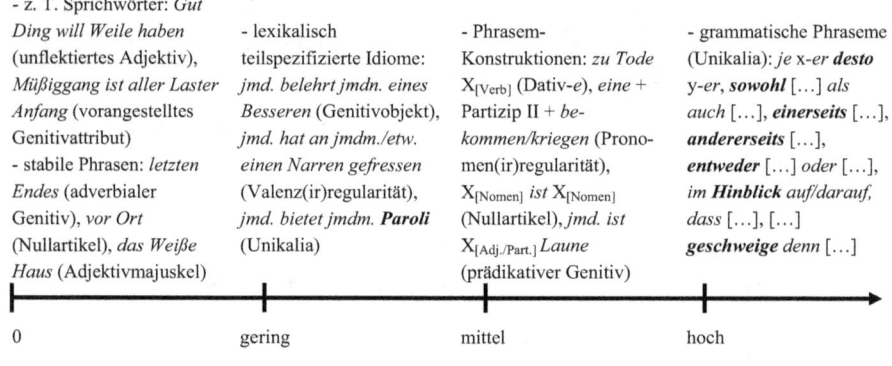

Abbildung 1: Produktivität formelhaft (ir-)regulärer Wendungen und ihre Stellung im Lexikon-Grammatik-Kontinuum.

Konstruktionen mit formelhaften (Ir-)Regularitäten besitzen unterschiedliche Grade an Produktivität.[23] Die graduelle Verteilung zwischen 0-Produktivität und

---

[23] Produktiv ist eine Konstruktion, „wenn sich mit ihr viele neue Ausdrücke bilden lassen, wenn also die Slots einer Konstruktion mit einer Vielzahl lexikalischer Einheiten besetzt werden

hoher Produktivität bildet zugleich die Skala zwischen Lexikon und Grammatik ab. Es zeigt sich, dass sowohl völlig unproduktive (z. B. Sprichwörter) als auch hochproduktive Konstruktionen (z. B. grammatische Phraseme) existieren, in denen formelhafte (Ir-)Regularitäten auftreten. Zwischen diesen beiden Extrempolen können formelhaft (ir-)reguläre Wendungen positioniert werden, deren Leerstellencharakter eine geringe bis mittlere Variabilität aufweist, die also nicht völlig unproduktiv, aber auch nicht übermäßig produktiv sind.

Konstruktionen, die keine Produktivität besitzen und die daher dem Lexikon angehören, sind unter anderem formelhafte (Ir-)Regularitäten, die innerhalb von Sprichwörtern vorkommen (z. B. *Gut Ding will Weile haben*).[24] Unter geringer Produktivität werden in Anlehnung an Ziem & Lasch (2013: 105) Wendungen eingeordnet, die lexikalisch teilspezifiziert sind, und zwar insofern, als sie einen festen verbalen Kern besitzen, ihre – aus valenztheoretischer Sicht – geforderten Ergänzungen aber bei jeder individuellen Verwendung mehr oder weniger frei besetzt werden können (z. B. *jmd. belehrt jmdn. eines Besseren*). Noch produktiver sind demgegenüber die im vorliegenden Artikel fokussierten Phrasem-Konstruktionen, in denen nicht nur bestimmte Satzglieder frei besetzt werden können, sondern auch Teile der kontextunabhängigen Nennform offene Stellen aufweisen, die im konkreten Gebrauch durch verschiedenes lexikalisches Material aufgefüllt werden können (z. B. *jmd. bekommt/kriegt (von jmdm.) eine* $X_{[Partizip-II]}$). Am Grammatikpol sind einige grammatische Phraseme anzusiedeln, die deshalb formelhaft (ir-)regulär sind, da in ihnen Unikalia auftreten (z. B. **entweder** [...] *oder* [...])[25].

Insgesamt gibt es auch innerhalb der einzelnen Klassen an formelhaften (Ir-)Regularitäten Abstufungen zwischen stark lexikalisierten Wendungen und solchen, die nach einem bestimmten Strukturschema gebildet werden (können): Beispielsweise ist das geflügelte Wort *Es ist etwas faul im Staate Dänemark*, in dem ein Dativ-e realisiert ist, aufgrund seines satzwertigen Zitatcharakters in seiner lexikalischen Besetzung kaum variabel und somit unproduktiv. Demgegenüber

---

können" (Ziem & Lasch 2013: 105). Als unproduktiv gilt eine Konstruktion hingegen, wenn sie eine starke Restriktion der Slotbesetzung aufweist bzw. keine offenen Slots bereitgestellt werden.
24 Es ist anzumerken, dass Sprichwörter nicht generell als nicht-modellierbar und somit unproduktiv gelten. Musterhaftigkeit ist bei Sprichwörtern weiter verbreitet als allgemein vermutet. Dies zeigen bereits Röhrich & Mieder (1977) anhand einer umfangreichen Liste an Bauformen. Und auch im Bereich formelhafter (Ir-)Regularitäten finden sich modellartige Sprichwörter, z. B. die artikellose Phrasem-Konstruktion $X_{[Nomen]}$ *schützt vor* $Y_{[Nomen]}$ *nicht* (*Alter schützt vor Torheit nicht, Unwissenheit schützt vor Strafe nicht* usw.). Siehe hierzu auch Steyer (2012, 2013: Anmerkung 24).
25 Während *oder* auch außerhalb dieser speziellen grammatischen Konstruktion existiert, kommt *entweder* in 94% aller DeReKo-Belege nur in Verbindung mit *oder* vor (vgl. Stumpf 2015a: 514), weshalb von einem unikalen Element gesprochen werden kann.

ist die Phrasem-Konstruktion *zu Tode* $X_{[Nomen]}$, die ebenfalls eine Dativ-*e*-Endung enthält, überaus produktiv.

Eine weitere Überlegung erscheint mir in Bezug auf die Modellierbarkeit formelhafter (Ir-)Regularitäten relevant zu sein: Aus Sicht der Analyse (nicht der Synthese) stellen formelhafte (Ir-)Regularitäten in Gestalt ihrer spezifischen strukturellen Charakteristik bereits eine Art Modell dar. Genauer gesagt: Die Markierung des Dativs durch ein -*e*, die Nicht-Flexion des Adjektivattributs, die Voranstellung des Genitivattributs usw. können für sich genommen in gewisser Weise als (musterhafte) Strukturmodelle betrachtet werden, da sie nach bestimmten strukturellen Besonderheiten geformt sind und ihre Klassifikation als formelhafte (Ir-)Regularität ausschließlich davon abhängt, ob sie diese Besonderheiten beinhalten oder nicht. Formelhafte Wendungen, in denen „irreguläre" Strukturen auftreten, sind somit „Konstruktionsgerüste" (Fix 1974/76: 41), sprich „Konstruktionsweisen, die nur in Phraseologismen vorkommen" (Fleischer 1986: 219).

Ein zugegebenermaßen stark abstraktes Konstruktionsgerüst bzw. Strukturmodell von formelhaft (ir-)regulären Wortverbindungen sehe so aus, dass dieses lediglich die spezifische „irreguläre" Auffälligkeit aufweist. Für Phraseme mit vorangestelltem Genitivattribut würde das beispielsweise bedeuten, dass das Modell eine Nominalphrase mit vorangestelltem Genitivattribut besitzt ($X_{[Genitivattribut]}$ $Y_{[nominales\ Bezugswort]}$). Ein Strukturmodell von Phrasemen mit unflektiertem vorangestelltem Adjektivattribut müsste dagegen eine Nominalphrase der folgenden Art enthalten: $X_{[unflektiertes\ Adjektivattribut]}$ $Y_{[nominales\ Bezugswort]}$. Ausgehend von diesen Überlegungen lässt sich vermuten, dass durch solche abstrakten Schemata, die lediglich die Ausprägung der formelhaften (Ir-)Regularität als notwendigen Bestandteil beinhalten, auch aus synthetischer Perspektive vollkommen neue formelhaft (ir-)reguläre Wendungen erzeugt werden können (wie z. B. die Phrasem-Konstruktion *lecker* $X_{[Nomen]}$).[26]

Einschränkend muss betont werden, dass die Erzeugung neuer Konstruktionen mit formelhaften (Ir-)Regularitäten im Sinne von Modellen der Synthese aufgrund des diachronen/historischen Status dieser Erscheinungsformen dennoch nur schwer vorstellbar ist, da diese grammatischen Besonderheiten dem heutigen Durchschnittssprecher weitgehend nicht (mehr) präsent sind bzw. er diese nicht

---

26 Bei den „Irregularitäten" handelt es sich aber nur um *notwendige* Bestandteile, die bei der Modellierung eines neuen „irregulären" Phrasems vorhanden sein müssen, und nicht um *hinreichende*. Denn die Tatsache allein, dass ein Sprecher eine Wortverbindung gebraucht, in der das Genitivattribut vorangestellt, das Adjektiv nicht flektiert oder der Dativ durch ein -*e* gekennzeichnet ist, macht diese Wortverbindung nicht automatisch zu einer formelhaften. Erst bei einer Usualisierung, sprich einer gewissen Festigkeit, kann von einer neuen formelhaft (ir-)regulären Wendung gesprochen werden.

(mehr) verwendet. Ausnahmen wie beispielsweise die oben behandelte produktive neuartige Phrasem-Konstruktion X$_{[Nomen]}$ *pur*[27] ist jedoch ein Beweis dafür, dass die Hervorbringung neuer Konstruktionen mit formelhaften (Ir-)Regularitäten auch im Gegenwartsdeutsch nicht im Bereich des Unmöglichen liegt (vgl. Stumpf 2015a: 339–342 und Schmidt 1998: 91–93).[28]

Zusammenfassend lässt sich Folgendes festhalten: Dass auch formelhaft (ir-) regulären Wendungen ein strukturelles Konstruktionsschema zugrunde liegen kann, spricht dafür, deren „irregulären" Charakter zu überdenken. Wird eine sprachliche Erscheinung nach bestimmten Modellen gebildet, so ist es m. E. fragwürdig, diese als „irregulär" zu bezeichnen, da die strukturelle Modellhaftigkeit auf gewisse „Gesetzmäßigkeiten" (Fellbaum, Kramer & Stantcheva 2004: 189) schließen lässt.[29] Der modellartige – nach gewissen Regelmäßigkeiten konstituierte – Charakter, der gewiss zur Produktivität der Konstruktion beiträgt (vgl. Fellbaum, Kramer & Stantcheva 2004: 189), widerspricht dem Attribut der „Irregularität", das diesen festen Wortverbindungen anhaftet. Selbst Phraseme mit „Irregularitäten" können als modellartige Konstruktionen das Potenzial besitzen, als Basis für die Kreierung neuer Phraseme zu fungieren.

Letztlich sollte der Befund, dass nicht nur bei gewöhnlichen, unmarkierten, sondern auch bei formelhaft (ir-)regulären Wendungen eine gewisse Modellierbarkeit zu beobachten ist, ein Anreiz dafür sein, „die Regelmäßigkeiten in der Erzeugung bzw. Generativität dieser sekundären sprachlichen Zeichen zu erschließen" (Černyševa 1980: 86). In Anlehnung an Dobrovol'skij (1989: 77) kann daher betont werden, dass die Erforschung formelhafter (Ir-)Regularitäten auf der einen Seite zwar „[v]om theoretischen Standpunkt aus [...] einen nichttrivialen Beitrag zur ‚Linguistik der Irregularitäten' [leistet]", auf der anderen Seite sich das (Forschungs-)Interesse aber nicht nur auf die „Abweichungen" als solche beschränken sollte. Vielmehr ist es notwendig, die „Regelmäßigkeiten innerhalb dieser angeblichen Abweichungen" (Coseriu 1994: 160) in den Mittelpunkt zu stellen – so wie es auch in dem vorliegenden Beitrag der Fall ist.[30]

---

27 Vgl. hierzu auch die in Stumpf (2017: 328–329) analysierten Konstruktionen X$_{[Nomen]}$ *satt* und X$_{[Nomen]}$ *brutal*, die ebenfalls durch ein nachgestelltes Adjektivattribut gekennzeichnet sind.
28 Hierbei spielen wohl insbesondere auch – bisher weitgehend unterschätzte – Analogiebildungsprozesse eine wichtige Rolle (vgl. Fleischer 1997: 197; Tomasello 2006: 29 und Schneider 2014: 366).
29 Dobrovol'skij (2000: 563–564) wirft aufgrund dessen auch den Gedanken einer „Grammatik der Idiome" auf.
30 Letztlich kommt es sicherlich auch darauf an, aus welcher Perspektive man sich diesem Untersuchungsbereich nähert, d. h. was genau man als „irregulär" ansieht bzw. unter „Irregularität" versteht: Ist man der Auffassung, eine sprachliche Erscheinung könne bereits dann als „irregulär" charakterisiert werden, wenn innerhalb dieser strukturelle und/oder semantische

6 Fazit und Ausblick

Der Artikel plädiert insgesamt für den (noch) stärkeren Austausch zwischen phraseologischen und konstruktionsgrammatischen Ansätzen. So werden mit dem Phänomen der formelhaften (Ir-)Regularitäten und mit der Klasse der Phrasem-Konstruktionen Untersuchungsgegenstände gewählt, die sowohl von Seiten der Phraseologie als auch der Konstruktionsgrammatik von Interesse sind. Der Beitrag zeigt anhand der Analyse von $X_{[Nomen]}$ *pur*, dass formelhafte (Ir-)Regularitäten zum einen nicht nur in klassischen Idiomen, sondern auch in Phrasem-Konstruktionen, d. h. teillexikalisierten Wortverbindungen anzufinden sind. Zum anderen wird dargelegt, dass formelhaft (ir-)reguläre Phrasem-Konstruktionen aufgrund ihres Modellcharakters nicht als ungrammatisch betrachtet werden sollten. Die Vielfalt und Verbreitung formelhafter (Ir-)Regularitäten verdeutlicht vielmehr, dass diese „keineswegs als Ausnahmen, sondern als Normalfälle zu betrachten sind" (Stumpf 2015a: 7).

Eine Forschungslücke scheint mir die Untersuchung von formelhaften (Ir-)Regularitäten in anderen Sprachen wie dem Englischen, Französischen, Italienischen oder Spanischen zu sein. Dass es sich bei formelhaften (Ir-)Regularitäten um ein universelles sprachliches Phänomen handelt, deutet bereits Dobrovol'skij (1988) an. Während für das Deutsche mittlerweile einige Studien existieren, die sich mit diesem Gegenstandsbereich beschäftigen, kann dies für die außergermanistische Phraseologie- und Konstruktionsgrammatikforschung nicht in gleichem Maße behauptet werden.

Literatur

Best, Karl-Heinz & Jinyang Zhu (1993): Stellung und Flexion der Adjektive im nominalen Satzglied. *Deutsch als Fremdsprache* 30, 17–23.
Burger, Harald (2010): *Phraseologie. Eine Einführung am Beispiel des Deutschen.* 4., neu bearbeitete Auflage. Berlin: Erich Schmidt.

Besonderheiten realisiert sind, die außerhalb der Phraseologie nicht (mehr) auftreten, dann besitzt der Terminus der „Irregularität" möglicherweise seine Berechtigung. Ist man aber der Überzeugung, dass einzelne Besonderheiten innerhalb des Phrasems für eine Irregularitätszuweisung nicht ausreichend sind, sondern vielmehr die Konstruktion als Ganze betrachtet werden sollte, so kann man – aus Sicht der Konstruktionsgrammatik und aufgrund ihrer Modellierbarkeit sowie Produktivität – die im vorliegenden Aufsatz behandelten Phraseme keineswegs als „irreguläre" sprachliche Erscheinungen bezeichnen.

Burger, Harald (2012): Alte und neue Fragen, alte und neue Methoden der historischen Phraseologie. In Natalia Filatkina, Ane Kleine-Engel, Marcel Dräger & Harald Burger (Hrsg.), *Aspekte der Historischen Phraseologie und Phraseographie*, 1–20. Heidelberg: Winter.
Burger, Harald (2015): *Phraseologie. Eine Einführung am Beispiel des Deutschen*. 5., neu bearbeitete Auflage. Berlin: Erich Schmidt.
Burger, Harald, Annelies Buhofer & Ambros Sialm (1982): *Handbuch der Phraseologie*. Berlin, New York: De Gruyter.
Černyševa, Irina Ivanova (1970): *Frazeologija sovremennogo nemeckogo jazyka*. Moskau: Vyssaja skola.
Černyševa, Irina Ivanova (1975): Phraseologie. In Marija Dmitrievna Stepanova & Irina Ivanova Černyševa (Hrsg.), *Lexikologie der deutschen Gegenwartssprache*, 198–261. Moskau: Vysšaja škola.
Černyševa, Irina Ivanova (1980): *Feste Wortkomplexe des Deutschen in Sprache und Rede*. Moskau: Vysšaja škola,
Černyševa, Irina Ivanova (1984): Aktuelle Probleme der deutschen Phraseologie. *Deutsch als Fremdsprache* 21, 17–22.
Coseriu, Eugenio (1975): *Sprachtheorie und allgemeine Sprachwissenschaft. 5 Studien.* München: Fink.
Coseriu, Eugenio (1979): System, Norm und „Rede". In Uwe Petersen (Hrsg.), *Sprache. Strukturen und Funktionen. XII Aufsätze zur allgemeinen und romanischen Sprachwissenschaft*, 45–59. Tübingen: Narr.
Coseriu, Eugenio (1988): *Einführung in die allgemeine Sprachwissenschaft*. Tübingen: Francke.
Coseriu, Eugenio (1994): *Textlinguistik. Eine Einführung*. Dritte, überarbeitete und erweiterte Auflage. Tübingen: Francke.
Coseriu, Eugenio (2007): *Sprachkompetenz. Grundzüge der Theorie des Sprechens*. 2., durchgesehene Auflage. Tübingen: Narr.
Croft, William & D. Alan Cruse (2004): *Cognitive Linguistics*. Cambridge: Cambridge University Press.
Dobrovol'skij, Dmitrij (1978): *Phraseologisch gebundene lexikalische Elemente der deutschen Gegenwartssprache*. Leipzig [unveröffentlichte Dissertation].
Dobrovol'skij, Dmitrij (1988): *Phraseologie als Objekt der Universalienlinguistik*. Leipzig: Verlag Enzyklopädie.
Dobrovol'skij, Dmitrij (1989): Linguistische Grundlagen für die computergestützte Phraseographie. *Zeitschrift für Germanistik* 10, 528–536.
Dobrovol'skij, Dmitrij (1995): *Kognitive Aspekte der Idiom-Semantik*. Tübingen: Narr.
Dobrovol'skij, Dmitrij (2000): Syntaktische Modifizierbarkeit von Idiomen aus lexikographischer Perspektive. In Ulrich Heid, Stefan Evert, Egbert Lehmann & Christian Rohrer (Hrsg.), *Proceedings of the Ninth Euralex International Congress*. Band 2, 557–568. Stuttgart.
Dobrovol'skij, Dmitrij (2011): Phraseologie und Konstruktionsgrammatik. In Alexander Lasch & Alexander Ziem (Hrsg.), *Konstruktionsgrammatik III. Aktuelle Fragen und Lösungsansätze*, 111–130. Tübingen: Stauffenburg.
Dobrovol'skij, Dmitrij (2012): Phrasem-Konstruktionen in Parallelcorpora. In Michael Prinz & Ulrike Richter-Vapaatalo (Hrsg.), *Idiome, Konstruktionen, „verblümte Rede". Beiträge zur Geschichte der germanistischen Phraseologieforschung*, 327–340. Stuttgart: Hirzel.

Dräger, Marcel (2012): *Der phraseologische Wandel und seine lexikographische Erfassung. Konzept des „Online-Lexikons zur diachronen Phraseologie (OLdPhras)"*. Online-Publikation. https://www.freidok.uni-freiburg.de/fedora/objects/freidok:8528/datastreams/FILE1/content

Duden (2011): *Richtiges und gutes Deutsch. Das Wörterbuch der sprachlichen Zweifelsfälle*. 7. Auflage. Mannheim: Duden Verlag.

Dürscheid, Christa (2002): „Polemik satt und Wahlkampf pur" – Das postnominale Adjektiv im Deutschen. *Zeitschrift für Sprachwissenschaft* 21, 57–81.

Engelberg, Stefan, Svenja König, Kristel Proost, & Edeltraud Winkler (2011): Argumentstrukturmuster als Konstruktionen? Identität – Verwandtschaft – Idiosynkrasien. In Stefan Engelberg, Anke Holler & Kristel Proost (Hrsg.), *Sprachliches Wissen zwischen Lexikon und Grammatik*, 71–112. Berlin, New York: De Gruyter.

Ettinger, Stefan (1998): Einige Überlegungen zur Phraseodidaktik. In Wolfgang Eismann (Hrsg.), *EUROPHRAS 95. Europäische Phraseologie im Vergleich: Gemeinsames Erbe und kulturelle Vielfalt*, 201–217. Bochum: Brockmeyer.

Fellbaum, Christiane, Undine Kramer & Diana Stantcheva (2004): EINS, EINEN und ETWAS in deutschen VP-Idiomen. In Kathrin Steyer (Hrsg.), *Wortverbindungen – mehr oder weniger fest*, 167–193. Berlin, New York: De Gruyter.

Filatkina, Natalia (2013): Wandel im Bereich der historischen formelhaften Sprache und seine Reflexe im Neuhochdeutschen: Eine neue Perspektive für moderne Sprachwandeltheorien. In Petra Vogel (Hrsg.), *Sprachwandel im Neuhochdeutschen*, 34–51. Berlin, Boston: De Gruyter.

Fillmore, Charles J., Paul Kay & Mary Catherine O'Connor (1988): Regularity and Idiomaticity in Grammatical Constructions. The Case of *let alone*. *Language* 64, 501–538.

Finkbeiner, Rita (2008): *Idiomatische Sätze im Deutschen. Syntaktische, semantische und pragmatische Studien und Untersuchung ihrer Produktivität*. Stockholm: Acta Universitatis Stockholmiensis.

Fix, Ulla (1974/76): Zum Verhältnis von Syntax und Semantik im Wortgruppenlexem. *Beiträge zur Geschichte der deutschen Sprache und Literatur* 95/97, 214–318, 7–78.

Fleischer, Wolfgang (1986): Die Modellierbarkeit von Phraseologismen – Möglichkeiten und Grenzen. In Walter Weiss, Herbert Ernst Wiegand & Marga Reis (Hrsg.), *Textlinguistik contra Stilistik?*, 218–222. Tübingen: Niemeyer.

Fleischer, Wolfgang (1997): *Phraseologie der deutschen Gegenwartssprache*. 2. durchgesehene und ergänzte Auflage. Tübingen: Niemeyer.

Gläser, Rosemarie (1990): *Phraseologie der englischen Sprache*. 2., unveränderte Auflage. Leipzig: Enzyklopädie.

Goldberg, Adele (2006): *Constructions at Work. The Nature of Generalization in Language*. Oxford: Oxford University Press.

Goldberg, Adele (2013): Constructionist Approaches. In Thomas Hoffmann & Graeme Trousdale (Hrsg.), *The Oxford Handbook of Construction Grammar*, 15–31. Oxford: Oxford University Press.

Grzybek, Peter (1984): Überlegungen zur semiotischen Sprichwortforschung. In Peter Grzybek (Hrsg.), *Semiotische Studien zum Sprichwort. Simple Forms Reconsidered I*. (Special Issue of: Kodikas Code – Ars Semeiotica. An International Journal of Semiotics 7), 215–249. Tübingen: Narr.

Imo, Wolfgang (2007): *Construction Grammar und Gesprochene-Sprache-Forschung. Konstruktionen mit zehn matrixsatzfähigen Verben im gesprochenen Deutsch*. Tübingen: Niemeyer.
Korhonen, Jarmo (1992): Morphosyntaktische Variabilität von Verbidiomen. In Csaba Földes (Hrsg.), *Deutsche Phraseologie in Sprachsystem und Sprachverwendung*, 49–87. Wien: Praesens.
Kühn, Peter (1985): Phraseologismen und ihr semantischer Mehrwert – „jemandem auf die Finger gucken" in einer Bundestagsrede. *Sprache und Literatur in Wissenschaft und Unterricht* 16, 37–46.
Kühn, Peter (1994): Pragmatische Phraseologie: Konsequenzen für die Phraseographie und Phraseodidaktik. In Barbara Sandig (Hrsg.), *EUROPHRAS 92. Tendenzen der Phraseologieforschung*, 411–428. Bochum: Brockmeyer.
Lüger, Heinz-Helmut (1999): *Satzwertige Phraseologismen. Eine pragmalinguistische Untersuchung*. Wien: Praesens.
Mokienko, Valerij M. (2002): Prinzipien einer historisch-etymologischen Analyse der Phraseologie. In Dietrich Hartmann & Jan Wirrer (Hrsg.), *Wer A sägt, muss auch B sägen. Beiträge zur Phraseologie und Sprichwortforschung aus dem Westfälischen Arbeitskreis*, 231–254. Baltmannsweiler: Schneider.
Mollica, Fabio & Sören Stumpf (2022): Families of constructions in German. A corpus-based study of constructional phrasemes with the pattern [X_{NP} attribute]. In Carmen Mellado Blanco (Hrsg.), *Productive Patterns in Phraseology and Construction Grammar. A Multilingual Approach*, 79–105. Berlin, Boston: De Gruyter.
Neubert, Albrecht (1977): Zu einigen Grundfragen der englischen Lexikologie. *Linguistische Studien*, Reihe A. Arbeitsberichte Heft 36, 2–36.
Nübling, Damaris (2010): *Historische Sprachwissenschaft des Deutschen. Eine Einführung in die Prinzipien des Sprachwandels*. 3. überarbeitete Auflage. Tübingen: Narr.
Röhrich, Lutz & Wolfgang Mieder (1977): *Sprichwort*. Stuttgart: Metzler.
Ruiz de Mendoza Ibáñez, Alba Luzondo Oyón & Paula Pérez Sobrino (Hrsg.) (2017): *Constructing Families of Constructions*. Amsterdam, Philadelphia: John Benjamins.
Schmidt, Hartmut (1998): Traditionen des Formulierens. Apposition, Triade, Alliteration, Variation. In Heidrun Kämper & Hartmut Schmidt (Hrsg.), *Das 20. Jahrhundert. Sprachgeschichte – Zeitgeschichte*, 86–117. Berlin, New York: De Gruyter.
Schneider, Jan Georg (2014): In welchem Sinne sind Konstruktionen Zeichen? Zum Begriff der Konstruktion aus semiologischer und medialitätstheoretischer Perspektive. In Alexander Lasch & Alexander Ziem (Hrsg.), *Grammatik als Netzwerk von Konstruktionen. Sprachwissen im Fokus der Konstruktionsgrammatik*, 357–374. Berlin, New York: De Gruyter.
Schwinn, Horst (2012): *Leckerer Kuchen* oder *lecker Schnittchen*? Zur unflektierten Verwendung eines attributiv gebrauchten Adjektivs. In Marek Konopka & Roman Schneider (Hrsg.), *Grammatische Stolpersteine digital. Festschrift für Bruno Strecker zum 65. Geburtstag*, 83–104. Mannheim: IDS.
Schwitalla, Johannes (2012): *Gesprochenes Deutsch. Eine Einführung*. 4., neu bearbeitete und erweiterte Auflage. Berlin: Erich Schmidt.
Sick, Bastian (2004): *Der Dativ ist dem Genitiv sein Tod. Ein Wegweiser durch den Irrgarten der deutschen Sprache*. 7. Auflage. Köln: KiWi-Taschenbuch.

Spiekermann, Helmut & Benjamin Stoltenburg (2006): „lecker Pilsken trinken" – Konstruktionen unflektierter Adjektive. In Susanne Günthner & Wolfgang Imo (Hrsg.), *Konstruktionen in der Interaktion*, 313–341. Berlin, New York: De Gruyter.

Staffeldt, Sven (2011): In der Hand von Konstruktionen. Eine Fallstudie zu bestimmten Phraseologismen mit *in ... Hand*. In Alexander Lasch & Alexander Ziem (Hrsg.), *Konstruktionsgrammatik III. Aktuelle Fragen und Lösungsansätze*, 131–147. Tübingen: Stauffenburg.

Stathi, Katerina (2011): Idiome in der Konstruktionsgrammatik: Im Spannungsfeld zwischen Lexikon und Grammatik. In Alexander Lasch & Alexander Ziem (Hrsg.), *Konstruktionsgrammatik III. Aktuelle Fragen und Lösungsansätze*, 149–163. Tübingen: Stauffenburg.

Stefanowitsch, Anatol (2011): Konstruktionsgrammatik und Grammatiktheorie. In Alexander Lasch & Alexander Ziem (Hrsg.), *Konstruktionsgrammatik III. Aktuelle Fragen und Lösungsansätze*, 11–25. Tübingen: Stauffenburg.

Stein, Stephan (2012): Phraseologie und Wortbildung des Deutschen. Ein Vergleich von Äpfeln mit Birnen? In Michael Prinz & Ulrike Richter-Vapaatalo (Hrsg.), *Idiome, Konstruktionen, „verblümte Rede". Beiträge zur Geschichte der germanistischen Phraseologieforschung*, 225–240. Stuttgart: Hirzel.

Stein, Stephan & Sören Stumpf (2019.): *Muster in Sprache und Kommunikation. Eine Einführung in Konzepte sprachlicher Vorgeformtheit*. Berlin: Erich Schmidt.

Steyer, Kathrin (2011): Von der sprachlichen Oberfläche zum Muster. Zur qualitativen Interpretation syntagmatischer Profile. *Travaux neuchâtelois de linguistique* 55, 219–239.

Steyer, Kathrin (2012): Sprichwortstatus, Frequenz, Musterbildung. Parömiologische Fragen im Lichte korpusmethodischer Empirie. In Kathrin Steyer (Hrsg.), *Sprichwörter multilingual. Theoretische, empirische und angewandte Aspekte der modernen Parömiologie*, 287–314. Tübingen: Narr.

Steyer, Kathrin (2013): *Usuelle Wortverbindungen. Zentrale Muster des Sprachgebrauchs aus korpusanalytischer Sicht*. Tübingen: Narr.

Steyer, Kathrin (2014): Ohne Vorliegen von Voraussetzungen. Ein historisches Syntagma im Netz produktiver Wortverbindungsmuster. In Martine Dalmas & Elisabeth Piirainen (Hrsg.), *Figurative Sprache – Figurative Language – Langage figuré. Festgabe für Dmitrij O. Dobrovol'skij*, 117–130. Tübingen: Stauffenburg.

Steyer, Kathrin & Annelen Brunner (2014): Contexts, Patterns, Interrelations – New Ways of Presenting Multi-word Expressions. *EACL 2014: 14th Conference of the European Chapter of the Association for Computational Linguistics. Proceedings of the 10th Workshop on Multiword Expressions (MWE 2014), 26–27 April 2014*, 82–88.

Stöckl, Hartmut (2004): *Die Sprache im Bild – das Bild in der Sprache. Zur Verknüpfung von Sprache und Bild im massenmedialen Text. Konzepte – Theorien – Analysemethoden*. Berlin, New York: De Gruyter.

Stoltenburg, Benjamin (2008): „lecka pilsken trinken!" Deutsche Adjektive in der Umgangssprache – das Ende der Endungen? In Markus Denkler, Susanne Günthner, Wolfgang Imo, Jürgen Macha, Dorothee Meer, Benjamin Stoltenburg & Elvira Topalovic (Hrsg.), *Frischwärts und unkaputtbar. Sprachverfall oder Sprachwandel im Deutschen*, 129–152. Münster: Aschendorff.

Stumpf, Sören (2014): *Mit Fug und Recht* – Korpusbasierte Erkenntnisse zu phraseologisch gebundenen Formativen. *Sprachwissenschaft* 39, 85–114.

Stumpf, Sören (2015a): *Formelhafte (Ir-)Regularitäten. Korpuslinguistische Befunde und sprachtheoretische Überlegungen*. Frankfurt am Main: Peter Lang.

Stumpf, Sören (2015b): Phraseologie und Valenztheorie. Status quo, Forschungsprobleme und (korpusanalytische) Perspektiven. *Yearbook of Phraseology* 6, 3–34.
Stumpf, Sören (2015c): „*Kann Jogi Weltmeister?*" – Phraseologische und konstruktionsgrammatische Überlegungen zu einer aus (laien-)sprachkritischer Sicht „agrammatischen" Konstruktion. *Aptum. Zeitschrift für Sprachkritik und Sprachkultur* 11, 1–20.
Stumpf, Sören (2016): Modifikation oder Modellbildung? Das ist hier die Frage – Abgrenzungsschwierigkeiten zwischen modifizierten und modellartigen Phrasemen am Beispiel formelhafter (Ir-)Regularitäten. *Linguistische Berichte* 247, 317–342.
Stumpf, Sören (2017): Phraseologie pur – Die Konstruktion $X_{[Nomen]}$ *pur* als produktive und keineswegs ungrammatische Modellbildung. *Deutsche Sprache* 45, 317–334.
Stumpf, Sören (2018a): Formulaic (Ir-)Regularities in German. Corpus Linguistics and Construction Grammar Approaches. In Natalia Filatkina & Sören Stumpf (Hrsg.), *Konventionalisierung und Variation. Phraseologische und konstruktionsgrammatische Perspektiven*, 149–178. Frankfurt am Main: Peter Lang.
Stumpf, Sören (2018b): Free usage of German unique components. Corpus linguistics, psycholinguistics and lexicographical approaches. In Sabine Arndt-Lappe, Angelika Braun, Claudine Moulin & Esme Winter-Froemel (Hrsg.), *Expanding the Lexicon. Linguistic Innovation, Morphological Productivity, and Ludicity*, 67–89. Berlin, Boston: De Gruyter.
Stumpf, Sören (2018c): A Corpus Analysis of German Unique Components. In Salah Mejri, Inès Sfar & Olivier Soutet (Hrsg.), *Phraséologie et discours*, 381–392. Paris: Honoré Champion.
Stumpf, Sören (2019): Formelhafte (Ir-)Regularitäten. Theoretische Begriffsbestimmung und empirische Beispielanalyse. In Maurice Kauffer & Yvon Keromnes (Hrsg.), *Approches théoriques et empiriques en phraséologie*, 51–65. Tübingen: Stauffenburg.
Thun, Harald (1978): *Probleme der Phraseologie. Untersuchungen zur wiederholten Rede mit Beispielen aus dem Französischen, Italienischen, Spanischen und Rumänischen.* Tübingen: Niemeyer.
Tomasello, Michael (2006): Konstruktionsgrammatik und früher Erstspracherwerb. In Kerstin Fischer & Anatol Stefanowitsch (Hrsg.), *Konstruktionsgrammatik. Von der Anwendung zur Theorie*, 19–37. Tübingen: Stauffenburg.
Wray, Alison (2002): *Formulaic language and the lexicon*. Cambridge: Cambridge University Press.
Wray, Alison (2009): Identifying formulaic language. Persistent challenges and new opportunities. In Roberta Corrigan, Edith A. Moravcsik, Hamid Ouali & Kathleen Wheatley (Hrsg.), *Formulaic Language. Volume 1. Structure, Distribution, Historical Change. Typological Studies in Language*, 27–51. Amsterdam, Philadelphia: John Benjamins.
Ziem, Alexander & Alexander Lasch (2013): *Konstruktionsgrammatik. Konzepte und Grundlagen gebrauchsbasierter Ansätze*. Berlin, Boston: De Gruyter.

Belén López Meirama
Spanish idiomatic constructions with temporal meaning: a corpus study of [*a* DET_{demonstrative} *hora(s)*]

1 Introduction

The present study forms part of the research project FFI2013-45769 *Combinaciones fraseológicas del alemán de estructura [PREP. + SUBS.]: patrones sintagmáticos, descripción lexicográfica y correspondencias en español*, in which we investigate idiomatic units, taking an essentially pragmatic and inductive approach, the analysis deriving from corpus observation and evaluation, with particular attention to the frequency of occurrence and behaviour of linguistic units in context.

In this sense, the study reflects the kind of models based on use, as developed in Construction Grammar. In Goldberg's (2013: 27) words, "these models are based on the idea that knowledge of language consists of a network of form-function correspondences at varying levels of specificity" (see, among others, Langacker 1988; Goldberg 2006; Bybee 2006, 2013). These correlations of form and function, or constructions, emerge as combinations of creativity and repetition, and their analysis requires the examination of a large corpora which represent the natural use of the language in question. Goldberg (2006) characterises them as follows:

> Any linguistic pattern is recognized as a construction as long as some aspect of its form or function is not strictly predictable from its component parts or from other constructions recognized to exist. In addition, patterns are stored as constructions even if they are fully predictable as long as they occur with sufficient frequency. (Goldberg 2006: 5)

From this perspective, the constructions exhibit great variability, both in size and in complexity: morphemes, simple and compound words, clauses, and of course phrases can all be constructions in this sense. This in turn means that "la gramática y el léxico forman más bien un continuum que dos componentes autónomos o aislados entre sí" ('the grammar and the lexicon form more of a continuum than two autonomous or mutually isolated components')[1] (Gonzálvez-García 2012).

Within this framework, then, my aim is to provide as detailed a description as possible of the constructional idiom involving the noun *hora(s)* ('time',

---

1 This and all other translations my own.

'hour'): [*a* DET$_{\text{demonstrative}}$ *hora(s)*],[2] and will include setting out the contextual variants of content (section 2), an analysis of contexts of use, arising specifically from their co-appearance with other lexical elements (section 3), an assessment of their degree of internal fixation through possible patterns of lexical extension (section 4.1) and formal variants (section 4.2). Finally, in order to offer a more complete vision of these, I will expand the focus to other combinations with similar forms and meanings: [*a* DET$_{\text{demonstrative}}$ *altura(s)*] and *a buenas horas* (section 5).

For this study I have used data drawn from the corpus eseuTenTen11 (Sketch Engine) and, secondarily, from the Spanish subcorpus of CORPES XXI. I have also occasionally consulted two further academic corpora: CORDE and CREA. The majority of examples used, which have been normalised for spelling, are from eseuTenTen11, and are identified by the *token* number; those from academic corpora are accompanied by citations of author and work.

2 Contextual variants (CV)

In general, we can say that [*a* DET$_{\text{demonstrative}}$ *hora(s)*] is a constructional idiom with a temporal value, with various instances that have a medium degree of lexicalisation and whose basic meaning can be paraphrased as 'now, at this moment'. A reading of examples extracted from the corpora allows us to refine this description, in that we can identify distinct semantic values in different contexts; specifically, three contextual variants (henceforth, CV) are detected, the first of which constitutes the basic meaning[3] of the unit:

i. CV 1: Temporal value indicating a period of time that coincides with another which serves as a reference for it.
ii. CV 2: Temporal value indicating a period of time that coincides with another which serves as a reference for it, and that is seen inserted within a process or event.

---

2 In Goldberg's (2006: 215) words, constructional idioms are "partially lexically filled phrasal patterns". For other corpus studies conducted within the scope of the project, see López Meirama (2016, 2017, 2019), Mellado Blanco & Mansilla Pérez (2016), and Mellado Blanco & López Meirama (2017).
3 In Cognitive Grammar, polysemic words are considered to be complex categories or, in Lakoff's (1987) terms, radial categories, which include a constellation of meanings organised around a central or prototypical element through various cognitive mechanisms, of which metaphor and metonymy stand out (see, amongst others, Cuenca & Hilferty 1999: ch. 5; Evans & Green 2006: chs. 8 to 10; Valenzuela et al. 2012: 62–65; Tay 2014).

iii. CV 3: Temporal and modal value that signals a period of time as a surprising and/or inadequate moment of the day, almost always late.

CV1. First we account for a series of examples in which the construction carries a meaning that we can qualify as compositional, given that *a* expresses temporal localisation,⁴ *horas* signals a 'moment, or specific point of time' (DEA, *s.v. hora*), and the demonstrative carries a referential value, be it deictic or anaphoric. This meaning is the only one provided by those few dictionaries that mention the idiom, such as the DFE, which lists it under the form *a estas horas* and defines as 'in these moments'.⁵

The value of *estas* ('these') is deictic, in that it signals the time 'in which he or she who speaks is found' (DLE, *s.v. este*), in such a way that *a estas horas* designates a coincidental temporal period, at that moment or within the same timeframe as the utterance. This temporal period is used to locate an event different from the speech act, one that can be different, from the spatial point of view, because it takes place elsewhere (1), or (also being temporal), normally because it took place in the past (2) or, sometimes, because it will take place in the future (3):

(1) La Comunidad de Madrid ha activado el nivel I del Plan de Inclemencias invernales ante la tormenta de nieve que afecta *a estas horas* principalmente a la zona noroeste de la región. (1326866462)

'The Community of Madrid has activated level I of the Winter Inclemency Plan faced with the snowstorm that affects mainly the northwestern part of the region *at this time*.'

---

4 See meaning 6 of the DLE, followed by examples: 'Specifies the place or time in which something happens'. *Le cogieron a la puerta. Firmaré a la noche* ('They grabbed him at the door. I will sign at night.') (DLE, s.v. a). However, the use of the preposition *a* in this construction constitutes, to some extent, a singularity, given that Spanish prefers to select other prepositions in the combination with a demonstrative plus a temporal noun: *desde este momento* ('from this moment'), *por esos días* ('at that time'), *en aquellos meses* ('in/during those months') / **a este momento* ('at this moment'), **a esos días* ('at those days'), **a aquellos meses* ('at those months'). I will explore this question in more detail in section 4.
5 Moliner is an exception to this general tendency: the DUE also provides a second meaning of *a estas horas*, which it defines and exemplifies as follows: 'Manner to refer to the moment at which something which should already have occurred has still not happened': *A estas horas, todavía no sé si me voy o me quedo* ('Right now, I still don't know whether to go or stay') (DUE, *s.v. hora*). As we will see, this meaning approximates to the second variant identified in the current study.

(2) *A estas horas* empecé, hace 38 años, a decir: este dolorcito me está fastidiando. Y 13 horas después nació Leonor. (1240327467)

'*At this time*, 38 years ago, I began to say: this little pain is bothering me. And 13 hours later Leonor was born.'

(3) Mañana *a estas horas* se dará el pistoletazo de salida a la 65 edición del Festival de Venecia. (1619192319)

'Tomorrow *at this time* the 65th edition of the Venice Film Festival will kick off.'

In other cases *a estas horas* is used in generalising structures, in order to refer to an activity that habitually takes place at a time of the day which coincides with that of the communication:

(4) *A estas horas* la gente mayor ve el novelón. (1052093859)

'*At this time* older people watch the soap opera.'

Esas ('those')[6] is used far more with an anaphoric value, signalling a period of time already alluded to in the text:

(5) Celebre las reuniones cerca de las 8 de la mañana: ¿se ha fijado en lo poco que suena el teléfono *a esas horas*? (1665621297)

'Hold the meetings at around 8 in the morning: Have you noticed how little the phone rings *at that time*?'

Example (6a) illustrates another use which is quite frequent with *a esas horas*: retrospective deixis (NGLE 2009: 1283). This type of deixis is that which we find in practically all the instances of *a aquellas* ('those') *horas* (6b):[7]

---

6 Both e*sas* and *aquellas* translate as *those*. "Spanish differs from French, German and English in having two words for 'that', depending on the distance in time or space between the speaker and the object referred to" (But & Benjamin 2000: 82).

7 Fernández Ramírez (1951 [1987]: 112) indicates that "en el señalamiento a los objetos ausentes, la mención con el demostrativo *aquel* tiene en general el carácter de mención remota" ('in signalling the absent objects, the form of mentioning with the demonstrative *aquel* ('that') has in general the character of a remote mentioning').

(6) a. Patrullaban por la calle Resurrección cuando vieron salir a dos personas de un restaurante chino que *a esas horas* permanecía cerrado. (1980935621)

'They were patrolling Resurrection Street when they saw two people leave a Chinese restaurant that was closed *at the time*.'

b. Siempre me acordaré de ese 6 de mayo. Solo pude ver la primera parte del partido porque *a aquellas horas* me estaban haciendo una resonancia magnética por un problema de rodillas. (767071286)

'I will always remember that 6th of May. I could only see the first part of the match because I was having an MRI *at the time* due to a knee problem.'

CV2. Second, we observe that, in some contexts, part of the compositonality has been lost, in the sense that the period of time is not framed within the day, but rather is a matter of a period, more or less extensive, which coincides with the moment of speech. This variant is found basically in combination with *estas*:

(7) a. Si desde su "descubrimiento", a principios de este siglo, [. . .] se hubiera empezado a trabajar en su zona de dunas, *a estas horas*, Vigo contaría con una de las más hermosas playas de veraneo de España. (292193515)

'If since its "discovery" at the beginning of this century [. . .], work had begun in its area of dunes, Vigo would *now* have one of the most beautiful summer beaches in Spain.'

b. Yo solo digo que, si lo de Perejil nos llega a pillar con Zapatero en la Moncloa, *a estas horas* ya tendríamos a los marroquíes instalados en Ciudad Real. (808948065)

'I'm just saying that, if the Perejil incident catches us with Zapatero in the Moncloa, we'd have the Moroccans installed in Ciudad Real *by now*.'

Examples such as those in (7), in which the localisation is done within the frame of a process or event that develops over time, the meaning of *a estas horas* comes close to that of *a estas alturas*, a construction that dictionaries list as an adverbial phrase (DFDEA: 'in these circumstances'; Bosque 2006: 'in this moment, at this stage'; both definitions, *s.v. altura*). I will return to this question in section 5.

CV3. Third, and finally, uses are detected that imply a valuation of the temporal period denoted, one that tends to be presented as surprising and/or inadequate;

in the latter case, this is almost always by being late (only on a few occasions by being premature or early):[8]

(8) a. Lo primero que pensé fue: ¡hay que tener valor para pasear al perro *a estas horas* y con este calor! (1328030383)

'The first thing I thought was: you have to be brave to walk the dog *right now* and in this heat!'

b. ¿Qué hacen chicas de 9, 10 y 17 años un día de diario que al día siguiente hay clases por la calle a las doce de la noche y a comprar, qué tienda está abierta *a esas horas*? (1316766715)

'What are 9, 10 and 17 year-old girls doing on a weekday, when the next day there's school, out on the street at midnight and going shopping, which store is open *at this time*?'

c. ¿A qué velocidad iban estos niñatos *a aquellas horas*? ¿Qué se habían metido en el cuerpo? Lo único cierto es que tres inocentes murieron y aquí no pasa nada de nada. (2015736463)

'How fast were those spoilt brats going *at the time*? What had they got in their systems? The only thing for sure is that three innocent people died and here nothing comes of it.'

Extension in the direction of this variant from the basic meaning (CV1) can be explained if we take into account the contrastive value that García Fajardo (2006) gives to the demonstratives: she claims that "el demostrativo contiene una instrucción que contrasta lo referido con otras entidades de la misma naturaleza, a partir de una relación de distancia con la enunciación" ('the demonstrative contains an instruction that contrasts what is referred to with other entities of the same nature, from a relation of distance with the statement') (García Fajardo 2006: 181). From this point of view, when a concept is delimited through a demonstrative, not only is a relative distance established to the statement, but also a boundary is set which distinguishes the objects referred to from all those which remain outside the reference (cfr.: *Sin la mesa los humanos no habríamos dignificado la comida* ('Without the table we humans would not have dignified the food'), compared to *Sin esa mesa los humanos no habríamos dignificado la comida* ('Without that

---

[8] General dictionaries have an echo of this meaning (DLE: pl. 'unexpected, uncustomary or inopportune time'; DEA: 'sometimes [used] in plural with the singular sense; in such cases it tends to designate a late or uncustomary moment'; both definitions, *s.v. hora*).

table we humans would not have dignified the food'), an affirmation which provokes the question *¿Cuál (tipo de) mesa?* ('What (type of) table?'), *Apud* García Fajardo 2006: 182). The contrastive value favours the emphatic use, often associated, in the case of demonstratives, with pejorative or ironic connotations. Generally, in grammar this value is identified when the demonstrative occupies a post-nominal position (see, amongst others, Alcina Franch & Blecua 1975: 626; Alarcos Llorach 1994: 90; Macías Villalobos 1997: 109; Jiménez Juliá 2006: 168; NGLE 2009: 1302–1303).

However, in the case of this third variant, that is, when the inadequacy of the moment is noted, a modal sense is added to the temporal value, equivalent to what grammars indicate with respect to *pronto* ('early') and *tarde* ('late').[9] This explains the coordinations that we observe in (8a) and in (9), these not detected in the other variants.

(9) a. *A estas horas y sin siesta* no soy persona. (1900807017)

'*Right now, and without a siesta*, I'm not a person.'

b. Los belgas son siempre una gran apuesta para cualquier festival, pero sin duda nos quedamos con ganas de mucho más. ¡No nos pueden mandar para casa *a esas horas y con ese subidón*! (407972436)

'The Belgians are always a good bet for any festival, but without a doubt we're left wanting much more. They can't send us home *now and on this high*!'

This variant is characteristic of a direct style of speech, as the corpora analysed here show. In CORPES XXI, which contains a high percentage of fictional texts, occurrences are found above all in fragments of assumed or fabricated orality; in eseuTenTen11 the variant occurs very frequently in blogs, normally in those where the authors narrate their own activities and share with readers their thoughts on certain themes.

---

9 NGLE (2009: 2323): "Los adverbios *pronto* y *tarde* incorporan a menudo –aunque no siempre– un rasgo MODAL, puesto que designan cierto tiempo que se interpreta de manera relativa a las expectativas del hablante" ('The adverbs *pronto* and *tarde* often –although not always– incorporate a MODAL feature, give that they denote a certain time which is interpreted in a way relative to the expectations of the speaker').

3 Contexts of use

One of the most significant aspects of the analysis of the usual combinations of words, as explored in the project mentioned in the Introduction, is that of preferences in the lexical combinations of these, which not only allows us to identify possible collocations, but can also be an indication of specialisation in one or more text types, modalities of utterance, pragmatic contexts, etc. In this respect, I have noted that certain words co-occurring with the construction that interests us here point to a possible specialisation of the variants in different text types in the corpora.

CV1 is found in a great variety of contexts, although the diversity is clearer in CORPES XXI than in eseuTenTen11, where the construction is especially frequent in journalistic texts, above all in news about the stock market and the economy, traffic, the weather, etc. In addition to company names, initials and even numbers of the IBEX Stock Exchange in the lexical co-occurrence provided by Sketch Engine, of particular note are adjectives like *agresivo* ('aggressive') and *alcista* ('bullish'); nouns such as *circulación* ('circulation'), *controlador* ('controller'), *ganancias* ('profits'), *incendio* ('fire'), *niebla* ('mist'), *nieve* ('snow'), *normalidad* ('normality'), *pronóstico* ('forecast'), *resaca* ('hangover') and *tormenta* ('storm'), and verbs like *caer* ('fall'), *condicionar* ('condition'), *dimitir* ('resign'), *discutir* ('argue'), *llover* ('rain'), *perder* ('lose'), *registrar* ('register'), *subir* ('raise') and *votar* ('vote'). CV2 is also found in similar contexts, although most abundantly in journalistic texts of a political nature, in which the process or event which acts as a temporal frame in which the construction is inserted tend to pertain to a legislature, a pact, an agreement, etc.

CV3, however, is found very frequently in eseuTenTen11 in blogs, normally those in which authors talk about themselves and their activities. Notable here are adjectives and nouns that indicate the state in which speakers find themselves, such as *cansado* ('tired'), *despierto* ('awake'), *dormido* ('asleep'), *levantado* ('arisen'), *hambre* ('hunger') and *resaca* ('hangover'), and verbs which place them in the sphere of communication, like *contestar* ('reply'), *escribir* ('write'), *explicar* ('explain'), *leer* ('read') and *llamar* ('call'). However, caution should be taken with this information, given the limitations of this corpus in terms of text types. A search of CORPES XXI, by contrast, provides far greater textual variability, and even normalised frequencies of occurrences in news and reports here are much lower than in magazines and works of fiction, among which we note works for the theatre in particular, a form of text in which assumed or fabricated orality is found. As a consequence, perhaps the only thing which we can affirm with any degree of certainty is that CV3 is characteristic of texts presenting direct discourse in some form.

Continuing with a strictly lexical analysis, it is notable that no combinatory preferences are perceived, except those cases, which might be expected, of words which are in one way or another associated with specific moments of the day. For example, adjectives such as *cansado* ('tired'), *despierto* ('awake'), *dormido* ('asleep') and *levantado* ('arisen'); nouns like *curro* ('living', 'job'), *despertador* ('alarm clock'), *hambre* ('hunger') and *siesta* ('siesta'), and verbs like *cenar* ('dine'), *currar* ('work'), *desayunar* ('breakfast'), *descansar* ('rest'), *despertar* ('awaken'), *dormir* ('sleep') and *salivar* ('salivate', in the sense of 'to show appetite') co-occur with reasonable frequency with the construction. However, adverbs are in fact the most revealing here.

On the one hand, the three variants are seen to combine with aspectual adverbs which indicate the current stage of an event, such as *aún* ('still, yet'), *todavía* ('still, yet') and *ya* ('already'):

(10) a. Por lo visto, conocía bien la zona y terminamos tomando café (café yo, ella un té con leche) en uno de los bares que no habían cerrado *aún a aquellas horas*. (2238236022)

'Apparently, she knew the area well and we ended up drinking coffee (I had coffee, she a tea with milk) in one of the bars that had not *yet* closed *at that time*.'

b. Ese mismo día [. . .] se daba cuenta de la presentación del Expediente de Regulación de Empleo en SEAT [. . .]. *Todavía, a esas horas*, no se habían disparado con estruendo las alarmas alemanas. (170832948)

'That same day [. . .] the presentation of the Expediente de Regulación de Empleo at SEAT took place [. . .]. *At that time*, the roar of the German alarms had *still* not been triggered.'

c. ¿Cuál sería la reacción de los EEUU si sus soldados prisioneros hubiesen sufrido un trato parecido? Seguramente *a estas horas* habrían *ya* utilizado su aplastante capacidad de fuego en algún bombardeo punitivo. (203525537)

'What would be the reaction of the U.S. if its prisoner soldiers had suffered similar treatment? Surely *by now* they would *already* have used their crushing firepower in some punitive bombardment.'

The presence of adverbs of this kind in a broad predication clearly involves the described situation being conceived as, or framed within, a succession of states or periods. Thus, more than a few combinations are found with the verbs *contin-*

uar ('continue'), *permanecer* ('remain') and *seguir* ('continue'), as well as with the respective continuative periphrasis; in relation to this, we should note that the most abundant hits here are those corresponding to CV2, in which, as we have already mentioned, *a estas horas* carries a meaning similar to that of *a estas alturas* (10b, 10c).

Epistemic modal adverbs are also notable, having been found in combination basically with CV1 and CV2: *probablemente* ('probably'), *posiblemente* ('possibly'), *seguramente* ('surely'), *(casi) seguro* (('almost') 'sure'), *tal vez* ('perhaps'), *puede que* ('it might be that'):[10]

(11) a. Mi más sincero pésame a los familiares que *seguramente a estas horas* estarán en estado de shock. (3561606)

'My sincerest condolences to the family members who will *surely* be in a state of shock *at this time*.'

b. Si al europeo del siglo XV le hubiera sido igual tomar sus alimentos de una manera u otra, *quizás a estas horas* no se hubiese descubierto aún el Nuevo Mundo. (808186393)

'If it had been the same for Europe in the 15th century to eat its food in one way or another, *perhaps by now* the New World would still not have been discovered.'

c. *Puede que a estas horas* esté aterrizando en Vitoria otro avión procedente de Namibia. (2028471609)

'*It may be that* another aircraft from Namibia is landing in Vitoria *at this time*.'

In example (11b), as in (7a) and (7b), *a estas horas* is inserted in the hypothetical period, in a conditional structure. Here, logic leads us to think that when the event takes place somewhere different from that of the utterance (see example [1]) or if it is after this (example [3]), it is probable that it is presented as a hypothesis or, more generally, as something that is situated in unreality. Indeed, many hits illustrate the preference for the use of *a estas horas* in non-factual or unreal modal contexts:

i. A syntactic context of hypothesis is, as we have said, the conditional structure; in the corpora there are quite a lot of cases of this construction. In (11b) we also see that the hypothetical period combines with negative polarity

---

10 With respect to *puede que*, see Rodríguez Espiñeira & López Meirama (2008).

(that which "does not exist" here is also unreal). Numerous examples are found that combine a conditional structure and negative polarity.

ii. Examples (11b) and (11c) illustrate the use of the subjunctive, and (11a) the use of a future of an epistemic nature. The analysis of the examples of *a estas horas* in Sketch Engine reveals a very marked preference for a combination with forms of the subjunctive and, especially, with the future and the conditional indicative, almost always with this value of conjecture. Examples of the use of the conditional are (7a) and (7b).

iii. Another of the combinatory preferences detected is that of verbs of thought and judgement, such as *creer* ('believe'), *desconocer* ('be ignorant of'), *imaginar* ('imagine'), *pensar* ('think', with the sense of 'believe, have an opinion'), *suponer* ('suppose'), *saber* ('know') and *temerse* ('fear'), which normally appear as introductory predicates of clauses that contain the construction: *suponer que...* ('suppose that...'), *creer que...* ('believe that...'), *pensar que...* ('think that...') Along with these we also find some verbs of intention or hope: *confiar en que...* ('trust that...'), *esperar que...* ('hope that...') An example here is (12):

(12) *Supongo que a estas horas estarás tomando un heladito en la playa... qué suerte tienen algunos jeje...* (2437243)

'*I suppose that around about now* you will be eating an ice-cream on the beach... what luck some people have haha'

iv. Also found are cases in which the predicate that includes *a estas horas* is the subject of an attributive clause with an epistemic value, of the type *parece que...* ('it appears that...'), *es de suponer que...* ('it is supposed that...'), *es posible/imposible/probable que...* ('it is possible/impossible/probable that...'), as can be seen in (13):

(13) a. *Parece que a estas horas los rebeldes en Libia están a 50 Kilómetros de Trípoli.* (1214348573)

'*It seems that* the rebels in Libya are *now* 50 kilometers from Tripoli.'

b. *Ha salido de Salamanca hacia la frontera de Portugal y es posible que a estas horas ya esté volando hacia Latinoamérica o París, donde tiene apoyo.* (2117939651)

'He has left Salamanca for the Portuguese border and *it is possible that by now* he's already flying to Latin America or Paris, where he has support.

v. Finally, we might note the combination of *a estas horas* with epistemic modal periphrasis, particularly *deber de* ('ought to') and *poder* ('can', 'be able to') plus infinitive:

(14) a. Ya han salido todos para España y *a estas horas deben estar* en algún lugar sobre el océano.[11] (1855307493)

'All of them have already left for Spain and *should now be* somewhere over the ocean.'

b. Víctor explica que *a estas horas podría producirse* un accidente puesto que las aceras para los peatones no son suficientemente anchas para caminar. (352281713)

'Victor explains that an accident *could happen at this time* because the sidewalks for pedestrians are not wide enough to walk.'

It is not infrequent to find various of these resources in the same sequence:

(15) *Probablemente* sea mucho mejor no *pensar* qué *estaría pasando a estas horas* –mediodía del jueves– *si* el Gobierno no hubiera logrado la aprobación de su decreto-ley de recortes presupuestarios. (178899716)

'It is *probably* much better not *to think about* what *would be happening now* – midday on Thursday– *if* the Government had not achieved the approval of its decree-law on budget cuts.'

This tendency to use variants CV1 and CV2 in contexts of a hypothetical sense is very marked with the demonstrative *estas*, in contrast to *esas* and *aquellas*. The corpora data indeed illustrate this: among the collocates with the highest indexes of occurrence of *a esas horas* and *a aquellas horas* we do not find epistemic modal adverbs, verbs of thought and opinion, or auxiliaries of epistemic modal periphrases; the verbal forms found in greatest abundance are past forms in the indicative (above all the imperfect) and there are hardly any forms of the subjunctive or the future and conditional with a conjectural value. The explanation for this difference can be found, as is evident, in the use of one or another demonstrative: conjecture tends not to be retrospective.

On the other hand, we also note a clear preference for the use of the construction in the interrogative mode,[12] in this case with variant CV3. Specifically, it

---

11 Many examples, like this one, without the preceptive preposition *de*.
12 More notable in CORPES XXI than in eseuTenTen11.

tends to involve rhetorical questions close to exclamations, which show annoyance or anger, provoked exactly by the ungodly hour, or (less frequently) surprise, provoked by the unexpected nature of this. In the following example, alongside examples (8b) and (8c) above, we can see that in this case there is no difference in the use of one demonstrative or another:

(16) Pero si son las cuatro de la mañana, ¿quién puede llamar *a estas horas*? (3924638)

'But if it's four o'clock in the morning, who can be calling *at this time*?'

4 Degree of internal fixation

As we have seen, the basic meaning (CV1) of [*a* DET$_{demonstrative}$ *hora(s)*] is highly compositional;[13] however, the degree of lexicalisation of the construction is not only determined by its compositionality, this understood in terms of its meaning, but also its greater or lesser formal rigidity. In this section we will analyse the degree of internal fixation of the construction, beginning with a brief review of its components.

First we will consider the preposition, in order to see if the combination of *a* plus a noun phrase (NP) composed of a demonstrative and the noun *hora* is particularly frequent or not. For this, we extracted data from eseuTenTen11, comparing the normalised frequencies of the six most frequently used prepositions in Spanish (*a, con, de, en, para* and *por*) ('to', 'with', 'of'/'from', 'in'/'on', 'for'/'in order to', and 'by'/'for'/'through') with absolute frequencies of the prepositional phrases with a demonstrative and *hora*.[14]

As can be seen in Table 1, the findings here are sufficiently clear, in that the frequency of use of [*a* DET$_{demonstrative}$ *hora(s)*] is notably greater that the other combinations, and contrasts with the general use of the most habitual prepositions, in particular *de* ('of', 'from') and *en* ('in', 'on'). Indeed, we can confirm that the only constructional idiom with the form of a prepositional phrase (PP) in which the term is formed by a demonstrative and the noun *hora* is the very form which interests us in the current study.

---

13 As Boers (2014: 188) observes, "Cognitive Linguists [. . .] have pointed out that not all idioms are by definition non-decomposable or opaque".
14 In the case of prepositions, I have preferred to use normalised frequency counts (cases per million words), because absolute counts are excessively high and hinder the clear visualisation of differences. For the same reason, I have rounded up to whole numbers.

Table 1: Frequency of use of prepositions and the construction [PREP DET$_{dem.}$ *hora(s)*].

Preposition	Normalised frequency of the preposition	Absolute frequency of [PREP DET$_{dem.}$ *hora(s)*]
A	17,543	9,846
Con	8,521	27
De	63,606	1,137
En	24,445	1,394
Para	7,416	180
Por	8,793	142

Regarding the other prepositions, there are some with meanings that are not very compatible with that of the temporal noun *hora*, and for this reason no hits were found of the corresponding combination (*ante, bajo, contra, según, vía*. . .) ('before', 'below', 'against', 'according to', 'via'. . .); in other cases, the combination is made with lexicalised segments, as happens with *tras* ('along', 'over the course of') (*tras estas horas bajas, tras esas horas muertas*) ('over the course of these down-time hours', 'during these dead hours'/'dead time'), or it is seen that many examples are correlative structures, that is, they correspond to another type of construction, such as in the cases of *desde* ('from', 'since') and *entre* ('between'), this above all in combinations with the noun in the singular: *desde esta hora hasta las dos de la tarde* ('from now until two in the afternoon'), *entre esa hora y las cinco* ('from that time until five'). Hits are found with other prepositions, in addition to those included in Table 1: *durante* ('during'), *hasta* ('until'), *sobre* ('about') and, with very few examples, *hacia* ('towards').[15] Figure 1 illustrates visually the frequencies of combinations with the preposition *a* compared to all the other combinations.

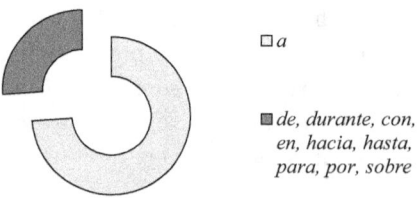

Figure 1: Frequencies of [PREP DET$_{dem.}$ *hora(s)*] in eseuTenTen11.

---

15 I have discarded the scant number of hits of *sin esas horas* ('without those times/hours'), given that in none of these do we find a combination of temporal meaning.

Second, if we focus on the noun, we can see that there is no *slot* in the construction, given that it is not possible to substitute *hora(s)* by another noun, even one of similar meaning: the corpora consulted provided no evidence of the existence of combinations of the type **a estos meses* ('at those months'), **a estos días* ('at those days'), **a estos minutos* ('at those minutes'), etc., with the same values as those identified in the case of *a estas horas*; in general, such segments tend to be combinations of NP and a bound preposition, as in the examples in (17):[16]

(17) a. Espero seguir con la línea ascendente y *llegar a* estos meses finales del año con buenas sensaciones. (1613827812)

'I hope to continue with the rising line and *to arrive at* these final months of the year with good sensations.'

b. El Atlético *sobrevivió a* esos minutos, también porque el delantero noruego desperdició una ocasión inmejorable a dos metros de la línea de gol. (1983853073)

'Atletico *survived* those minutes, also because the Norwegian striker wasted an unparalleled chance two metres from the goal line.'

Cases exist in which temporal nouns are used in structures with the value established here as CV1, this not in combination with *a*, but rather with the prepositions *en* and *por*, or with the prepositional phrase *en torno a* ('around', 'about', 'on'):

(18) a. Pero en tales ocasiones Hitler nunca manifestaba en voz alta su entusiasmo. Escatimaba las grandes palabras. Quizá *en aquellos momentos* se sintiera sobrecogido por cierto temeroso respeto. (17888311)

'But on such occasions Hitler never expressed his enthusiasm aloud. He skimped on great words. Perhaps *in those moments* he was overwhelmed by a certain fearful respect.'

---

16 Some (very few) of the examples of *a estos/esos/aquellos años* ('these/those/those years') are cases of a non-bound preposition. They correspond to a construction of a predicative sense, with the meaning 'at this (advanced) age': *Uno* a estos años, *pasa de niñatos* ('At this age, *one stops caring about spoilt brats*') (1594269323); *Si hubiera seguido escribiendo* a esos años, *me hubiera convertido en un perro verde* ('Had I continued writing *at that age*, I would have become a weirdo (green dog)') (461790770).

b. *Por esos años*, Alfonsín efectuó varios viajes a Europa y Estados Unidos en busca de apoyo para el restablecimiento de la democracia en Argentina. (112335153)

'*Over those years*, Alfonsín made several trips to Europe and the United States in search of support for the re-establishment of democracy in Argentina.'

c. *En torno a estos días* vienen celebrándose tradicionalmente las fiestas de los solteros y solteras de la localidad. (377953819)

'*Around this time of the year* the feast days for unmarried men and women are traditionally celebrated in the locality.'

Third, the presence of the demonstrative indicates of a medium degree of internal fixation; we need only comment here that the relative frequencies of the three forms are similar to those of the three demonstratives in CORPES XXI, even though *a estas horas* presents a somewhat more intense use: for each occurrence of *a aquellas horas* we find 3 of *a esas horas* and 5.3 of *a estas horas*, and for each occurrence of the demonstrative *aquel* (as a lemma) we find 3.3 of *ese* and 4.1 of *este*.[17]

The preceding discussion has shown that [*a* DET$_{demonstrative}$ *hora(s)*] is to some extent an unusual and non-predictable pattern, in the sense that the use of this syntactic template would not be expected as a means of expressing the basic temporal meaning of the construction, something which is itself indicative of idiomaticity.[18] Yet we can observe further features of fixation, as will be seen in the following section.

4.1 Patterns of lexical extension

As Wulff (2008: 1) notes, "the perceived idiomaticity of a construction tends to correlate highly with the acceptability of modified variants of that construction".

---

[17] The textual variability of CORPES XXI, in contrast to eseuTenTen11, as mentioned, renders this corpus ideal for illustrating preferences of use; in any case, in eseuTenTen11 the presence of *a aquellas horas* is practically anecdotal (45 hits, compared to 2,013 of *a esas horas* and 3,259 of *a estas horas*).

[18] Only to a certain extent, given that the indication of a specific time of day is made in Spanish through the preposition *a*: *a las cuatro* ('at four o'clock'), *a medianoche* ('at midnight').

In terms of the current study, we find that the noun *horas* sometimes appears in a modified form in the corpora.

i. By a relative clause.

This is seen in a very small number of cases, but they do illustrate that variability is possible. It is also found in the different contextual variants, although with a different value: in the first two CVs it serves to specify the temporal period (19a), whereas in CV3 it is used to reinforce the opinion of the speaker as to the inopportune nature of the moment (19b):

(19) a. Apenas he podido seguirlas [las elecciones], así que me atengo a hacer un breve repaso de lo que cuentan [los blogs] *a estas horas que ya ha finalizado el escrutinio de votos*. (2069829632)

'I've barely been able to follow [the elections], so I just want to take a brief look at what [the blogs] have to say *now that the vote count is over*.'

b. ¡Vaya nivel de blog! y yo perdiéndome la interesantísima conversación entre los dos "figuras" por estar durmiendo *a esas horas en que sólo duermen los bebés*. (989328355)

'A blog of this kind! and me missing the very interesting conversation between the two "figures" by being asleep *at a time when only babies sleep*.'

ii. By a prepositional phrase.

Occurrence in this case is found to be 10% of all hits, a significant level. The PP is always introduced by the preposition *de* and indicates the period in which the hours or times are inserted, normally a part of the day: *de la noche* ('of the night'), *de la mañana* ('of the morning'), *de la tarde* ('of the afternoon'), *de la madrugada* ('of the early morning'), *del mediodía* ('of midday'), sometimes signalled through an activity: *a estas horas del desayuno* ('at these breakfast hours/time'), *de sobremesa* ('of the post-meal conversation'), *de sueño* ('of sleep'); *a esas horas de la siesta* ('at siesta time').

A reading of the examples here suggests that the modification of the PP is found more in CV3, above all with *de la noche* ('of the night') and *de la madrugada* ('of the early morning'). It is also observed in this case that the PP serves above all as a means of reinforcing the modal value, not so much as a specified modifier, the meaning of which is construed through the context:

(20) a. ¿Qué otra cosa se puede hacer cuando uno está despierto, y solo, *a estas horas de la madrugada*? (1036807902)

'What else can one do when one is awake, and alone, *now, at this time in the early morning*?'

b. Al mirar a toda la familia Torresano, junto con María y su hijita Rosa, los hace entrar al patio de su casa y les pregunta qué les sucede para venir *a esas horas de la noche*. (975331)

'On looking the entire Torresano family, along with Maria and her little daughter Rosa, he brings them into the courtyard of his house and asks them what has happened to them that they come *at this time of night*.'

Sometimes the PP indicates an activity that develops over the course of a specific period of time; such cases are unequivocally CV2: *a estas horas de evolución del caso* ('at this point in the development of the case'), *del festival* ('in the festival'), *de la fiesta* ('in the party'), *de la partida* ('in the game'), *del debate* ('in the debate'). The expression *a estas horas de la película* (lit. "at this time in the movie", meaning 'at these heights/at this point in the proceedings') stands out here; it is a calque of the phrase *a estas alturas de la película* (lit. "at these heights of the movie", meaning, again, 'at these heights/at this point in the proceedings') and serves as proof of the equivalence between the two in such contexts. In this respect, eseuTenTen11 provides only one example (21a), but a search of Google yields more (21b):

(21) a. Que Hollywood es una fábrica de hacer dinero es algo que seguramente nadie dude *a estas horas de la película*. (255180461)

'That Hollywood is a money-making factory is something that *by now* no one would doubt.'

b. Resulta esperpéntico que *a estas horas de la película* haya gente en Cataluña que considere a ERC un partido de izquierdas...
https://www.intensedebate.com/profiles/reporterosreportados, 30/09/2016.

'It is grotesque that *at this stage* there are *still* people in Catalonia who consider ERC a left-wing party...'

On very few occasions the PP functions as a qualifying or evaluative adjunct, and always does so with CV3, again as modal reinforcement (with this, emphasis is placed on how inadequate the time is):[19]

(22) a. Pronto entramos en Burguete, el antiguo burgo de Roncesvalles, paseando por su calle principal [. . .] encontramos otro milagro, un bar abierto *a estas horas de dios*, debe ser como el Pisto de nuestro pueblo. (137518428)

'Soon we entered Burguete, the old village of Roncesvalles, walking along its main street [. . .] we found another miracle, a bar open *at this late hour*, it must be like the Pisto bar of our village.'

b. Antes de las 8 ya estoy en el gym, *a estas horas de maruja-curranta* solo hay 3 clases buenas. (1322701509)

'Before 8 o'clock I'm already in the gym, *at this ungodly hour* (lit. the time of a working housewife) there are only 3 good classes.'

iii. By an adjective.

Some cases of modification by adjective are detected, be it pre- or post-modification, almost always to qualify them as inadequate or, at least, as unpredictable (*intempestivas* ('untimely'), *inhumanas* ('inhuman'), *infrecuentes* ('infrequent')):

(23) a. D. Carlos, leo su comentario *a estas horas inhumanas* pero no me resisto a escribir algunas líneas. (757953448)

'D. Carlos, I read your comment *at this inhuman hour* but I can't resist writing a few lines.'

b. Desde finales de los noventa y hasta hace pocos años retransmitía junto a Antoni Daimiel, otro periodista de gran prestigio, los partidos de madrugada. . . y *a esas intempestivas horas* forjó su leyenda. (687057078)

'From the end of the nineties and until a few years ago, he broadcast together with Antoni Daimiel, another very well-respected journalist, the early morning matches. . . and *at these inopportune/ungodly hours* he became a legend.'

---

[19] Achieving intensity through redundancy is a typical feature of evaluative language; in this respect, Hunston (2011: 3) claims that "evaluation is frequently expressed cumulatively and implicitly".

Sometimes, this is in the extreme (*tardías* ('late'), *tempranas* ('early')):

(24) a. Luego el creciente estruendo, parecido al de un terremoto, conmovió las entrañas de muchos de los que *a esas horas tardías de la noche* aún no habían vuelto a sus casas. (870806002)

'Then the growing roar, similar to that of an earthquake, shook the bowels of many of those who had not returned to their homes *at that late hour of the night.*'

b. *A estas tempranas horas* la suave luz se difumina entre los diferentes valles, los incipientes rayos de sol se cuelan a través de estas sierras y algunos de ellos consiguen acertar sobre los carenados de nuestras motos. (718182334)

'*At these early hours* the soft light is diffused between the various valleys, the incipient rays of sun filter through these mountain ridges, some of which manage to hit the bodywork of our motorcycles.'

(24a) illustrates the possibility of a combination of two modifications. Such a possibility is relatively frequent, above all with the preposed adjective *altas* ('high'); this case might represent a blending of the constructions *a estas horas* and *a altas horas (de la noche* ('at a late hour (of the night)'), *la madrugada* ('the early morning')):

(25) Ha sido un placer encontrar *a estas altas horas de la noche* tan buena conversación. (1952643276)

'It has been a pleasure to find such good conversation *at this late hour of the night.*'

Finally, some cases involve the adjective *mismo*. It carries an emphatic value, and is only used with CV1:

(26) Ni por un instante me planteé lo que mi mujer estaría haciendo *a esas mismas horas*. (416567578)

Not for a moment did I think about what my wife would be doing *at that same moment.*'

4.2 Formal variants

Thus far I have limited the discussion to the combination of the preposition *a* plus *este/ese/aquel* ('this, that, that (over there)') and the noun *hora* in plural. This section will focus on the singular forms (4.2.1) and combinations with other demonstratives (4.2.2).

4.2.1 A esta/esa/aquella hora

An initial difference found in the use of the singular in contrast to the plural has to do with the different percentage weights of the demonstratives *este* and *ese*, as can be seen in figures 2 and 3, based on data from the Spanish part of CORPES XXI:[20]

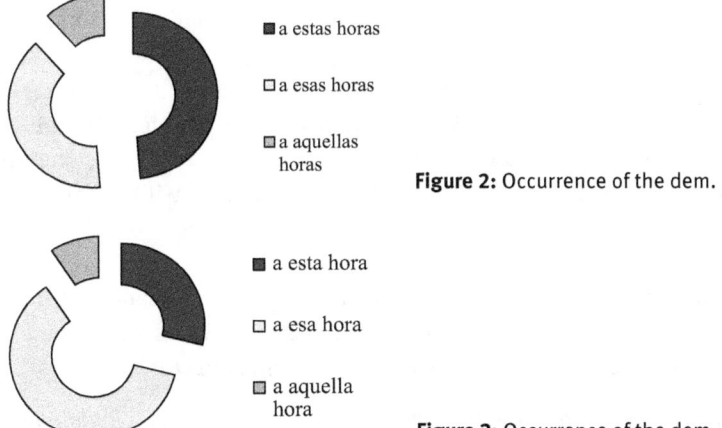

Figure 2: Occurrence of the dem. plural.

Figure 3: Occurrence of the dem. singular.

These data are related to the contexts of use of the three forms, which I will briefly deal with in what follows.

One of the differences in the use of number with temporal nouns is that the plural denotes a period of time which is not fixed or delimited: *Estuve una hora en la biblioteca/Estuve (unas) horas en la biblioteca* ('I was an hour in the library was (some) hours/time in the library'). We could think of this as motivating the differ-

---

[20] See footnote 17. In eseuTenTen11 the occurrence of the forms in the singular indicate the same tendency: 1,489 hits of *a esta hora*; 2,994 of *a esa hora* and 46 of *a aquella hora*.

ences in the use of the singular and plural forms, above all when we consider the following examples:

(27) a. Estuvieron evolucionando hasta las 16.55, *a esta hora* volvieron a romper el fuego las piezas de artillería, disparando sobre el mismo objetivo hasta bien cerrada la noche. (117297630)

'They were developing until 16.55, *at which time* the artillery pieces once again broke fire, firing on the same objective until well into the night.'

b. El ticket que reservé ponía que el tren salía a las 9.53, y exactamente *a esa hora* el tren empezó a salir de la estación. (1263376718)

'The ticket I booked said that the train left at 9.53, and at exactly *that time* the train began to leave the station.'

Perhaps these examples justify the greater frequency of *a esa hora* in relation to *a esta hora*, in that we know that the demonstrative *ese* is specialised in terms of anaphoric deixis, as seen in the examples in (27).

However, cases are also found of singular forms in contexts of use which are similar or identical to those of the plural, and thus in which the choice of number can only be due to stylistic or expressive reasons (in eseuTenTen11, e.g., news about the Stock Exchange, traffic, the weather, etc.). Cfr. (28a) with (28b), and (29a) with (29b):

(28) a. Tras el desplome de la semana pasada, el Ibex 35 ha arrancado en verde [. . .] *A esta hora*, BBVA y Santander encabezan dos de las subidas más fuertes, con un 2,14% y un 1,98% respectivamente. (383907797)

'After last week's slump, the Ibex 35 has opened in green [. . .] *Right now*, BBVA and Santander lead two of the strongest rises, with 2.14% and 1.98% respectively.'

b. En este contexto, estos analistas reiteran su recomendación de comprar con un precio objetivo de 3,60 euros. *A estas horas*, Iberia sube un 1,28%, hasta los 2,70 euros. (393916071)

'In this context, these analysts reiterate their recommendation to buy with a target price of EUR 3.60. *At the moment* Iberia is gaining, from 1.28% to 2.70 euros.'

(29) a. Las celebraciones por la caída de Mubarak están provocando atascos por toda la capital de Egipto. Los puentes sobre el Nilo están colapsados *a esta hora*, informa desde El Cairo Mikel Ayestaran. (1096270438)

'Celebrations for the fall of Mubarak are causing traffic jams throughout Egypt's capital. The bridges over the Nile are *currently* blocked, Mikel Ayestaran reports from Cairo.'

b. El duelo de los seguidores de Hizbulá está siendo contenido y se concentra *a estas horas* en el Hospital al Rasul al Aazam de Beirut, adonde llegó el cadáver del líder islamista. (5202463)

'The duel of Hezbollah's followers is being contained and is *currently* concentrated in Rasul al Aazam Hospital in Beirut, where the body of the Islamist leader arrived.'

Yet what is notable about the use of the singular is that it is limited to CV1: I have found no examples of forms in the singular with the other two variants, which is an indication of the lesser degree of compositionality and the greater degree of fixation that the construction exhibits in these variants in contrast to CV1.

4.2.2 A tales horas

The qualitative *tal* ('such') is a demonstrative characterised, according to Rigau (1999: 329), by a deictic value that "generalmente se inscribe en el discurso y no en las coordenadas espacio-temporales del acto de enunciación" ('is generally inscribed in the discourse and not in the spatio-temporal coordinates of the speech act'). As the NGLE (2009: 1326) indicates, it had great vitality in classical Spanish, but is used little in contemporary European Spanish. In this respect, the Corpus Diacrónico del Español (CORDE) attests that *a estas horas* has existed alongside *a tales horas*[21] for centuries (from at least the 17th century),[22] in a strict relation of equivalence (in the three contextual variants detected). Perhaps for this reason *a tales horas*, which always had a more limited use than its equivalent, progressively lost ground in favour of *a estas horas*, until the currently point at which the Corpus de Referencia del Español Actual (CREA) contains only nine

---

[21] In singular it is also used to refer to non-specified hours or times: *Lo mejor que puedes hacer es decirle: "esperadme a tal hora en la terraza que yo llego"* ('The best you can do is tell him: "wait for me *at such and such a time* on the terrace until I get there"') (56673583).
[22] There are cases of *a estas horas* prior to the 17th century.

cases (in contrast to 582 of *a estas horas*, 309 of *a esas horas*, and 90 of *a aquellas horas*), and the Spanish part of CORPES XXI there are only five, all in works of fiction, suggesting perhaps that its presence in these texts is in fact an (archaic) stylistic feature. It is also of note that all five cases correspond to CV3:

(30) ¡Por Dios!, cómo se te ha ocurrido la brillante idea de levantarte *a tales horas*, no puedes ni pensar. (Marina Mayoral: *Deseos*)

'For God's sake, how did you come up with the brilliant idea of getting up *at such an hour* that you can't even think.'

5 Other units of the same conceptual domain

In this section we will see that, in CV2 and CV3, the construction which is the focus of our current analysis coexists with other idiomatic units, equivalent in their meaning and similar in their form. For reasons of space, only the two most relevant will be analysed here.

5.1 [*a* DET$_{demonstrative}$ *altura(s)*]

In both the Spanish subcorpus of CORPES XXI and eseuTenTen11, instances in the plural of this construction occur with greater frequency than those of [*a* DET$_{demonstrative}$ *hora(s)*]: 993 and 21,914 hits, respectively, of *a estas alturas*; 194 and 835 of *a esas alturas*, and 70 and 29 of *a aquellas alturas*. As we can see from these data, the high frequency of the form with *estas* is especially notable, which can be interpreted as an indication of fixation. The same can be said of the fact that the number of hits in the singular is radically less (25 hits CORPES XXI and 1,095 in eseuTenTen11 of *a esta altura*; 33 and 478 of *a esa altura*; 2 and 10 of *a aquella altura*), in addition to the fact that it is normally used in a locative sense, as can be seen in (31):

(31) a. En otra cúspide que queda en el lado sur del valle, se ve la torre roja y blanca de un repetidor. El valle entero está nevado. *A esta altura* la nieve está impoluta. (Javier Calvo: *El jardín colgante*)

'On another cusp on the south side of the valley, you see the red and white tower of a repeater. The entire valley is snow-covered. *Up here* the snow is pristine.'

b. Entonces lo sentí, ahí, en ese momento, *a esa altura del Paseo del Prado*. (70017593)

'Then I felt it, there, at that moment, *on that part of the Paseo del Prado*.'

A brief look at both corpora allows us to see that in this construction the noun *altura* tends to have an event as a frame (*a estas alturas de la reunión*, ('at this stage in the meeting') *el partido* ('the match'), *la legislatura* ('the legislature'), *el embarazo* ('the pregnancy'), *la guerra* ('the war') . . .), although it can also have a temporal frame (*a estas alturas del año* ('at this stage of the year'), *de la vida* ('of life'), *de la jornada*... ('of the day')). In any case, *altura* marks a stage or level, in such a way that the construction denotes something like a limit (see DLE: 'when things have arrived at this point', s.v. *altura*), which often means that it establishes an inference in relation to what happens at this limit or stage; thus, [*a* DET$_{demonstrative}$ *altura(s)*] is often used, particularly in the plural, in contexts of epistemic (and sometimes deontic) modality, frequently in combination with negative polarity. The following example illustrates quite a common construction with this segment, the conditional or hypothetical, similar to what we saw in (7):

(32) Si no llega a ser por el agente de tráfico ni siquiera habríamos dado con la familia Meres *a estas alturas*. (José María Guelbenzu: *El hermano pequeño*)

'Had it not been for the traffic officer, we wouldn't even have found the Meres family *by now*.'

Naturally, there are contexts in which the two constructions are not interchangeable; for example, when the temporal frame, expressed through a complement with *de*, signals a period incompatible with *horas*: *a estas alturas de 2009* (at this stage of 2009), *de la temporada* (of the season), *de la vida en pareja* (of the life of the couple), *de la conversación* (of the conversation), etc.:

(33) Jugar a las cinco y media *a estas alturas de año* es inhumano. (1347589073)
'Playing at five thirty *at this time of the year* is inhuman.'

On the other hand, an examination of the lexical co-occurrence of [*a* DET$_{demostrative}$ *altura(s)*] reveals a preference for the combination with words –above all adjectives– that express a negative meaning, as with *vergonzoso* ('shameful'), *absurdo* ('absurd'), *engañar* ('trick'), *difícil* ('difficult'), *ridículo* ('ridiculous'), *innecesario* ('unnecessary'), *vergüenza* ('shame', 'embarrassment') and *preocupante* ('worrying') (34a); surprise, as with *sorprender* ('surpirse'), *sorprendente* ('surprising'), *extrañar* ('surprise', 'shock'), *extraño* ('strange'), *inconcebible* ('inconceivable'), *increíble* ('incredible'), *impensable* ('unthinkable') and *incomprensible* ('incomprehensible') (34b); or with what is evident, as with *obvio* ('obvious'), *obviedad* ('truism', 'banality'), *incuestionable* ('unquestionable') and *innegable* ('undeniable') (34c):

(34) a. Me parece *vergonzoso* que *a estas alturas* haya todavía en fosas comunes y cunetas unos 130.000 restos de víctimas. (792109474)

'I find it *shameful* that *right now* there are still some 130,000 remains of victims in mass graves and ditches.'

b. Es *increíble* que *a estas alturas* pueda haber polémica alguna por el uniforme o el atuendo de una mujer. (1041246379)

'It is *incredible* that there can *still* be any controversy over a woman's uniform or attire.'

c. *A estas alturas* resulta *obvio* que la estrategia de la escudería italiana de marcar estrechamente al australiano Mark Webber fue un gravísimo error. (1999321)

'*By now* it is *clear* that the Italian team's strategy of closely marking the Australian Mark Webber was a serious mistake.'

The examples in (34) show that [*a* DET$_{demonstrative}$ *altura(s)*] is a more pragmatically marked construction than [*a* DET$_{demonstrative}$ *hora(s)*], in the sense that it is used, with more significant frequency than the latter, in contexts where the speaker makes a valuation, one which tends to be negative. It is probable that this influences its frequency of use, which is far higher than the construction with *horas*, and its specialization with this sense in instances in the plural, in contrast to the polysemy of [*a* DET$_{demonstrative}$ *hora(s)*], a construction in which, also, CV2 is in the minority. In any case, it would be enlightening to explore this issue in greater depth, something which must be left for another study.

5.2 *A buenas horas*

The combination of the preposition *a* plus the noun *horas* to denote an inappropriate moment in the day, almost always late (CV3), allows for the presence of different adjuncts of the demonstrative, as seen in (35):

(35) a. Por fin llueve, pero ¡a qué horas! (2030394294)

'Finally it's raining, but *it's come so late!*'

b. La verdad que me gusta mucho verte aunque el programa se celebra *a unas horas*... que a ver si lo ponen antes porque un programa tan interesante como el tuyo se tendría que dar a una hora más adecuada. (981362812)

'The truth is that I really like to see you even though the program is held *at such a time*... let's see if they put it on earlier, because a program as interesting as yours would have to be given at a more appropriate time slot.'

c. *A buenas horas* veo este blog, dicen que más vale tarde que nunca... (1008475654)

'I'm looking at this blog *late*, they say it's better late than never...'

These three examples, taken from eseuTenTen11, are fragments of blogs, a context of use which also provides, as we have seen, the main bulk of the cases of *a estas horas* in CV3. Hence, (35a) and (35b) constitute quite unusual examples of the respective combinations, which are almost never used with this meaning (cfr: *Decida* a qué horas *prefiere que se realicen las llamadas* ('Decide *at what times* you prefer that the calls be made'); *Los episodios se repiten todos los días* a unas horas *fijas* ('The episodes are repeated every day *at* fixed times'); *Vive* a unas horas *de Tijuana* ('He lives *at a few hours' distance* from Tijuana'). For this reason, I will limit the analysis to the combination illustrated in (35c).

In general, Spanish dictionaries list *a buena(s) hora(s)* along with *A buenas horas, mangas verdes* (lit. "too late, green sleeves", meaning, 'too little, too late'), noting that both are used 'to indicate that something is useless because it arrives or occurs late' (Clave 2006, s.v. hora). García-Page Sánchez (2008: 35) includes ¡*A buenas horas, mangas verdes!* as an example of a idiom "que reúne caracteres propios del refrán" ('that includes typical features of the refrain') and categorises it as an idiomatic sentence. In his opinion it is, in particular, a syntactically incomplete pragmatic formula (in that it lacks a verb), with exclamative modality and a "binominal structure" (2008: 162). The corpora reveal that the combination *a buenas horas* is of more frequent use than the binomial one in eseuTenTen11, at a ratio of 1.3:1, and in CORPES XXI at 3:1.[23]

---

[23] It also reveals that the form in the singular, although on occasions used with the meaning indicated in Clave (2006) (e.g.: *Menudo ojito tiene la niña*, a buena hora *se da cuenta de que no es el [perro] guardián* ('What a keen eye the girl has, she realizes *too late* that it is not the guard [dog]') [372507646]), tends to be used with a more direct sense (e.g.: *La idea es quedar* a buena

Be this as it may, *a buenas horas* presents some distributional properties that bring it close to the pragmatic formula *¡A buenas horas, mangas verdes!*, with which it shares certain characteristics: for example, its use in exclamative clauses (36a) or as an independent sentence (36b) is not infrequent:

(36) a. Patética es la cínica e hipócrita postura del PP al reivindicar "la libre determinación de los pueblos". *¡A buenas horas se apunta la derecha a estos principios!* (790137934)

'The cynical and hypocritical position of the PP is pathetic, in demanding "the self-determination of peoples". *A bit late for* the right wing to be aiming at such principles!'

b. Ahora han declarado, a modo de arrepentimiento, que si hubieran sabido cuál iba a ser la respuesta no habrían secuestrado a los dos soldados israelíes. *A buenas horas.* (201444597)

'Now they have stated, in repentance, that if they had known what the answer would be, they would not have kidnapped the two Israeli soldiers. *It's a bit late for that.*'

Example (36a) also serves to illustrate the frequency with which *a buenas horas* is used as the topic of a topicalized construction.

All of the above shows that *a buenas horas* tends to appear syntactically in a marked way, which is related to its pragmatic value: the speaker makes use of irony –through the adjective *buenas*– to indicate that something or someone arrives too late, in a message that is always charged with an element of censure or reproach. Once again, then, this is an idiomatic unit which is pragmatically more marked than [*a* DET$_{demonstrative}$ *hora(s)*].

However, the meaning of the two units are relatively divergent: first, because *a buenas horas* always indicates a late period, unlike *a estas horas*, which can also indicate an unusually early one; second, because the temporal restriction in the scope of the day that operates with *a estas horas* is almost never observed in the case of *a buenas horas* (see the examples in [36]); third, because the latter carries a second meaning, one which it does not share with *a estas horas*: it is often used to reinforce negation, with the sense of 'never', 'in no way'. This occurs, above all, in combination with the imperfect indicative (37a), and can also take the conditional or the present indicative (37b).

---

hora *para tapear, sobre las 11,30-12,30* ('The idea is to meet *early* to have some tapas, at around 11.30-12.30') [245315623]), for which reason I will not include it in the analysis.

(37) a. ¡*A buenas horas* iba a tolerar el PP una disidencia tan notoria y constante! (98752672)

'*In no way* was the PP going to tolerate such notorious and constant dissent!'

b. A pesar de todo, esto parece a veces un capricho de niño malcriado. ¡*A buenas horas* hago yo otra cocina para no molestar al niño Hikikomori! (552698035)

'In spite of everything, this sometimes seems like the whim of a spoiled child. *In no way* do I cook anything else so as not to bother the child Hikikomori!'

6 Summary and conclusions

From all that we have seen, we can conclude that the constructional idiom [*a* DET$_{demonstrative}$ *hora(s)*] presents the following characteristics:

It has a medium degree of fixation, in that it accepts modification of the noun, above all through a PP with *de* that serves as a frame (*a estas horas de la noche* ('at this time of night'), *de la mañana* ('of the morning'), *de la tarde* ('of the afternoon'). . .) or, less often, as an evaluative adjective (*intempestivas* ('ungodly'), *infrecuentes* ('infrequent'), *tardías* ('late'), *tempranas* ('early'). . .), and presents different instances, with variation in the demonstrative or in number.

In terms of its meaning, the corpora provide evidence of the existence of three contextual variants, the first of which constitutes the basic value of the unit:

1. In the greater part of its contexts, [*a* DET$_{demonstrative}$ *hora(s)*] has a strictly temporal value (CV1). This value is compositional, which is seen in the differences leading to the use of different number or different demonstratives. In any case, *a estas horas* stands out, both in terms of frequency compared to all the others, and because of its preferential appearance in modal contexts of unreality.

2. In a reduced number of contexts the plural forms are used with a value equivalent to that of *a estas alturas* (CV2); this also involves a temporal meaning, although a reading of the examples reveals that it only appears in non-factual or unreal modal contexts (above all, epistemic ones and those with negative polarity). In this case, the preference for the form *a estas horas* is even more marked than in the previous form.

3. In direct discourse the use of the plural forms with a temporal and also modal value (CV3) is characteristic, in that the speaker makes use of the construction to express his or her opinion regarding the inadequate or unusual period of time denoted, and for this reason it is found frequently in rhetorical questions used as a reproach. This is the only value in which the form *a tales horas* seems to survive, currently relegated to what is probably an archaic stylistic use.

It appears, then, that the construction is on a path towards fixation, from a strictly temporal use towards one which is temporal and modal, and is exclusive to plurals. We also find this same value in other combinations of the preposition *a* and the noun *horas* in it plural form, notable here being *a buenas horas*.

Indeed, and although hardly touched upon here, it appears feasible to speak of a network of interrelated idiomatic units, in form and also in meaning.[24] In relation to the latter, both shared and divergent zones are identified, hence the boundaries established between them are never precise. In examples such as the following, we can observe the convergence of the senses:

(38) a. En la línea de la pregunta anterior, y a fin de no ser reiterativo ya *a estas horas* y *a estas alturas de Pleno*, yo solo quiero saber una cosa. (929114680)

 'On the lines of the previous question, and in order not to be repetitive *now* and *at this point in the Plenary Session*, I only want to know one thing.'

 b. No sé si sabes que Adolfo y Araceli se separan. ¡A estas alturas! A buenas horas mangas verdes... (Ángeles Valdés-Bango: «14. Cada persona es un mundo». *Nada sucedía como lo había imaginado y otras certezas.*)

 'I don't know if you know that Adolfo and Araceli are separated. *At this point in the proceedings! Too little too late...*'

This is an issue that must remain for a larger-scale study, as indeed must the analysis of other structures, such as the emphatic interrogative ¿Qué horas son estas?

---

[24] As Van de Velde (2014) notes, the network of constructions or *constructicon* (Goldberg 2003) is not only structured vertically but also horizontally: "rather than just forming a hierarchical structure, constructions can also be related to each other on what could be called the horizontal Axis. What I have in mind here is a network where the form-function relation of a particular construction may be partly motivated in relation to its neighbours" (2014: 147).

(39) Una noche ella se levanta a tomar agua, y se encuentra al marido con la rana encima de un libro de cocina. La señora pregunta: «¿Cariño, qué hace la rana encima del libro de cocina?, y además *¿qué horas son estas?*». (1907103605)

'One night she gets up to drink some water, and finds the husband with the frog on top of a cookbook. The lady asks, "Darling, what is the frog doing on top of the cookbook, and besides, *what time do you call this*?"'

References

Alarcos Llorach, Emilio (1994): *Gramática de la lengua española*. Madrid: Espasa Calpe.
Alcina Franch, Juan & José Manuel Blecua (1975): *Gramática española*. Barcelona: Ariel.
Boers, Frank (2014): Idioms and Phraseology. In Jeannette Littlemore & John R. Taylor (eds.), *The Bloomsbury Companion to Cognitive Linguistics*, 185–201. London: Bloomsbury.
Bosque, Ignacio (coord.) (2006): *Diccionario combinatorio práctico del español contemporáneo: las palabras en su contexto*. Madrid: ediciones SM.
Butt, John & Carmen Benjamin (2000): *A New Reference Grammar of Modern Spanish*, 3^{erd} ed. London: Arnold.
Bybee, Joan L. (2006): From usage to grammar: The mind's response of repetition. *Language* 82, 711–733.
Bybee, Joan L. (2013): Usage-Based Theory and exemplar representations of constructions. In Thomas Hoffmann & Graeme Trousdale (eds.), *The Oxford Handbook of Construction Grammar*, 49–69. Oxford & New York: Oxford University Press.
Cantera Ortiz de Urbina, Jesús & Pedro Gomis Blanco (2007): *Diccionario de fraseología española : locuciones, idiotismos, modismos y frases hechas usuales en español (su interpretación)*. Madrid: Abada. (DFE)
Cuenca, Maria Josep & Joseph Hilferty (1999): *Introducción a la lingüística cognitiva*. Barcelona: Ariel.
de Velde, Freek van (2014): Degeneracy: The maintenance of constructional networks. In Ronny Boogaart, Timothy Colleman & Gijsbert Rutten (eds.), *Extending the Scope of Construction Grammar*, 141–179. Berlin: De Gruyter Mouton
Evans, Vyvyan & Melanie Green (2006): *Cognitive linguistics. An introduction*. Edinburgh: Edinburgh University Press.
Fernández Ramírez, Salvador (1951 [1987]): Gramática española, 3.2. *El pronombre* (volumen preparado por José Polo). Madrid: Arco Libros.
García Fajardo, Josefina (2006): La instrucción de contrastar en el demostrativo español. *Verba* 33, 175–186.
García-Page Sánchez, Mario (2008): *Introducción a la fraseología española: estudio de las locuciones*. Barcelona: Anthropos.
Goldberg, Adele E. (2003): Constructions: a new theoretical approach to language. *Trends in Cognitive Science* 7(5), 219–224.
Goldberg, Adele E. (2006): *Constructions at Work: The Nature of Generalization in Language*. Oxford & New York: Oxford University Press.

Goldberg, Adele E. (2013): Constructionist approaches. In Thomas Hoffmann & Graeme Trousdale (eds.), *The Oxford Handbook of Construction Grammar*, 15–31. Oxford & New York: Oxford University Press.

Gonzálvez–García, Francisco (2012): La(s) gramática(s) de construcciones. In Iraide Ibarretxe-Antuñano & Javier Valenzuela (eds.), *Lingüística cognitiva*, 249–280. Barcelona: Anthropos.

Hunston, Susan (2011): *Corpus Approaches to Evaluation. Phraseology and Evaluative Language*. New York & London: Routledge.

Jiménez Juliá, Tomás (2006): *El paradigma determinante en español: origen nominativo, formación y características*. *Verba*, Special Issue 56. Santiago de Compostela: Universidade de Santiago de Compostela.

Lakoff, George (1987): *Women, Fire and Dangerous Things. What Categories Reveal about the Mind*. Chicago & London: University of Chicago Press.

Langacker, Ronald W. (1988): Usage-Based Model. In Brygida Rudzka-Ostyn (ed.), *Topics in Cognitive Linguistics*, 127–161. Amsterdam, Philadelphia: John Benjamins.

López Meirama, Belén (2016): A tiros y a balazos: análisis construccional. In Gloria Corpas Pastor (ed.), *Computerised and Corpus-based Approaches to Phraseology: Monolingual and multilingual Perspectives/Fraseología computacional y basada en corpus: perspectivas monolingües y multilingües*, 340–348. Geneva: Editions Tradulex.

López Meirama, Belén (2017): *Entre trago y trago*: la construcción binomial [entre + S1 y S1] en español. In Silvia Gumiel-Molina, Manuel Leonetti & Isabel Pérez Jiménez (eds.), *Investigaciones en Lingüística. Volumen III: Sintaxis*, 95–110. Alcalá de Henares. Servicio de Publicaciones de la Universidad de Alcalá.

López Meirama, Belén (2019): Realizaciones temporales de la construcción fraseológica [S_{sing} PREP S_{sing}]. *Verba* 46, 245–278.

Macías Villalobos, Cristóbal (1997): *Estructura y funciones del demostrativo en el español moderno*. *Analecta Malacitana*, Special Issue 10.

Maldonado, Concepción (coord.) (2006): *Clave. Diccionario de uso del español actual*. Madrid: SM. http://www.smdiccionarios.com/home.php

Mellado Blanco, Carmen & Ana Mansilla Pérez (2016): La preposición *unter* en las combinaciones usuales de estructura [PREP + S]: *unter Freunden / entre amigos*, un estudio de corpus. In Berit Balzer & Irene Szumlakowski (eds.), *La lengua alemana vista desde dentro y desde fuera: estudios sobre su sistema, su enseñanza y su recepción / Die deutsche Sprache – intern und extern. Untersuchungen zu System, Vermittlung und Rezeption*, 109–127. Madrid: Dykinson.

Mellado Blanco, Carmen & Belén López Meirama (2017): Esquemas sintácticos de preposición + sustantivo: el caso de [entre + $S_{plural/corporal}$]. In Carmen Mellado Blanco, Katrin Berty & Inés Olza (eds.), *Discurso repetido y fraseología textual (español y español-alemán)*, 249–267. Frankfurt am Main, Madrid: Vervuert.

Moliner, María (2007[3]): *Diccionario de uso del español*. Madrid: Gredos.

Real Academia Española / Asociación de Academias de la Lengua Española (2009): *Nueva gramática de la lengua española*. Madrid: Espasa. (NGLE)

Real Academia Española / Asociación de Academias de la Lengua Española (2014[23]): *Diccionario de la lengua española*. Madrid: Espasa-Calpe.
http://dle.rae.es/> (DLE).

Rigau, Gemma (1999): La estructura del sintagma nominal: los modificadores del nombre. In Ignacio Bosque & Violeta Demonte (eds.), *Gramática descriptiva de la lengua española, 1: Sintaxis básica de las clases de palabras*, 311–362. Madrid: Espasa Calpe:.
Rodríguez Espiñeira, María José & Belén López Meirama (2008): On the Grammaticalization of the Spanish Expression 'Puede que'. In Elena Seoane & María José López-Couso (eds.), *Theoretical and Empirical Issues in Grammaticalization*, 293–314. Amsterdam/Philadelphia: John Benjamins.
Seco, Manuel (dir.) (2004): *Diccionario fraseológico documentado del español actual: locuciones y modismos españoles*. Madrid: Aguilar. (DFDEA)
Seco, Manuel, Olimpia Andrés & Gabino Ramos (2011²): *Diccionario del español actual*. Madrid: Aguilar. (DEA)
Tay, Dennis (2014): Lakoff and the Theory of Conceptual Metaphor. In Jeanette Littlemore & John R. Taylor (eds.), *The Bloomsbury Companion to Cognitive Linguistics*, 49–59. London: Bloomsbury.
Valenzuela, Javier, Iraide Ibarretxe-Antuñano & Joseph Hilferty (2012): La semántica cognitiva. In Iraide Ibarretxe-Antuñano & Javier Valenzuela (eds.), *Lingüística cognitiva*, 41–68. Barcelona: Anthropos.
Wulff, Stefanie (2008): *Rethinking Idiomaticity. A Usage-based Approach*. London, New York: Continuum.

Corpora

eseuTenTen11, The Sketch Engine. http://www.sketchengine.co.uk
REAL ACADEMIA ESPAÑOLA: Database (CORDE). *Corpus diacrónico del español*. http://www.rae.es.
REAL ACADEMIA ESPAÑOLA: Database (CORPES XXI). *Corpus del Español del Siglo XXI*. http://www.rae.es.
REAL ACADEMIA ESPAÑOLA: Database (CREA. Versión anotada) *Corpus de referencia del español actual*. http://www.rae.es.

II Phrasem-Konstruktionen: bilingual und multilingual

Dmitrij Dobrovol'skij
Deutsche Phrasem-Konstruktion [X *hin*, X *her*] in kontrastiver Sicht: eine korpusbasierte Analyse

1 Phrasem-Konstruktionen in der Phraseologie und Konstruktionsgrammatik

Aus der Sicht der Konstruktionsgrammatik bilden die sog. *Phraseoschablonen* (im Sinne von Fleischer 1997: 130–134) bzw. *modellierten Bildungen*[1] (Černyševa 1980: 35 und 130–131, 1986: 213–217), die mit der Klasse der *Phrasem-Konstruktionen* (PhK) korrelieren,[2] eine besonders relevante Klasse (vgl. Dobrovol'skij 2011). Auf die Existenz von Phrasemen dieses Typs in verschiedenen Sprachen wurde mehrfach hingewiesen, allerdings wurden sie im Rahmen der Phraseologie immer als eine Randerscheinung behandelt. PhK können als Konstruktionen definiert werden, die als Ganzes eine lexikalische Bedeutung haben, wobei *bestimmte* Positionen in ihrer syntaktischen Struktur lexikalisch besetzt sind, während *andere* Positionen Slots darstellen, die gefüllt werden müssen. Die Besetzung der Variablen ist grundsätzlich frei und unterliegt nur bestimmten morphosyntaktischen (möglicherweise auch semantischen oder ausschließlich lexikalischen) Restriktionen.

Diese Definition zeigt, dass sich die PhK-Klasse von ähnlichen Kategorien wie *Phraseoschablonen* und *modellierten Bildungen* durch bestimmte Kriterien unterscheidet. Fleischer (1997: 131) charakterisiert Phraseoschablonen als syntaktische Strukturen, „deren lexikalische Füllung variabel ist, die aber eine Art syntaktischer Idiomatizität aufweisen". Mit Hinweis auf Ožegov (1974: 214) spricht Fleischer (1997: 131) von einer festgeprägten „Modellbedeutung, die bei Ausfüllung des Modells mit entsprechendem lexikalischem Material eine Wortverbindung erzeugt, deren allgemeine Bedeutung durch die Bedeutung des Modells bereits vorbestimmt ist".

---

[1] Gelegentlich auch *Modellbildungen* genannt. Für die Bezeichnung dieser und ähnlicher Phänomene wurden in der Fachliteratur auch andere Termini verwendet, darunter: *syntaktische Idiome, Phraseoschemata, lexikalisch offene Idiome, Konstruktionsidiome*.
[2] Zu relevanten Unterschieden zwischen Phraseoschablonen bzw. modellierten Bildungen und Phrasem-Konstruktionen siehe weiter unten.

Der Begriff der Phraseoschablone setzt also keine lexikalischen Anker in der Struktur des Ausdrucks als eine obligatorische Bedingung voraus. In ähnlicher Weise geht Černyševa (1986: 213) in ihrer Erläuterung zu modellierten Bildungen davon aus, dass Phraseme dieses Typs „bestimmte syntaktische Gebilde mit einer typisierten Semantik" darstellen, deren „Konstituenten (teilweise oder ganz) lexikalisch frei auffüllbar" sind.

Ich gehe davon aus, dass Konstruktionen, die auf ein bestimmtes syntaktisches Pattern zurückgehen, aber keine lexikalische Spezifizierung haben, d. h. keine Elemente aufweisen, die lexikalisch fixiert sind, keine Phraseme sind. Aus diesem Grund werden Phrasem-Konstruktionen enger als Phraseoschablonen oder modellierte Bildungen definiert. Sie sind eine legitime Phrasemklasse: die Eigenschaften der PhK widersprechen nicht den konstituierenden Merkmalen des Phrasembegriffs.[3]

Als Beispiel einer Konstruktion, die sich durch eine ausgeprägte syntaktische Idiomatizität auszeichnet, jedoch keine lexikalisch fixierten Elemente aufweist, kann hier die sog. *Incredulity-Response-Construction* (IRC) angeführt werden; vgl. *Him write a novel?; What, me worry?; My boss give me a raise?*. Konstruktionen dieser Art entsprechen der Definition der modellierten Bildung bzw. Phraseoschablonen, können aber nur mit Vorbehalt zu PhK gerechnet werden. In diesem Fall handelt es sich um rekurrente syntagmatische Muster (vgl. zu diesem Begriff Steyer 2014). Die lexikalische Spezifizierung ist aus der Sicht der Konstruktionsgrammatik irrelevant, aus der Sicht der Phraseologie hingegen ist das Vorhandensein lexikalischer Anker ein wichtiges Merkmal.

Konstruktionen, die keine lexikalisch fixierten Elemente haben, können durchaus idiomatisch sein. Vgl. die bekannte These von Fillmore, Kay, O'Connor (1988: 501): "constructions may be idiomatic in the sense that a large construction may specify a semantics (and/or pragmatics) that is distinct from what might be calculated from the associated semantics of the set of smaller constructions that could be used to build the same morphosyntactic object". Dies allein macht sie aber nicht zu Phrasemen, denn Phraseme sind per definitionem lexikalische Einheiten und keine syntaktischen Patterns.

Die hier diskutierten Unterschiede zwischen PhK und Phraseoschablonen bzw. modellierten Bildungen, die ich im Weiteren in Anlehnung an Steyer (2014) *rekurrente Syntagmen* nenne, dürfen nicht in dem Sinne verstanden werden, dass die syntagmatischen Muster, die keine fixierten lexikalischen Elemente aufwei-

---

[3] Vgl. auch Kategorien wie *irreguläre syntaktische Konstruktionen* und *syntaktische Phraseme* in Iomdin (2008). Während die Ersteren, so wie Phraseoschablonen, keine lexikalisch fixierten Elemente aufweisen müssen, korrelieren die Letzteren eher mit Phrasem-Konstruktionen.

sen, für die Untersuchung der sprachlichen Verfestigung und Idiomatisierung weniger relevant als PhK sind. Im Gegenteil, sie befinden sich an der Schnittstelle zwischen Phraseologie und Konstruktionsgrammatik und stellen folglich einen aktuellen Forschungsgegenstand dar. Der besondere Status dieser Konstruktionsart ist darauf zurückzuführen, dass diese Chunks einem bestimmten Muster folgen und nicht auf einer produktiven, mehr oder weniger allgemeinen Regel basieren, d. h. sie sind *coined* (im Sinne von Fillmore) und nicht *generated*.[4] Bei unserer terminologischen Diskussion geht es nur um eine klare Abgrenzung der Kategorien, die auch einen praktischen Sinn hat. Lexikographisch können nur Einheiten erfasst werden, die eine fixierte Konstituente haben, die es gestattet, sie einem Eintrag zuzuordnen. Es sei denn, es handelt es sich nicht um ein Wörterbuch im herkömmlichen Sinne, sondern um ein Konstruktikon.[5] Im Vergleich zu rekurrenten Syntagmen besetzen die PhK auf der Lexikon-Grammatik-Skala eine Stelle, die näher am Lexikon-Pol liegt.[6]

Ein gutes Beispiel einer Phrasem-Konstruktion ist das Pattern [X *hin*, X *her*] im Deutschen. Diese PhK steht im Fokus der vorliegenden Arbeit. Ehe ich zur Analyse des empirischen Materials übergehe, seien hier einige allgemeine Bemerkungen erlaubt.

Sowohl aus theoretischer als auch aus praktischer Sicht (im Sinne des Fremdsprachenunterrichts und der lexikographischen Darstellung der PhK) stellt sich die Frage potenzieller Slot-Fillers. Gibt es bei der Besetzung der offenen Slots bestimmte Restriktionen? Wenn ja, sind diese Restriktionen morphosyntaktischer oder semantischer Natur? Die Frage lautet also, ob der Slot-Filler notwendigerweise Mitglied einer bestimmten morphosyntaktischen Kategorie sein muss oder ob seine Zugehörigkeit zu einer bestimmten semantischen Klasse ebenfalls eine Voraussetzung darstellt. Wie weit ist die betreffende semantische Klasse zu fassen? Es ist denkbar, dass die Restriktionen ausschließlich lexikalischer Art

---

4 "We can distinguish two kinds of 'creativity' in language. In one case there is the ability of speakers, using existing resources in the language, to produce and understand novel expressions. In the other case, the one for which we use the term coining, a speaker uses existing patterns in the language for creating new resources." (Fillmore 1997).
5 Zur Struktur eines Konstruktikons siehe u. a. (Ziem 2014).
6 Der Verzicht auf die klare Grenzziehung zwischen Lexikon und Grammatik ist eine der wichtigsten Grundannahmen der Konstruktionsgrammatik. Die Phraseme stehen per definitionem zwischen Grammatik und Lexikon, denn sie sind Lexikoneinheiten, die über eine innere Syntax verfügen. Diese Zwischenposition der Phraseme ist noch deutlicher ausgeprägt als dies bei den abstrakteren Konstruktionen der Fall ist, die auf produktive Patterns zurückzuführen sind. Auch innerhalb der Phraseologie gibt es Abstufungen in Bezug auf die Position auf der Achse zwischen den beiden Polen Grammatik und Lexikon. Je stärker lexikalisch spezifiziert eine Phrasemklasse ist, desto näher liegt sie am Lexikon-Pol.

sind, also nur bestimmte Wörter als Slot-Fillers in Frage kommen. Möglich sind auch klare lexikalische Präferenzen innerhalb einer semantischen Klasse.

Forschungsfragen dieser Art sind erst nach dem Erscheinen großer Textkorpora möglich geworden. Dabei handelt es sich nicht nur um die Ermittlung neuer, bisher unbekannter Restriktionen. Wichtig ist auch die Möglichkeit zu überprüfen, ob manche intuitiv angenommene Einschränkungen (darunter auch kategoriale Restriktionen) den sprachlichen Realitäten entsprechen. Dabei spielt nicht nur die Frage eine Rolle, ob das potenzielle Auftreten einer lexikalischen Einheit in der Variablen-Position (d. h. als X) grundsätzlich möglich ist, sondern auch die Häufigkeit konkreter Slot-Fillers. Dies macht die Analyse großer Datenmengen notwendig.

2 Phrasem-Konstruktion [X *hin*, X *her*] im Deutschen Referenzkorpus

Am Beispiel der deutschen PhK [X *hin*, X *her*] werden in diesem Abschnitt die Vorteile einer korpusbasierten Konstruktionsanalyse aufgezeigt. Es gibt sehr wenige Arbeiten, in denen grammatische, semantische und pragmatische Eigenschaften dieser Phrasem-Konstruktion untersucht werden. Ich kenne nur Finkbeiner (2015, 2017). Auf bestimmte Postulate dieser Arbeiten, die mit den Fragestellungen des vorliegenden Artikels korrelieren, wird weiter unten eingegangen. Sonst wird diese Phrasem-Konstruktion in der Fachliteratur kaum beachtet. In der „Phraseologie der deutschen Gegenwartssprache" wird diese PhK nur kurz behandelt[7] und als eine „Phraseoschablone" mit konzessiver Bedeutung und der Struktur „Substantiv + *hin*, gleiches Substantiv + *her*" beschrieben (Fleischer 1997: 132).

Obwohl der X-Slot meistens tatsächlich durch Substantive besetzt wird, kommen auch Wörter anderer Wortklassen in dieser Position häufig vor; vgl. (1) und (2).

(1) *Gearbeitet hin, gearbeitet her*, das sei ja alles schön und gut. Aber es sei meine Pflicht als Arbeitnehmer, darauf zu achten, daß der Arbeitgeber die vorgeschriebenen Abgaben für die Arbeitslosenversicherung und die Sozialversicherung und was möglicherweise noch anfalle, auch tatsächlich abführe –

---

[7] Beiläufig erwähnt wird die PhK [X *hin*, X *her*] auch in Leuschner (2005; 2006). Mehr dazu in Finkbeiner (2015).

auch bei befristeter oder nur vorübergehender Tätigkeit. (Z84/MAR.00040 Die Zeit, 02.03.1984, S. 69; Ein Prosit dem Frohsinn)

(2) *Peinlich **hin**, peinlich **her*** – wenigstens eine Hoffnung bleibt ihm: Dass die von ihm gewählte Bundeskanzlerin zum Ende ihrer Kanzlerschaft keine Kohlschen Züge zeigt und rechtzeitig von ihrem Amt loslässt. (U05/NOV.01927 Süddeutsche Zeitung, 12.11.2005, S. V1/15; Ein Praktiker im Raumschiff)

Die analysierten DeReKo-Daten zeigen, dass außer Substantiven ganze Nominalphrasen (*zweiter Bildungsweg hin, zweiter Bildungsweg her; freies Wort hin, freies Wort her*), Adjektive bzw. Partizipien (*original hin, original her; bescheiden hin, bescheiden her; einverstanden hin, einverstanden her; besorgniserregend hin, besorgniserregend her; ausgebrannt hin, ausgebrannt her*) und Adverbien (*gerne hin, gerne her*) als Slot-Fillers auch vorkommen.

Als empirische Materialbasis dient das benutzerdefinierte Korpus *Deutsche Zeitungen ab 1980*, Stand: 26. März 2016, Archiv-Release: Deutsches Referenzkorpus (DeReKo-2015-II) auf der Grundlage des W-Archivs der geschriebenen Sprache. Die Suchanfrage war: (hin /+w3 her) %s0 ((hin „und" her) OR (hin „oder" her)), d. h. zwischen *hin* und *her* stehen bis zu zwei Tokens. Das Vorkommen von [X *hin und her*] und [X *hin oder her*] ist dabei ausgeschlossen.[8] Diese Suchanfrage ergab 4292 Treffer, nach der Eliminierung identischer Kontexte 4191 Treffer.

Von 4191 Kontexten zur PhK [X *hin*, X *her*] weichen mindestens 20% der Belege vom „substantivischen" Schema [N *hin*, N *her*] ab. Selbst wenn es sich um eine Wortgruppe mit dem identischen substantivischen Kern in der X-Position handelt, begegnen dabei oft Nominalphrasen, die unterschiedliche Modifikatoren aufweisen und folglich nicht identisch sind; vgl. (3).

(3) *Gekürzter Text **hin**, vollständiger Text **her***: natürlich geht es in Walther Killys Auseinandersetzung mit mir um grundsätzliche Betrachtungsweisen der Literaturwissenschaft. (Z63/MAI.00026 Die Zeit, 03.05.1963, S. 10; Ein deutscher Dichter zwischen Ost und West)

Dabei brauchen X_1 und X_2 nicht unbedingt die gleichen lexikalischen Einheiten zu sein. Für solche lexikalischen Unterschiede sorgen nicht nur Adjektive oder Partizipien, die das Substantiv modifizieren (wie in (3)), das können auch nichtidentische Substantive (4), Nominalphrasen (5), Abbreviaturen und Personennamen (6), Adjektive und Adverbien (7-8) sein. Vgl. auch: *Niedrige Zinsen hin*,

---

[8] Für die Hilfe bei der Bearbeitung der Korpusdaten danke ich Elena Krotova.

attraktiver Standort her; „*Differenzen*" *hin,* „*handfester Krach*" *her; Festanstellung hin,* „*Normalarbeitsverhältnis*" *her;* „*Führungspartnerschaft*" *hin,* „*Schlüsselrolle*" *her;* „*Zeitanalyse*" *hin,* „*Aussage*" *her;* „*Lebensfluten*" *hin,* „*Tatensturm*" *her; dicker Tiroler Zungenschlag hin, zweckentfremdeter Schlachtschussapparat her.* Auf die Möglichkeit, den X-Slot mit nichtidentischen Fillers zu besetzen, weist auch Finkbeiner (2015) hin.[9] Im Allgemeinfall haben wir es hier also nicht mit der PhK [X *hin*, X *her*], sondern mit [X *hin*, Y *her*] zu tun. Einfachheitshalber spreche ich im Weiteren von der PhK [X *hin*, X *her*], selbst wenn die beiden X-Slots – X_1 und X_2 – durch nichtidentische Ausdrücke besetzt wird.

(4) *Nullnummer* **hin**, *Mindestlohn* **her**: Für die Spieler des FC Bayern gilt sowieso der Tarifvertrag für Volksschauspieler. (Z07/DEZ.00396 Die Zeit (Online-Ausgabe), 20.12.2007; Spitzenreiter im Abstiegskampf)

(5) *Mannheimer Dialekt* **hin**, *direkte Ausdrucksweise* **her**: Es gibt Grenzen des guten Geschmacks, findet der SPD-Ortsverein Schönau. (M01/AUG.58329 Mannheimer Morgen, 08.08.2001; „Malermeister" rücken der Endhaltestelle zu Leibe)

(6) Man kann Chens Selbstbeschreibung auch umgekehrt lesen: Er ist nicht nur chinesischer Unternehmer, er ist auch Unternehmer schlechthin. *KP* **hin**, *Merkel* **her**: Er lässt sich natürlich nicht auf Dauer von seinen Peking-Berlin-Plänen abbringen. (Z07/NOV.00546 Die Zeit (Online-Ausgabe), 15.11.2007, S. 36; Sie wollen hier investieren)

(7) *Modern* **hin**, *spontan* **her**: Der Traum von der großen Hochzeit ist auch im 21. Jahrhundert noch längst nicht ausgeträumt. (M06/AUG.66275 Mannheimer Morgen, 23.08.2006; Wie und wo man sich am besten „traut")

(8) *Liberal* **hin**, *links* **her**, das Männer-Magazin lui kündigt auf der Titelseite seiner neuesten Ausgabe eine „Plauderstunde mit Deutschlands härtestem Literatur-Kritiker" an. [...] Das Plauderstündchen („Bedeutet Ihnen der Anblick einer ansehnlichen Frau etwas?") auf schlüpfrigem Forum [...]. (Z80/JUN.00186 Die Zeit, 13.06.1980, S. 63; Zeitlese)

---

[9] "In this construction, two nouns – which may or may not be phonologically identical – are coordinated" (Finkbeiner 2015: 90). Vgl. allerdings (Finkbeiner 2017: 205): "One of the characteristic features of N hin, N her is the identity of the nouns".

Oft handelt es sich dabei um sprachspielerische Verwendungen: vgl. *Euro hin,* „*Teuro*" *her* oder (9) und (10).

(9) *Euro* **hin**, *Öro* **her**: Wie schön könnte es sein, unser Flickenteppichland langsam auch sprachlich zusammenwachsen zu sehen! Da sei unser mit zwei Augen nach Amerika schielendes deutsches Vaterland vor! Wohin wir schauen: ein Sprach-Gulasch aus blöder Anbiederung, eine bürokratische Orgie sprachlicher Diarrhöe, wie sie in keinem halbwegs zivilisierten Land der Erde denkbar wäre. (Z97/708.04098 Die Zeit, 14.08.1997; Off wiädäsähn, Doitshland! [S. 35])

(10) *EU* **hin**, *konform* **her**, der Staat hat das Leben seiner Bürger lückenlos reglementiert. (I98/NOV.46713 Tiroler Tageszeitung, 21.11.1998, Ressort: Motor; Am Zug ist der Gesetzgeber)

Erstaunlicherweise kommen nichtidentische Ausdrücke als Fillers des X-Slots häufiger als identische vor. Von insgesamt 4191 Treffern weisen nur etwa 40% die identischen Slot-Fillers auf, wie in (1) und (2) oben und (11) unten. Etwa 60% aller Treffer folgen dem Schema [X *hin*, Y *her*]. Diese Beobachtung spielt eine entscheidende Rolle sowohl für die adäquate Beschreibung der betreffenden deutschen PhK als auch für die kontrastive Analyse (siehe Abschnitt 3).

Syntaktisch wichtig ist der Artikelgebrauch bei Nominalausdrücken in der X-Position. Egal, ob es sich dabei um einzelne Substantive oder Nominalphrasen mit attributiven Modifikatoren handelt, die nominalen Slot-Fillers werden immer ohne Artikel gebraucht. Es spielt auch keine Rolle, ob die Slot-Fillers vor *hin* und *her* identisch – nach dem Schema [X *hin*, X *her*] – oder nicht identisch – nach dem Schema [X *hin*, Y *her*] – sind.

Ein auffallendes topologisches Merkmal der PhK [X *hin*, X *her*] ist ihre syntaktisch periphere Stellung im Satz. Am häufigsten steht [X *hin*, X *her*] in der linken Außenposition.[10] Vgl. die oben angeführten Belege (1)–(10). Gelegentlich findet sich auch die rechtsperiphere Stellung, d. h. die rechte Außenposition. Darauf weist Finkbeiner (2015: 95–96) hin. Relativ häufig, obwohl viel seltener als in der linken Außenposition, steht die PhK [X *hin*, X *her*] als eine eingeschobene Apposition im Satz. Dabei spielt die Identität der X-Fillers bzw. ihre syntaktische Komplexität keine Rolle; vgl. (11)–(13).

---

10 Ausführlich zu diesem Begriff siehe Wöllstein (2010).

(11) Professor ist *Reife* **hin** *Reife* **her** kein akademischer Grad, sondern eine Dienstbezeichnung. (WDD11/G06.95311: Diskussion: Graduierung (akademisch), In: Wikipedia – URL:http://de.wikipedia.org/wiki/Diskussion:Graduierung_(akademisch): Wikipedia, 2011)

(12) Präsident sein ist *Monica* **hin**, *Hillary* **her**, wahrlich ein harter Job. (I98/DEZ.51630 Tiroler Tageszeitung, 29.12.1998, Ressort: Seite 1; Armer Bill!)

(13) Das Problem Puccini nämlich wird uns – *saisonale Süßigkeiten* **hin**, *regionales Renommee* **her** – bis auf weiteres erhalten bleiben. (U98/DEZ.91593 Süddeutsche Zeitung, 15.12.1998, S. 14, Ressort: FEUILLETON; Allein, es fehlt der Glaube)

Dieser syntaktischen Besonderheit liegen klare semantische und pragmatische Eigenschaften der PhK [X *hin*, X *her*] zugrunde. Die syntaktisch peripheren Positionen sind für diskursive Marker typisch, die außerhalb der propositionalen Ebene der Aussage stehen.

Die Phrasem-Konstruktion [X *hin*, X *her*] weist strukturelle Varianten auf: [X *hin* und X *her*] und [X *hin* oder *her*]. Bei meiner Suchfrage wurde die letztere Variante nicht berücksichtigt, während für die Realisierung der Variante [X *hin* und X *her*] die Korpusdaten zeigen, dass die Identität von X_1 und X_2 keine Rolle spielt (vgl. 14 und 15).[11]

(14) „*Bürgerentscheid* **hin** *und Bürgerentscheid* **her**, die Brücke ist gelungen." Mit diesen Worten eröffnete Günter Eymael, Staatssekretär im Mainzer Ministerium für Wirtschaft, Verkehr, Landwirtschaft und Weinbau, gestern offiziell die neue Amseltalbrücke über die Ahr. (RHZ05/NOV.39397 Rhein-Zeitung, 30.11.2005; Amseltalbrücke eingeweiht)

(15) *Online-Banking* **hin** *und Geldautomaten* **her**: Die persönliche Betreuung schafft erst die Basis fürs Vertrauen. (RHZ97/JUL.14458 Rhein-Zeitung, 22.07.1997; Gefährlicher Balanceakt)

Semantisch handelt es sich bei der PhK [X *hin*, X *her*] um eine konzessive bzw. konzessiv-konditionale Konstruktion. In Fleischer (1997: 132) und Finkbeiner

---

[11] Dies betrifft auch die seltenere Variante [X *hin* oder X *her*]: *Wetter* **hin** *oder Wetter* **her** – das Felsenkeller Open-air hat sich inzwischen offenbar ein echtes Stammpublikum erobert. (RHZ04/JUN.12989 Rhein-Zeitung, 14.06.2004; Plattform für Gefühlswelt)

(2015: 97) wird auf die Möglichkeit einer rein konzessiven Interpretation hingewiesen. Vgl. Kontext (16), in dem der Ausdruck *Kodex hin, Kodex her* mit Hilfe von *obwohl der Ehrenkodex der österreichischen Presse akzeptiert werden muss* paraphrasiert werden kann.

(16) *Kodex **hin**, Kodex **her***: Die Krone treibt es, wie sie's will. (FLT12/MAR.00499 Falter, 28.03.2012, S. 5; Ein Anstandswauwau, der sich selber anbellt: die Volkspartei)

Etwas anders verhält es sich in Kontexten wie (2) und (3), in denen die Konstruktion nicht mit *obwohl* sondern mit *ob X oder nicht X* bzw. *ob X oder Y* zu paraphrasieren ist. Vgl. *peinlich hin, peinlich her* ≈ *ob peinlich oder nicht peinlich* bzw. *gekürzter Text hin, vollständiger Text her* ≈ *ob der Text gekürzt oder vollständig ist*. Mit Verweis auf König (1986: 231) charakterisiert Finkbeiner (2015: 97–98) Kontexte dieser Art als konzessiv-konditional. Dazu gehören auch Kontexte wie (17), weil die Paraphrasierungsmöglichkeit mit Hilfe von *selbst wenn X* ebenfalls für eine konzessiv-konditionale Interpretation der Äußerung spricht (vgl. *doch Erfolg hin, Erfolg her* ≈ *selbst wenn dies erfolgreich ist*).

(17) Das ist der Anfang jener Erfolgsgeschichte, die wir Lesen nennen. Doch *Erfolg **hin**, Erfolg **her***: Könnte nicht auch etwas verlorengehen, weil wir mit der Schrifterkennung ein Hirnareal nutzen, das dann nicht mehr für andere Zwecke zur Verfügung steht? (A10/NOV.06480 St. Galler Tagblatt, 20.11.2010, S. 11; Die Flut im Gehirn)

Die Semantik des Satzes *P* mit der PhK [*X hin, X her*] bzw. [*X hin, Y her*] kann auf den folgenden Kern zurückgeführt werden: Egal, was für *X's* bzw. *X's* und *Y's* vorhanden sind oder auch erwartet werden könnten (*P*), bleiben sie irrelevant für den Wahrheitsgehalt des Satzes *Q*. Somit besteht der semantische Beitrag dieser PhK zur Bedeutung des Satzes in der Herabstufung der Relevanz von *X* bzw. *Y*. Da hinter den Ausdrücken in der Slot-Position, pragmatisch gesehen, Argumente des (potenziellen) Opponenten stehen,[12] handelt es sich hier um die Strategie des Relevanz-Downgrading dieser Argumente.

Gehen wir nunmehr zur Frage über, welche Wörter in der X-Position, d. h. als Fillers der offenen Slots am DeReKo-Material am häufigsten vorkommen und ob diese Präferenzen semantisch bzw. pragmatisch erklärt werden können. Die gewonnenen Korpusdaten wurden mit dem Python-Script bearbeitet. In der

---

12 Vgl. den Titel des Artikels (Finkbeiner 2017) „Argumente hin, Argumente her".

exportierten Datei wurde das Pattern 'hin[,](.*) her' gesucht, d. h. Leerzeichen + *hin* + Komma oder Leerzeichen + alle möglichen Symbole + *her*. Dann wurde ermittelt, welche Wörter vor *hin* und welche vor *her* vorkommen, und die entsprechende Frequenzliste erzeugt.

Da der X-Slot meistens durch Substantive besetzt wird, beschränke ich mich hier auf die quantitative Analyse der PhK-Version [N *hin*, N *her*], d. h. „Substantiv + *hin*, gleiches Substantiv + *her*". Meine Annahme, dass diese Wörter nur potenziell frei einsetzbare Ausdrücke sind, wird aufgrund der analysierten Daten bestätigt (siehe Tabelle 1).[13] Im Usus zeichnen sich klare Präferenzen für bestimmte lexikalische Slot-Fillers ab.

Tabelle 1: Favorisierte Slot-Fillers der Phrasem-Konstruktion [N *hin*, N *her*].

Substantive als Fillers der offenen Slots	Anzahl der DeReKo-Treffer
Krise	80
Wahlkampf	21
Wetter, Tradition	18
Geld, Moral	17
Derby	15
Taktik, Wahl	12
Gesetz	11
Sparpaket	10
Wirtschaftskrise	9
Druck, Statistik, Geheimnis, EU, Euro	8
Freundschaft, Liebe, Titel	7
Regen, Streit, Favorit, Schengen	6

Krise kommt in der X-Position mit Abstand am häufigsten vor, wenn es sich um die PhK-Version „Substantiv + *hin*, gleiches Substantiv + *her*" handelt. Grundsätzlich ist der Gebrauch der Phrasem-Konstruktion [X *hin*, X *her*] eher für die Schriftsprache typisch. Da im DeReKo Pressetexte dominieren, ist es nicht verwunderlich, dass Wörter aus thematischen Domänen wie Wirtschaft, Politik, Sport, Wetter auch als Slot-Fillers der zu untersuchenden PhK stark vertreten sind. Es fragt sich, warum gerade diese Substantive als Fillers der offenen Slots häufiger als andere vorkommen. Rein semantisch weisen diese Substantive kaum gemeinsame Merkmale auf. Sie vertreten unterschiedliche semantische Katego-

---

[13] In Tabelle 1 sind nur die Substantive erfasst, die als Fillers der betreffenden Slots in den analysierten DeReKo-Daten mehr als 5 Treffer aufweisen.

rien und gehören zu verschiedenen thematischen Domänen. Das Einzige, was sie verbindet, ist ihr pragmatisches Potenzial: Sie können alle als Argumente in der Diskussion auftreten. Wie schon gesagt, besteht die pragmatische Strategie des Gebrauchs der PhK [X *hin*, X *her*] in der Herabstufung der Relevanz der Argumente des (potenziellen) Gesprächspartners. Diese Argumente werden nicht als entscheidend dargestellt und dienen als Hintergrund, vor dem eigene (entscheidende) Argumente geäußert werden.

3 Kontrastive Korpusanalyse

Auf den ersten Blick scheint das Russische ein gutes Äquivalent für die deutsche PhK [X *hin*, X *her*] zu haben. Das betrifft allerdings bei Weitem nicht alle Versionen der PhK [X *hin*, X *her*], die in Abschnitt 2 beschrieben wurden, sondern nur die „klassische" Realisation des Patterns [X *hin*, X *her*], nämlich [N *hin*, N *her*], d. h. „Substantiv + *hin*, gleiches Substantiv + *her*". Die russische Konstruktion, die sowohl semantisch als auch pragmatisch dieser PhK-Version am nächsten steht, folgt dem Pattern [N_{nom} N_{instr}], d. h. „Substantiv im Nominativ, gleiches Substantiv im Instrumentalis". Wenn wir nun die deutsche PhK mit den häufigsten Treffern aus Tabelle 1 ins Russische übersetzen, kann das rekurrente Syntagma [N_{nom} N_{instr}][14] als eine äquivalente Konstruktion in allen Fällen eingesetzt werden. Vgl. *Krise hin, Krise her* – кризис кризисом; *Wetter hin Wetter her* – погода погодой; *Tradition hin, Tradition her* – традиция традицией; *Geld hin, Geld her* – деньги деньгами; *Moral hin, Moral her* – мораль моралью. Etwas problematischer verhält es sich mit Komposita wie *Wahlkampf*, weil ihre russischen Entsprechungen Nominalphrasen mit der Struktur [Adj+N] sind. Das semantisch-syntaktische Muster [N_{nom} N_{instr}] bevorzugt eindeutig Nomina ohne attributive Modifikatoren. Jedoch kann die Form *Wahlkampf hin, Wahlkampf her* grundsätzlich mit Hilfe von предвыборная борьба предвыборной борьбой übersetzt werden. Die Google-Suche ergibt zwei Treffer für die Wortkombination предвыборная борьба предвыборной борьбой: https://www.

---

14 Im Unterschied zum deutschen Pattern [X *hin*, X *her*] handelt es sich beim russischen Pattern [N_{nom} N_{instr}] nicht um eine Phrasem-Konstruktion, sondern um ein rekurrentes Syntagma, weil [N_{nom} N_{instr}] keine lexikalischen Anker in der Struktur dieses Ausdrucks als eine obligatorische Bedingung voraussetzt. Mehr dazu in Abschnitt 1. Dieser Unterschied ist für das Ziel der vorliegenden Arbeit eher sekundär. In den beiden Fällen handelt es sich um ein konstruktives Pattern bzw. ein semantisch-syntaktisches Muster.

kommersant.ru/doc/762277 und http://www.okhtyrka.net/component/option,-com_fireboard/Itemid,8/func,view/id,429341/catid,17/limit,20/limitstart,60/

Eine wichtige pragmatische Besonderheit des konstruktiven Patterns [N_{nom} N_{instr}] besteht in ihrem polemischen Potenzial (Apresjan 2015: 60): Sie führt Einwände des Sprechers gegen die Argumente des Opponenten. Bulygina und Šmelev (1997: 313) charakterisieren die betreffende kommunikative Intention als „Widerrede in Gestalt von Zustimmung". Diese Beschreibung kann bedingt auch auf die PhK [X *hin*, X *her*] zutreffen.

Ausgehend von diesen allgemeinen Prämissen kann man erwarten, dass das rekurrente Syntagma [N_{nom} N_{instr}] und die deutsche PhK [X *hin*, X *her*] in ihrer Version mit dem gleichen Substantiv in der X-Position im realen Gebrauch weitgehend übereinstimmen und folglich oft als Übersetzungsäquivalente erscheinen. Um diese Annahme zu überprüfen, wende ich mich den Korpora paralleler Texte des Russian National Corpus (RNC) zu.

Ein erstes Ergebnis scheint etwas unerwartet. In deutsch-russischen und russisch-deutschen Parallelkorpora des RNC (Stand: 26. März 2016) findet sich kein einziger Treffer für die PhK [X *hin*, X *her*], dafür gibt es aber mehrere Treffer für die russische Konstruktion [N_{nom} N_{instr}]. Dieses Ergebnis bedarf einer Erklärung. Da die deutsche Phrasem-Konstruktion [X *hin*, X *her*] eine viel breitere Palette der X-Fillers zulässt als das russische Pattern [N_{nom} N_{instr}], sollte man eher erwarten, dass es [X *hin*, X *her*] mit einer größeren Anzahl der Kontexte kompatibel ist als [N_{nom} N_{instr}]. Die Tatsache, dass es sich damit gerade umgekehrt verhält, ist wahrscheinlich auf stilistische und textsortenspezifische Merkmale der deutschen PhK zurückzuführen. Die deutsch-russischen und russisch-deutschen RNC-Parallelkorpora bestehen – auf ihrem Stand von 2016[15] – ausschließlich aus belletristischen Texten, wobei klassische Werke einen hohen Prozentsatz ausmachen. Diese Besonderheit der Korpuszusammensetzung wirkt sich offensichtlich auf den Gebrauch der zu vergleichenden Konstruktionen aus. Während das russische semantisch-syntaktische Muster [N_{nom} N_{instr}] in der klassischen Literatur des 19. Jahrhunderts ohne Einschränkungen vorkommt, scheint dies für die deutsche PhK [X *hin*, X *her*] nicht der Fall zu sein.

Ferner stellt sich die Frage, welche deutschen Entsprechungen für das russische konstruktive Pattern [N_{nom} N_{instr}] in den Parallelkorpora zu finden sind. Ehe wir zu dieser Frage übergehen, sei noch darauf hingewiesen, dass ein Beleg für [X *hin*, X *her*] in Parallelkorpora doch begegnet, und zwar nicht in RNC, sondern in Sketch Engine.

---

[15] Der Gesamtumfang der deutsch-russischen und russisch-deutschen RNC-Parallelkorpora macht etwa 10 Mio. Wörter aus.

(18) Können wir sie nicht vertreiben ... ... so züchten wir sie eben hinaus. Das sollte genau die richtige Art von Lord nach Schottland bringen. *Steuern* **hin**, *Steuern* **her**, hm? Если мы не можем их выселить, мы выживем их таким образом. Это понравится тем дворянам, которым мы дадим землю в Шотландии. *С налогами или без налогов.*

Die Besonderheit dieser Parallelkorpora besteht darin, dass die Richtung der Übersetzung nicht markiert ist, d. h. es bleibt unklar, welche Sprache dabei die Originalsprache ist. In diesem Fall ist mit großer Wahrscheinlichkeit anzunehmen, dass die Originalsprache weder Deutsch noch Russisch ist, sondern Englisch. Vgl. Kontexte (18) und (19).

(19) If we can't get them out, we'll breed them out. That should fetch just the kind of lords we want to Scotland. *Taxes or no taxes.*

Das Russische folgt in diesem Fall dem englischen syntaktischen Muster: *Taxes or no taxes → С налогами или без налогов.*

Die Originalkontexte aus dem russisch-deutschen RNC-Parallelkorpus, die das konstruktive Pattern [N_{nom} N_{instr}] enthalten, werden in keinem der Fälle mit Hilfe von [X *hin*, X *her*] übersetzt. Ich bringe hier nur zwei Kontexte (20) und (21).[16]

(20) *Мнения мнениями,* а вы видите, какой я добрый и славный малый. [Л. Н. Толстой. Война и мир (том 1) (1865–1869)] *Es gibt nun einmal verschiedene Meinungen,* aber Sie sehen ja, was für ein guter und prächtiger Junge ich bin. [Lew Tolstoi. Krieg und Frieden (1. Band) (Hermann Röhl, 1922)]

(21) Генерал Бетрищев, близкий приятель и, можно сказать, благотворитель, просил навестить родственников... Конечно, *родственники родственниками,* но отчасти, так сказать, и для самого себя [...]. [Н. В. Гоголь. Мертвые души (1835–1852)] Der General Betrischtschew, ein naher Freund und, ich darf wohl sagen, mein Wohltäter, bat mich, seine Verwandten aufzusuchen? Natürlich, *die Verwandten sind wichtig,* doch ich reise zum Teil sozusagen auch zum eigenen Vergnügen [...]. [Nicolaj Gogol. Die toten Seelen (Michael Pfeiffer, 1978)]

Ähnliche Ergebnisse liefert auch die Suche im deutsch-russischen Korpus. Jedes Mal, wenn in der russischen Übersetzung die Struktur [N_{nom} N_{instr}] erscheint, wird

---

[16] Ausführlicher werden die Daten russisch-deutscher Parallelkorpora in Dobrovol'skij (2019) analysiert.

sie im deutschen Original von einem anderen Stimulus als [X *hin*, X *her*] ausgelöst: *was den Hut betrifft* (22), *Vertrauen ist zwar Vertrauen* (23) oder *soll er dich verehren* (24), einer Konstruktion, die auf dem Pattern mit konzessiv-konditionaler Semantik [*soll* SUBJ OBJ V], synonym mit *selbst wenn P*, basiert.

(22) „Hast du beachtet, wie sie grüßte? Beinahe gar nicht. Dabei war meiner unmaßgeblichen Ansicht nach ihr Hut ganz unmäßig geschmacklos..." „Na, *was den Hut betrifft*... Und mit dem Grüßen warst du wohl auch nicht viel entgegenkommender, meine Liebe. Übrigens ärgere dich nicht; das macht Falten." [Thomas Mann. Buddenbrooks (1896–1900)] Ты заметил, как она поклонилась? Едва-едва кивнула. И потом, с моей точки зрения, впрочем ни для кого не обязательной, ее шляпа верх безвкусицы. – Ну, *шляпа шляпой*... а что касается поклона, то и ты была не слишком любезна, дорогая моя! Не сердись, Тони, это старит... [Томас Манн. Будденброки (Н. Ман, 1953)]

(23) *Vertrauen ist zwar Vertrauen*, aber Eduard hat zuviel verschiedene Liköre in der Bar. [Erich Maria Remarque. Der schwarze Obelisk (1956)] *Доверие – доверием*, но у Эдуарда в погребке слишком много крепких напитков. [Эрих Мария Ремарк. Чёрный обелиск (В. Станевич, 1961)]

(24) „Warum sollte er dir Blumen schicken?" „Wir kennen uns schon lange," sagte sie, „und vielleicht verehrt er mich." – „Gut," sagte ich, „*soll er dich verehren*, aber soviel kostbare Blumen, das ist aufdringlich." [Heinrich Böll. Ansichten eines Clowns (1963)] – [...] почему, собственно, он послал тебе цветы? – Мы старые друзья, – сказала она, – может быть, он мой поклонник. – Очень мило, – сказал я, – *поклонник поклонником*, но дарить такой большой букет дорогих цветов – значит навязываться. [Генрих Бёлль. Глазами клоуна (Р. Райт-Ковалева, 1964)]

Die Ursachen für den fehlenden Parallelismus liegen einerseits, wie gesagt, in der Textsortenspezifik der zu vergleichenden Ausdrücke, so dass die Besonderheiten der Korpuszusammensetzung eine entscheidende Rolle spielen können. Andererseits unterscheiden sich die beiden Ausdrücke voneinander durch reguläre kombinatorische Präferenzen, die letzten Endes auf die Spezifik ihrer Semantik zurückzuführen sind.

Die russische Struktur [N_{nom} N_{instr}] verlangt beinahe ausnahmsweise eine adversative Fortsetzung, die mit Konjunktionen *но* oder *а* ‚aber' eingeführt wird; vgl. Belege (20)–(24). Dieses rekurrente Syntagma ist also ein Teil der Konstruktion [P (N_{nom} N_{instr}), *но/а* Q]. Es handelt sich dabei um ein konstruktives Pattern mit konzessiv-adversativer Semantik, während Äußerungen mit der PhK [X *hin*, X *her*], wie unter 2 besprochen, eine konzessive bzw. konzessiv-konditionale Interpretation verlangen.

Diese feinen semantischen Unterschiede äußern sich im kombinatorischen Profil der zu vergleichenden Konstruktionen: Eine adversative Fortsetzung von [X *hin*, X *her*] mit *aber*, *doch* oder *jedoch* ist untypisch. Vgl. Kontexte wie (25) und (26).

(25) *„Gleichgültigkeit* **hin***, Gleichgültigkeit* **her***,* **aber** zu viel Interesse an seinen Mitmenschen ist auch nicht gut. Die geht einem auf den Keks. Wie hältst du das hier aus?«* (DIV/DSS.00001 Dünschede, Sandra: Solomord [Kriminalroman]. – Meßkirch, 28.03.2011)

(26) Ich sage mal: *Besorgniserregend* **hin***, besorgniserregend* **her***,* **doch** Strafe und Knast sind keine geeigneten Mittel, um Kindern und Jugendlichen eine Perspektive aufzuzeigen. (PMV/W03.00075 Protokoll der Sitzung des Parlaments Landtag Mecklenburg-Vorpommern am 30.01.2002. 75. Sitzung der 3. Wahlperiode 1998–2002. Plenarprotokoll, Schwerin, 2002)

Von 4191 Treffern finden sich im analysierten Korpus nur 17 Kontexte mit *aber* und nur 7 mit *doch* nach [X *hin*, X *her*]. Mit *jedoch* in dieser Position gibt es überhaupt keine Treffer. In der Regel stehen *aber*, *doch* oder *jedoch* eher vor der PhK, es handelt sich also um das konstruktive Pattern [*aber/doch/jedoch* P (X *hin*, X *her*), Q].

(27) Sicher, Neid ist eine der fiesen sieben Todsünden, **aber** *Sünde* **hin***, Sünde* **her**: Ist Neid jetzt eigentlich wirklich so schlecht, oder hat er auch was Gutes? (M10/OKT.69319 Mannheimer Morgen, 09.10.2010, S. 23; Über grüne Neidhammel)

(28) Den Vergleich untermauerte das Stadtoberhaupt wiederholt mit Statistiken, die steigende Investitionen in Kinderbetreuung oder Ganztagsschulen ausweisen. **Doch** *Fieber* **hin***, Fieber* **her** – die rund 30 Besucher in der Grund- und Hauptschule äußerten ihre Klagen dennoch. (BRZ10/FEB.02905 Braunschweiger Zeitung, 06.02.2010; Verkehr bleibt vorrangiges Thema)

(29) Als vergangenen Herbst am Jom-Kippur-Tag ein jüdisch-orthodoxes Ehepaar auf ein Klingeln hin seine Haustür öffnete, hätte es den Besucher normalerweise nicht eingelassen: Ein schmächtiger, höflicher Zeuge Jehovas wollte ihnen eine Ausgabe des „Wachturm" überlassen. **Jedoch** *Konfession* **hin***,*

*Konfession **her**,* sie baten den Mann herein. (FOC04/APR.00377 FOCUS, 19.04.2004, S. 178–179; Comeback)

Im Kontext einer expliziten Gegenüberstellung, die ein Teil der Semantik des russischen konstruktiven Patterns [P (N_{nom} N_{instr}), *но/а* Q] ist, bevorzugt das Deutsche Konstruktionen wie [P (*es gibt nun einmal* X), *aber* Q], [P (X *ist zwar* X), *aber* Q] oder [P (X *ist wichtig*), *doch* Q]. Dies scheint eine plausible Erklärung für den fehlenden Parallelismus der Patterns [X_{nom} X_{instr}] und [X *hin*, X *her*] zu sein. Die Profilierung des adversativen Charakters der Äußerung ist eine spezifische syntaktische Besonderheit des russischen Patterns, die es von typischen Kontexten der deutschen PhK [X *hin*, X *her*] unterscheidet und semantische Konsequenzen hat. Zwischen den zu vergleichenden Konstruktionen gibt es ferner einen prosodischen Unterschied, der möglicherweise ebenfalls auf semantische Spezifika zurückzuführen ist. Während in der deutschen PhK [X *hin*, X *her*] der Phrasenakzent auf *hin* und *her* liegt, sind im Russischen die Nomina Träger des Phrasenakzents mit der stärkeren Betonung der zweiten Substantivform N_{instr}. Pragmatisch macht diese prosodische Hervorhebung des „fremden" Arguments die unmittelbar darauf folgende explizite Herabstufung seiner Relevanz notwendig. Dies verlangt eine konzessiv-adversative Äußerungsform. Der Phrasenakzent auf dem „fremden" Argument signalisiert, dass seine Relevanz grundsätzlich akzeptiert wird, nur ist dieses Argument für den Sachverhalt Q nicht entscheidend.

4 Fazit

Phrasem-Konstruktionen als Strukturen mit offenen Slots fanden in der traditionellen Phraseologieforschung wenig Beachtung. Im Zuge der konstruktionsgrammatischen Wende rückt diese Phrasemklasse in den Mittelpunkt des allgemeinen Interesses. Das Instrumentarium der Konstruktionsgrammatik erweist sich besonders in den Bereichen der Sprache als behilflich, in denen es sich um syntaktische Patterns handelt, die gleichzeitig Elemente des Lexikons darstellen.

Mein Untersuchungsgegenstand war hier die deutsche Phrasem-Konstruktion [X *hin*, X *her*]. Die Analyse der Korpusdaten hat gezeigt, dass diese Phrasem-Konstruktion eine Reihe von strukturellen und inhaltlichen Besonderheiten aufweist, die erst dank der Hinwendung zu großen Textkorpora aufgedeckt werden konnten. Zentral für die zu untersuchende Phrasem-Konstruktion war die Frage potenzieller Slot-Fillers. Die analysierten Korpusdaten ermöglichen es, nicht nur die Frage zu beantworten, ob es bei der Wahl potenzieller Fillers der offenen Slots Restriktionen gibt, sondern auch die Frage nach der Häufigkeit konkreter Slot-Fillers. Die traditionelle Beschreibung der Phrasem-Konstruktion [X *hin*, X *her*] geht davon aus, dass es sich bei X um gleiche Substantive handelt. Die Korpusanalyse hat gezeigt, dass auch Wörter anderer Wortklassen in dieser X-Position häufig vorkommen, obwohl der X-Slot meistens tatsächlich durch Substantive oder Nominalphrasen besetzt wird. Was die Forderung nach der Identität der Variablen in [X *hin*, X *her*] betrifft, hat sie sich als nichtzutreffend erwiesen. Die Fillers X_1 und X_2 brauchen nicht unbedingt die gleichen lexikalischen Einheiten zu sein. Nichtidentische Ausdrücke als Fillers des X-Slots kommen im analysierten DeReKo-basierten Korpus sogar häufiger als identische vor.

Es wurden ferner favorisierte Slot-Fillers ermittelt. Dabei überwiegen Wörter aus thematischen Domänen wie Wirtschaft, Politik, Sport, Wetter, was möglicherweise dadurch erklärt wird, dass im untersuchten Korpus nur Pressetexte vorkommen.[17] Rein semantisch weisen diese Wörter kaum gemeinsame Merkmale auf. Das Einzige, was sie verbindet, ist ihr pragmatisches Potenzial: Sie können alle als Argumente in der Diskussion auftreten. Die pragmatische Strategie des Gebrauchs der Phrasem-Konstruktion [X *hin*, X *her*] besteht in der Herabstufung der Relevanz der Argumente des (potenziellen) Gesprächspartners, daher ist der potenziell argumentative Charakter der Slot-Fillers eine zu erwartende Besonderheit.

Die kontrastive Korpusanalyse konzentrierte sich auf den Vergleich der deutschen Phrasem-Konstruktion [X *hin*, X *her*] mit dem russischen Ausdrücken, die dem Pattern [N_{nom} N_{instr}], d. h. „Substantiv im Nominativ, gleiches Substantiv im Instrumentalis", folgen. Diese russischen Ausdrücke stehen der PhK [X *hin*, X *her*] sowohl strukturell als auch inhaltlich sehr nahe. In den Fällen, in denen das Muster [X *hin*, X *her*] in der Version „Substantiv + *hin*, gleiches Substantiv + *her*" realisiert wird, scheinen die Patterns [X *hin*, X *her*] und [N_{nom} N_{instr}] synonym zu sein. Allerdings findet sich in russisch-deutschen und deutsch-russischen Parallelkorpora des RNC kein einziger Kontext, in dem die beiden Konstruktionen korrelieren würden. Die Ursachen für den fehlenden Parallelismus liegen einerseits in der Textsortenspezifik der zu vergleichenden Ausdrücke und in der Zusammensetzung der beiden Korpora DeReKo *Deutsche Zeitungen ab 1980* und RNC. Andererseits unterscheiden sich die Konstruktionen [X *hin*, X *her*] und [N_{nom} N_{instr}] durch reguläre kombinatorische Präferenzen, die auf die Spezifik ihrer Semantik zurückzuführen sind. Während Äußerungen mit der Phrasem-Konstruktion [X *hin*, X *her*] eine konzessive bzw. konzessiv-konditionale Interpretation verlan-

---

[17] Diese Annahme müsste durch eine Vergleichsanalyse validiert werden, z. B. mit dem deutschen Webkorpus in Sketch Engine *deTenTen13*.

gen, handelt es sich bei [N$_{nom}$ N$_{instr}$] um ein konstruktives Pattern, das in Kontexte mit konzessiv-adversativer Semantik eingebettet ist.

Literatur

Apresjan Valentina Ju. (2015): *Ustupitel'nost': mechanizmy obrazovanija i vzaimodejstvija složnych značenii v yazyke*. Moskva: Jazyki slavjanskoj kul'tury.

Bulygina Tat'jana V. & Aleksej D. Šmelev (1997): *Jazykovaja konceptualizacija mira (na materiale russkoj grammatiki)*. Moskva: Škola „Jazyki russkoj kul'tury".

Černyševa, Irina I. (1980): *Feste Wortkomplexe des Deutschen in Sprache und Rede*. Moskva: Vyšsaja škola.

Černyševa, Irina I. (1986): Phraseologie. In Marija D. Stepanova & Irina I. Černyševa (Hrsg.), *Lexikologie der deutschen Gegenwartssprache*. 2. Aufl. (1. Aufl. 1975), 175–230. Moskva: Vyšsaja škola.

Dobrovol'skij, Dmitrij (2011): Phraseologie und Konstruktionsgrammatik. In: Alexander Lasch & Alexander Ziem (Hrsg.), *Konstruktionsgrammatik III. Aktuelle Fragen und Lösungsansätze*, 111–130. Tübingen: Stauffenburg.

Dobrovol'skij, Dmitrij (2019): „Pokazateli bezrazličija" v russko-nemeckom korpuse parallel'nych tekstov. In: *Trudy Instituta russkogo jazyka im. V.V. Vinogradova*. Vyp. 21. Nacional'nyj korpus russkogo jazyla: issledovanija i razrabotki, 202–212. Moskva: IRJa RAN,.

Fillmore, Charles J. (1997): *Construction Grammar Lecture Notes*. Ms. http://www.icsi.berkeley.edu.

Fillmore, Charles J., Paul Kay & Mary Catherine O'Connor (1988): Regularity and idiomaticity in grammatical constructions: the case of *let alone*. *Language* 64 (3), 501–538.

Finkbeiner, Rita (2015): The grammar and pragmatics of *N hin, N her* ("N thither, N hither") in German. *Pragmatics and Society* 6:1. 89–116.

Finkbeiner, Rita (2017): "Argumente *hin*, Argumente *her*": Regularity and idiomaticity in German *N hin, N her*. *Journal of Germanic Linguistics* 29 (3), 205–258.

Fleischer, Wolfgang (1997): *Phraseologie der deutschen Gegenwartssprache*. 2. durchges. u. erg. Aufl. Tübingen: Niemeyer.

Iomdin, Leonid L. (2008): V glubinach morfosintaksisa: odin leksičeskij klass sintaksičeskich frazem. *Computational Linguistics and Intellectual Technologies*. Papers from the Annual International Conference "Dialogue 2008" 7 (14), 178–184. Moscow: Russian State Univ. for the Humanities.

König, Ekkehard (1986): Conditionals, concessive conditionals and concessives. In Elisabeth C. Taugott, Alice Ter Meulen, Judy S. Reilly & Charles A. Ferguson (Hrsg.), *On Conditionals*, 229–246. Cambridge: Cambridge University Press.

Leuschner, Torsten (2005): „Ob blond, ob braun, ich liebe alle Frau'n". Irrelevanzkonditionale als grammatikalisierter Diskurs. In Torsten Leuschner, Tanja Mortelmans & Sarah De Groodt (Hrsg.), *Grammatikalisierung im Deutschen*, 279–307. Berlin: Walter De Gruyter.

Leuschner, Torsten (2006): *Hypotaxis as building-site. The emergence and grammaticalization of concessive conditionals in English, German and Dutch*. Munich: Lincom Europa.

Ožegov, Sergej I. (1974): O strukture frazeologii (v svjazi s proektom frazeologičeskogo slovarja russkogo jazyka). In, Sergej I. Ožegov (Hrsg.), *Leksikologija – Leksikografija – Kul'tura reči*, 182–219. Moskva: Vyšsaja škola,
Steyer, Kathrin (2014): *Usuelle Wortverbindungen: Zentrale Muster des Sprachgebrauchs aus korpusanalytischer Sicht*. Tübingen: Narr.
Wöllstein, Angelika (2010): *Topologisches Satzmodell*. Heidelberg: Winter.
Ziem, Alexander (2014): Konstruktionsgrammatische Konzepte eines Konstruktikons. In: Alexander Lasch & Alexander Ziem (Hrsg.), *Grammatik als Netzwerk von Konstruktionen. Sprachliches Wissen im Fokus der Konstruktionsgrammatik*, 15–34. Berlin: De Gruyter.

Digitale Ressourcen

DeReKo – Das Deutsche Referenzkorpus des IDS Mannheim im Portal COSMAS II (Corpus Search, Management and Analysis System). URL: https://cosmas2.ids-mannheim.de/cosmas2-web>
RNC – Russian National Corpus = Nacoinal'nyj korpus russkogo jazyka: http://www.ruscorpora.ru
Sketch Engine OPUS2 parallel corpora. URL: https://www.sketchengine.eu/opus-parallel-corpora-2/

Evelin Balog, Armine Garibyan & Thomas Herbst

The complexities of constructions in contrast – *the way* to making one's *own* bed in English, German, Hungarian and Russian

1 From appendix to heart: Phraseology and construction grammar

1.1 The phraseological nature of language

While it would probably be a little unfair to accuse structuralist linguists of not having seen the wood for the trees, it is certainly true to say that ever since de Saussure's *Cours de linguistique générale*, structuralist and generative models did not attribute a central place to phraseology. To the extent that phraseology was taken into account at all, it was seen more as an appendix of oddities rather than anything at the core of the nature of language.[1]

As far as the study of English is concerned, the tribute for putting phraseological phenomena at the top of the agenda will have to be given to work in corpus linguistics, notably that of John Sinclair (1991) and his formulation of the idiom principle, which makes idiomaticity a central feature of language. The emergence of Cognitive Grammar and Construction Grammar has brought with it a parallel paradigm shift away from the belief that the essence of language could be captured by a number of very abstract rules, as pointed out by Croft & Cruse (2004: 225) (see also Gries 2008 and Boas & Höder (2018: 5)):[2]

> It is not an exaggeration to say that construction grammar grew out of a concern to find a place for idiomatic expressions in the speaker's knowledge of a grammar of their language. The study of idioms led to calls for a rethinking of syntactic representation for many years before construction grammar emerged . . . At least partly independently of construction grammar,

---

[1] For notable exceptions see Gries (2008).
[2] For the role of idiosyncrasies and idiomaticity in Construction Grammar see also Schafroth & Imperiale (2019: 95).

Note: Each of the three authors of this paper is responsible for the statements about their respective mother tongues, i.e. Evelin Balog for Hungarian, Armine Garibyan for Russian and Thomas Herbst for German. The overall framework is our joint approach, of course. We would like to thank Ewa Dąbrowska, Laura Becker, Michael Klotz and Miguel Llompart Garcia for fruitful discussions and suggestions and two reviewers for their comments.

Open Access. © 2022 Evelin Balog et al., publiziert von De Gruyter. Dieses Werk ist lizenziert unter einer Creative Commons Namensnennung 4.0 International Lizenz.
https://doi.org/10.1515/9783110770209-010

a number of researchers have emphasized the need to represent linguistic knowledge in a construction-like fashion. But in cognitive linguistics, these concerns led to a grammatical framework in which all grammatical knowledge is represented in essentially the same way.

Without wishing in any way to devalue the enormous amount of work done in the field of phraseology in a number of different linguistic frameworks (Granger & Meunier 2008; Gläser 1990; Fleischer 1997; Dobrovol'skij 2009) and in lexicography (Cowie & Mackin 1975; Cowie, Mackin & McCaig 1983),[3] this passage from Croft and Cruse illustrates quite clearly where the added value of a constructionist treatment lies – namely in the integration of phraseological phenomena into a comprehensive cognitive model of language. Compartmentalists might deplore this because in a way it means the end of phraseology as a subdiscipline of linguistics – at least in the sense that questions of the type whether a particular combination of words should be classified as an idiom, a collocation or a member of some third category become pretty pointless once we recognize that we are dealing with a constructional space that ranges from the very item-specific/lexical to the very general/grammatical – a space that we can imagine as being filled by partly overlapping clusters:

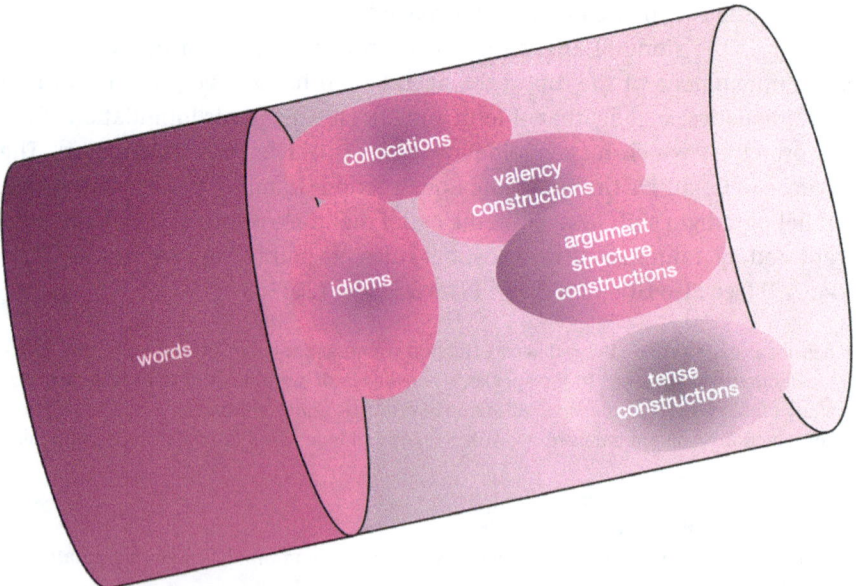

Figure 1: Constructional space.

---

3 For work on collocation see e.g. Hausmann (1984); Hausmann (2004); Siepmann (2005); Siepmann (2006); Gilquin (2007); Herbst (1996); Herbst (2011).

What Figure 1 is supposed to indicate is that we do not assume there to be any sharp dividing lines between lexis and grammar – an assumption which is shared by many cognitive and constructionist linguists (Langacker 2008; Goldberg 2006; Hilpert 2008; Hilpert 2020; Herbst 2018) as well as by Sinclair (2008ab). Imagining a constructionist space with no sharp boundaries does not mean, however, that we cannot shine spotlights onto particular areas in which we can make out clusters of constructions (in the construction grammar use of construction as defined below) which show similarities in certain respects. This is quite obvious when one looks at some of the constructicon projects which are being undertaken at the moment, which largely aim at particular areas of phraseology, e.g. for German (Ziem 2014; Ziem & Boas 2017; Ziem, Flick & Sandkühler 2019; Zeschel & Proost 2019), Japanese (Ohara 2018), Brazilian Portuguese (Torrent et al. 2018), Swedish (Lyngfelt et al. 2018).[4] Nevertheless, one can observe a certain shift in these projects towards a focus on "phraseologisms we live by" – the parallel being that in many cases the units studied now may not have been phraseological enough to have received a lot of attention in the past.[5]

This article will deal with two such low level phraseologisms, both of which involve 'self-action' in a way that the contribution of the AGENT receives prominence of some sort. One of these is the so-called *way*-construction, one of the prototypical examples often used to justify the notion of construction, while the other one, the *own*-AGENT construction has, as far as we are aware, received no great discussion in the literature so far. The aim of this article is to investigate to what extent a case can be made for the existence of constructions corresponding to these English ones in German, Hungarian and Russian. For this reason, we are going to discuss the principles underlying contrastive analysis in the next section and issues concerning the application of Construction Grammar to contrastive analysis in 1.3.

1.2 Ideally . . . – full and partial equivalence

Ideally, contrastive analysis presupposes an independent description of two or more languages within the same theoretical framework (Burgschmidt & Götz 1974: 26).[6] The principal options are to proceed either

---

[4] For a related project for Italian which does not claim to be a constructicon see Schafroth & Imperiale (2019). For English see Herbst (2016); Herbst & Uhrig (2019); Patten & Perek (2019).
[5] See Lakoff & Johnson (1980).
[6] For a survey of the development of contrastive linguistics and basic principles see Burgschmidt & Götz (1974); König & Gast (2018); Boas (2010). Of course, one has to treat established formal catego-

- onomasiologically, i.e. to begin with a concept such as "time" and investigate how it can be expressed in the languages analyzed, or
- semasiologically, i.e. to take formal categories such as "present tense" as the starting point and compare which meanings can be expressed by these forms in the respective languages.

This article is situated within the framework of Construction Grammar: we would thus consider a construction C_1 in language L_1 and a construction C_A in language L_A to be fully equivalent with one another if and only if the same and only this meaning can be expressed by particular forms F_1 and F_A in the respective languages (as shown in Figure 2).[7] If a construction C_1 can be used in L_1 with the same meaning and in all contexts in which a construction C_A is used in L_A, but also in other contexts with a different meaning, we regard them as being partially equivalent.[8]

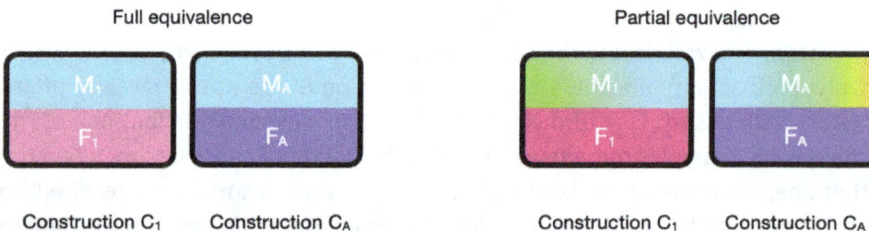

Figure 2: Full and partial equivalence of constructions in different languages (F: form; M: meaning).

In most areas of linguistic description, one would not normally assume to find one-to-one correspondences in the form of full equivalence. However, one area where such equivalence can be claimed to be found between languages are nouns denoting clearly delimited things (in the sense of Langacker 2008). For example, it would be difficult to argue that there is a difference in meaning between the following nouns in the respective languages:

---

ries with great caution when applying them to different languages – an objection also raised e.g. by Cristofaro (2009); Haspelmath (2010).

7 Note that we are using the subscripts 1 and A in order to avoid prioritizing either of the two languages.

8 For equivalence in different approaches to contrastive analysis see Burgschmidt & Götz (1974: 68–94).

(1) a. Bushaltestelle$_{DE}$ – bus stop$_{EN}$ – busshållplats$_{SW}$ – bushalte$_{NL}$ – автобусная остановка$_{RU}$
   b. Synapse$_{DE}$ – synapse$_{FR}$ – synapsi$_{IT}$
   c. Küste$_{DE}$ – kust$_{NL}$ – kust$_{SW}$

Interestingly, a second area in which we can make a case for full equivalents is presented by idioms or set phrases. This very often is due to the fact that quotations from famous works of literature such as (2) have come to be used in several languages or to loan effects arising from translation as in (3) (Herbst 1994; Herbst 2015):[9]

(2) a. Ich kenne meine Pappenheimer.$_{DE}$
      [I know my Pappenheimers.]
      (I know what to think of such people.)[10]
   b. Ik ken mijn Pappenheimers.$_{NL}$

(3) a. The early bird catches the worm.
   b. Der frühe Vogel fängt den Wurm.$_{DE}$

On the other hand, L_1 lexemes that can be analyzed as polysemous are instances of partial equivalence, if the corresponding lexemes in the L_A only cover some of the senses of the L_1 lexeme.

(4) a. It was pleasant out of doors and I went for a walk, down by the station, along the Wharf and across the promenade. (BNC-GWB-854)
   b. After Franks had left, Wycliffe went to pay a courtesy call at the local station. (BNC-GWB-583)

Even if only the initiated (in the sense of people familiar with Cornish towns and/or W.J. Burley's series of novels) will be able to immediately interpret *station* in (4a) as a railway station and in (4b) as a police station, this becomes perfectly clear from the contexts in which the word *station* is used. The German lexemes *Bahnhof* (train station) and *Polizeidienststelle* (police station) can thus be seen as being fully equivalent to the lexical units of the lexeme *station* in English exem-

---

9 We wish to point out, however, that this paper will not investigate the causes of parallels or differences between languages, i.e. issues of relatedness and cultural contact will not be pursued here.
10 Square brackets indicate word-for-word translations, round brackets more idiomatic translations.

plified above. The word *Station* exists in German as well, but only in very few contexts (*next station Princeton Junction – nächste Station Erlangen*) does it correspond to *station*; the lexemes *station*$_{EN}$ and *Station*$_{DE}$ are thus partial equivalents only. Note that this linguistic use of the term equivalence is, of course, different from its use in translation theory because the latter always refers to two expressions in a particular context in a given text and not to any kind of equivalence between linguistic signs or constructions as such.[11]

1.3 Less ideally – "constructions are language specific"

In fact, it may be doubted whether it is possible to make any claims about constructions being fully equivalent cross-linguistically, as pointed out by Croft (2001: 283):[12]

> Constructions are language-specific, and there is an extraordinary range of structural diversity of constructions encoding similar functions across languages.

It does not automatically follow that fully equivalent constructions across languages do not exist; in fact, the examples mentioned above are cases in point. To what extent any such equivalence between more abstract constructions can be claimed depends, of course, on the degree of specificity we are trying to capture. Let us take Goldberg's (2019: 7) definition of constructions as a basis:

> emergent clusters of lossy memory traces that are aligned within our high- (hyper!) dimensional conceptual space on the basis of shared form, function, and contextual dimensions.

Can "shared function" then be a sufficient criterion for cross-linguistic equivalence, or "shared function" and "shared contextual dimensions"? In what sense can forms be considered to be equivalent – for instance is a German dative equivalent to an English indirect object? Furthermore, does talking about equivalence entail that the "same" items (i.e. items that can be considered to be equivalents of each other in some way or other) occur in both constructions? Would we – and this is a point that will become relevant later on – consider productivity to be a relevant criterion for establishing equivalence?

In other words, a Construction Grammar approach to contrastive analysis is faced with a great number of issues, which we, quite clearly, will not be able to

---

[11] For the concept of equivalence in translation theory see e.g. Coseriu (1978); Reiß & Vermeer (1984); Hönig & Kußmaul (1984); Koller (1983) or Stolze (2008).
[12] For a discussion of Croft's views see Boas (2010: 57).

solve in this article. Methodologically, the biggest of these issues is that – despite, as pointed out above, constructicon projects being under way for a number of languages (Ziem 2014; Herbst 2016; Herbst 2019; Lyngfelt, Borin & Ohara 2018) – at the time of writing no comprehensive description in constructionist terms exists for English, let alone any other language. Although this means that at present we are nowhere near a situation in which we were able to compare two languages on the basis of independent descriptions within the same framework as demanded by Burgschmidt & Götz (1974). Nevertheless, it may be worthwhile to investigate to what extent we can find correspondences between constructions that we can identify for English and those used in other languages to express the same or similar meanings – even if this can only be a first step towards a more comprehensive analysis. This is very much in line with Boas (2010: 11–12):

> Without going into too many details about the design of a future constructicon, I suggest that it is in principle feasible to arrive for each language at a complete inventory of lexical units, the frames they evoke, and the grammatical constructions in which they participate. Once such an inventory is in place for two languages, a contrastive analysis of how specific meanings are mapped to different forms . . . is possible. Expanding this methodology to more languages will eventually yield broader constructional generalizations of the type that Croft (2001) has in mind. It is important to remember that this alternative approach is in principle compatible with Croft's approach . . . It also takes the notion of language-specific constructions serious while at the same time insisting on a radical bottom-up approach.

In what follows, we will concentrate on two English constructions that both involve self-involvement – the widely-discussed WAY construction and a construction we will refer to as the OWN-self-action construction – and explore possible equivalents in another Germanic language, German, as well as in Hungarian and Russian. One of the aims of this paper is to demonstrate what role generalization and item-relatedness play in the various constructions (Herbst 2020a).

2 The English WAY construction and equivalent expressions in German, Hungarian and Russian

2.1 The English WAY construction

As pointed out above, constructions cannot be expected to have direct equivalents in other languages. A case in point is presented by the English WAY construction, where we are more than hesitant to posit the existence of fully equivalent constructions in Russian and German (Herbst & Garibyan 2021).

The English WAY construction can be characterized as follows (Herbst & Garibyan 2021):[13]

The WAY construction			
A CREATOR creates an EFFECTED way of getting to a GOAL			
CREATOR		EFFECTED	PATH/GOAL
NP	**make** **find** work force push fight pick wind feel talk weave thread buy eat grope wing worm elbow shoulder smash etc.	PERS PRON$_{gen}$ way	PP
Robyn Penrose	is making	her way	to Lecture Room A
Note: The construction can also be used to describe an activity (usually one of producing sounds): … a group of New York kids singing their way into the hearts of millions around the world.$_{COCA09S}$			

Figure 3: A representation of the way construction indicating its meaning, argument roles and argument realizations. (Different size of type face provides an indication of frequency).[14]

Figure 3 provides information about the meaning of the construction as such, the semantic roles of the argument slots, the formal realization of the arguments as well as a collo-profile for the verbs to be observed as occurring in this construction – based on the view that highly entrenched slot fillers ought to be seen as an integral part of a construction (Herbst 2020a).[15]

Semantically, the construction can be characterized as having a means sense and a manner sense, which is treated as an extension of the means sense by Goldberg (1995: 203–204).[16] Furthermore, it entails the idea of a difficulty which has to be overcome (by the creation of a PATH) (Goldberg 1995: 204). One of the most

---

13 See e.g. Goldberg (1995: 199–218); Israel (1996); Verhagen (2003: 32-33); Kuno & Takami (2004).
14 Based on the following searches in the BNC: {*/V} (my|our|your|his|her|its|their) way (to|into| towards|in|on|onto|out|under|over|through|toward|across|behind|beyond) and {*/V} (my|our| your|his|her|its|their) way (there|here). Cf. Herbst & Garibyan (2021).
15 See also the format used for the representation of the nice-of-you construction by Goldberg & Herbst (2020).
16 See Levin & Rapoport (1988) and Jackendoff (1990) for this distinction. For Dutch see Verhagen (2003).

outstanding characteristics of the English WAY construction is its productivity, which gives rise to what one might call creative uses such as the ones under (5):

(5) a. On Earth, sinuous, single-channel streams **carve** their way through some permafrost landscapes... (COCA07M)
   b. ... we have seen a premier athlete **complain** his way to the team of his choice. (COCA04N)
   c. ... the Blackhawks **powered** their way to a 33-14 win over the Tigers. (COCA18N)
   d. ... he **trumpeted** his way into press conferences and clubhouses. (COCA94M)
   e. Renamed the Titans, they **fought** their way to the Super Bowl in 2000. (COCA10S)

2.2 Expressions with German *Weg* and Russian *путь*

In German and Russian, we find examples such as (6b) and (6c), which are parallel to the use of the WAY construction in (6a):

(6) a. It also removes stones and plastic trash that may have found their way into the compost pile. (COCA11M)

   b._{DE} Vielleicht nutzt es wenigstens, wenn Lösungsvorschläge ihren Weg in den Wahlkampf finden. (DWDS-DieZeit-21-7-16)

   [... for suggestions their way into the election campaign find.]
   (Perhaps it is of some use if concrete suggestions find their way into the election campaign.)

   c._{RU} Операционная система Linux и разработанные в её среде приложения ищут свой путь к деньгам потребителя. (RNC)

   [Operating system Linux and applications developed in its environment are searching their way to customers' money.]
   (The operating system Linux and related apps are interested in their customers' money.)

One could argue, that, like (6a), (6b) and (6c) express the creation of a PATH, which is not the case with sentences with an indefinite or a definite article in German or no article in Russian:

(7) a.₀ₑ Immerhin hatten acht Herren aus Burkina Faso den Weg nach Bremen gefunden, um dem europäischen Publikum die Wurzeln ihrer Musikkultur vorzustellen. (taz19900215art297)

[After all had eight gentlemen from Burkina Faso the way to Bremen found . . .]
(After all, eight gentlemen from Burkina Faso had come to Bremen to introduce the European public to the roots of their music culture.)

b.₀ₑ Mitten in die Drangperiode der Dänen aber fiel in der 29. Minute der Führungstreffer durch Zorc [. . .], im zweiten Schußversuch aber den Weg ins Tor fand. (taz93-12-10)

[. . . in second kick-attempt but the way into goal found.]
(Right in the middle of the phase when the Danes were piling up the pressure, Zorc put them ahead in the 29ᵗʰ minute with a goal which went in on the seoncd attempt.)

c.ᵣᵤ . . .они начинают искать пути к бессмертию. (RNC)

[. . .they start searching ways to eternal life.]
(. . .they start looking for ways to attain eternal life.)

However, uses of *POSS WEG* and *POSS ПУТЬ* seem to be restricted to a very small number of verbs. In German,[17] however, there are quite a few cases with *POSS WEG* and a reflexive pronoun such as

(8)₀ₑ a. Ein Pick-Up bahnt sich seinen Weg durch das Schneetreiben in Wisconsin. (DWDS-DieZeit-211212)

[A pick-up truck creates itself its way through the snowstorm in Wisconsin.]
(A pick-up truck winds its way through the snowstorm in Wisconsin.)

b. Die Bürgerinnen und Bürger der DDR erkämpften sich ihren Weg zu einem Staat, der nicht bloß dem Namen nach demokratisch scheint, sondern wirklich demokratisch ist. (DWDS-Rede-091009)

[The citizens of the GDR fought themselves their way to a state . . .]
(The citizens of the GDR fought their way to having a state that is not only democratic by name but truly democratic by nature.)

---

17 For the role of the reflexive in Dutch see Verhagen (2003: 34–39).

c. Das Licht, so scheint es, suchte sich seinen Weg in den industriellen Prozeß. (taz-19880727-art069)

[The light, so seems it, sought itself its way into the industrial process.]
(Light, it would seem, found its way into the industrial process.)

d. ... der Barde wuselt sich seinen Weg in den Eröffnungssong. (taz1988 1224art58)

[... the bard bustles himself his way into the opening-song.]
(... the bard bustles his way into the opening song.)

The German taz corpus (445 m word newspaper corpus) contains examples of this pattern with verbs such as *bahnen* (create a way) – see also Dutch *banen* (Verhagen 2003),[18] *suchen* (seek), *erkämpfen* (achieve by fighting), *freischießen* (create a way by shooting), *äsen* (eat), *brechen* (break), *fressen* (eat), *graben* (dig), *schlängeln* (snake) etc. Since most of these verbs also occur with the definite and/or indefinite article (*der/einen Weg*), it would be difficult to argue that these instances justify postulating a *POSS Weg*-construction in present-day German that corresponds to the English WAY construction.

The situation for Russian is rather similar.[19] In the Russian National Corpus (289 million words) we identified 205 cases which could potentially be analyzed in terms of a WAY construction – potentially, because this depends to a considerable extent on the (literal or metaphoric) interpretation of the meaning of *путь*. Thus, having 28 unique verbs occurring in patterns that are similar to the English WAY construction with respect to form and meaning does not necessarily mean that we could claim to have sufficient evidence to support the identification of such a construction in Russian, especially since the verbs in question also occur with *путь* and demonstrative determiners to express similar meanings.[20]

---

18 See also Verhagen (2003: 36) on the difference between English and Dutch: "So whereas English has, so to speak, opted for the strategy of using a verb with such a general meaning that it exactly fits the role of the verb slot in the construction (...), Dutch employs a verb that is highly specific for the construction for the same purpose."
19 The query for the search of the Russian WAY construction: V + свой | её | мой | твой | его | их | ваш | наш + путь $_{acc}$ + в | на | у | к | из | с | по | со | через | вниз | верх | мимо | до (PREP) returns 443 hits in a 289-million-word corpus. Then, out of 443 cases, 238 hits were excluded since they did not share the meaning of the WAY construction and/or the same form.
20 This all the more so since Russian verbs often have different prefixes (sometimes hardly with any change in meaning), which makes them different lexical units although they have the same root, e.g. сделать and проделать (DO).

2.3 The Hungarian ÚT V MAGÁNAK construction

In Hungarian, the situation is different in that there are no expressions of this kind with a possessive pronoun or determiner occurring before the noun *út*. However, the idea of creating a PATH can be expressed in Hungarian by using the noun *út* in combination with the reflexive pronoun *magának* as in (9):[21]

(9)$_{HU}$ a. A fent összetorlódott jégben keskeny utat vágott magának a patak vize. (HUNGARIAN WEB 2012)

[A top tumbled ice$_{inessive}$ narrow way$_{acc}$ cut itself$_{dative}$ the creek water$_{gen}$.]
(The water from the creek cut its way through the pack ice.)

b. Egyetlen napsugár utat talált magának a sűrű felhőtakaró között. (HUNGARIAN WEB 2012)

[Single sunshine way$_{acc}$ found itself$_{dat}$ the dense cloud in-between.]
(A single ray of sunshine found its way through the dense clouds.)

c. És akár valami gőzhenger, utat tiport magának a bozótban. (HUNGARIAN WEB 2012)

[And like something steamroller way $_{acc}$destroy himself$_{dat}$ the scrub$_{inessive}$.]
(And, like a steam roller, he ploughed his way through the scrub.)

d. Sarkon fordult, könyökével utat tört magának a tömegben . . . (HUNGARIAN WEB 2012)

[Corner$_{supressive}$ turned, elbow$_{instr}$ way$_{acc}$ broke himself$_{dat}$ the crowd$_{inessive}$.]
(He turned around and elbowed his way through the crowd . . .)

It has to be pointed out that the Hungarian ÚT V MAGÁNAK construction can only be used with concrete PATHs and is dominated by four verbs – e.g. *vág* (cut), *tör* (break), *talál* (find), *keres* (seek)[22] – which together seem to make up for over 80% of the uses in the Hungarian web 2012 corpus (HUTENTEN12).[23]

---

[21] For Hungarian the Hungarian web corpus (huTenTen12) (2,572,620,694 words) was used. See https://www.sketchengine.eu/corpora-and-languages/corpus-list/ and Jakubíček et al. (2013).
[22] As in Dutch (Verhagen 2003: 38), there are no means-uses in Hungarian.
[23] Our thanks go to Professor Dr. László Kálmán (Eötvös Loránd University; Hungarian Academy of Science, Research Institute for Linguistics) for his advice on this point. We would not wish to claim that the Hungarian and the English constructions are fully equivalent since the Hungarian construction covers only some of the meanings of the English construction.

2.4 Ways without PATHS

Interestingly, the meaning of the Hungarian ÚT MAGÁNAK construction preserves the meaning of creating a PATH even if it is used without the PATH being expressed as in (10):

(10)$_{HU}$ Ám a bennünk élő kíváncsiság utat tör magának. (HUNGARIAN WEB 2012)

[but the us$_{dat}$ living curiosity way break itself$_{dat}$.]
(But the curiosity inside us forced its way out.)

We can find such sentences in German and English as well, but they seem to be restricted to referring to the future development of persons' lives or careers (in English usually accompanied by *own*) as in (12b):

(11)$_{DE}$ a. Er wird seinen Weg machen. Wenn er so weiterspielt, hat er berechtigte Ambitionen, auch mal woanders zu spielen. (20070205-art051)

[He will his way make. . . .]
(He will forge ahead. If he continues to play like that, his ambitions to play somewhere else will be justified.)

(12) a. Through the Ivy League network, he made his way. (COCA96A)
b. It is always our hope, as you well know, to prepare our youths to make their own way once they leave our humble halls. (COCA17F)

Examples such as those (11) and (12) could then be seen as phraseologisms, i.e. constructions in their own right (which are linked to the more general constructions containing *way* or *Weg* through inheritance links).

2.5 Uses of caused-motion constructions as equivalents to the WAY construction

The wide range of verbs in the English WAY construction can be seen as an indication of how it can be used creatively, which is not true of German *POSS WEG* and Russian *POSS ПУТЬ*. However, what we do find in German, Hungarian and

Russian are uses with reflexives.²⁴ While (13a) and (13b) can be given a resultative interpretation, (13c) indicates a PATH.

(13)_DE a. Nürnberg schießt sich aus der Krise (tz300916)

[Nuremberg kicks itself out of the crisis.]
(Nuremberg kicks its way out of the crisis.)

b. Doll schießt sich fehlerfrei zum Sieg (SZ191219)

[Doll shoots himself mistake-free to victory.]
(Doll flawlessly shoots his way to victory.)

c. Wir sprühen uns Meter für Meter nach unten. (DieSendungmitder-Maus02022020)

[We spray ourselves metre for metre to down.]
(We are spraying our way down metre for metre.)

These cases lend themselves to an account in terms of a blend of two constructions (Herbst & Hoffmann 2018; Herbst 2020b):²⁵ In the case of (13c), which describes how two people move down an ice canal while spraying the ice with water, we can pursue an analysis similar to that proposed by Fauconnier & Turner (2003: 78) for cases such as Goldberg's (1995) example *He sneezed the foam off the cappuccino*:

> In the diffuse input, we have an action, sneezing, with an agent and a motion by an object, the napkin, in a direction. The action is causally related to the motion. In the compressed caused-motion input, we have an agent, an action-motion, an object, and a direction. Conceptually, there is a natural mapping from the caused-motion scene to the diffuse input: the agent maps to the agent, the object to the object, the direction to the direction, and the action-motion to any of a number of distributed candidates – the action, the causal relation, or the motion.

---

24 Such uses can be found in English as well, often with a rather negative GOAL-argument, something that can also be observed in the other languages discussed here. Compare e.g.: *I'd run myself to staggering exhaustion* [. . .] (COCA99M); *It would be very unintelligent to run yourself to death* [. . .] (COCA99M). Compare German *Denn Eltern trennen sich oder nicht, streiten also weiter, rauchen sich zu Tode* [. . .] (DWDS-DieZeit-30-09-17).
25 Note that Israel (1996: 217) analyzes the English WAY construction as a "way to blend the conceptual content of an activity verb with the basic idea of motion along a path". See also Verhagen 2003: 39).

Within Fauconnier and Turner's (2003: 59) four-spaces model of conceptual integration (generic space, input spaces 1 and 2, and blended space) one can argue that one input space is provided by the action of spraying (something somewhere) and the other by the movement along a PATH.[26] The same mechanisms of conceptual blending are at work in the following Hungarian examples:

(14)$_{HU}$ a. Betáncolta magát a legjobbak közé a Csaba Nemzetiségi Néptáncegyüttes. (halasinfo.hu/)

[Dance $_{into}$ itself$_{acc}$ the best among the Csaba National folk dance ensemble.]
(The Csaba National Folk Dance Ensemble danced its way into top flight.)

b. Eszter magabiztosan beénekelte magát az Akadémiára. (halasinfo.hu/)

[Esther confidentally sing$_{into\ past}$ herself$_{acc}$ the Academia$_{sublative}$.]
(Esther confidently sang her way into the Academy.)

In Russian, a similar effect can be achieved by using a reflexive pronoun or a verb suffix expressing reflexivity:

(15)$_{RU}$ a. ...он... продал себя в кабалу государственной службе... (RNC)

(...he... sold himself into the bondage of state service...)

b. Катерина не позволила втянуть себя в очередной базар... (RNC)

(Katerina didn't let herself be dragged into another farce...)

(16)$_{RU}$ А потом поехала в Лос-Анджелес, пробиваться в кино. (RNC)

(And then went to Los Angeles, to break$_{reflexive}$ into cinema.)

2.6 Non-reflexive achievement uses of caused motion

It thus seems that in German, Hungarian and Russian, the respective caused-motion constructions come close to expressing the meaning of the English WAY construction when used with a reflexive element. Nevertheless, it is doubtful whether

---

26 See also Fauconnier & Turner (1998, 2002); Turner (2018).

we should identify a separate construction for the uses illustrated in the previous section, because we find similar sentences with non-reflexive as well:

(17)$_{DE}$ a. Sara Däbritz schießt Deutschland zum Sieg über Spanien (FCBayern120619)

[Sara Däbritz kicks Germany to a victory over Spain.]
(Sara Däbritz kicks Germany to victory over Spain.)

b. Däbritz grätscht uns ins Achtelfinale (Sportbild120619)

[Däbritz slides us into the last sixteen.]
(Däbritz slides us into the last sixteen.)

(18)$_{HU}$ a. ... kapcsolatba hozva ezt két olyan termékkel, amelyek idővel meghozták Nápoly

[... connection bring this two such product$_{INS}$, which time$_{INS}$ bring$_{PST}$ Naples]

szerencséjét, illetve beírták a várost a konyhaművészet történetébe. (eur-lex.europa.eu)

[luck$_{ACC}$, respectively write$_{PST}$ the city$_{ACC}$ the gastronomy history$_{ILLATIVE}$.]

(... associating this with two products which, over time, brought Naples luck and gave the city a place in the history of cuisine.)

b. Mahrez a meccs utolsó lövésével rúgta döntőbe Algériát. (Hírvilág. net150719)

[Mahrez the match last goal$_{INS}$ kick$_{PST}$ final$_{ILLATIVE}$ Algeria$_{ACC}$.]
(Mahrez kicked Algeria into the final with the game's last goal.)

In these examples the "surprisal"-effect typical of creative language use is caused by the ÆFFECTED entity[27] not being directly affected by the action expressed by the verb as in (19):

(19)$_{DE}$ Die Deutschen kämpfen, rennen und schießen. (...) abgewehrt, und dann grätschte Sara Däbritz aus Amberg in der Oberpfalz den Ball ins Tor. (www.zeit.de-17-9-2019)

---

27 ÆFFECTED is used as a cover term for AFFECTED and EFFECTED by Herbst & Schüller (2008).

[... then slid Sara Däbritz from Amberg the ball into goal.]
(The Germans are fighting, running and shooting, ... defended, and then Sara Däbritz from Amberg in the Oberpfalz slid the ball into the goal.)

Examples (17a) and (17b) are again clear examples of blending (Fauconnier & Turner 1998/2006; Turner 2020; Herbst 2020): the input space of performing a certain action (schießen, grätschen) on the football field is combined with an input space of achieving a certain GOAL expressed by the caused-motion construction. Interestingly, we can observe different scopes of the two input spaces in (20a) and (20b):

(20) a. ...one year after he single-handily shot the Cavs into the Finals. (COCA16N)
 b. The member Paul Cayard skippered AmericaOne into the finals of the Louis Vuitton Cup... (COCA13M)

2.7 Interim conclusion

What makes the English WAY-construction so special is that it provides speakers with an opportunity of expressing the idea of a GOAL being achieved in a rather unconventional or unexpected manner. This means that the verbs occurring in it do not necessarily involve the creation of a PATH. The corpus searches carried out for the three other languages analyzed in this paper have shown that no case can be made for the existence of a corresponding construction in German, Hungarian or Russian. In the case of German and Russian, constructs displaying the respective "surface structure" can be identified, but (a) these occur with a relatively small number of verbs, and (b) they tend to occur with other determiners as well.

On the other hand, in all three languages we find constructions involving reflexives which are similar to the English way construction with respect to the meaning expressed. These constructions further parallel the English WAY construction in that they occur with verbs which do not immediately relate to the GOAL achieved. Both the English WAY construction (Fauconnier & Turner 2003) and the reflexive constructions of German, Hungarian and Russian involve blending. However, this analysis shows quite clearly that it is different types of blended constructions that are established in the four languages.

3 The case of making one's own bed

3.1 Stressing AGENTS

(21) "Such an important day at the United Nations, so much work and so much success, and the Democrats purposely had to ruin and demean it with more breaking news Witch Hunt garbage," Trump tweeted. "So bad for our Country! (...) " (COCA19M)

Reading a sentence such as (21), we take it to mean that the action of tweeting was carried out by President Trump himself – not only because of the character of the message, but mainly because there is no reason to assume that someone else did the tweeting for him. There are, however, cases in which speakers want to stress the fact an action was carried out by a particular person. In English, German and Russian they can do this by using a reflexive pronoun:

(22) a._{EN} (...) until a moment like last evening when Al Gore sits down and writes that speech himself. (COCA00S)

b._{DE} Er hat die Rede selbst geschrieben.(taz-2011-11-02-art069)

[He has the speech himself written.]
(He wrote the speech himself.)

c._{RU} Мы сами выбираем свой путь. (RNC)

[We ourselves choose our path.]
(We choose our own way.)

In English, however, there is a further option:

(23) a. Laura Landry says her boys, Nicholas, eight, and Alexander, 10, are independent, most of the time. They make their own beds and on weekends they fix their own breakfast. (COCA05M)
b. They make their own beds, even if there are others who could do it. They empty the dishwasher; it is not done for them. (COCA10M)
c. At home we see her negotiating a normal life for her girls by insisting they make their own beds and by moving her mother, Marian Robinson, into the White House. (COCA11M)

We will refer to such uses as the OWN-ACTION construction. Before we discuss it any further, we will make a few remarks about the meaning of *own*.

3.2 own

The *Oxford Advanced Learner's Dictionary* (OALD10) provides the following description of the uses of *own*:
1 used to emphasize that something belongs to or is connected with somebody
2 done or produced by and for yourself

The two uses identified here are of course closely linked: It is obvious that if a person produces something, the resulting product will be connected to that person. On the other hand, in most contexts at least, one's own bed is the bed one usually sleeps in, not a bed that one built oneself.
  This 'possession'-sense of *own* coincides with an element kind of 'delimitation-from-other', which is prominent in sentences such as[28]

(24) a. (...) and she was on her own. (COCA19M)
   b. He's a grown man, he's making these decisions on his own, and he should be responsible...(COCA19M)
   c. (...) and if the president chooses to act, it will be on his own. (COCA19M)

3.3 The English oWN-ACTION construction

The potential ambiguity between a 'self-relatedness' focus and a 'delimitation from other' focus of *own* is particularly apparent when we look at actions. It would seem that in the following examples, the function of *own* is to emphasize the idea of acting independently, on the basis of one's own will:

(25) a. They wanted to do their own thing. (COCA19F)
   b. I taught her really young that if she screams, she could get her own way. (COCA06M)
   c. I know I should mind my own business (...) (COCA09F)

In these examples, the scope of *own* is clearly oriented on the nouns that follow it. This is different in the case of *making one's own bed* or other cases of the OWN-ACTION construction such as the following:

---

[28] See also CGEL (1985: 362–363) on the emphatic determinative *own*.

(26) a. And if she did not take her own life, someone must have killed her. (COCA08F)
  b. But, the Hungarians, now able, after Communism, to make their own decisions, couldn't somehow get it together (. . .) (COCA19F)
  c. We have all now seen the daylong hearing, and people are going to draw their own conclusions. (COCA19S)
  d. That is a country that I think has to solve its own problems (. . .) (COCA99S)

Here, *own* seems to have the additional function of underscoring the fact that the action is carried out by the persons themselves.[29] This additional semantic trait leads us to postulate a separate construction for the cases under (46), which we will refer to as the OWN-ACTION construction (see Figure 4). This construction can be characterized in the following way:

[A] The construction consists of a verb and two argument slots
  (i) an AGENT (realized by a subject-NP) and
  (ii) an ÆFFECTED (realized by an object-NP or a PP).
[B] The construction occurs only in the active voice.
[C] The object-NP contains a genitive of a personal pronoun that is co-referential with the AGENT.
[D] The construction has one stable lexical element (*own*).
[E] Semantically, the construction describes an action of an AGENT on an ÆFFECTED that is somehow related to the AGENT and underscores the fact that the action is carried out by the AGENT personally.

Criteria B and E distinguish the OWN-ACTION construction from the expression of self-action through a reflexive, because these are neither restricted to the active nor do they presuppose a possessive relation between the AGENT and the ÆFFECTED:

(27) And those questions have really yet to be answered by Trump himself. (COCA17S)

(28) a. A place where you could fix your own car and people would have the tools for you. (COCA14S)
  b. She could fix the engine herself. (COCA2002M)

---

[29] Note that a sentence such as *They brush their own teeth.*$_{COCA08M}$ only makes sense when talking about a particular group of AGENTS who for some reason or other might not be able to act conventionally such as children etc.

Figure 4: Representation of the English own- AGENT construction.[30]

The OWN-ACTION construction				
AGENT carries out an action on ÆFFECTED in person The construction underscores the AGENT's acting personally and a possessive relation between the thing æffected and the agent.				
AGENT	activity	ÆFFECTED		
NP	V	genitive of personal pronoun	own	noun
They	make	their	own	beds

Interestingly, although the two constructions express a relatively similar meaning, in some cases at least, they seem to rule each other out, as with *take one's own life* and *make one's own bed* (see Table 1).

Table 1: Figures for *take one's own life* and *make one's own bed* and reflexive construction in COCA2020 (1 billion).

TAKE * own LIFE	1196	MAKE * own BED	26
TAKE * LIFE *self	no relevant example	MAKE * BED *self	1 the bed myself[32]
TAKE * LIFE *selves	0	MAKE * BED*selves	0
TAKE * * LIFE *self	no relevant example	MAKE * * BED *self	0
TAKE * * LIFE *selves	0	MAKE * * BED *selves	0

3.4 German *eigen*

In German, there is a similar range of choices to express self-action:
(a) reflexive + possessive + *eigen*
(b) reflexive + *eigen*
(c) reflexive + *selbst/selber*

---

30 Note that this is the prototypical form of the construction. The NP can also be part of a PP as in: *Many elderly people live in their own homes for many years following the death of a husband or a wife.*BNC-B32-2140

31 This example may have a different interpretation: *I can make the bed myself. Really? Have you ever made a bed in your life?* (COCA1996MO)

(29)_DE a. Er ist ein ernsthafter, nachdenklicher Mann, der sich auf dem verminten Gelände des Bund-Länder-Verhältnisses auskennt und sich seine eigenen Gedanken macht. (DWDS-DieZeit-13-03-92)
b. In diesem Fall habe ich mich bei der Bundeskanzlerin gemeldet, die sich auch schon eigene Gedanken gemacht hatte (. . .). (DWDS-DieZeit-18-04-17)
c. Jeder muss sich selbst Gedanken machen und abwägen, wie er sich entscheidet. . . (DWDS-DieZeit-031210)

What is most interesting in the present context is that option (a), which comes closest to the English OWN-ACTION construction, seems to be limited to very few cases. With a language being under such strong influence from English as present-day German, acceptability is difficult to judge anyway. However, the DWDS-corpus contains parallel cases such as

(30)_DE a. Dem Sender CNN zufolge schrieb Obama die Rede selbst (. . .) (DWDS-DieZeit270615)
b. Bei Politikern, die nur von einem Zettel ablesen, hat man das Gefühl, sie hätten ihre Rede nicht selbst geschrieben. (DWDS-DieZeit-100217)
c. Er schreibt seine eigenen Reden (. . .) (DWDS-DieZeit030563) [text about England]

In fact, there seems to be divided usage in German. We carried out a rather informal survey based on a questionnaire, in which subjects were asked to rate sentences as *normal* (normal), *verständlich* (intelligible), *komisch* (strange) and *falsch* (wrong) and, wherever appropriate, to suggest a better alternative. Some of the sentences contained the reflexive pronoun *selbst* (her-/him- etc. -self), some the slightly less formal form *selber* and others a construction with *eigen* (see Appendix).

(31)_DE a. Die Kanzlerin schreibt ihre Reden nicht selbst.
b. Trump schreibt seine Twitter-Texte bestimmt selber.
c. Sie macht auch im Hotel ihr Bett selbst.

(32)_DE a. Er macht auch im Hotel sein eigenes Bett.
b. Studentinnen und Studenten sollten ihre eigenen Hausarbeiten anfertigen.
c. Nach dem Frühstück macht er immer sein eigenes Bett.

Two aspects of the responses are of interest in the present context (see Appendix):

1. All of the sentences under (31) were rated as acceptable or intelligible by almost all subjects. Where there was unhappiness, it concerned exclusively the choice of *selbst* vs. *selber*, but never the use of a reflexive pronoun in the sentences in question. Nobody suggested an alternative with *eigen*.
2. The majority of our test subjects rated the *eigen* sentences as perfectly acceptable (normal). However, the rate for the other categories was much higher than in any of the other sentences tested. The fact that the great majority of our subjects were students of English is certainly a relevant factor here. The acceptance of the sentences under (32) was definitely lower amongst older subjects.

3.5 Russian

Russian also has patterns with equivalents of *own* (*собственный/-ое/-ая/-ые*$_{RU}$) in both readings, with the (a)-examples emphasizing possession and not self-action and the reflexives in (b) emphasizing self-motion, as in

(33) a. Ей было сложно покинуть даже собственную комнату. (RNC)
    [Her was hard   leave   even   own   room.]
    (It was hard for her to leave even her own room.)
 b. «Известия» провели собственное расследование. (RNC)
    ('The News' conducted its own investigation.)

Conclusion

The comparison of the English WAY construction and a construction we dubbed OWN-AGENT construction with equivalent expressions in other languages has shown that, as is to be expected, there are no straightforward one-to-one correspondences between these constructions. However, the analysis also revealed that in all four languages, which, after all, belong to three different language families, to a certain extent there is a similar potential of formal constellations for the expression of meanings similar to those of the two constructions which involve the use of the words *way* (*Weg*, *út* and *путь*) and reflexives (see Table 2).

More importantly, however, what we wanted to demonstrate is that a constructionist approach to contrastive linguistics can be very fruitful, but that it is bound to be messy, or, multi-faceted. Even if we can identify corresponding constructions in different languages in the sense that the same (or a very similar) meaning can be expressed by a corresponding constellation of linguistic form, there are bound to be differences in terms of the items that occur in them.[32]

If we consider the items that conventionally appear in a particular slot of a construction to be an integral part of this construction, as in ColloConstruction Grammar (Herbst 2018; 2020), or follow the constructionist approach to phraseology advocated by Benigni et al. (2015) and Schafroth (2015), then a constructionist approach to contrastive analysis must take this level into account, too. The analysis of the constructions investigated in this paper thus serves to underscore the fact that although we can observe parallels between different languages with respect to the formal options they provide for expressing similar meanings and although we can assume the same mental operations (such as blending) to be at work when speakers use language, there still remains a high degree of idiosyncrasy or unpredictability with respect to what is actually established use – and possibly also with respect to the kinds of blends that are likely to occur – in a particular language at a particular point in time.

Table 2: Selected examples in the four languages.

Syntactic element	English	German	Hungarian	Russian
poss way	... clicks **his way** to success	?? klickt **seinen Weg** zum Erfolg	?? kattint **saját** utat a sikerhez	?? кликает **свой путь** к успеху
refl	?? clicks **himself** to success	klickt **sich** zum Erfolg	bekattintja **magát** a sikerbe	?? кликается к успеху
poss own	They write **their own** songs	Sie schreiben **ihre eigenen** Songs.	a dalaikat **saját maguk** írják	(?) Они пишут **свои собственные** песни.
poss own	She took **her own** life.	?? Sie nahm **ihr eigenes** Leben.	?? Elvette **saját maga** életét.	?? Она взяла **свою собственную** жизнь.
poss own	She makes **her own** bed.	(?) Sie macht **ihr eigenes** Bett.	Megveti a **saját** ágyát.	?? Она застилает **свою собственную** кровать.
refl poss	?? She makes her bed **herself**.	Sie macht **ihr** Bett **selbst**.	**Egyedül** veti meg az ágyát.	Она застилает свою кровать **сама**.
refl def	?? She took **herself** the life.	Sie nahm sich **selbst das** Leben.	?? Elvette **magától** az életet.	no article in Russian

---

[32] For a similar point with respect to the historical development of the way construction see Perek (2018).

Linguists should not attempt to explain away this kind of idiosyncrasy, which, after all, is an integral part of language. In a volume devoted primarily to Romance studies, it seems more than appropriate to point out that one of the most pronounced recognitions of this duality between regularities or rules on the one hand and idiosyncrasy on the other can be attributed to the distinction between *System* and *Norm* made by Coseriu (1973).[33] Even if, in a cognitive model, we would tend to turn Coseriu's (1979: 57) ideas upside down and not talk of the *Norm* realizing the *System*, but would rather see the "system" as a network of generalizations arising from "use", the idea of a speaker's "freedom of expression" being restricted by the "fixed limits of traditional realizations" comes very close to the concept of pre-emption as used in Cognitive Grammar and Construction Grammar (Tomasello 2003; Langacker 2008; Goldberg 2019).

References

Benigni, Valentina, Paola Cotta Ramusino, Fabio Mollica & Elmar Schafroth (2015). How to Apply CxG to Phraseology: A Multilingual Research Project. *Journal of Social* Sciences 11 (3), 275–288.
Boas, Hans C. (2010). Comparing constructions across languages. In Hans Boas (ed.), *Contrastive Studies in Construction Grammar*, 1–20. Amsterdam & Philadelphia: Benjamins.
Boas, Hans C. & Steffen Höder (2018). Construction Grammar and language contact. An introduction. In Hans C. Boas & Steffen Höder (eds.), Constructions in Contact. Constructional perspectives on contact phenomena in Germanic languages, 5–36. Amsterdam & Philadelphia: Benjamins.
Burgschmidt, Ernst & Dieter Götz (1974). *Kontrastive Linguistik Deutsch/Englisch*. München: Hueber.
Coseriu, Eugenio (1978). Falsche und richtige Fragestellungen in der Übersetzungstheorie. In Lillebill Grähs, Gustav Korlé & Bertil Malmberg (eds.), *Theory and Practice of Translation*, 17–32. Bern, Frankfurt, & Las Vegas: Lang.
Cowie, Anthony P. & Ronald Mackin (1975). *Oxford Dictionary of Current Idiomatic English*. Vol. 1. London: Oxford University Press.
Cowie, Anthony P., Ronald Mackin & Isabel R. McCaig (1983). *Oxford Dictionary of Current Idiomatic English*. Vol. 2. Oxford & New York: Oxford University Press.
Croft, William & D. Alan Cruse (2004). *Cognitive Linguistics (Cambridge Textbooks in Linguistics)*. Cambridge & New York: Cambridge University Press.
Dobrovol'skij, Dmitrij Olegovič (2009). *Zur Theorie der Phraseologie: kognitive und kulturelle Aspekte*. Tübingen: Stauffenburg.

---

33 See also (Herbst 1983: 320–330).

Fauconnier, Gilles & Mark Turner (1998). Conceptual integration networks. *Cognitive Science* 22 (2), 133–188.
Fauconnier, Gilles & Mark Turner (2002). *The Way We Think. Conceptual blending and the mind's hidden complexities*. New York: Basic Books.
Fauconnier, Gilles & Mark Turner (2003). *Conceptual blending, form and meaning. Recherches en communication* 19, 57–86.
Fleischer, Wolfgang (1997). *Phraseologie der deutschen Gegenwartssprache*. 2nd edn. Tübingen: Niemeyer. DOI: 10.1515/9783110947625.
Gilquin, Gaëtanelle (2007). To err is not all: What corpus and elicitation can reveal about the use of collocation by learners. *Zeitschrift für Anglistik und Amerikanistik* 55 (3), 273–291.
Gläser, Rosemarie (1990). *Phraseologie der englischen Sprache*. Leipzig: Verlag Enzyklopädie.
Goldberg, Adele E. (1995). *Constructions*. Chicago & London: University of Chicago Press.
Goldberg, Adele E. (2006). *Constructions at Work*. The *Nature of Generalization in Language*. Oxford & New York: Oxford University Press.
Goldberg, Adele E. (2019). *Explain Me This. Creativity, Competition, and the Partial Productivity of Constructions*. Princeton & Oxford: Princeton University Press.
Goldberg, Adele E. & Thomas Herbst (2020). The NICE-OF-YOU construction. *Linguistics* 59 (1), 285–318.
Granger, Sylviane & Fanny Meunier (2008). Disentangling the phraseological web. In Sylviane Granger & Fanny Meunier (eds.), *Phraseology. An interdisciplinary perspective*, 27–49. Amsterdam & Philadelphia: Benjamins.
Gries, Stefan Th. (2008). Phraseology and linguistic theory: A brief survey. In Sylviane Granger & Fanny Meunier (eds.), *Phraseology. An interdisciplinary perspective*, 3–25. Amsterdam & Philadelphia: Benjamins.
Hausmann, Franz Jose (1984). Wortschatzlernen ist Kollokationslernen. *Praxis des neusprachlichen Unterrichts* 31, 394–406.
Hausmann, Franz Josef (2004). Was sind eigentlich Kollokationen? In Kathrin Steyer (ed.), *Wortverbindungen – mehr oder weniger fest*, 309–334. Berlin: De Gruyter.
Herbst, Thomas (1983). *Untersuchungen zur Valenz englischer Adjektive und ihrer Nominalisierungen*. Tübingen: Narr.
Herbst, Thomas (1994). *Linguistische Aspekte der Synchronisation von Fernsehserien. Phonetik – Textlinguistik – Übersetzungstheorie*. Tübingen: Niemeyer.
Herbst, Thomas (1996). What are collocations: sandy beaches or false teeth? *English Studies* 77 (4), 379–393.
Herbst, Thomas (2011). Choosing sandy beaches – collocations, probabemes and the idiom principle. In Thomas Herbst, Susen Faulhaber & Peter Uhrig (eds.), *The Phraseological View of Language. A Tribute to John Sinclair*. Berlin & Boston: De Gruyter Mouton.
Herbst, Thomas (2015). Filmsynchronisation als sprachliche Redundanzreduzierung. Fragen für die (kognitive) Linguistik. In Thomas Bräutigam & Nils Daniel Peiler (eds.), *Film im Transferprozess*, 97–120. Marburg: Schüren.
Herbst, Thomas (2016). Wörterbuch war gestern. Programm für ein unifiziertes Konstruktikon! In Stefan Schierholz, Rufus Hjalmar Gouws, Zita Hollós & Werner Wolski (eds.), *Wörterbuchforschung und Lexikographie*, 169–206. Berlin & Boston: De Gruyter.

Herbst, Thomas (2018). Die menschliche Sprache – ein Netzwerk von Konstruktionen? In Rudolf Freiburg (ed.), *Sprachwelten* (FAU Forschungen Reihe A Geisteswissenschaften 11), 105–147. Erlangen: FAU University Press.

Herbst, Thomas (2019). Constructicons – a new type of reference work? *Lexicographica* 35 (1), 3–14.

Herbst, Thomas (2020a). Constructions, generalizations and the unpredictability of language: Moving towards ColloConstruction Grammar. In Tiago Timponi Torrent, Ely Edison da Silva Matos & Natália Sathler Sigiliano (eds.), *Construction Grammar across Borders*, 56–95. Amsterdam: Benjamins.

Herbst, Thomas (2020b). Blending is creative, but blendedness is not – a response to Mark Turner's "Constructions and creativity." *Cognitive Semiotics* 13 (1), 2020.

Herbst, Thomas & Thomas Hoffmann. 2018. Construction Grammar for students: A Constructionist Approach to Syntactic Analysis (CASA). *Yearbook of the German Cognitive Linguistics Association* 6, 197–218.

Herbst, Thomas & Susen Schüller (2008). *Introduction to Syntactic Analysis. A Valency Approach*. Tübingen: Narr.

Herbst, Thomas & Peter Uhrig (2019). Towards a valency and argument structure constructicon of English: Turning the valency patternbank into a constructicon. *Lexicographica* 35(1), 171–188.

Herbst, Thomas & Armine Garibyan (2021). Arguing one's way to constructions and constructicons. *Proceedings of the 4th international scientific conference 'Универсальное и национальное в языковой картине мира'*, (pp. 4–16). Minsk, BY: MGLU.

Hilpert, Martin (2008). *Germanic Future Constructions. A Usage-Based Approach to Language Change*. Amsterdam et al.: Benjamins.

Hilpert, Martin (2020). Constructional Approaches. In Bas Aarts, Jill Bowie & Gergana Popova (eds.), *The Oxford Handbook of English Grammar* (Oxford Handbooks in Linguistics), 106–123. Oxford & New York: Oxford University Press.

Hönig, Hans G. & Paul Kußmaul (1984). *Strategie der Übersetzung: Ein Lehr- und Arbeitsbuch*. Tübingen: Narr.

Israel, Michael (1996). The way constructions grow. In Adele E. Goldberg (ed.), *Conceptual structure, discourse and language*, 217–230. Stanford: CSLI Publications.

Jackendoff, Ray (1990). *Semantic structures*. Cambridge, MA: MIT Press.

Jakubíček, Miloš, Adam Kilgarriff, Vojtěch Kovář, Pavel Rychlý & Vít Suchomel (2013). The TenTen corpus family. In *7th International Corpus Linguistics Conference CL 2013*. Lancaster, 2013, 125–127.

Koller, Werner (1983). *Einführung in die Übersetzungswissenschaft*. Heidelberg: Quelle & Meyer.

König, Ekkehard & Volker Gast (2018). *Understanding English-German Contrasts*. 4th edn. Berlin: Erich Schmidt Verlag.

Kuno, Susumu & Ken-ichi Takami (2004). *Functional constraints in grammar: On the unergative-unaccusative distinction*. Amsterdam: John Benjamins.

Langacker, Ronald W. (2008). *Cognitive Grammar. A basic introduction*. Oxford, New York: Oxford University Press.

Levin, Beth & Tova R. Rapoport (1988). Lexical subordination. *Proceedings of the 24th Annual Meeting of the Chicago Linguistic Society*, 275–289.

Lyngfelt, Benjamin, Linnéa Bäckström, Lars Borin, Anna Ehrlemark & Rudolf Rydstedt (2018). Constructicography at work: Theory meets practice in the Swedish constructicon. In Benjamin Lyngfelt, Lars Borin, Kyoko Ohara & Tiago Timponi Torrent (eds.), *Constructicography: Constructicon development across languages*, 255–302. Amsterdam & Philadelphia: Benjamins.

Lyngfelt, Benjamin, Lars Borin & Kyoko Ohara (eds.) (2018). *Constructicography: Constructicon development across languages*. Amsterdam & Philadelphia: Benjamins.

Ohara, Kyoko (2018). Relations between frames and constructions: A proposal from the Japanese FrameNet constructicon. In Benjamin Lyngfelt, Lars Borin, Kyoko Ohara & Tiago Timponi Torrent (eds.), *Constructicography. Constructicon development across languages*, 107–140. Amsterdam & Philadelphia: Benjamins.

Patten, Amanda & Florent Perek (2019). Towards an English Constructicon using patterns and frames. *International Journal of Corpus Linguistics* 24, 356–386.

Reiß, Katharina & Hans J. Vermeer (1984). *Grundlegung einer allgemeinen Übersetzungstheorie*. Tübingen: Niemeyer.

Schafroth, Elmar & Riccardo Imperiale (2019). Gebrauchsbasierte Phraseologie des Italienischen: Digitale Lexikographie zwischen Frame-Semantik und Konstruktionsgrammatik. *Lexicographica* 35, 133–167.

Siepmann, Dirk (2005). Collocation, Colligation and Encoding Dictionaries. Part I: Lexico-logical Aspects. *International Journal of Lexicography* 18 (4), 409–444.

Siepmann, Dirk (2006). Collocations et dictionnaires d'apprentissage onomasiologiques: questions aux théoriciens et pistes pour l'avenir. *Langue française* (150), 99–117.

Sinclair, John McH. (1991). *Corpus, Concordance, Collocation*. Oxford & New York: Oxford University Press.

Stolze, Radegundis. (2008). *Übersetzungstheorien. Eine Einführung*. Tübingen: Narr.

Tomasello, Michael (2003). *Constructing a Language*. Cambridge/MA & London: Harvard University Press.

Torrent, Tiago Timponi, Ely Edison da Silva Matos, Ludmilla Meireles Lage, Adrielli Laviola, Tatiane da Silva Tavares, Vânia Gomes de Almeida & Natália Sathler Siglinao (2018). Towards continuity between the lexicon and the constructicon in FrameNet Brasil. In Benjamin Lyngfelt, Lars Borin, Kyoko Ohara & Tiago Timponi Torrent (eds.), *Constructicography. Constructicon development across languages*, 107–140. Amsterdam & Philadelphia: Benjamins.

Turner, Mark (2018). The role of creativity in multimodal Construction Grammar. *Zeitschrift für Anglistik und Amerikanistik* 66 (3), 357–370.

Verhagen, Arie (2003). The Dutch way. In Arie Verhagen & Jeroen Van de Weijer (eds.), *Usage-Based Approaches to Dutch. Lexicon, grammar, discourse*, 27–57. Utrecht: LOT.

Zeschel, Arne & Kristel Proost (2019). Grain size issues in construction building – and how to address them. *Lexicographica* 35, 123–169.

Ziem, Alexander (2014). Konstruktionsgrammatische Konzepte eines Konstruktikons. In Alexander Lasch & Alexander Ziem (eds.), *Grammatik als Netzweerk von Konstruktionen. Sprachwissen im Fokus der Konstruktionsgrammatik*, 15–34. Berlin: De Gruyter.

Ziem, Alexander & Hans Boas (2017). Towards a constructicon for German. In *The AAAI 2017 Spring Symposium on Computational Construction Grammar and Natural Language Understanding. Technical Report SS-17-02*, 272–277. Palo Alto: AAAI Press.

Ziem, Alexander, Johnna Flick & Phillip Sandkühler (2019). The German Constructicon Project: Framework, methodology, resources. *Lexicographica* 35, 61–86.

Corpuses

BNC = The British National Corpus. Distributed by Oxford University Computing Services on behalf of the BNC Consortium. http://www.natcorp.ox.ac.uk/.
COCA = Davies, Mark (2008-). The Corpus of Contemporary American English: 520 million words, 1990-present. http://corpus.byu.edu/coca/.
HuTenTen12 = Corpus of the Hungarian Web. http://sketchengine.eu/hutenten-hungarian-corpus/.
RNC = Russian National Corpus [Национальный корпус русского языка]. http://ruscorpora.ru/new/.
taz = tageszeitung (complete) CQP web (5559290 word forms)

Appendix: Test sentences for *selbst, selber* and *eigen*

A.1 Participants

Number of participants: 49

Age distribution: 20 – 30   39   Gender: 37 female
                  31 – 40   02   12 male
                  41 – 50   04
                  51 – 60   01
                  over 60   03

Test items not listed below are unrelated distractors.

A.2 Results

Sentences containing *eigen*:

n = 49	Item 3	Item 11	Item 16	Item 18
rated as normal	18	21	25	22
suggested alternatives without *eigen*	25	12	15	15

Sentences with *selber/selbst*:

n = 49	Item 14	Item 5	Item 7	Item 9	Item 14
normal	47	27	39	40	40
suggested change *selber* → *selbst* or *selbst* → *selber*	2	18	6	6	4

A.3 Results in detail

Test item 3:

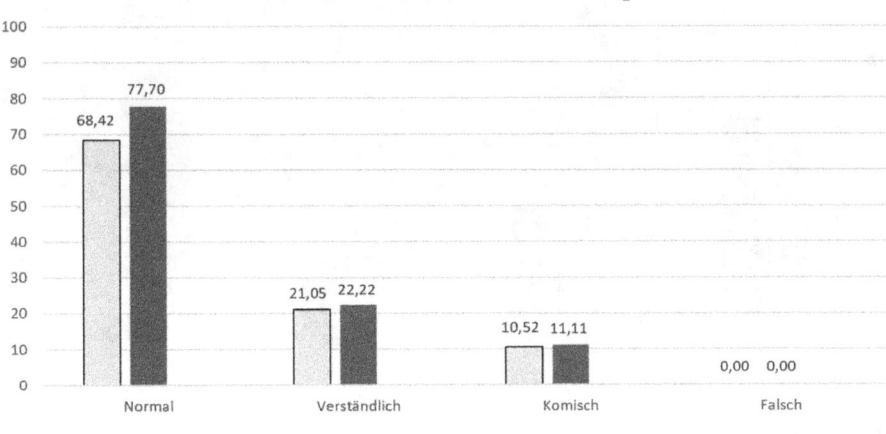

Test item 4:

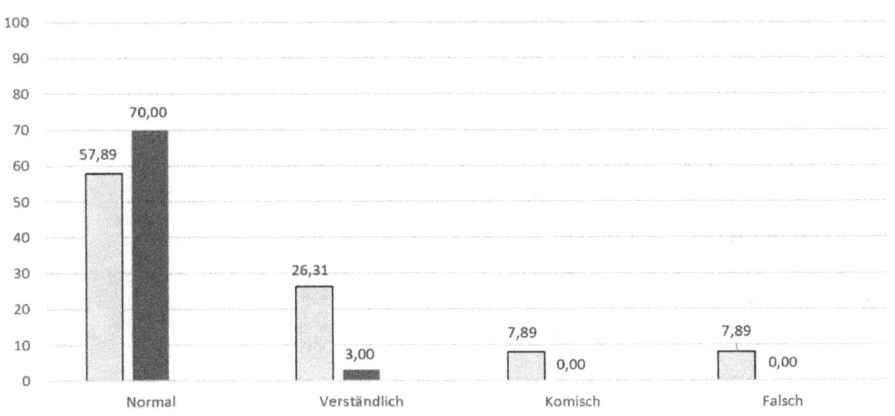

Test item 5:

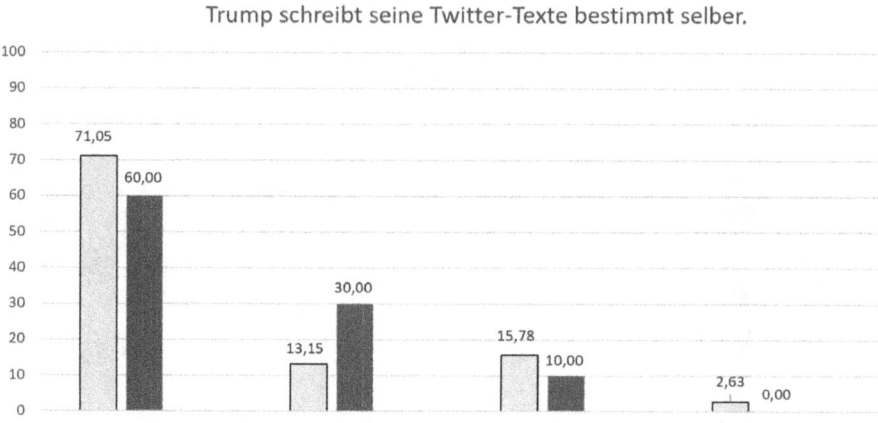

Test item 7:

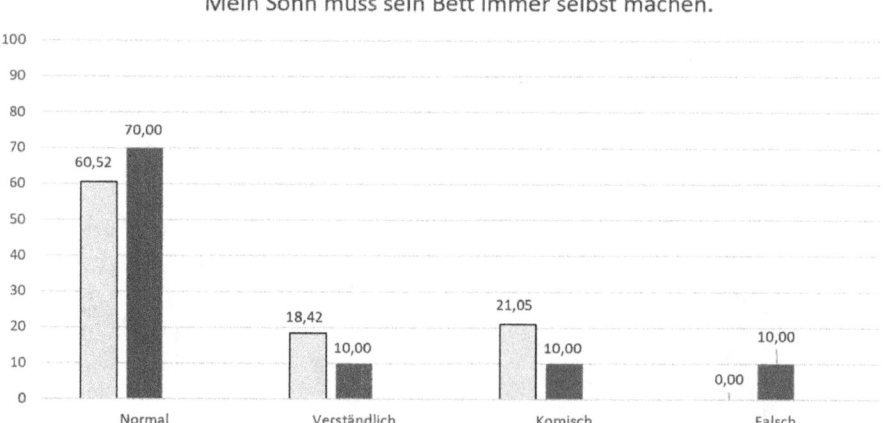

Test item 9:

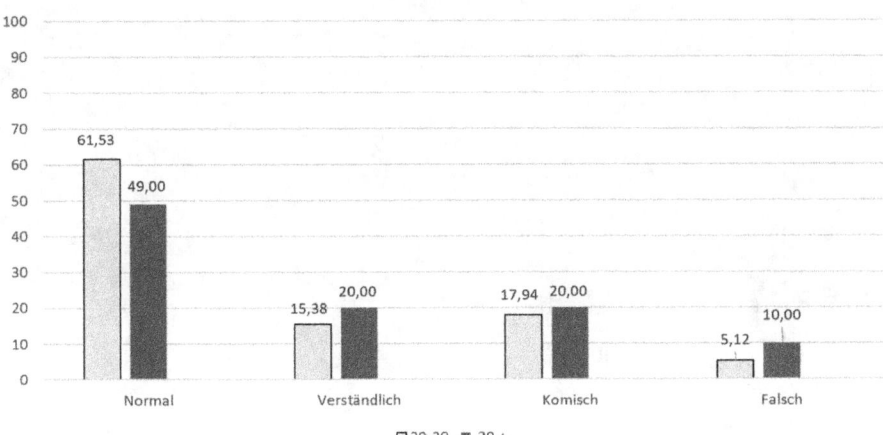

Test item 11: Songs

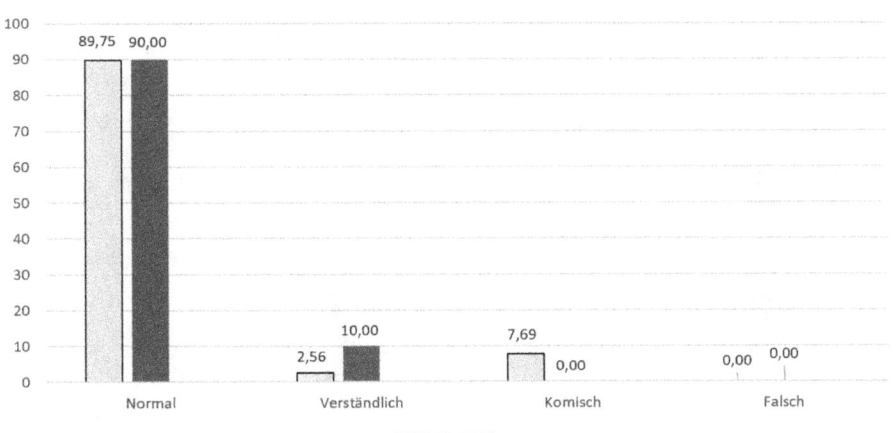

Test item 14:

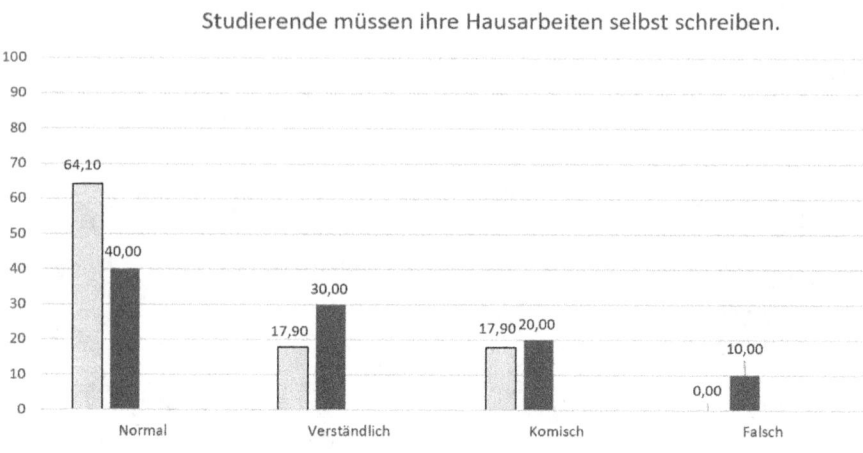

Test item 16:

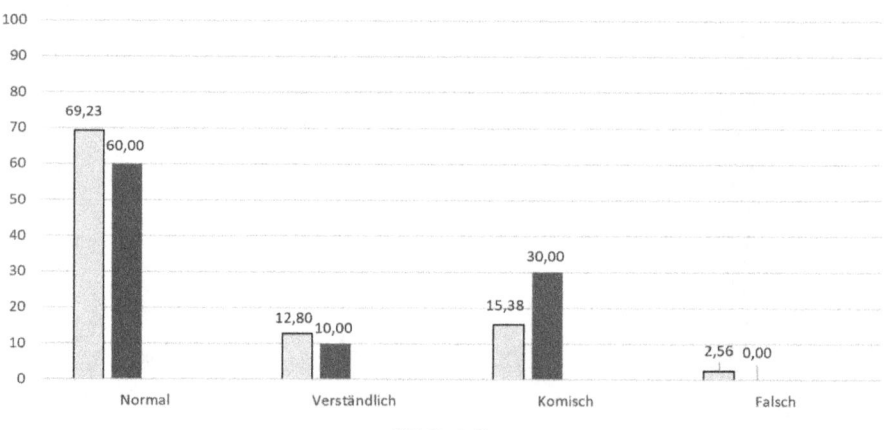

Test item 18:

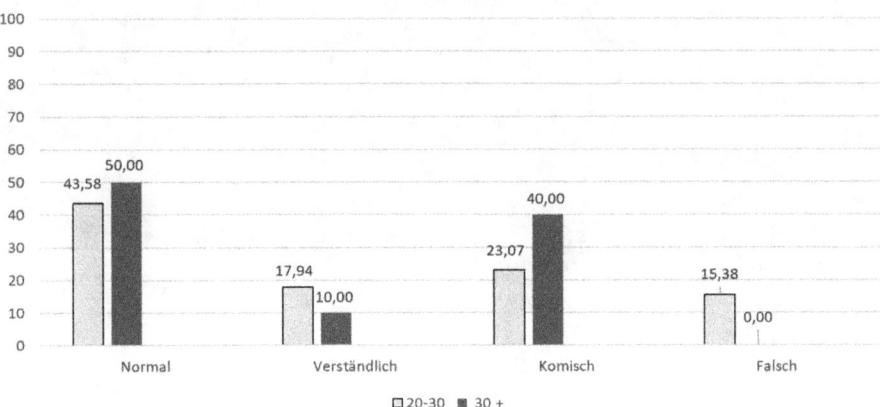

Carmen Mellado Blanco, Fabio Mollica & Elmar Schafroth
Das interessiert mich einen X! Die intensivierende Konstruktionsfamilie der absoluten Interesselosigkeit im Spanischen, Italienischen und Deutschen

1 Einleitung

Ziel des vorliegenden Beitrags[1] ist die Beschreibung der Konstruktionsfamilie [NP$_{Subjekt}$ VERB$_{\{INTERESSIEREN\}}$ NP$_{Objekt}$ (NEG) NP$_{\{geringwertig/tabuisiert\}}$] im Deutschen, Spanischen und Italienischen, sowie [(*non*) NP$_{ind\_Objekt}$ VERB$_{\{INTERESSIEREN\}}$, [NP$_{\{geringwertig/tabuisiert\}}$ *di* NP] im Italienischen, mit der Bedeutung: ‚etw. interessiert jmdn. überhaupt nicht'.[2] Einige Aktualisierungen der Konstruktionen sind z. B. dt. *Das interessiert mich einen Scheißdreck*, sp. *Me importa un comino*, it. *Questa cosa non interessa un cavolo a nessuno/Non ce ne frega un cazzo di questa cosa*. Konstruktionen dieses Typs können in Anlehnung an Dobrovol'skij (2011) als *Phrasem-Konstruktionen* bezeichnet werden, da sie sowohl aus fixierten Elementen als auch aus lexikalisch freien Slots bestehen. Frei ist hier:

a) die Verbstelle, die in allen drei Sprachen dem Frame ‚Interesse' angehören. Es handelt sich hauptsächlich um die Verben *interessieren* und *angehen* im Deutschen (in geringerem Maße *kümmern, jucken, kratzen, tangieren, reizen, berühren, scheren*), im Italienischen *interessare, importare* (auch in der Form

---

[1] Dieser Aufsatz ist im Rahmen des Forschungsprojekts PID2019-108783RB-I00 *Gramática de Construcciones y Fraseología. Las construcciones fraseológicas del alemán y el español en contraste a través de los corpus* entstanden. Inhaltlichen Einfluss auf den Artikel hatte auch das DFG-Projekt *Gebrauchsbasierte Phraseologie des Italienischen* (https://gephri.phil.hhu.de), das kontrastiv (Italienisch-Deutsch) angelegt ist. Die vorliegende Arbeit ist das Ergebnis der gemeinsamen Diskussion. Carmen Mellado Blanco hat die Abschnitte 1–3, Fabio Mollica die Abschnitte 4, 6.1, und 6.3., und Elmar Schafroth den Abschnitt 5 und 6.2 verfasst.
[2] Mit „VERB$_{\{INTERESSIEREN\}}$" werden hier alle Verben gemeint, die dem Cluster bzw. dem Frame 'Interesse' gehören, z. B. dt. *interessieren* und *angehen*, it. *interessare, importarsene, fregarsene* und *fottersene*, und sp. *interesar* und *importar*. Mit „NP$_{Objekt}$" beziehen wir uns auf das Akkusativkomplement im Deutschen und auf das indirekte Objekt im Italienischen und Spanischen; dies wird in allen drei Sprachen oft als Personalpronomen realisiert. Die „NP$_{\{geringwertig/tabuisiert\}}$" stellt ein intensivierendes Adverb dar, das in allen drei Sprachen als Adverbialkomplement fungieren kann (vgl. *angehen* (Lesart 2) bei E-Valbu). Bei der Beschreibung der Konstruktion in den jeweiligen Sprachen bzw. in den jeweiligen Instanziierungen wird auch ihre Repräsentation näher bestimmt.

Open Access. © 2022 Carmen Mellado Blanco et al., publiziert von De Gruyter. Dieses Werk ist lizenziert unter einer Creative Commons Namensnennung 4.0 International Lizenz.
https://doi.org/10.1515/9783110770209-011

importarsene), *fregare* (überwiegend als *fregarsene*) und *fottere* (überwiegend als *fottersene*) und im Spanischen *interesar* und *importar*,
b) die Nominalphrase (NP), die semantisch etwas Geringwertiges bzw. Tabuisiertes zum Ausdruck bringt, auch wenn die von uns analysierten Sprachen hinsichtlich der konkreten lexikalischen Füllung der Elemente voneinander abweichen können.

Den theoretischen Rahmen unserer Untersuchung stellt die *Cognitive Construction Grammar* (CxG) (Goldberg 1995, 2006, 2019) dar und die im Folgenden analysierten Konstruktionen bilden eine veritable Konstruktionsfamilie, da die Instanziierungen der abstrakteren Phrasem-Konstruktion bei der Realisierung der unterschiedlichen verbalen und nominalen Füller untereinander formal-strukturelle und semantisch-pragmatische Ähnlichkeiten aufweisen. Sie kommen also im Konstruktikon nicht isoliert vor, sondern stehen in vielfältigen Beziehungen zueinander (vgl. Goldberg 1995: 51, 79–81; Ziem & Lasch 2013: 95–102; Diessel 2019: 199). Um die Funktion einer Phrasem-Konstruktion in ihrem vollen Umfang zu analysieren, ist es deshalb notwendig, ihre Beziehungen mit all den formal und inhaltlich verwandten Konstruktionen zu berücksichtigen.

Unsere Untersuchung ist daher aus intralingualer und interlingualer Sicht relevant, denn im Vordergrund stehen im Hinblick auf die Füllung der verbalen und nominalen Slots sowohl die Relationen der Instanziierungen in den Einzelsprachen (Deutsch, Italienisch und Spanisch) als auch die jeweiligen Analogien und Unterschiede aus kontrastiver Sicht.

Für die Analyse der Phrasem-Konstruktionen wurden die in Sketch Engine vorhandenen Korpora herangezogen, und zwar German Web 2013 (*deTenTen13*), Italian Web 2016 (*itTenTen16*) und Spanish Web 2018 (*esTenTen18*), wobei aufgrund der unterschiedlichen Korpusgröße keine genauen Vergleiche in Bezug auf die absolute Frequenz der nominalen Füller möglich sind.[3] Aus kontrastiver Perspektive wird daher ggf. die normalisierte (relative) Frequenz der Füller in jeder der drei Sprachen angegeben.

Unter den mehreren verbalen Realisierungen der Konstruktion werden für die kontrastive Studie die Verben sp. *importar*, it. *importare/fregare* (im geringeren Umfang auch *interessare/fottere*) und dt. *interessieren* analysiert,[4] da nur in diesen Fällen eine totale funktionale Äquivalenz zwischen den Konstruktionen

---

3 Die Korpora enthalten jeweils 16.526.335.416, 17.553.075.259 bzw. 4.989.729.171 *tokens*.
4 Zu weiteren Verben im Deutschen wie *jucken* und *kratzen*, die als Teil der untersuchten Konstruktion eine durchaus mit *interessieren* vergleichbare Bedeutung aufweisen, vgl. Abschnitt 5.

in allen drei Sprachen vorliegt.[5] In den Instanziierungen mit dem Objekt[6] in der 1. Person wird ‚absolute Interesselosigkeit' bzw. ‚Gleichgültigkeit' ausgedrückt. Mit dem Objekt in der 2. und 3. Person kommt dazu die illokutive Funktion KRITIK seitens des Sprechers zum Ausdruck.

Die Phrasem-Konstruktionen, die interlingual verglichen werden, sind folgende:
- Spanisch [NP$_{Subjekt}$ (no) NP$_{Objekt}$ IMPORTAR NP$_{\{geringwertig/tabuisiert\}}$] ‚etw. interessiert jmdn. überhaupt nicht',
- Italienisch [NP$_{Subjekt}$ (non) NP$_{ind\_Objekt}$ IMPORTARE/FREGARE NP$_{\{geringwertig/tabuisiert\}}$]/[(non) NP$_{ind\_Objekt}$ IMPORTARE/FREGARE NP$_{\{geringwertig/tabuisiert\}}$ di NP] ‚etw. interessiert jmdn. überhaupt nicht',[7]
- Deutsch [NP$_{Subjekt}$ INTERESSIEREN NP$_{Objekt}$ (einen/nicht/keinen) NP$_{\{geringwertig/tabuisiert\}}$] ‚etw. interessiert jmdn. überhaupt nicht'.

Die Idee der absoluten Interesselosigkeit in Bezug auf ein bestimmtes Thema wird in allen drei Sprachen durch mehrere andere intensivierende Phrasem-Konstruk-

---

5 Die intensivierende deutsche Konstruktion mit dem Verb *angehen* [NP$_{Subjekt}$ ANGEHEN NP$_{Objekt}$ (einen/nicht/keinen) NP$_{\{geringwertig/tabuisiert\}}$] ‚etw. interessiert jmdn. überhaupt nicht', die sich strukturell und lexikalisch ähnlich verhält, weist einige pragmatische Unterschiede zum Spanischen und Italienischen im Illokutionspotential auf, denn die vorwiegende illokutive Funktion der Instanziierungen mit *angehen* (und manchmal mit *interessieren*) und den Pronomina in der 2. und 3. Person ist BEFEHL/EMPFEHLUNG, neben KRITIK: „Was er in seinem Privatleben macht, geht Dich einen Keks an. Seine Filme sind alle wirklich top und er ist nicht umsonst einer der besten Schauspieler aller Zeiten." (18442504595). Mit dieser Aussage gibt der Sprecher zum Ausdruck, dass der Ansprechpartner sich in fremde Angelegenheiten nicht einmischen soll. Dies ist pragmatisch als direktiver illokutiver Akt BEFEHL/EMPFEHLUNG einzuordnen. Diese Bedeutung von *angehen* in der 2. und 3. Person kann im Spanischen gelegentlich durch das Verb *importar* widergegeben werden. So in folgendem Beleg mit dem Personalpronomen in der 3. Person: „A nadie le importa un chavo qué puñetas hace Manolo Jiménez con su ex-mujer. Esta noticia en todo caso habría que ponerla en la sección de sociedad o sucesos o en cualquier medio de prensa rosa." (13014720855). Auf das interessante Phänomen der Polysemie bei den Konstruktionen mit der allgemeinen Bedeutung ‚etw. geht jmdn. nichts an' in Zusammenhang mit der Form der Personalpronomina nimmt Dobrovol'skij (2016) Bezug. Der Autor differenziert auf semantischer und pragmatischer Ebene Aussagen wie *Das ist nicht mein Bier*, in der 1. Person (Bedeutung: ‚Das geht mich nichts an') und *Das ist nicht dein/sein Bier*, in der 2. und 3. Person (Bedeutung: ‚Du sollst/er soll sich darin nicht einmischen'). Nach seiner Darstellung liegt den Aussagen in der 2. und 3. Person eine Implikatur AGRESSION zugrunde, die in der 1. Person fehlt.

6 Im Deutschen handelt es sich um ein direktes, im Italienischen und im Spanischen um ein indirektes Objekt.

7 Im Italienischen liegen zwei Konstruktionen der absoluten Interesselosigkeit vor (siehe Abschnitt 4).

tionen versprachlicht.[8] Der Vergleich wird gerade zwischen den oben erwähnten Konstruktionen gezogen, weil sie eine ähnliche Struktur aufweisen und die Slotfüllungen parallel untersucht werden können (vgl. Mellado Blanco 2019 und Schafroth 2020, im Druck, zur interlingualen Analyse von Phrasem-Konstruktionen).

Kognitiv betrachtet erweist es sich als interessant zu eruieren, ob die mentalen Mechanismen, die der negativen Polarität zugrunde liegen, im Frame-Bereich interlingual parallel ablaufen.

Der Beitrag ist wie folgt strukturiert: In Abschnitt 2 werden die allgemeinen Merkmale der Phrasem-Konstruktion sp./it./dt. [NP$_{Subjekt}$ VERB$_{\{INTERESSIEREN\}}$ Objekt (NEG) NP$_{\{geringwertig/tabuisiert\}}$] in allen drei Sprachen beschrieben. Dabei beschäftigen sich die Abschnitte 3, 4 und 5 jeweils mit dem Spanischen, Italienischen und dem Deutschen. Abschnitt 6 bietet eine kurze Zusammenfassung und abschließende Überlegungen kontrastiver Natur auch im Hinblick auf die Konstruktionsfamilie(n).

2 Allgemeine Charakterisierung der Konstruktionsfamilie

Im Deutschen, Spanischen und Italienischen besteht die Konstruktionsfamilie (siehe hierzu Abschnitt 6) [NP$_{Subjekt}$ VERB$_{\{INTERESSIEREN\}}$ NP$_{Objekt}$ (NEG) NP$_{\{geringwertig/tabuisiert\}}$] zum Ausdruck der absoluten Interesselosigkeit seitens des Sprechers, es sei mit dem Objektpersonalpronomen der ersten Person (sp. *me/nos*; it. *mi/ci* (oder *a me/a noi*); dt. *mich/uns*), der zweiten (sp. *te/le/os*; it. *ti/vi* (oder: *a te /a voi*); dt. *dich/Sie/euch*) oder der dritten Person (sp. *le/les*; it. *gli/le/loro* (oder *a lui/a lei/a loro*); dt. *ihn/sie*).[9] Semantisch-pragmatisch betrachtet sind diese Konstruktionen durch einen hohen Grad an Subjektivität und Emotionalität gekennzeichnet, wobei die illokutiven Funktionen von der grammatischen Person des EXPERIENCER-Arguments (NP$_{Objekt}$) in erheblichem Maße abhängig sind (siehe 1–6): Während die Belegbeispiele mit dem Personalpronomen in der

---

8 Im Spanischen z. B. *Me la trae floja/al pairo/al fresco/al viento*; *Me la suda/sopla/*; im Italienischen z. B. *Me ne sbatto/frego di qlcu./qlco*; im Deutschen z. B. *Es ist mir egal/scheißegal/wurscht/schnuppe/schnurz/schnurzegal* usw.
9 Im Italienischen können Pronomina in der syntaktischen Funktion von Argumenten sowohl in unbetonter als auch in betonter Form vorkommen (*pronomi atoni* vs. *tonici*, vgl. Serianni 2005: 168–185).

ersten Person keine negativen Konnotationen für den Sprecher, sondern nur die Idee seiner absoluten Interesselosigkeit und Gleichgültigkeit implizieren, sind die Belege in der zweiten und dritten Person – abgesehen von dt. *angehen* und in einigen Fällen *interessieren* (siehe Fußnote 5) – mit einer illokutiven Funktion KRITIK an dem durch die Proposition ausgedrückten Sachverhalt versehen.[10]

Beispiele:

Spanisch

(1) Bueno corrijo, *me importa un pepino* si alguien se ofende por alguno de mis escritos no siendo esa mi intención. Si alguna vez tuviese esa intención, pediría disculpas. (674087316)

(2) Al final, tristemente, *a nadie le importa un carajo* que un trabajador muera en su puesto de trabajo porque las condiciones laborales sean ilegales (o como poco profundamente cuestionables). (602696823)

Italienisch

(3) Lavoro, mi piace quello che faccio e *non me ne frega un bel niente* di vedere il mio nome scritto ovunque. (52498173)

(4) *A te non importa un fico secco* se ci crei fastidi! (5297168130)

Deutsch

(5) Bond war eine Projektionsfläche, und ob er in einem Waisenhaus aufgewachsen ist oder früher mal Entwicklungshelfer in Afrika war, *das interessiert mich einen feuchten Kehricht*. (104572433)

(6) Kapitalwachstum und Staatshaushalt ist alles, was Dich interessiert. *Das Elend der Leute interessiert Dich einen Dreck.* (5460847629)

---

[10] Dies liegt natürlich auch in dem simplen Umstand begründet, dass sich Kritik in expressiven Äußerungen in der Regel nicht auf einen selbst, sondern auf andere bezieht. Dieser pragmatische Shift ist auch bei verbalen Idiomen zu beobachten, die mit Bezug auf den Sprecher selbst nur die (neutralen) semantischen Besonderheiten aufweisen, während die (negativen) pragmatischen Merkmale mit Bezug auf Gesprächspartner oder Dritte "aktiviert" werden.

Die Konstruktion der absoluten Interesselosigkeit sp./it./dt. [NP$_{Subjekt}$ VERB {INTERESSIEREN} NP$_{Objekt}$ (NEG) NP$_{\{geringwertig/tabuisiert\}}$] wird durch konkrete Instanziierungen der verbalen und nominalen Füller realisiert. Dadurch entsteht eine Vielfalt an formal und funktional ähnlichen Konstruktionen, die eine veritable (Konstruktions-)Familie bilden.

Wie oben bereits angemerkt, sind die verbalen Slotfüller im Deutschen hauptsächlich durch *interessieren* und *angehen* (besonders in der 1. Person) und in geringerem Maße durch *kümmern*,[11] *jucken*, *kratzen*, *scheren*, im Italienischen durch *interessare*, *importare/importarsene*, *fregare/fregarsene* und *fottere/fottersene*, und im Spanischen durch *interesar* und *importar* vertreten. Die erwähnten Verben bestimmen in signifikanter Weise das Stilregister der spanischen und vor allem der italienischen Konstruktion (z. B. gehört it. *fottere* einem sehr derben Sprachgebrauch an), wie in den folgenden Abschnitten dargelegt wird. Auch die NP-Füller tragen – wie zu sehen sein wird – zum Register der Konstruktionen bei.

Im Allgemeinen lässt sich sagen, dass die Konstruktionsfamilie der absoluten Interesselosigkeit durch einen informellen bis saloppen/vulgären Charakter geprägt ist. Aus diesem Grund ist für unsere Studie von großem Wert, dass alle drei benutzten Sketch Engine Korpora – *deTenTen13*, *itTenTen16* und *esTenTen18* – einen hohen Anteil an den Textsorten Chats bzw. Foren unter ihren Domänen aufweisen. Sie sind gute Exponate der konzeptionellen Mündlichkeit (vgl. Koch & Oesterreicher 1985), die diese Konstruktionsfamilie kennzeichnet.

Diese Konstruktionen bringen eine emphatische Negation zum Ausdruck, wozu die NPn – als Quantifikatoren – stark dazu beitragen. NPn in der Funktion von quantifizierenden Adverbien sind normale Erscheinungen in den europäischen Sprachen. Breibarth, Lucas & Willis (2020: 77) zitieren als Beispiele: engl. *one bit*; dt. *kein Stück*; fr. *point*; kat. *cap*; russ. *ni kapel'ki* ‚not at all (not a drop)', *nifiga* ‚not at all (not a fig)'; bulg. *xiç* ‚at all, nothing', *gram* ‚at all'; pol. *ani trochę* ‚at all (not even a crum)'. All diese Phrasen kommen in negativen Kontexten vor, weshalb sie als negative Polaritätselemente (NPE) aufzufassen sind.

Sánchez López (1999: 2563) definiert für das Spanische das Phänomen der negativen Polarität folgenderweise. Diese Beschreibung trifft ebenso auf das Deutsche und das Italienische:

---

[11] Zur Veranschaulichung der Konstruktion mit dem Verb *kümmern* sei folgender Korpusbeleg angeführt: „Wahrscheinlich werde ich auf der Bühne sterben, aber *der Tod kümmert mich einen Scheißdreck.*" (9066331795). Die aufgefundenen Instanziierungen entsprechen in ihrer Gesamtheit einem maskulinen nominalen Füller <einen + N>.

Existen en español palabras y sintagmas que poseen un significado negativo inherente, en virtud del cual solo pueden aparecer en oraciones de significado también negativo. Esta concordancia en rasgos léxicos se denomina «polaridad negativa», y a los elementos sometidos a ellas «términos de polaridad negativa».[12]

Detges (2001), Detges & Waltereit (2002) haben sich mit dieser Art Negationen – in erster Linie im Französischen, aber auch in weiteren romanischen Sprachen – und deren Grammatikalisierungsprozess u. a. anhand von *ne... pas* befasst. Die Autoren erkennen in Aussagen wie *Ich habe kein Wort gesagt*, oder *Ich bin keinen Schritt gelaufen* (im Gegensatz zu *Ich habe überhaupt nichts gesagt/Ich bin überhaupt nicht gelaufen*) einen zusätzlichen Informationswert und eine Redundanz, die in der Wiederholung des Frame-Inhalts des Verbs (*sagen, gehen*) durch das Substantiv bestehen (Detges & Waltereit 2002: 177–179). Das sei die historische Motivation für die doppelte Negation *ne...pas* im Französischen gewesen.[13] Ihre Routinisierung führe zu ihrer Idiomatisierung und diese zur Aufhebung der referentiellen Bedeutung des verwendeten Substantivs. Die emphatischen Negationen mit negativer Polarität in der ursprünglichen Funktion von Quantifikatoren – so wie *ne...pas* – haben aus diesem Grund einen Prozess der Grammatikalisierung durchlaufen.

In diesem Zusammenhang sind die nominalen Slotfüller der von uns untersuchten Erscheinungen Marker für die negative Bedeutung der Konstruktion und somit auch NPE, aber im Gegensatz zu *ne...pas* hat bei nominalen Slotfüllern wie dt. *Kackhaufen, Kehrricht, Scheißdreck* kein Grammatikalisierungsprozess stattgefunden, zumal die NPE distributionell, d. h. nur in bestimmten Kontexten bzw. in syntagmatischen Profilen, einen Negationswert besitzen.

Aus Platzgründen können wir in diesem Beitrag die distributionellen Beziehungen der nominalen Slotfüller der Konstruktionsfamilie sp./it./dt. [NP$_{Subjekt}$ VERB$_{\{INTERESSIEREN\}}$ NP$_{Objekt}$ (NEG) NP$_{\{geringwertig/tabuisiert\}}$], z. B. sp. *un comino, un rábano*, it. *un cazzo, un cavolo*, dt. *einen Scheiß, einen Kehrricht* etc., nicht mit allen mit dieser Konstruktion kompatiblen Verben erörtern. Eine solche Studie könnte u. E.

---

12 Es gibt Wörter und Phrasen im Spanischen, die eine inhärente negative Bedeutung besitzen, weshalb sie nur in Sätzen vorkommen können, die ebenfalls einen negativen Sinn haben. Diese lexikalische Konkordanz wird als „negative Polarität" und die ihr zugeordneten Elemente als „Begriffe negativer Polarität" bezeichnet. [Übersetzung der AutorInnen]
13 Vgl. hierzu Klare (1998: 88): "Im Mittelfranzösischen wird die Negation oft expressiv verstärkt durch eine Reihe von *mots explétifs* wie *pas, point, mie, goutte*", also z. B. *(je) ne bois goutte* ‚ich trinke keinen Tropfen', *(je) ne mange mie* ‚ich esse keinen Krümel'. "Diese *mots explétifs* haben bald ihre konkrete Substantivbedeutung verloren und werden bloße **Negationswörter**" (ib., Hervorhebung im Original).

nützlich sein, um zu prüfen, ob irgendein emergenter Grammatikalisierungsprozess der NPE zu selbstständigen Negationen zu verzeichnen wäre.

In diese Richtung äußert sich Piunno (2018: 144) hinsichtlich der von ihr als „discontinuous constructions containing a nominal quantifier" bezeichneten Strukturen:

> As we have seen, the most prototypical representatives of partially filled sequences are the ones characterized by discontinuous negation. It could be interesting to notice that this type of constructions are [!] generally used to intensify the negative polarity of a sentence, and as such, they give birth to "true" negation items. Thus, in such cases, new negative markers can emerge from lexical items.

Darüber hinaus gehören Nomina wie dt. *Scheiß, Dreck, Mist,* usw., sp. *comino* ‚Kümmel', *pimiento* ‚Paprika', *pito* ‚Pfeife' usw. und it. *cazzo* ‚Schwanz', *cavolo* ‚Kohl', *minchia* ‚Schwanz', usw. nicht in die Frames von dt. *interessieren, angehen,* it. *interessare, fregare, importare,* sp. *interesar, importar*.[14] Hierfür ist die nichtwörtliche Interpretation der Instanziierungen verantwortlich, die der gesamten Konstruktion eine besonders expressive Wirkung verleiht. Ihre Expressivität steht im direkten Verhältnis zu ihrer Idiomatizität und zum Stilregister bzw. zur Semantik der nominalen Slotfüller. Derbe Substantive wie dt. *Scheiß, Scheißdreck,* it. *cazzo/minchia* ‚Schwanz', sp. *mierda* ‚Scheiße' und *cojón* ‚Ei' erhöhen die Expressivität der Instanziierungen der Phrasem-Konstruktionen, in denen sie aktualisiert werden. Die onomasiologische Zusammengehörigkeit der Füller im Bereich des Fäkalien scheint zumindest den deutschen Sprechern bewusst zu sein, wie folgender Korpusbeleg nachweist:

(7) Es sei denn, du bist mir egal, aber das weißt Du im echten Leben wohl auch schon, bzw. geht das aus meinen Blogs hervor, ergo: Deine Meinung *interessiert mich einen [beliebiges Fäkalwort einfügen]*. (13565806407)

Aussagesätze wie *X interessiert mich einen Dreck* wären eher durch Präsuppositionen und Inferenzen entstanden, und zwar nach der Analogie: *X interessiert mich einen Dreck* heißt ‚X interessiert mich (nicht einmal) so viel, wie mich [ein] Dreck interessiert'.

---

14 Ganz anders verhielt sich die emphatische Sequenz fr. *ne...pas* in ihrer Entstehungsphase, da sie nur mit Verben der physischen Bewegung kookkurrierte (Detges & Waltereit 2002).

Präsuppositionen:
1. Dreck ist aus der Sicht des Sprechers total wertlos und nicht lohnend.
2. Den Sprecher (*mich*) interessieren wertvolle bzw. lohnenswerte Sachen.
3. Da Dreck total wertlos und nicht lohnend ist, interessiert er den Sprecher (*mich*) absolut nicht.

Inferenz aus 1–3 bezüglich ‚X interessiert mich so viel, wie mich [ein] Dreck interessiert': Wenn Dreck den Sprecher (*mich*) absolut nicht interessiert (Präsupposition), interessiert S den Sprecher (*mich*) auch nicht (Inferenz).

Die Präsuppositionen- und Inferenzketten gelten für alle Slotfüller der drei untersuchten Sprachen, die auf etwas ‚Geringwertiges' hindeuten. Die nichtkompositionelle Deutung der Instanzen der Konstruktion bzw. der inferentielle Weg zur richtigen Kodierung der Aussagen verstärken deren Relevanz (vgl. Relevanztheorie von Sperber & Willson 1986). Die NPE unserer Konstruktion sind darüber hinaus mit einer Implikaturen-Skala assoziiert, denn sie beziehen sich stets auf den unteren Endpunkt einer Skala und durch die Negierung dieses Endpunkts werden infolge einer Implikaturenkette alle weiteren, sich nach oben richtenden Punkte der Skala negiert (Fauconnier 1975; Kürschner 1983). In Anbetracht dieser Implikaturen werden vom Sprecher diese NPE ausgewählt, weil sie sich besonders gut zur Formulierung starker emphatischer Äußerungen eignen.

Die tabuisierten Nomina, wie z. B. it. *cazzo/minchia* ‚Schwanz', sp. *cojón* ‚Ei', *culo* ‚Arsch', werden von der Konstruktion nicht primär inferentiell aufgrund ihrer Wertlosigkeit, sondern wegen ihrer transgressiven Beschaffenheit lizenziert. Es ist gerade der Tabucharakter dieser Nomina, der die Expressivität der Konstruktion bedingt.

Anders als bei Idiomen der negativen Polarität mit NPE in der Funktion von Quantifikatoren (z. B. *keinen Pieps sagen, kein Wort sagen, keinen Finger rühren, kein Wässerchen trüben können, kein Blatt vor dem Mund nehmen, keine Menschenseele*, it. *non avere peli sulla lingua, non muovere un dito, non dire una parola, non torcere un pelo*, sp. *no decir ni mu, no mover (ni) un dedo, no ver (ni) un burro a tres pasos, no tocar ni un pelo, no tener ni idea, ni un alma*), ist die explizite Negation in den Instanziierungen der Konstruktionen mit den Verben aus dem Cluster ‚interessieren' nicht obligatorisch und in einigen Sprachen wie Spanisch prozentuell gesehen kaum relevant. Bei anderen Verben und Prädikaten (wie dt. *wert sein*, it. *valere*, sp. *valer*) in ähnlichen Konstruktionen ist die Negation erforderlich. Die Tendenz zur Negationselision ließe sich konstruktionell als Annäherung an den Lexem-Pol und als Zunahme des Idiomatisierungsgrads interpretieren. Laut Cifuentes Honrubia (2019) ist die Elidierung darauf zurückzuführen, dass das Verb *importar* im Spanischen in vielen Kontexten implizit schon als negierend interpretiert wird.

In Übereinstimmung mit den Definitionsmerkmalen der Phrasem-Konstruktionen bestehen in den von uns ausgewählten Verbindungen gewisse Restriktionen (*constraints*) bei der Lizenzierung der nominalen Slotfüller. Laut NGLE (2010: 935–936) werden die Nomina der Ausdrücke der negativen Polarität „minimizadores" (dt. ‚Minimierer') genannt, weil sie als Prototypen von niedrigen Werten fungieren, so wie wertlose Münzen, geringwertige Gemüsesorten, Früchte oder kleine Maßeinheiten. Dieses Merkmal trifft hauptsächlich auf das Italienische und das Spanische zu, da das Deutsche – so wie bei den Schimpfwörtern – vorwiegend tabuisierte Ausdrücke für Fäkales bevorzugt (vgl. Mellado Blanco 2020b). Eine Ausnahme stellt das Substantiv *die Bohne* dar (siehe Abschnitt 5).

Die Gründe, warum wir es hier mit Phrasem-Konstruktionen nach der Definition von Dobrovol'skij (2011) bzw. „constructional idioms" in Anlehnung an Taylor (2016: 464)[15] zu tun haben, sind folgende:

- Es handelt sich um eine syntaktische Struktur, die mit einer Bedeutung bzw. Funktion versehen ist.
- Die Bedeutung ist pragmatisch relevant und nicht kompositionell.
- Einige Konstituenten sind fest und andere frei.
- Die freien Konstituenten sind bestimmten morphologischen und semantischen Restriktionen (*constraints*) unterworfen.
- Die Instanziierungen der Konstruktion befinden sich auf einem Lexikon-Grammatik-Kontinuum und zeigen verschiedene Schematisierungsgrade. Diejenigen, die am lexikalischen Pol platziert sind, erweisen sich als Idiome und sind lexikalisiert, wie z. B. sp. *importar a alg. un comino, importar a alg. un pepino*, it. *importare a qlcu. un fico secco/una mazza* und dt. *jmdn. einen Scheißdreck interessieren, jmdn. einen feuchten Kehricht angehen*.[16]

---

[15] Nach Dobrovol'skij (2011: 114) können Phrasem-Konstruktionen „als Konstruktionen definiert werden, die als Ganzes eine lexikalische Bedeutung haben, wobei bestimmte Positionen in ihrer syntaktischen Struktur lexikalisch besetzt sind, während andere Slots darstellen, die gefüllt werden müssen." Taylor (2016: 464) definiert „constructional idioms" als "patterns (of varying degrees of productivity and schematicity) for the formation of expressions, but whose syntactic, semantic, pragmatic, and even phonological properties cannot be derived from general principles, whether universal or language-specific". Zu einem Überblick zur Terminologie der Phrasem-Konstruktionen vgl. Mellado Blanco (2019) und Schafroth (2020).

[16] Zu Varianten beim Verb im Deutschen siehe Abschnitt 5.

3 Die spanischen intensivierenden Konstruktionen der Interesselosigkeit

3.1 Die Phrasem-Konstruktion mit dem verbalen Füller *importar*

Zur Beschreibung der kognitiven Verfestigung (*entrenchment*) und Produktivität der spanischen Phrasem-Konstruktion [NP$_{Subjekt}$ (*no*) NP$_{Objekt}$ IMPORTAR NP$_{\{geringwertig/tabuisiert\}}$] ‚etw. interessiert jmdn. überhaupt nicht' wird korpusbasiert vorgegangen. Als erstes soll die Konsistenz der Konstruktion überprüft werden, indem das proportionale Verhältnis zwischen den totalen Okkurrenzen der Suchanfragen und der Anzahl der konstruktionskompatiblen Okkurrenzen berechnet wird. Je höher der Anteil der konstruktionskompatiblen Treffer, desto kognitiv verfestigter ist die Konstruktion.

Die Suchanfragen im Korpus Sketch Engine *esTenTen18* erfolgten mit den verbalen Formen der 3. Person Singular und Plural im Präsens und *imperfecto* (Präteritum): *importa, importan, importaba, importaban*, ohne Negation (Tabelle 1) und mit Negation (Tabelle 2).[17] Es seien zuerst die maskulinen nominalen Füller der NP$_{\{geringwertig/tabuisiert\}}$ in Betracht gezogen.

Tabelle 1: Okkurrenzen mit maskulinen Slotfüllern ohne Negation.[18]

<importa un + S>	<importan un + S>	<importaba un + S>	<importaban un + S>
18.448 (20.497): 90%	1.990 (2.307): 86%	1.717 (1.936): 89%	227 (260): 87%

Tabelle 2: Okkurrenzen mit maskulinen Slotfüllern und Negation.[19]

<no # importa un + S>	<no # importan un + S>	<no # importaba un + S>	<no # importaban un + S>
1.296 (1716): 75%	120 (142): 84%	201 (235): 85%	25 (27): 92%

---

17 Ähnlich wird auch für die Beschreibung der italienischen und deutschen Phrasem-Konstruktionen vorgegangen.
18 In Klammern steht die Gesamtzahl der Treffer der jeweiligen Suchanfragen. Ohne Klammer steht die Zahl der konstruktionskompatiblen Treffer. Der Prozentsatz gibt den prozentuellen Anteil der konstruktionskompatiblen Treffer in Bezug auf die Zahl der Gesamtzahl der Treffer bei der jeweiligen Suchanfrage an.
19 Das Zeichen # weist auf den Objekt-Slot zwischen Negation und Verb hin.

Belege:

(8) Estas situaciones no admiten un ‚la medicina está avanzando en esta línea' porque en el fondo *te importa un catzo*, sabés que es un tren que va a llegar tarde. (16261832944)

(9) A la España más laica y atea de su historia *le importan un pito* los laicos y ateos que hay al otro lado de las vallas de Ceuta y Melilla. (651272201)

(10) Los aspectos técnicos *no me importan un pimiento* en esta película y suelen ser los menos. (1286313828)

(11) *No me importaba un bledo* si alguien intentaba atacarme por cualquier cosa, es más, lo deseaba porque después de una buena canción está bien pelear un rato. (18824301788)

Auf die Suchanfrage ohne Negation (Tabelle 1) ergaben sich durchschnittlich 88% konstruktionskompatible Belege. Unter den Korpusbelegen mit Negation (Tabelle 2) sind 84% konstruktionskompatibel, was als starkes Indiz für die Verfestigung der Konstruktion mit maskulinen Nomina im Singular gelten kann. Aus der Korpusanalyse lässt sich schlussfolgern, dass sich die nicht konstruktionskompatiblen Korpusbelege hauptsächlich bei den Slotfüllern niedrigster Frequenz befinden, d. h. je niedriger die absolute Frequenz des nominalen Slots, desto wahrscheinlicher ist es, dass die entsprechenden Korpusbelege nicht zur Konstruktion passen.

Die Korpusbelege, die mit der konstruktionalen Bedeutung ‚etw. interessiert jmdn. überhaupt nicht' nicht verträglich sind, sind hauptsächlich Okkurrenzen, in denen
- die Nominalphrase als postverbales Subjekt (Beleg 12) oder als Adverb (*un montón* ‚ein Haufen') fungiert, oder
- das Verb *importar* mit der Bedeutung ‚importieren' (Beleg 13) bzw. ‚implizieren' (in hispanoamerikanischen Varietäten) im Spiel ist:

(12) ¿A quién le importan un puñado de refugiados sin nombre? (16577280982)

(13) Las cadenas especializadas, además de comprar la producción local disponible, importan un gran número de marcas [...]. (722078879)

Aus den Tabellen 1 und 2 geht hervor, dass die Typefrequenz und die kognitive Verfestigung bei der Konstruktionsvariante ohne Negation höher sind, weil sie eine viel höhere absolute Frequenz aufweist (22.372 kontruktionskompatible Treffer ohne Negation vs. 1.642 mit Negation) und der prozentuale Anteil der konstruktionskompatiblen Belege etwas höher (4%) liegt. Beide Tabellen zeigen eine deutliche Präferenz der Konstruktion für die 3. Person Singular und das Präsens ohne Negation, was als prototypische Realisierung der Phrasem-Konstruktion aufzufassen wäre.

Die Kookkurrenzanalyse anhand Sketch Engine ermöglicht eine genaue quantitative und qualitative Auswertung der nominalen Slotfüller. Auf die Suchanfrage <importa un + S> wurden 239 verschiedene konstruktionskompatible Slotfüller festgestellt.[20] Die breite Palette an Slotfüllern wird in der CxG als Parameter für den Produktivitäts- und Schematisierungsgrad der Konstruktion angesehen. Die Produktivität "is measured in the context of a construction to determine how many different items occur in the various schematic slots of a construction" (Boas 2013: 247). Sie steht im engen Zusammenhang mit der Konventionalisierung (Bybee 2013: 61).

Trotz der großen Vielfalt an Slotfüllern lässt sich eine gewisse Systematisierung in ihrer lexikalischen Bedeutung feststellen, die durch die analogischen Extensionen der prototypischen Füller (z. B. *comino* ‚Kümmel', *pepino* ‚Gurke', *pito* ‚Pfeife' usw.) erklärbar ist.

Die Maskulina der Konstruktion bezeichnen:[21]
(1) Aus der Sicht der Sprecher wertlose bzw. minderwertige Objekte.
    a. Kleine oder aus der Sicht des Sprechers minderwertige Früchte, Pflanzen, Körner, Gewürz- und Getreidesorten: *bledo* ‚Amaranth', *comino* ‚Kümmel', *clavo* ‚Nelke', *pepino* ‚Gurke', *pimiento* ‚Paprika', *rábano* ‚Rettich', *higo* ‚Feige'.
    b. Alte geringwertige Münzen: *ardite, chavo, maravedí, pepión*.
(2) Tabuisierte Objekte im sexuellen bzw. fäkalen Bereich, die Dysphemismen darstellen: *cojón* ‚Ei', *carajo* ‚Schwanz', *joraca* ‚Schwanz', *huevo* ‚Ei', *testículo* ‚Hoden'. Diaphasisch betrachtet ist das Stilregister der Konstrukte mit (2) vulgär, im Gegensatz zu den Instanziierungen mit (1) (salopp/umgangssprachlich).

---

20 In dieser Anzahl sind allerdings alle mögliche Schreibvarianten (inkl. orthografische Fehler) mit einbezogen, wie z. B. *carajooo, rabano* (ohne Akzent), *PITO* usw.
21 Vgl. die lexikografisch basierte Studie von Velando Casanova (2003).

Belege:

(14) Y una sola reflexión de calado (creo). *A la gente de izquierdas en España le importa un higo* nuestras cuitas partidarias internas. (11495620952)

(15) Personalmente, y lo digo en serio, *me importa un ardite* lo que haga el tipo, ni los discos que venda. (1838465711)

(16) Aquí en México no tenemos leyes absurdas; sin embargo, lo absurdo es que no se respetan las establecidas y *a las autoridades les importa un testículo*. (6072302022)

Der metaphorisch-symbolische Gebrauch von – aus der Sicht des Sprechers – wertlosen Objekten ist bereits im Lateinischen bei Catull (vgl. Velando Casanova 2003) belegt, wenngleich die Zieldomäne nicht ‚Interesselosigkeit', sondern ‚materielle Wertlosigkeit' war. In diesem Zusammenhang erwähnt Rueda Rueda (1997: 265–266, 294) den Usus in einigen romanischen Sprachen wie Altspanisch. So benutzt Gonzalo de Berceo Ende des 12. Jh. Ausdrücke wie *tiesto* ‚Blumentopf' und *migaja* (‚Brotkrümel').[22]

Zur Veranschaulichung zeigt Tabelle 3 die prototypischen nominalen Slotfüller der spanischen Phrasem-Konstruktion [NP$_{Subjekt}$ (*no*) NP$_{Objekt}$ IMPORTAR *un* X$_{\{geringwertig/tabuisiert\}}$] nach den Ergebnissen aus dem *esTenTen18*-Korpus. Angezeigt werden die Slotfüller mit einer absoluten Frequenz von über 100.

---

[22] Laut LAR (2001: 632) erscheinen solche Ausdrücke der materiellen Wertlosigkeit bereits im anonymen Werk *Cantar de Mío Cid* aus dem 12. Jh.: „quanto dexo no lo preçio un figo" (‚ich gebe keine Feige dafür'). Bei Gonzalo de Berceo (Ende des 12. Jh.) kommt im Werk *Vida de Santo Domingo* „non lo preçiaba todo ni tres chirivías" (‚Ich gab dafür nicht mal drei Pastinaken') vor und in der *Vida de San Millán de la Cogolla* „non li valio todo una nuez foradada" (‚Das war nicht mal eine durchlöcherte Nuss wert'). Im 13. Jh. begegnet uns im anonymen Buch *Vida de Santa María Egipciaca*: „non dariedes por su vestidura huna mançana madura" (‚für seine Kleidung würdet ihr keinen reifen Apfel geben' (vgl. dt. *keinen Pfifferling wert sein*; *nicht die Bohne wert sein*).

Tabelle 3: Maskuline Slotfüller [X{geringwertig/tabuisiert}] bei der Konstruktion [NP$_{Subjekt}$ (no) NP$_{Objekt}$ IMPORTAR un X{geringwertig/tabuisiert}] mit einer absoluten Frequenz über 100.

Stelle von X nach der abs. Freq.	Schreibvarianten des Lemmas (abs. Frequenz)	Lemma	absolute Frequenz des Lemmas
1	bledo (5420) BLEDO (36)	*bledo* ‚Amaranth'	5456
2	carajo (3800) CARAJO (60) c. (271) carallo (20) Carajo (19) caraj (18) car (13) ca (11)	*carajo* ‚Schwanz'	4212
3	comino (2947) COMINO (14)	*comino* ‚Kümmel'	2961
4	pimiento (2653) PIMIENTO (8)	*pimiento*[23] ‚Paprika'	2661
5	pito (1907) PITO (32)	*pito* ‚Pfeiffe'/‚Schwanz'	1939
6	pepino (1536) PEPINO (8)	*pepino* ‚Gurke'	1544
7	rábano (1181) rabano (162) RABANO (6)	*rábano* ‚Rettich'	1349
8	huevo (671) güevo (31) webo (9) guevo (8) HUEVO (8)	*huevo* ‚Ei'[24]	727
9	cuerno (287)	*cuerno* ‚Horn'[25]	287

---

23 Nur im europäischen Spanischen geläufig. Das mag mit dem Faktum zusammenhängen, dass *importar un pimiento a alg.* (wörtlich: „jmdn. eine Paprika interessieren") zum ersten Mal 1932 (vgl. Martinell Gifre & Illamola 2017: 9) belegt ist, als Spanien keinen starken Einfluss als sprachliche Metropole auf Hispanoamerika mehr ausübte.
24 *Huevo* weist wie im Deutschen die Doppelbedeutung ‚Ei als Lebensmittel' und ‚Ei als Hoden' auf.
25 *Horn* im Sinne ‚harter Auswuchs am Kopf bestimmter Tiere und als Blasinstrument'. In Argentinien und Uruguay geläufig. Zum Nutzwert der Korpuslinguistik für die Untersuchung der diatopischen phraseologischen Varianten siehe Mellado Blanco (2020a) und Corpas Pastor (2018).

Tabelle 3 (fortgesetzt)

Stelle von X nach der abs. Freq.	Schreibvarianten des Lemmas (abs. Frequenz)	Lemma	absolute Frequenz des Lemmas
10	cacahuate (117) cacahuete (5) CACAHUATE (2)	*cacahuete* ‚Erdnuss'	124
Total			**21.260**

Weitere maskuline Slotfüller sind: *higo* ‚Feige' (80), *cojón* u. *cojon* ‚Ei' (80), *pijo* ‚Schwanz' (74), *culo*[26] ‚Arsch' (69), *ardite* ‚minderwertige Münze aus Kastilien' (60), *corno* ‚Oboe' (49), *joraca*[27] ‚Schwanz' (48), *coño* ‚Fotze' (39), *pedo* ‚Furz' (37), *pico*[28] ‚Schwanz' (35), *pomo* ‚Sammelbalgfrucht' (35), *ápice* ‚Stück' (34), *demonio* ‚Teufel' (28), *choto*[29] ‚Schwanz' (27), *mojón* ‚Scheißhaufen' (25), *nabo* ‚weiße Rübe'/‚Schwanz' (21), *cuesco* ‚Furz' (21).

Die Analyse der maskulinen Slotfüller der Konstruktion hat zu folgenden Schlussfolgerungen geführt:

1. Die Vielfalt der maskulinen Slotfüller mit einer Frequenz über 100 ist relativ klein (nur 10 Nomina). Die ersten 10 prototypischen Slotfüller erscheinen in 88% der gesamten Instanziierungen der Konstruktion (in 21.260 der 24.014 Treffer).
2. Zwischen lexikalisierten bzw. in Lexika erfassten Konstrukten (z. B. *importar un bledo a alg., importar un comino a alg., importar un rábano a alg.*) und Instanziierungen mit Slotfüllern niedriger Frequenz, wie z. B. *ápice* ‚winziges Stück' (34), *chorizo* ‚Wurst' (12), *ajo* ‚Knoblauch' (3) besteht ein Kontinuum.[30] Alle Slotfüller mit einer Frequenz von oder über 60 nach der Slotanalyse im *esTenTen18*-Korpus[31] werden in den konsultierten phraseologischen Wörterbüchern als lexikalisierte Idiome mit der Bedeutung ‚nichts' – in Kookkur-

---

26 In Argentinien und Kolumbien geläufig.
27 *Joraca* ist das Ergebnis der spielerischen Umstellung vom Wort *carajo* ‚Schwanz'. Der Terminus wird nur in Argentinien und Uruguay benutzt. Die Silbenumstellung lässt sich wortspielerisch und euphemistisch begründen.
28 Für Bolivien und Chile spezifisch.
29 In Südamerika geläufig.
30 Diese Studie zeigt die Schwierigkeiten der Grenzziehung zwischen den „lexikalisierten" bzw. als Idiome zu betrachtenden Konstruktionen und den kreativen Ad-Hoc-Instanziierungen einer Phrasem-Konstruktion.
31 Außer *cacahuate*, diatopisch spezifisch für Honduras und Mexiko, und *culo*, diatopisch spezifisch für Spanien.

renz mit dem Verb *importar* – angeführt,[32] nämlich *un bledo, un carajo, un comino, un pimiento, un pito, un pepino, un rábano, un huevo, un cuerno, un higo, un pijo, un ardite*.
3. Einige der prototypischen Slotfüller wie z. B. *pepino* ‚Gurke' haben eine gewisse Produktivität und Variation in ihren Instanziierungen erreicht und zeigen somit Diminutivformen (*pepinillo*) oder Erweiterungen wie *pepino en vinagre* ‚in Essig eingelegte Gurke', *pepino en escabeche* ‚marinierte Gurke' etc. In diesem Zusammenhang weist die Mikrokonstruktion *importar un pepino a alg.* Indizien für einen Wandel zu einer *type*-Konstruktion auf.[33]
4. Die Varietäten-Eigenheiten hinsichtlich der spezifischen amerikanischen Flora und Fauna sowie der Tabuwörter aus der Sexualsphäre spiegeln sich in den Slotfüllern mit der niedrigsten Tokenfrequenz[34] wider: z. B. *pico* ‚Schwanz' (35) aus Peru, Bolivien und Chile. Demgegenüber erscheinen an den oberen Stellen Termini aus der Standardsprache, die sowohl den europäischen als auch den hispanoamerikanischen Varietäten eigen sind. Bestimmte tabuisierte Wörter werden von der Konstruktion nur in einer spezifischen Varietät lizenziert, wie z. B. *joraca* (48) in Argentinien. Interessant ist dabei der Fall der Lehnwörter, die durch Kontakt zu anderen Sprachen in einigen Varietäten verbreitet sind und unter den Slotfüllern nur peripher auftreten, wie z. B. *egg* ‚Ei' (9) aus dem Englischen, *catzo* (5)/*cazzo* ‚Schwanz' (5) aus dem Italienischen und *wurst* (1) aus dem Deutschen, die ersten beiden aus der spanischen Varietät Argentiniens. Es wurden ebenso einige nicht lexikografisch erfasste Ad-Hoc-Bildungen aufgefunden, wie *sorete* (17) und *sorongo* (1), die varietätenspezifisch sind.
5. Die Erscheinung von Slotfüllern niedriger Frequenz ist das Ergebnis von analogischen Extensionen auf der Basis von produktiven Clustern, wie ‚Sexualorgane' oder ‚kleine oder wertlose Früchte'. In diesem Zusammenhang sind die 66 Einmaltreffer oder Hapaxlegomena (darunter 41 Lemmata) nach der Suchanfrage <importa un + S> zu verstehen:

---

[32] Folgende Wörterbücher wurden für die Studie herangezogen: DFDEA, DLE, DUE und LAR. Für eine ausführliche lexikografische Untersuchung des phraseologischen Status der Idiome *un bledo, un carajo, un comino, un pimiento, un pito, un pepino, un rábano, un huevo, un cuerno, un higo, un pijo, un ardite* siehe Mellado Blanco (2020a).
[33] Eine besondere Rolle für die Emergenz einer neuen *type*-Konstruktion spielen nach Mollica & Schafroth (2018: 131) ihr kognitiver Verfestigungsgrad, d. h. ihre absolute Frequenz, sowie ihr Schematizitätspotential.
[34] Die Tokenfrequenz bezieht sich auf die absolute Frequenz der Items (Goldberg 2006: 93).

a) Kleine bzw. minderwertige Früchte: *grano* ‚Korn', *dátil* ‚Dattel', *calabacín* ‚Zucchini', *poroto*[35] ‚Bohne'.
b) Sexualorgane und Fäkales: *rabo* ‚Schwanz', *zurullo* ‚Dreckhaufen' etc.

Laut Ziem & Lasch (2013: 106) stellt sich die Anzahl an Einmaltreffern als Produktivitätsindiz und als Verfestigungsparameter heraus. Nach diesem Kriterium kann die spanische Konstruktionsvariante mit Maskulina [NP$_{Subjekt}$ (*no*) NP$_{Objekt}$ IMPORTAR *un* NP$_{\{geringwertig/tabuisiert\}}$] als hoch produktiv betrachtet werden. Unter den 66 Hapaxformen befinden sich zahlreiche spielerische Schreibvarianten mit emphatischem Wert, z. B. durch Buchstabenhäufung wie bei *carajoooooo* (*carajo* ‚Schwanz'), *culooo* (*culo* ‚Arsch') oder durch Großschreibung, wie bei *HUEVO* ‚Ei'. Festgestellt wurden in gleichem Maße fehlerhafte Schreibungen, wie *comio (*comino* ‚Kümmel'), *choriz (*chorizo* ‚Salami'), *celemin* (*celemín* ‚Metze'):

(17) En un momento de celos, rabia, borrachera, angustia, etc., *al asesino en potencia le importa un poroto* qué castigo va a recibir. (13928612633)

(18) La pureza de tu música *a nadie le importa un rabo*. (7277486680)

(19) [...] tengo que estudiar fisio, pero *me importa un carajoooooo*. (14440327573)

Spielerische Kreativität ist besonders in den Slotfüllern niedrigster Frequenz und in den Einmaltreffern zu beobachten. Dieses Phänomen erhöht beträchtlich den Expressivitätsgrad der Instanziierungen, wie beim Slotfüller *culo de rata* ‚Rattenarsch':

(20) Me encantaría hablar sobre esto. „*Me importa un culo de rata* lo que tú pienses sobre esto", le gritó Rodman a Cuomo. (161461791)

Aus konstruktionaler Sicht ist die Kreativität ein Beweis für Produktivität und kognitive Verfestigung der jeweiligen Konstruktion. Kreative Slot-Bildungen emergieren in der Regel durch Analogie als Extensionen von rekurrenten Slot-Frames (in unserem Fall ‚Sexualorgane', ‚Fäkales' und ‚kleine u. minderwertige Früchte') (vgl. Mellado Blanco 2020a). In diese Richtung äußert sich Goldberg (2019: 73):

> Since instances of each construction cluster together, generalizations about semantic, information structure, syntactic, morphological, and phonological constraints emerge, and new expressions that are witnessed are associated with existing clusters in hyper-dimensional

---

35 In Argentinien, Bolivien, Chile, Ecuador, Paraguay, Peru und Uruguay geläufig.

conceptual space. At the same time, coverage accounts for the fact that the variety of previously attested exemplars correlates positively with the acceptability of new coinages. That is, speakers take previous usage into account when deciding whether or how far to extend an existing construction. If they have already witnessed a construction being extended with a wide variety of exemplars, they are more willing to use it productively themselves. Productivity begets productivity.

Die Phrasem-Konstruktion lizenziert ebenso Feminina in der Slotfüllung der NP$_{\{geringwertig/tabuisiert\}}$. Im Spanischen ist die Konstruktion mit femininen Slotfüllern längst nicht so produktiv wie mit Maskulina. Die absolute Frequenz der konstruktionskompatiblen Instanziierungen liegt für Feminina bei 5.717, für Maskulina bei 24.014. Dieses Merkmal kann als morphologische Präferenz der Phrasem-Konstruktion für Maskulina gedeutet werden.

Als relevantester Füller kommt – mit mehreren euphemistischen oder verstärkenden Schreibvarianten – der Dysphemismus *mierda* ‚Scheiße' vor. Tabellen 4 und 5 zeigen die Anzahl der Okkurrenzen nach den Suchanfragen mit dem Verb *importar* in der 3. Person Singular, Plural und in den Tempora Präsens und *imperfecto* (Präteritum), ohne Negation (Tabelle 4) und mit Negation (Tabelle 5).

Tabelle 4: Okkurrenzen mit femininen Slotfüllern ohne Negation.

<importa una + S>	<importan una + S>	<importaba una + S>	<importaban una + S>
3.914 (7.373): 53%	525 (992): 53%	499 (788): 63%	56 (93): 60%

Tabelle 5: Okkurrenzen mit femininen Slotfüllern und Negation.

<no # importa una + S>	<no # importan una + S>	<no # importaba una + S>	<no # importaban una + S>
538 (1.024): 52%	70 (103): 70%	103 (141): 73%	12 (19): 63%

Belege:

(21) Querida escoria política, ya sé que *te importa una mierda* mis críticas[36] y que haces oídos sordos a cualquier tipo de burla o queja. (5766080962)

---

36 Ein rekurrentes Phänomen in den Instanziierungen der Konstruktion ist, wie in diesem Beleg, die Numerus-Inkongruenz zwischen Subjekt (Plural) und die Verbform (Singular), was wohl als Signal für die kognitive Verfestigung der Singularform der Konstruktion zu deuten sein könnte.

(22) Eso es mejor que haber suspendido, como les ha pasado a otros países. Pero al común de los mortales *nos importa una higa* lo que pase con los bancos a partir de ahora porque quedan ya bajo la tutela del BCE. (2119056520)

(23) Me puse en plan chulito, *no me importaba una mierda* si a esa tía le repateaba mi comportamiento. (10088310716)

Der Anteil der konstruktionskompatiblen Korpusbelege bei femininen Slotfüllern beträgt durchschnittlich 57% ohne Negation und ca. 64% mit Negation. Vergleicht man diese Daten mit den Tabellen 1 und 2, wird die höhere kognitive Verfestigung der Konstruktion mit Maskulina deutlich. Darüber hinaus ist – anhand der restringierten Vielfalt der nominalen Füller (siehe Tabelle 3) und der absoluten Frequenz der Instanziierungen (5.717 Treffer vs. 24.014 bei Maskulina) – die Produktivität der Konstruktion mit Feminina deutlich niedriger als bei Maskulina. Nach Tabelle 6 enthalten 88% aller Instanziierungen der Konstruktion mit Feminina den Slotfüller *mierda* (mit mehreren Schreibvarianten).

Tabelle 6 zeigt die prototypischen femininen Slotfüller der spanischen Phrasem-Konstruktion [NP$_{Subjekt}$ (*no*) NP$_{Objekt}$ IMPORTAR *una* X$_{\{geringwertig/tabuisiert\}}$] nach den Ergebnissen aus dem *esTenTen18*-Korpus. Aus der Tabelle wird ersichtlich, dass die Instanziierungen mit lediglich 7 Slotfüllern über 96% der gesamten Instanziierungen der Konstruktion ausmachen. Aus der niedrigen Variation der Slotfüller geht eine sehr niedrige Produktivität und Typefrequenz der Phrasem-Konstruktion mit Feminina hervor.

Tabelle 6: Feminine Slotfüller [X$_{\{geringwertig/tabuisiert\}}$] bei [NP$_{Subjekt}$ (*no*) NP$_{Objekt}$ IMPORTAR *una* X$_{\{geringwertig/tabuisiert\}}$] mit einer absoluten Frequenz über 100.[37]

Stelle von X nach der abs. Freq.	Schreibvarianten des Lemmas (abs. Frequenz)	Lemma	absolute Frequenz des Lemmas
1	mierda (4851) M/ m (147) mierdha (2) mierd (32) mie (8) mier (6)	*mierda* ‚Scheiße'	5.046
2	higa (353)	*higa* ‚Fotze'	353
3	raja[37] (50)	*raja* ‚Fotze'	50

---

37 *Raja* ‚Fotze' wird besonders in der spanischen Varietät Kolumbiens benutzt.

Tabelle 6 (fortgesetzt)

Stelle von X nach der abs. Freq.	Schreibvarianten des Lemmas (abs. Frequenz)	Lemma	absolute Frequenz des Lemmas
4	leche (30)	*leche* ‚Milch'	30
5	polla (19)	*polla* ‚Schwanz'	19
6	caca (12)	*caca* ‚Scheiße'	12
7	wea (9) huea (1)	*hueá*[38] ‚Schmarren'	10
Total			5.520

Unter den konstruktionskompatiblen Korpusbelegen nach der Suchanfrage <IMPORTAR una S> befinden sich weitere Slotfüller mit niedriger Frequenz, wie z. B. *callampa*[39] ‚Schwanz' (2), diatopisch restringiert auf Chile und Bolivien. Als Einmaltreffer wurden insgesamt 38 Feminina ausgewertet, wie z. B. *silla* ‚Stuhl', *alpargata* ‚Hausschuh', *paja* ‚Strohhalm', *barretina* ‚katalanische Mütze', *pizca* ‚Prise'.

Die Instanziierungen mit Feminina unterliegen den gleichen semantischen Restriktionen wie bei Maskulina. Einige stammen aus der Sexualsphäre: *verga* ‚Schwanz', *gónada* ‚Hoden', *concha* ‚Muschi', *cagada* ‚Dreckhaufen', andere sind Bezeichnungen für kleine oder aus der Sicht des Sprechers minderwertige Früchte: *mandarina* ‚Mandarine', *castaña* ‚Kastanie', *vaina* ‚Schote'', *mandioca* ‚Mandioka', *berenjena* ‚Aubergine', *alga* ‚Alge', *patata* ‚Kartoffel', *ensalada* ‚Kopfsalat', *guinda* ‚Kirsche', *lenteja* ‚Linse', *paja* ‚Strohhalm'. Kleine oder vom Sprecher als minderwertige empfundene Tiere sind ebenso dabei vertreten: *anchoa* ‚Anchovis', *iguana* ‚Iguana', *ameba* ‚Amöbe'. In anderen Fällen handelt es sich einfach um wertlose Objekte, wie *sandalia* ‚Sandale', *alpargata* ‚Hausschuh', *pelusa* ‚Staubfussel' oder kleine Blasinstrumente *flauta* ‚Flöte', *corneta* ‚Kornett'.

Auffällig sind einige spielerische Ad-hoc-Bildungen als movierte Feminina von den maskulinen Slotfüllern der Konstruktion, wie z. B. *bleda* (von *bledo* ‚Amaranth') (siehe 24), *caraja* (von *carajo* ‚Schwanz'), *rabanilla* (von *rábano*/

---

[38] *Hueá* ‚Schmarren' ist spezifisch für die spanische Varietät Chiles.
[39] Ursprünglich eine Pilzsorte. Metaphorisch bezeichnet es ‚Penis'.

rabanillo ‚Radischen'). Manchmal dient das Femininum zur Bedeutungsintensivierung, wie bei (25):

(24) [...] ahora puedo decirlo sin preocuparme porque ya *me importa una bleda* lo que puedan hacerme [...]. (8965304854)

(25) Los del globo vuelven a mirarme con caras raras, y a mí *no es que me importe un higo chumbo*, es que *me importa una chumbera*. (20234500885)

Wie oben bereits bemerkt, lässt sich beim prototypischen femininen Füller *mierda* ‚Scheiße' eine hohe Anzahl an Schreibvarianten feststellen, die auf den tabuisierten Charakter des Slotfüllers hindeuten: *miarda, nierda, mierddd, mrda*, etc. Darunter befinden sich auch durch typografische Mittel erzeugte Verstärkungsvarianten, z. B. *MIERDA* oder *m-i-e-r-d-a*.

Zusammenfassend hat der Vergleich der Konstruktionsvarianten mit Maskulina und Feminina anhand der Slotfülleranalyse folgende Ergebnisse hervorgebracht:
1. Die kognitive Verfestigung (*entrenchment*) ist bei der Phrasem-Konstruktion mit Maskulina viel stärker als bei Feminina, denn:
    a. die Anzahl der Maskulina enthaltenden Instanziierungen der Konstruktion ist signifikant höher (Typefrequenz), nämlich ca. vier Mal so hoch;
    b. der Anteil der konstruktionskompatiblen Korpusbelege ist höher als bei Feminina (88% vs. 57% ohne Negation; 84% vs. 64% mit Negation), d. h. die Bindung zwischen Form und konstruktionaler Bedeutung ist bei Feminina schwächer ausgeprägt;
2. Es liegt eine viel niedrigere Produktivität der Konstruktion mit Feminina als mit Maskulina vor, denn
    a. die Variationspalette ist sehr beschränkt. Bei 88% der Instanziierungen mit einem Femininum tritt als Füller das Lemma *mierda* ‚Scheiße' in Erscheinung;
    b. die Anzahl der verschiedenen Füller bei Feminina beträgt 48 vs. 239 bei Maskulina;
    c. die Anzahl der Hapaxlegomena ist bei Feminina ebenso geringer (38 vs. 66).

Die pragmatische Konstruktionsbedeutung weist einige Unterschiede bezüglich des Illokutionspotentials auf, wobei sich die pronominale Form – in der semantischen Rolle EXPERIENCER – als schlüssig erweist. So kommt den Instanziierungen mit Personalpronomina der 2. und 3. Person häufig eine illokutive Funktion KRITIK zu, die bei Belegen mit den Formen der 1. Person *me/nos* ‚mich/uns' nicht vorhanden ist. Beim näherer Betrachtung der Korpusbelege (26) und (27) wird dieser Unterschied im Illokutionspotential ersichtlich:

(26) El resacón del día después: Porque esta noche, amigos, nos vamos de fiesta, ¡y <u>nos</u> *importa un carajo* cómo y dónde nos despertemos mañana! [1434509753]

(27) *A esos cochinos <u>les</u> importa un comino* arruinar al país con sus empresas suicidas. [616827442]

Ein Beweis für die illokutive KRITIK-Funktion bei Pronomina der 3. und 2. Person ist die negative semantische Prosodie[40] der Bezugswörter der Personalpronomina, z. B. in (27) die NP *a esos cochinos* ‚Schweine'. Die Kookkurrenzanalyse zeigt, dass die Bezugswörter der Personalpronomina der 3. Person Personengruppen aus bestimmten Ländern (*gringos* ‚Amerikaner', *catalanes* ‚Katalanen', *mexicanos* ‚Mexikaner', *españoles* ‚Spanier', *colombianos* ‚Kolumbianer') oder Politikergruppen im weiteren Sinne (*gobernantes* ‚Regierungsleute', *políticos* ‚Politiker', *independentistas* ‚Unabhängigkeitsanhänger', *poderosos* ‚mächtige Leute') bezeichnen. In all diesen Instanziierungen werden diese Menschengruppen aufgrund ihrer Passivität in irgendeiner Angelegenheit vom Sprecher kritisiert.

Tabelle 7 zeigt die Verteilung der verschiedenen Personen unter den Personalpronomina der Instanziierungen, aus der eine gewisse Präferenz für Personalpronomina der 3. Person vor derjenigen der 1. Person ersichtlich wird:

Tabelle 7: Frequenz der Personalpronomina (NP$_{Objekt}$) in der Konstruktion [NP$_{Subjekt}$ (*no*) NP$_{Objekt}$ IMPORTAR NP$_{\{geringwertig/tabuisiert\}}$].

Me|me	Nos|nos	Te|te	Os|os	Le|le	Les|les
6729	995	641	995	5134	5318
1. Person:	7724	2. Person:	1636	3.Person:	10452

---

40 Unter *semantischer Prosodie* versteht Louw (2000: 9) „a form of meaning which is established through the proximity of a consistent series of collocates, often characterizable as positive or negative, and whose primary function is the expression of the attitude of its speaker or writer towards some pragmatic situation". Bestimmte Wörter tendieren also dazu, in eher negativen oder positiven Kontexten vorzukommen, obwohl diese Negativität oder Positivität nicht Teil ihrer lexikalischen Bedeutung ist (Mukherjee 2009: 26) Vgl. zu diesem Thema auch Stefanowitsch (2020: 244–254.) und López Meirama & Mellado Blanco (2019) hinsichtlich des Musters [*entre* + S$_{plural/somat}$].

3.1 Kurzer intralingualer Vergleich zwischen den Phrasem-Konstruktionen mit *importar* und *interesar*

Aus Platzgründen kann die Konstruktion [NP$_{\text{Subjekt}}$ (*no*) NP$_{\text{Objekt}}$ INTERESAR NP$_{\{\text{geringwertig/tabuisiert}\}}$] in der vorliegenden Studie nicht im Detail beschrieben werden, weshalb nur auf die wichtigsten Merkmale im Vergleich mit der Konstruktion mit *importar* eingegangen wird.

Die Suchanfragen mit den verbalen Formen im Singular und Plural und im Präsens und *imperfecto*, mit und ohne Negation, des Verbs *interesar* ‚interessieren' in Kookkurrenz mit einem Maskulinum oder einem Femininum zeigen folgende Ergebnisse:

Tabelle 8: Okkurrenzen mit maskulinen Slotfüllern ohne Negation.

‹interesa un + S›	‹interesan un + S›	‹interesaba un + S›	‹interesaban un + S›
280 (4.582): 6%	20 (140): 14%	14 (325): 4%	1 (16): 6%

Tabelle 9: Okkurrenzen mit maskulinen Slotfüllern und Negation.

‹no # interesa un + S›	‹no # interesan un + S›	‹no # interesaba un + S›	‹no # interesaban un + S›
165 (867): 19%	30 (35): 86%	11 (88): 12%	1 (2): 50%

Tabelle 10: Okkurrenzen mit femininen Slotfüllern ohne Negation.

‹interesa una + S›	‹interesan una + S›	‹interesaba una + S›	‹interesaban una + S›
35 (3.465): 1%	9 (73): 12%	2 (267): 0,7%	0 (12): 0%

Tabelle 11: Okkurrenzen mit femininen Slotfüllern und Negation.

‹no # interesa una + S›	‹no # interesan una + S›	‹no # interesaba una + S›	‹no # interesaban una + S›
45 (637): 7%	1 (8): 12%	6 (100): 6%	0 (0): 0%

Belege:

(28) *Me interesa un carajo si Colombia gana o pierde un partido. Es más importante que se haga algo con respecto a la salud en el país.* (955135655)

(29) Lo rematadamente insufrible es cuando te topas –y es lo más frecuente– con autores que la historia que te cuentan *no te interesa un pijo* y, para mayor recochineo, te la cuentan fatal. (4247576097)

(30) Antes de nada, si *no te interesa una mierda* mi vida, sal del post. (6315869005)

Aus den Tabellen 8–11 ist zu schlussfolgern, dass nur ein kleiner Anteil der Okkurrenzen mit dem Verb *interesar* ‚interessieren' konstruktionskompatibel ist. Proportional betrachtet sind die Instanziierungen mit Maskulina und der Negation *no* relevanter als der Rest. Infolge der niedrigen absoluten Anzahl der Okkurrenzen mit der konstruktionalen Bedeutung ‚etw. interessiert jmdn. überhaupt nicht' (insgesamt 620 Treffer vs. 29.731 in der Konstruktion mit *importar*) ist die kognitive Verfestigung (*entrenchment*) der Konstruktion mit *interesar* viel schwächer als die mit der Konstruktion mit *importar*.

Die maskulinen und femininen Slotfüller der Konstruktion stimmen qualitativ mit denen der Phrasem-Konstruktion mit *importar* überein. Als Maskulina überwiegen *comino* ‚Kümmel', *carajo* ‚Schwanz', *pepino* ‚Gurke', *bledo* ‚Amaranth', *pito* ‚Pfeife', *rábano* ‚Radieschen' und als Femininum *mierda* ‚Scheiße'. Slotfüller niedriger Frequenz und Einmaltreffer sind – wie im Falle der Konstruktion mit *importar* – oft diatopisch markiert und in die Frames ‚Sexualorgane', ‚Fäkales' und ‚kleine und minderwertige Früchte' einzuordnen, wie z. B. *pomo* ‚Schwanz', *cacahuate* ‚Erdnuss' und ‚Schwanz', *joraca* ‚Schwanz'. Einmaltreffer kookkurrieren mit *interesar* allerdings nicht so oft wie mit *importar*. Somit sind die Typefrequenz und die Produktivität dieser Konstruktion niedriger.

Hinsichtlich des Illokutionspotentials lassen sich ähnliche Merkmale nachweisen, wie im Falle von *importar* im Zusammenhang mit der durch das Personalpronomen bezeichneten Person (siehe Belege 31–32). Die Stilmarkierung ist im Falle von *interesar* – wie bei *importar* – umgangssprachlich bis salopp, je nach Slotfüller:

(31) Entrar a liderar, a ver quién manda en el pabellón no me interesa. La verdad que *no me interesa un pepino*. (17470229958)

(32) La ley no tiene cabida en esta realidad paralela. Esta es la prueba definitiva de que *al Estado no le interesa un pito* España, Cataluña ni los catalanes. (11532557073)

Zusammenfassend lässt sich sagen, dass die Konstruktion mit *interesar* ‚interessieren' eine viel niedrigere kognitive Verfestigung und Produktivität besitzt. Tabelle 12 zeigt die Tendenzen beider Konstruktionen bezüglich mehrerer Parameter.

Tabelle 12: Tendenzen-Vergleich zwischen den Konstruktionen mit *importar* und mit *interesar*.

Konstruktion	Stilregister	explizite Negation *no*	kognitive Verfestigung	absolute Frequenz	Typefrequenz	morphologische Präferenzen der Slotfüller
importar	umgangsspr., salopp	–	hoch	hoch	hoch	ja (+maskuline Slotfüller)
interesar	umgangsspr., salopp	+	niedrig	niedrig	niedrig	ja (+maskuline Slotfüller)

4 Die italienischen intensivierenden Konstruktionen der Interesselosigkeit

Im Italienischen liegen – im Gegensatz zum Spanischen und Deutschen – zwei verwandte Konstruktionen der absoluten Interesselosigkeit vor, bei denen die NP$_{\{geringwertig/tabuisiert\}}$ als Adverbial fungieren kann:

a) [NP$_{Subjekt}$ (*non*) NP$_{ind\_Objekt}$ VERB$_{\{INTERESSIEREN\}}$ NP$_{\{geringwertig/tabuisiert\}}$]^{41}
b) [(*non*) NP$_{ind\_Objekt}$ VERB$_{\{INTERESSIEREN\}}$ NP$_{\{geringwertig/tabuisiert\}}$ *di* NP]

Die Phrasem-Konstruktion unter a) weist zwar formale und funktionale Ähnlichkeiten mit dem Deutschen und Spanischen auf, die Korpusuntersuchung hat jedoch gezeigt, dass sie nur bedingt verbreitet ist.[42] Sie sieht sowohl eine (eher seltene) einfache als auch eine satzförmige Realisierung des Subjekts vor, wobei das indirekte Objekt sowohl nominal als auch pronominal ausgedrückt werden kann.

(33) Il resto *non importa un cazzo a nessuno*. (767897864)

(34) *Non me ne frega un cazzo* che la borsa di New York o di Tokyo o di qualsiasi altra parte del mondo si alzi di mezzo punto se qualcuno si suicida perché non ha da mangiare. (75634899808)

---

[41] Gemeint sind Verben, die die Bekundung eines Interesses ausdrücken. Die Notation erfolgt deshalb abstrakt.
[42] Von den 762 Belegen, die nach der Suchanfrage <non # importa un + S> ermittelt wurden, gehören lediglich 106 diesem Phrasem-Konstruktionstyp an (davon wird nur bei 4 das Subjekt nominal realisiert). Die restlichen 634 gehören zur Konstruktion unter b).

(35) *Non me ne importa un fico secco* di vivere alla giornata. (5760787747)

(36) *A te non importa un fico secco* se ci crei fastidi! (5297168130)

Die subjektlose Konstruktion unter b) wird von den Sprechern deutlich bevorzugt, um absolute Interesselosigkeit zum Ausdruck zu bringen. Auch in diesem Fall kann das indirekte Objekt nominal oder pronominal realisiert werden.

(37) *A Berlusconi* di ambiente, animali, e caccia *non importa un fico secco*. (3375479318)

(38) E in realtà anche *a me non frega un cazzo* della politica. (68793868)

Während bei a) der Gegenstand bzw. das Thema der Interesselosigkeit durch die syntaktische Position des Subjekts realisiert wird, erfüllt bei b) diese Funktion die durch *di* eingeführte Präpositionalphrase. Syntaktisch stellt diese ein Präpositionalattribut zur NP$_{\{geringwertig/tabuisiert\}}$ dar, die sowohl vor als auch nach dem regierenden Substantiv stehen oder – wenn dem Hörer bekannt – weggelassen (Beleg 40) werden kann.

(39) *Non mi importa un tubo* dei vostri commenti avvelenati! (5177928041)

(40) [...] dell'ambiente *non gliene frega un cazzo*!!! (117103860)

Beide Strukturen stellen im Konstruktikon zwei unabhängige Konstruktionen dar, die jedoch formale und funktionale Ähnlichkeiten teilen. Nach Goldbergs Prinzip der *No Synonymy* müssten sich jedoch diese in der Form divergierenden Phrasem-Konstruktionen auch semantisch und/oder pragmatisch unterscheiden (Goldberg 1995: 67). Die Hauptdivergenzen bestehen in der Informationsstruktur. Die zwei Konstruktionen gehen präferiert mit jeweils unterschiedlichen Fokus-Hintergrund-Gliederungen (vgl. Jacobs 1988) einher. So gehört bei der Phrasem-Konstruktion unter b) das EXPERIENCER-Argument (das indirekte Objekt) tendenziell zum Hintergrund, wobei es als Topik im Sinne von Büring (1997, 2006) fungieren kann. Dabei fungiert die *di*-NP, der STIMULUS, i.d.R. als Fokus; somit weist die Phrasem-Konstruktion [(*non*) NP$_{ind\_Objekt}$ VERB$_{\{INTERESSIEREN\}}$ NP$_{\{geringwertig/tabuisiert\}}$ *di* NP] Ähnlichkeiten bzw. *links* mit EXPERIENCER-STIMULUS-Konstruktionen auf (z. B. *A Maria piacciono le rose* ‚Maria gefallen Rosen'). Schaut man sich den Kontext des Belegs (37) an, kommt diese informationsstrukturelle Konstellation deutlich zur Geltung.

(37a) Quanto all'avallo del Berlusconi alla ideologia brambilliana, esso non ha, a mio parere, tutto il peso che gli si attribuisce. Certo ha un notevole peso politico, posto che, allo stato, i voti dei cacciatori saranno certamente, per la maggior parte, preclusi al pdl in caso d'elezione anticipata. Ma a Berlusconi ormai del pdl importa poco: l'importante è che resista quel tanto che basta a fargli raggiungere i suoi scopi, e poi potrà pure andare incontro al proprio destino. *A Berlusconi di ambiente, animali, e caccia non importa un fico secco*, e la benevolenza offerta al Ministro è quella che si dà ad una persona che, posta a capo dei contenitori dell'elettorato, serve ancora per un po'. (3375479309)

Aus dem Kontext wird klar, dass von Berlusconi, von *ambiente* ‚Umwelt', *animali* ‚Tieren' und *caccia* ‚Jagd' bereits die Rede ist; diese werden jedoch erneut aufgegriffen, um darüber etwas Neues zu prädizieren. Die Verbalphrase *non importa un fico secco* stellt – als im Kontext relevanteste Information – den Fokus dar.

Andere Verhältnisse sind hingegen bei der Phrasem-Konstruktion unter a) zu beobachten, wenn das Subjekt nominal (also nicht satzförmig) realisiert wird: In diesem Fall fungiert das Subjekt als Hintergrundinformation und das Verb, die NP{geringwertig/tabuisiert} und – wenn realisiert – das indirekte Objekt bilden den Fokus. Sehen wir hierzu Beleg (41) an:

(41) Attenzione, sia ben chiaro: sbaglia chi pensa che queste dinamiche siano legate alla razza, alla religione, alla lingua o a chissà cos'altro. Queste cose non interessano a nessuno e non c'entrano un cavolo. L'unica cosa che conta qui sono i soldi, money, dinero. *Il resto non importa un cazzo a nessuno.* (767897861)

Das Subjekt (*il resto*) nimmt *razza* ‚Rasse', *religione* ‚Religion' *lingua* ‚Sprache' und *chissà cos'altro* ‚und wer weiß, was sonst noch' wieder auf und steht in Opposition zu *i soldi, money, dinero* ‚Geld', die im Kontext bereits erwähnt sind. Es lässt sich also als ein Element aus einer im Kontext gegebenen Liste von Faktoren erfassen, die mit *queste dinamiche* (‚diese Dynamiken') verbunden sind. Daher kann es als Topik im Sinne von Büring (1997, 2006) betrachtet werden, und *non importa un cazzo a nessuno* bildet den Fokus.

Bei satzförmiger Realisierung des Subjektes wie z. B. bei Beleg (42) wird dieses dagegen durch seine Nachstellung in den Vordergrund gerückt und somit fokussiert.

(42) I conti pubblici? Se i conti di un paese sono gestiti da elementi che hanno creato queste condizioni di invivibilità vuol dire che nessuno ha governato

bene. *Non me ne frega un cazzo che la borsa di New York o di Tokyo o di qualsiasi altra parte del mondo si alzi di mezzo punto se qualcuno si suicida perché non ha da mangiare.* (3726586732)

Bei Beleg (42) lässt sich im Hinblick auf den Kontext die ganze (durch Kursivschrift markierte) Äußerung als Fokus einstufen.

Zusammenfassend kann man also behaupten, dass den Sprechern/Schreibern im Italienischen zwei Phrasem-Konstruktionen zur Verfügung stehen, je nachdem, welches Element sie fokussieren wollen.

Unabhängig vom Konstruktionstyp wird im Folgenden jedoch der Slot der NP$_{\{geringwertig/tabuisiert\}}$ bei der Konstruktionsfamilie der Interesselosigkeit auf seine lexikalische Füllung hin genauer untersucht, wobei aufgrund der funktionalen Ähnlichkeit beider Phrasem-Konstruktionen nicht weiter nach ihrem Typ unterschieden wird.

Im Italienischen kommen – im Gegensatz zum Spanischen und Deutschen – nicht zwei, sondern hauptsächlich vier Verben in den Konstruktionen der Interesselosigkeit vor, und zwar *interessare*, *importare* (auch in der Form *importarsene*), *fregare* (überwiegend als *fregarsene*) und *fottere* (überwiegend als *fottersene*). Verben und Slotfüller bestimmen das Stilregister. Am neutralsten bzw. am wenigsten markiert ist *interessare*, gefolgt von *importare*; das Verb *fregarsene* gilt als umgangssprachlich (vgl. Zingarelli 2021), während *fottere/fottersene* aufgrund seiner wörtlichen Bedeutung („ficken") ziemlich vulgär wirkt. Diese Verhältnisse werden in Abbildung 1 dargestellt.

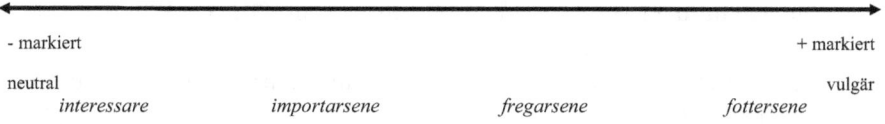

Abbildung 1: Die Stilebenen der italienischen Phrasem-Konstruktion der Interesselosigkeit.

Zu beachten ist jedoch, dass das Stilregister der Phrasem-Konstruktionen der absoluten Interesselosigkeit unabhängig vom realisierten Verb informell bis vulgär bleibt. Es liegt auf der Hand, dass Konstruktionen mit tabuisierten Lexemen und/oder dem Verb *fottere/fottersene* am vulgärsten und auch am stärksten markiert sind, während diejenigen mit *interessare* und z. B. *fico secco* ‚getrocknete Feige' weniger markiert wirken:

(43) Da allora non ci sono più andato e sinceramente *non mi interessa un fico secco* di quello che dicono. (1202520925)

(44) *Non mi interessa un cazzo* degli altri, di quello che è successo prima o di quello che succederà fra Brad e Rob. (1402802218)

(45) Se il Berlusca si fa le minorenni *non me ne importa un fico secco*, per la cronaca. (146797293)

(46) Lavoro, mi piace quello che faccio e *non me ne frega un bel niente* di vedere il mio nome scritto ovunque. (52498173)

(47) Se ci riprovi, ti rifarà la stessa cosa. Ti pesterà finché non potrai più farti vedere. „*Non me ne fotte un cazzo!*" grido. (69149100)

Im Folgenden werden die Hauptmerkmale dieser Phrasem-Konstruktionen vor allem im Hinblick auf die Slotfüllung genauer untersucht.

Was die Pragmatik dieser Konstruktion angeht, lässt sich Ähnliches wie für das Spanische feststellen. Instanziierungen mit der EXPERIENCER-Rolle in der 2. (*ti/le/vi* oder *a te/a lei/a voi*) und 3. (*gli/le/loro* oder *a lui/a lei/a loro*) Person weisen die illokutive Funktion KRITIK auf, die bei den Belegen in der 1. Person (*mi/ci* oder *a me/a noi*) nicht vorhanden ist. Während in (48) die Interesselosigkeit des Sprechers zum Ausdruck gebracht wird, wird bei (49) und (50) eine kritische Haltung seitens des Adressaten bzw. seitens eines Dritten der Situation gegenüber ausgedrückt.

(48) Posso esprimere la mia personale opinione „*non me ne frega una beneamata ceppa* di tutto ciò che è stato scritto in altri forum" (3165168472)

(49) *A te non te ne frega un cazzo...* „Commenta imbronciata, sull'orlo delle lacrime" (2480940481)

(50) Destra, sinistra e clero usano gli immigrati per la loro demagogia, a loro *non gliene frega un cazzo* delle persone. (2388265556)

Tabelle 13 zeigt beispielhaft anhand der *fregare*-Konstruktion die Verteilung der verschiedenen Personen unter den Personalpronomina, aus der eine deutliche Präferenz für die erste Person zu ersehen ist. Die dritte Person kommt in dieser Konstruktion häufiger als die zweite vor.

Im Folgenden werden die Konstruktionen der Interesselosigkeit [NP$_{Subjekt}$ (*non*) NP$_{ind\_Objekt}$ VERB$_{\{INTERESSIEREN\}}$ NP$_{\{geringwertig/tabuisiert\}}$] und [(*non*) NP$_{ind\_Objekt}$ VERB$_{\{INTERESSIEREN\}}$ NP$_{\{geringwertig/tabuisiert\}}$ *di* NP] vor allem im Hinblick auf die NP$_{\{geringwertig/tabuisiert\}}$-Füllung genauer untersucht. Insbesondere werden wir uns überwiegend

Tabelle 13: Frequenz der Personalpronomina [(non) NP$_{ind\_Objekt}$ FREGARE NP$_{\{geringwertig/tabuisiert\}}$ di NP].

mi|a me	ci| a noi	ti|a te	vi|a voi	gli/le|a lui/a lei|Le	loro|a loro
1.309	241	152	79	653	36
1. Person:	1550	2. Person:	231	3.Person	689

auf die Instanziierungen mit *importare* und *fregare* konzentrieren, da sowohl ihre Type- als auch ihre die Tokenfrequenz von Relevanz sind.

4.1 Die italienische Phrasem-Konstruktion mit den verbalen Füllern *importare* und *fregare*

Im Korpus *itTenTen16* wurde nach Sequenzen von <*importare* + unbestimmter Artikel + Substantiv> gesucht, bei denen das Verb in der dritten Person Singular oder Plural im Tempus *presente* ‚Präsens' und *imperfetto* ‚Präteritum' steht und das Substantiv und dessen vorangehender unbestimmter Artikel maskulin oder feminin sind. Es wurde außerdem gesondert gesucht, ob die Konstruktion mit oder ohne Negation auftritt.[43] Zu beachten ist jedoch, dass die Anzahl der Belege mit Sequenz <Verb + unbestimmter Artikel + Substantiv> auch in anderen Konstruktionen vorkommt[44] und dass nur eine sehr geringe Menge an Belegen (169) der Phrasem-Konstruktionen [NP$_{Subjekt}$ (*non*) NP$_{ind\_Objekt}$ VERB$_{\{INTERESSIEREN\}}$ NP$_{\{geringwertig/tabuisiert\}}$] und [(*non*) NP$_{ind\_Objekt}$ VERB$_{\{INTERESSIEREN\}}$ NP$_{\{geringwertig/tabuisiert\}}$ *di* NP] bei Aktualisierung des Verbs *importare* ohne Negation (68 Maskulina und 101 Feminina) gefunden wurde. Insgesamt wurden 1.127 konstruktionskompatible Belege ermittelt (918 mit Maskulina und 209 mit Feminina), was 33% der gesamten Ergebnisse aus den Suchanfragen ausmacht.

Wie im Spanischen weist die Konstruktionsfamilie der Interesselosigkeit bei der Instanziierung des verbalen Füllers *importare* eine starke kognitive Verfestigung auf, da die Anzahl der konstruktionskompatiblen Okkurrenzen hoch ist. Dies betrifft vor allem die Konstruktionen mit dem Verb *importare* in der dritten Person Singular mit Negation und beim Vorkommen maskuliner Substantive;

---

[43] Dieselbe Suchanfrage wurde auch mit den Verben *fregare*, *interessare* und *fottere* durchgeführt.
[44] Es handelt sich dabei überwiegend um eher abstrakte bzw. vollschematische Konstruktionen. Instanziierungen solcher Konstruktionen sind: *Lo stipendio non gli interessa* (3161); *Ai sacerdoti non interessa salvarsi l'anima e se esiste il Paradiso* (3800202); *A livello nazionale importa una serie di prodotti in esclusiva ad alto contenuto tecnologico e qualitativo che rivende sul territorio italiano direttamente e attraverso una rete di distributori* (2777381753).

diese ist – im Gegensatz zum Spanischen – eher als prototypische Aktualisierung zu betrachten: Auf die Suchanfrage mit Negation ergaben sich insgesamt ca. 68% konstruktionskompatible Belege mit maskulinen Substantiven, während die Konstruktionen ohne Negation mit 16% der Belege weniger *entrenched* sind (siehe Tabelle 14 und 15). Wie für das Spanische gilt auch für das Italienische, dass das Auftreten von Substantiven niedriger Frequenz beim NP$_{\{geringwertig/tabuisiert\}}$-Slot eher ein Indiz für die Aktualisierung anderer Konstruktionen ist.

Tabelle 14: Okkurrenzen mit maskulinen Slotfüllern und Negation.

<non # importa un + S>	<non # importano un + S>	< non # importava un + S>	<non # importavano un + S>
740 (762): 97%	3 (4): 75%	106 (1122): 86%	1 (6): 16%

Tabelle 15: Okkurrenzen mit maskulinen Slotfüllern ohne Negation.

< importa un + S>	< importano un + S>	< importava un + S>	< importavano un + S>
57 (258): 22%	0 (47): 0%	11 (26): 42%	0: 0%

Auf die Suchanfrage nach <non # importa un + S> wurden jedoch im Gegensatz zum Spanischen lediglich 24 unterschiedliche konstruktionskompatible Substantive gefunden, was für den eher niedrigeren Produktivitätsgrad der italienischen Phrasem-Konstruktionen spricht (siehe Abschnitt 6.3). Dies gilt jedoch für alle vier hier analysierten Verben, die mit der ‚Konstruktionsfamilie der Interesselosigkeit' kompatibel sind.

Auch im Italienischen kann man aber eine gewisse Systematisierung bei der Distribution der NP$_{\{geringwertig/tabuisiert\}}$-Position feststellen. Die semantischen Kriterien bzw. Restriktionen entsprechen denen, die für das Spanische bereits diskutiert wurden.

Es kommen vor:
1. aus Sicht der Sprecher wertlose Objekte:
    a. kleine oder aus der Sicht des Sprechers minderwertige Früchte, und Pflanzen: *fico* ‚Feige', *fico secco* ‚getrocknete Feige', *cavolo* ‚Kohl',
    b. einfache Gegenstände: *piffero* ‚Pfeife',[45] *tubo* ‚Rohr/Schlauch',

---

[45] Eine Deutung von *piffero* als männliches Geschlechtsorgan ist nicht ausgeschlossen.

2. tabuisierte Objekte im sexuellen Bereich *cazzo* ‚Schwanz' oder die regionale Verwendung von *mazzo* ‚Bund/Strauß' in der Bedeutung ‚Arsch', die oft – wie im Spanischen – abgekürzt bzw. nicht vollständig geschrieben werden,
3. Lexeme wie *bel niente/bel nulla* (wörtlich ‚ein schönes Nichts'), bei denen eine lexikalisierte Wortverbindung von Adjektiv und Adverb vorliegt.[46]

In Tabelle 16 werden überblickartig die 10 häufigsten Lexeme dargestellt, die in den italienischen Phrasem-Konstruktionen der Interesselosigkeit anhand des Korpus *itTenTen16* ermittelt wurden.

Tabelle 16: Maskuline Slotfüller bei der NP$_{\{geringwertig/tabuisiert\}}$-Position in Verbindung mit *importare*.

Stelle von X nach der abs. Freq.	Schreibvarianten des Lemmas (abs. Frequenz)	Lemma	absolute Frequenz des Lemmas
1	fico secco (358) fico (82) ficco secco (2) ficosecco (1)	*fico (secco)* ‚getrocknete Feige'	443
2	bel niente (105)	*niente* ‚nichts'	105
3	cazzo (69) c###o (1) c...o (3) c***o (2) ca (1) caxxo (2) caz (1) ca+++o (1) cAXXo (2) cacchio (2) (ca__o) (1) cazo (2) czzz (1)	*cazzo* ‚Schwanz'	88

---

46 In der vorliegenden Analyse wurden Instanziierungen mit *granché* ‚viel' nur dann mitgerechnet, wenn das Wort substantiviert und mit dem unbestimmten Artikel *un* erscheint (Beispiel: *Non mi interessa un granché*). Belege, bei denen *granché* als reines Adverb fungiert (Beispiel: *Non mi interessa granché*) wurden außer Acht gelassen. Interessant ist die Funktion dieses Adverbs als Element der negativen Polarität, da es nur in negativen Sätzen vorkommt.

Tabelle 16 (fortgesetzt)

Stelle von X nach der abs. Freq.	Schreibvarianten des Lemmas (abs. Frequenz)	Lemma	absolute Frequenz des Lemmas
4	accidente (55) accidenti (16)	*accidente* ‚Vorfall/unglückliches Ereignis'	71
5	granché (34) granchè (9) gran chè (2) gran ché (1) gran che (11)	*granché*[47] ‚nicht Besonderes'	57
6	bel nulla (38)	*nulla* ‚nichts'	38
7	tubo (34)	*tubo* ‚Rohr/Schlauch'	34
8	cavolo (24)	*cavolo* ‚Kohl'	24
9	corno (18)	*corno* ‚Horn'	18
10	piffero (11)	*piffero* ‚Pfeife'	11
Total			**889**

Was die Konstruktionen der Interesselosigkeit mit dem Verb *importare* in Verbindung mit maskulinen Slotfüllern angeht, kann man schlussfolgern:
1. Die Anzahl der Substantive (22), die die NP$_{\{geringwertig/tabuisiert\}}$-Position besetzen, ist ziemlich gering. Bei der *importare*-Konstruktion mit maskulinen Substantiven lässt sich feststellen, dass 899 der insgesamt 940 konstruktionskompatiblen Instanziierungen, knapp 96%, nur 10 Slotfüller aktualisieren.

Bei den 940 ermittelten Belegen kommt *fico (secco)* ‚(getrocknete) Feige' in fast der Hälfte der Belege vor (in ca. 47% der Fälle), gefolgt von *bel niente* (wörtlich: ‚schönes Nichts') (11%), *cazzo* ‚Schwanz' (9%) und *accidente* ‚Vorfall/unglückliches Ereignis' (7%). Das Substantiv *centesimo* ‚Cent' kommt dagegen nur zweimal im Korpus vor, sodass knapp 96% der konstruktionskompatiblen Instanziierungen nur 10 Slotfüller aktualisieren. D. h., die kognitive Verfestigung und Typefrequenz sind zwar hoch (siehe Abschnitt 6.3.), jedoch ist die Produktivität ziemlich niedrig.

---

[47] Das substantivierte Adverb *un granché* ist auch in der Variante *un gran che* orthografisch korrekt. Die anderen im Korpus verwendeten Formen entsprechen nicht der Norm.

2. Die in Tabelle 16 aufgeführten Substantive (vor allem 1–9) sind mit graduellen Abstufungen relativ verfestigt. Wörterbücher registrieren in erster Linie unter dem Lemma *importare* die Instanziierung mit *fico secco* oder *accidente*, z. T. auch *cazzo* (als Vulgarismus), wobei die Sprachrealität zeigt, dass auch die anderen Formen ziemlich *entrenched* sind.
3. Abgesehen von den Tabuwörtern, die z. T. abgekürzt bzw. unvollständig geschrieben werden, findet man – im Unterschied zum Spanischen – kaum morphologische Variation auf der *type*-Ebene.
4. Wie oben erläutert (Abschnitt 3.1), dient als Produktivitätsindiz die Anzahl der Hapaxlegomena. Auch wenn diese im Fall des Italienischen nicht groß ist (es wurden lediglich 12 Hapax ermittelt), kann man eine gewisse Tendenz beobachten, dass in diesen Konstruktionen Substantive aktualisiert werden, die i. d. R. etwas Wertloses wie *fischio* ‚Pfiff', für wertlos gehaltene Pflanzen oder Früchte *ficus* ‚Ficus', *mirtillo* ‚Blaubeere', *fagiolo* ‚Bohne' und Sexualorgane bzw. -praktiken wie *segone* (‚große Säge', hier ‚ausgiebiges Wichsen'), *cippone* (‚Baumstumpf', hier vielleicht ‚großer Schwanz') bezeichnen. Solche Nomina wollen wie im Fall von *beep* eine gewisse Expressivität erzielen, die oft auch durch das voran- oder nachgestellte Adjektiv zum Ausdruck gebracht wird (wie im Beispiel (54) *emerito beep* ‚bekanntes Piep-Geräusch').[48]

Belege:

(51) *Anch'io faccio la maleducata, non mi importa un cazzo, ormai chiunque veda della mia ex classe* (34658087)

(52) *Ai bimbi non importa un granché delle previsioni del tempo* (3500277246)

(53) *Della squadra e dei risultati glie ne importa un fico secco.* (1946241833)

(54) *[...] al sottoscritto non gliene importa un emerito beep* (610119335)

Anders sieht es bei der Slotfüllung femininer Substantive aus, und dies betrifft sowohl die Type- als auch die Tokenfrequenz, denn die absolute Frequenz der Instanziierungen mit und ohne Negation in Verbindung mit Feminina betrifft 209 Belege (mit Maskulina sind es 918). Am häufigsten kommen diese Phrasem-Konstruktionen in der dritten Person Singular mit der Negation *non* und

---

[48] Bei *segone* und *cippone* handelt es sich um Vergrößerungsformen von *sega* ‚Säge' und *ceppa* ‚Baumstumpf', die in der Konstruktion auch eine sexuelle Umdeutung bekommen können.

mit dem Substantiv *sega* ‚Säge' in der NP$_{\{geringwertig/tabuisiert\}}$-Position (ca. 40% der Belege) vor. Dies deutet – so wie im Spanischen – auf eine niedrigere Produktivität, Verfestigung und Typefrequenz der Konstruktion mit femininen Substantiven hin. Tabelle 19 zeigt die prototypischen femininen Füller der italienischen *importare*-Konstruktionen im Korpus *itTenTen16*. Wie aus den Tabellen 17 und 18 zu ersehen ist, ist auch in diesem Fall die Anzahl der Belege mit Negation und dem Verb in der dritten Person Singular deutlich höher als die der Belege ohne Negation (71% vs. 29%). Dabei ist es interessant zu beobachten, dass bei 72 von 101 Instanziierungen – (also in ca. 70% der Fälle) – die NP$_{\{geringwertig/tabuisiert\}}$-Position durch *sega* ‚Säge' besetzt wird.

Tabelle 17: Okkurrenzen mit femininen Slotfüllern und Negation.

<non # importa una/ un' + S>	<non # importano una/un' + S>	< non # importava una/un' + S>	<non # importavano una/un' + S>
95 (133): 71%	0 (5): 0%	13 (15): 86%	0: 0%

Tabelle 18: Okkurrenzen mit femininen Slotfüllern ohne Negation.

< importa una/un' + S>	< importano una/un' + S>	< importava una/un' + S>	< importavano una/un' + S>
96 (321): 29%	0 (43): 0%	5 (265): 2%	0 (6): 0%

Was die femininen Füller angeht, lässt sich Ähnliches wie bei den Maskulina feststellen (siehe Tabelle 19), wobei diese 97% aller kompatiblen Belege ausmachen. Von den 209 Gesamtbelegen bezeichnen die meisten wertlose Gegenstände bzw. Früchte, die oft eine sexuelle Umdeutung erlauben: *sega* (‚Säge' → ‚ausgiebiges Wichsen'), *mazza* (‚Stock' → ‚Schwanz'), *cippa* (reg. ‚Rüssel'[49] → ‚langer Schwanz'), *fava* (‚Feldbohne' → ‚Eichel/Schwanz'), *ceppa* (‚Baumstumpf' → ‚Schwanz'), *pippa* (‚Pfeife' → ‚Wichsen'). Eine Ausnahme stellt hier *minchia* (reg. ‚Schwanz') dar, da sich dieses Substantiv explizit auf das männliche Sexualorgan bezieht. Interessant ist auch das bedeutungslose Kompositum *cippalippa*, das dank der Assonanz zwischen *cippa* und *lippa* den Konstruktionen einen gewissen scherzhaften Ton verleiht.

Während die diatopische Variation in der spanischen Konstruktion bei der Slotfüllung eine wichtige Rolle ausübt, spielen hier regionale Varianten bis auf

---

[49] http://www.treccani.it/vocabolario/proboscide_%28Sinonimi-e-Contrari%29/

wenige Lexeme (z. B. *cippa* und *minchia*) kaum eine Rolle (bei Maskulina treten sie gar nicht auf!).

Es wurden lediglich fünf Einmaltreffer ermittelt: *caccola* ‚Rotz', *castagna* ‚Kastanie', *merda* ‚Scheiße', *cicca* ‚Kaugummi', *coppa* ‚Kelch/Pokal'; alle – bis auf *coppa* – unterliegen den oben genannten Restriktionen.

Tabelle 19: Feminine Slotfüller bei der NP$_{\{geringwertig/tabuisiert\}}$-Position in Verbindung mit *importare*.

Stelle von X nach der abs. Freq.	Schreibvarianten des Lemmas (abs. Frequenz)	Lemma	absolute Frequenz des Lemmas
1	sega (102) se*a (1)	*sega* ‚Säge'	103
2	mazza (40)	*mazza* ‚Stock'	40
3	cippa (32) cippalippa (2)	*cippa* ‚Rüssel'	34
4	fava (9)	*fava* ‚Feldbohne'	9
5	minchia (4) minkia (1) minghia (1)	*minchia* ‚Schwanz'	6
6	ceppa (5)	*ceppa* ‚Baumstumpf'	5
7	pippa (4)	*pippa* ‚Pfeife'	4
8	acca muta (1) acca (2)	*acca* ‚Pfeife'	3
Total			204

Beispiele:

(55) Il fatto è che dell'embrione *non gliene importa una sega a nessuno*. (122045323)

(56) *Non mi importa una mazza.* (1900848367)

(57) *Mi importa una sega* del bigliettino ma sono in forte carenza di cioccolata ... (353468581)

Zusammenfassend lässt sich bei den italienischen Phrasem-Konstruktionen [NP$_{Subjekt}$ (*non*) NP$_{ind\_Objekt}$ IMPORTARE NP$_{\{geringwertig/tabuisiert\}}$] und [(*non*) NP$_{ind\_Objekt}$ IMPORTARE NP$_{\{geringwertig/tabuisiert\}}$] ‚etw. interessiert jmdn. überhaupt nicht' Ähnliches wie im Spanischen feststellen:

1. Wie im Spanischen ist die Verfestigung bei den Phrasem-Konstruktionen der Interesselosigkeit in Verbindung mit Maskulina stärker, denn
   a. die Typefrequenz der maskulinen Substantive ist signifikant höher als die der femininen,
   b. bei Maskulina ist der Anteil aller konstruktionskompatiblen Belege höher als bei Feminina (42% vs. 23%).
2. Im Gegensatz zum Spanischen ist jedoch diese Konstruktion weniger produktiv, denn
   a. die Anzahl der Füller beträgt 22 maskuline (davon 12 Hapax) und 13 feminine (davon fünf Hapax) Substantive,
   b. sowohl bei maskulinen als auch femininen Lexemen ist der Verfestigungsgrad bei einigen deutlich höher als bei anderen. So kommen *fico (secco)* ‚(getrocknete) Feige' und *sega* ‚Säge' jeweils in 49% und 40% der Instanziierungen vor; somit erweist sich das Variationspotenzial als relativ beschränkt.
3. Der *entrenchment*-Grad der Instanziierungen ohne Negation ist deutlich geringer als im Spanischen (ca. 16% bei maskulinen und 8% bei femininen Substantiven), wobei *sega* ‚Säge' in 70% der Fälle ohne Negation vorkommt; das bedeutet, dass der Lexikalisierungs- bzw. Verfestigungsgrad der Konstruktion mit diesem Lexem relativ hoch ist.

Relevanter für die vorliegende Untersuchung sind die Instanziierungen mit dem Verb *fregare*, denn die Suchanfrage im *itTenTen16*-Korpus nach den Phrasem-Konstruktionen [NP$_{Subjekt}$ (*non*) NP$_{ind\_Objekt}$ FREGARE NP$_{\{geringwertig/tabuisiert\}}$] und [(*non*) NP$_{ind\_Objekt}$ FREGARE NP$_{\{geringwertig/tabuisiert\}}$] ‚etw. interessiert jmdn. überhaupt nicht' hat mit 2.982 (davon 2.347 Maskulina und 635 Feminina) Belegen und mit 48% aller konstruktionskompatiblen Belege die höchste Tokenfrequenz ergeben. Wie die Tabellen 20 und 21 zeigen, ist die Anzahl der konstruktionskompatiblen Belege auch ohne Negation sowohl bei maskulinen als auch bei femininen Substantiven vor allem in der dritten Person (Singular und Plural) relativ hoch: Der Gesamtanteil der Instanziierungen mit Maskulina mit und ohne Negation beträgt jeweils 74% und 64%, während er bei den Feminina bei ca. 51% und 37% liegt.

Wie bei den *importare*-Konstruktionen kann man bei Maskulina eine stärkere Verfestigung feststellen, wobei im Gegensatz dazu auch die Anzahl der Instanziierungen ohne *non* relativ hoch ist (64% bei maskulinen Substantiven). Auch die Produktivität der Phrasem-Konstruktionen in Verbindung mit *fregare* ist höher, da hiervon im Korpus insgesamt 32 Maskulina (davon 14 Hapax) und 22 Feminina (davon 14 Hapax) vorkommen.

Tabelle 20: Okkurrenzen mit maskulinen Slotfüllern und Negation.

<non # (ne) frega un + S >	<non # (ne) fregano un + S>	<non # (ne) fregava un + S>	<non # (ne) fregavano un + S>
1.949 (2.022): 96%	8 (8): 100%	106 (106): 100%	0: 0%

Tabelle 21: Okkurrenzen mit maskulinen Slotfüllern ohne Negation.

< frega un + S >	< fregano un + S>	< fregava un + S>	< fregavano un + S>
274 (346): 79%	2 (27): 7%	8 (19): 42%	0 (1): 0%

Auffällig ist, dass bei der *fregare*-Konstruktion mit Maskulina (2.303 von 2.347 Belegen) ca. 98% der konstruktionskompatiblen Instanziierungen durch die 10 in Tabelle 22 dargestellten Slotfüller besetzt sind. Wie bei *importare* ist dies ein Indiz für die geringe Produktivität im Sinne der Typefrequenz dieser Konstruktion.

Schaut man sich die Lexeme genauer an, die die NP$_{\{geringwertig/tabuisiert\}}$-Position besetzen, kann man Analogien mit der *importare*-Konstruktion feststellen, denn es treten dieselben Lexeme auf, jedoch mit einer unterschiedlichen Distribution (siehe Tabelle 22). Es fällt auf, dass das Wort *cazzo* ‚Schwanz' ca. 30% aller Okkurrenzen ausmacht (gegen 9% mit *importare*), wobei es abgekürzt (z. B. *c./c*....), nicht vollständig (etwa. *ca****, *cazz*), in Form nicht normierter Schreibvarianten mit emphatischem Wert (z. B. *caSSo, caxxo, cxxxo*) oder spielerisch anhand von euphemistischen Variationen (*caiser, cacchio* oder *cosiddetto*) vorkommt.[50] Das Auftreten dieses tabuisierten Lexems – in all seinen Varianten – mag durch den informellen Charakter des Verbs *fregare* begünstig sein, das meistens in familiären Kontexten (wie unter Freunden) verwendet wird.

Den oben genannten semantischen Kriterien entsprechen auch weniger frequente Lexeme, die in diesen Konstruktionen aktualisiert werden (wie *beep* ‚Piep-Geräusch'), (8) *cappero* ‚Kaper' (7), *corno* ‚Horn' (6), *ceppo* ‚Baumstumpf', *membro* ‚Glied' (4), *baffo* ‚Schnurrbart', *picchio* ‚Specht' (4), *tubero* ‚Knolle' (2)) oder die 14 Hapax. Für die Einzeltreffer lässt sich beobachten, dass neben Lexemen, die (aus der Sicht des Sprechers) Geringwertiges oder Tabuisiertes zum Ausdruck bringen, wie *cavolfiore* ‚Blumenkohl', *batacchio* ‚Klöppel' oder *mazzo* ‚Bund/Strauß/Arsch', auch Alterata wie *seghetto* von *sega* ‚Säge', oder Ad-hoc-Maskulina wie *minchio* und *vergo* vorkommen[51], die sonst in ihrer femi-

---

50 Vgl. hierzu http://www.treccani.it/enciclopedia/tag/caiser/.
51 Die Bildung von movierten Substantiven kommt auch im Spanischen vor, wobei es sich dabei um die umgekehrte Richtung handelt: Ad-Hoc-Feminina werden auf der Basis von Maskulina

ninen Form lexikalisiert sind (*minchia* bzw. *verga* ‚Schwanz'). Als Hapax treten auch auf: *razzo* ‚Rakete', möglicherweise aufgrund des Gleichklangs mit *cazzo*, und das Wort *francesismo* (wörtlich ‚Gallizismus', hier ironisch ‚elegantes Wort' → ‚Schimpfwort') auf.

Tabelle 22: Maskuline Slotfüller bei der NP_{(geringwertig/tabuisiert)}-Position in Verbindung mit *fregare*.

Stelle von X nach der abs. Freq.	Schreibvarianten des Lemmas (abs. Frequenz)	Lemma	absolute Frequenz des Lemmas
1.	cazzo (1360) c./c.... (112) ca (35) caxx (33) CAZZO (30) Caz (19) ca*** (16) cazz (11) **** (35) casso (14) kazzo (9) cxxxx (7) caSSo (6) caxxo (4) cxxxo (3) cz (5) czz (2) catzo (1) xazzo (1) chezz (1) kazzius (1) ca 770 (1) gazzo (1) @ (9) @@@ 4) @@(2) X (2) cacchio (17) cosiddetto (1) kaiser (10) caiser (2) caspita (2)	*cazzo* ‚Schwanz'	1755

---

moviert, um eine spielerische und expressive Wirkung zu erreichen, wie z. B. *importar una bleda* (von *bledo*)/*una caraja* (von *carajo*)/*una rabanilla* (von *rábanillo/rábano*) (siehe Abschnitt 3.1.).

Tabelle 22 (fortgesetzt)

Stelle von X nach der abs. Freq.	Schreibvarianten des Lemmas (abs. Frequenz)	Lemma	absolute Frequenz des Lemmas
2	tubo (177)	*tubo* ‚Rohr/Schlauch'	177
3	bel niente (77)	*niente* ‚nichts'	77
4	fico secco (66) fico (3)	*fico (secco)* ‚(getrocknete) Feige'	69
5	cavolo (61)	*cavolo* ‚Kohl'	61
6	accidente (59) accidenti (29)	*accidente* ‚Vorfall/unglückliches Ereignis'	88
7	bel nulla (24)	*Nulla* ‚nichts'	24
8	piffero (22)	*piffero* ‚Pfeife'	22
9	granchè (11) granché (8) granche (2)	*granché* ‚nichts Besonderes'	21
10	ciufolo (9)	*ciuffolo* ‚Büschel'	9
Total			2302

Beispiele:

(58) Lavoro, mi piace quello che faccio e *non me ne frega un bel niente* di vedere il mio nome scritto ovunque. (52498173)

(59) *Non ve ne frega un emerito c..zo* e cercate alternative? (268649470)

(60) Senza vergognarsi. A dire il vero, una volta *non gliene fregava un tubo a nessuno* delle grandi festività laiche, ma col centrodestra al governo qualcuno deve aver trovato carino e molto. (3113114597)

(61) fondamentalmente *me ne frega un cazzo* ...e anche quel giorno il copione era lo stesso........ma a un certo punto qualcosa rapì il suo sguardo. (11057466)

(62) *A me, francamente, se una persona è di estrema destra o estrema sinistra, se è cattolico o protestante, se ama o no i tatuaggi, se è etero o gay, frega un fico secco.* (86869819)

Was die Füllung der NP-Position bei femininen Substantiven (635) betrifft, kann man eine ähnliche Besetzung wie bei der Konstruktion mit *importare* feststellen, wobei sich die Rangordnung der Füller ändert. Während man bei den *importare*-Phrasem-Konstruktionen auf den ersten drei Positionen jeweils die Lexeme *sega* ‚Säge', *mazza* ‚Stock', und *cippa* ‚Rüssel' findet, liegen bei den *fregare*-Konstruktionen an diesen Stellen die Lexeme *mazza* ‚Stock', *cippa* ‚Rüssel' und *minchia* ‚Schwanz' vor, wobei *mazza* ca. 44% aller Füller ausmacht. Insgesamt kommen in den Phrasem-Konstruktionen mit *fregare* 23 Feminina (davon 14 Hapax) vor, die oft aufgrund ihres tabuisierten Charakters abgekürzt, nicht vollständig oder in nicht normierten Schreibvarianten mit emphatischem Wert realisiert werden. Das Zeichen @, das im Korpus zweimal vorkommt, steht wahrscheinlich anstelle des tabuisierten Lexems *minchia* ‚Schwanz'. Man kann außerdem bei diesen Konstruktionen auch z. T. die Verwendung euphemistischer bzw. spielerischer Variationen wie *cippazza/supercippa*, von *cippa* ‚Rüssel' oder *ceppona* von *ceppa* ‚Baumstumpf' feststellen. Wie im Falle der spanischen Phrasem-Konstruktionen, entsprechen die Einzeltreffer den oben dargestellten semantischen Einschränkungen (z. B. *mandorla secca* ‚trockene Mandel', *cicca* ‚Kaugummi', *banana marcia* ‚faule Banane', *unghia* ‚Nagel', *pipa* ‚Pfeife'). Dies deutet auf analogische Extensionen hin. Zu erwähnen ist auch das dem Lexem *cazzo* ähnlich klingende Wort *cazzarola* (von *casseruola* ‚Kasserolle'), das i.d.R. verwendet wird, um den Vulgarismus abzuschwächen.

Auch in diesem Fall werden ca. 97% aller kompatiblen Belege (620 von 635) durch die in Tabelle 25 dargestellten Füller besetzt.

Tabelle 23: Okkurrenzen mit femininen Slotfüllern und Negation.

‹non # (ne) frega una/un' + S›	‹non # (ne) fregano una/un' + S›	‹non # (ne) fregava una/un' + S›	‹non PRON (ne) fregavano una/un' + S›
515 (563):91%	3 (8): 37, 5%	39 (49): 79%	0: 0%

Tabelle 24: Okkurrenzen mit femininen Slotfüllern ohne Negation.

‹frega una/un' + S›	‹fregano una/un' + S›	‹fregava una/un' + S›	‹fregavano una/un' + S›
75 (102): 73%	0 (10): 0%	3 (4): 75%	0 (1): 0%

Tabelle 25: Feminine Slotfüller bei der NP_{geringwertig/tabuisiert}-Position in Verbindung mit *fregare*.

Stelle von X nach der abs. Freq.	Schreibvarianten des Lemmas (abs. Frequenz)	Lemma	absolute Frequenz des Lemmas
1.	mazza (258) MAZZA (2)	*mazza* ‚Stock'	276
2	cippa (194) CIPPA (3) cippalippa (2) lippa (4) cippazza (1) supercippa (1)	*cippa* ‚Rüssel'	205
3	minchia (27) minkia (4) MINGHIA (1) Min*** (3) m-i-n-c-h-i-a (1	*minchia* ‚Schwanz'	36
4	sega (34)	*sega* ‚Säge'	34
5	ceppa (28) ceppona (1)	*ceppa* ‚Baumstumpf'	29
6	fava (29)	*fava* ‚Feldbohne'	29
7	pippa (7)	*pippa* ‚Pfeife'	6
8	m**** (4)	mögliche Abkürzung für *minchia* ‚Schwanz' oder *mazza* ‚Stock'	4
9	@ (2)		2
Total			**620**

Beispiele:

(63) [...] tutto questo per dirvi che di questa „discussione" *non me ne frega una cippa*. (49700248)

(64) [...] parte una cerchia di pochi, nei quali solitamente ci sono le persone che si frequentano dal vivo, i veri amici, *a nessuno frega una mazza* di quello che abbiamo da dire. se è una cattiveria ecco che piovono like. (1159140139)

(65) *non mi frega una sega* di quello che dici (445813112)

Die Phrasem-Konstruktionen der Interesselosigkeit [NP_Subjekt (*non*) NP_ind_Objekt FREGARE NP_{geringwertig/tabuisiert}] und [(*non*) NP_ind_Objekt FREGARE NP_{geringwertig/tabuisiert}]

‚etw. interessiert jmdn. überhaupt nicht' weisen Ähnlichkeiten, jedoch auch Unterschiede zu der *importare*-Konstruktion auf:

1. Insgesamt ist der Anteil der konstruktionskompatiblen Belege bei *fregare* (48%) höher als bei *importare* (33%).
2. Auch bei *fregare* ist der *entrenchment*-Grad bei Maskulina stärker, da die Typefrequenz der maskulinen Substantive signifikant höher ist als die der feminien, wobei bei den *fregare*-Konstruktionen mehr als doppelt so viele Belege wie bei *importare* ermittelt werden konnten.
3. Ebenfalls bei *fregare* ist der Anteil der konstruktionskompatiblen Belege mit Negation bei Maskulina deutlich höher als bei Feminina (74% Maskulina und 52% Feminina; bei *importare* sind es jeweils 68% bzw. 39%). Ein bemerkenswerter Unterschied liegt jedoch in der größeren Anzahl der Belege bei *fregare* ohne Negation, denn ohne Negation kommen 64% der Belege mit Maskulina und 37% der Belege mit Feminina vor (bei *importare* sind es jeweils 16% und 29%). Dies deutet darauf hin, dass die *fregare*-Konstruktion ohne Negation stärker verfestigt ist als diejenige mit *importare*.
4. In Bezug auf die Produktivität lässt sich sagen, dass sowohl die *importare*- als auch die *fregare*-Konstruktion im Vergleich zum Spanischen in Anbetracht der Typefrequenz weniger produktiv sind (siehe Abschnitt 6.3). Bei *fregare* konnten z. B. lediglich 14 maskuline und 14 feminine Einzeltreffer gefunden werden (bei *importare* sind es jeweils 12 und 5).
5. Auch bei [(*non*) NP$_{ind\_Objekt}$ FREGARE NP$_{\{geringwertig/tabuisiert\}}$] sind die Instanziierungen mit bestimmten Substantiven stärker verfestigt als bei anderen. Das ist der Fall bei *cazzo* ‚Schwanz' und *mazza* ‚Stock', die jeweils ca. 43% und. 30% aller Okkurrenzen ausmachen.
6. Nur wenige Slotfüller aktualisieren die Konstruktion mit *importare* und *fregare*, wobei bei *fregare* ihre Gesamtanzahl höher und ihre Variation breiter sind. Dies könnte den Status dieser Strukturen als Phrasem-Konstruktionen in Frage stellen, denn auch ihre Betrachtung als Idiome mit lexikalischen Varianten ist möglich. Da jedoch in der vorliegenden Untersuchung der Fokus auf den halbschematischen Charakter dieser Strukturen, auf ihre formalen und funktionalen Ähnlichkeiten und auf die Relationen einzelner Konstruktionen innerhalb der Konstruktionsfamilie gesetzt wird, ziehen wir es vor, hier von *Phrasem-Konstruktionen* zu sprechen. Dies ermöglicht bzw. erleichtert ebenso den interlingualen Vergleich mit dem Spanischen und dem Deutschen.

4.2 Kurzer Überblick über die Phrasem-Konstruktionen mit *interessare* und *fottere*

Die Phrasem-Konstruktionen mit den Verben *interessare* und *fottere* dürfen hier nicht unkommentiert bleiben, wobei sie in Bezug auf die Type- und Tokenfrequenz mit jeweils 14% bzw. 38% kompatibler Belege weniger relevant sind.

In Verbindung mit *interessare* wurden insgesamt 275 konstruktionskompatible Belege ermittelt. Wie die Tabellen 26 und 27 zeigen, sind zwar 40% der im Korpus gesuchten Belege, die in Verbindung mit Maskulina und Negation vorkommen, mit den Phrasem-Konstruktionen [NP$_{Subjekt}$ (*non*) NP$_{ind\_Objekt}$ INTERESSARE NP$_{\{geringwertig/tabuisiert\}}$] und [(*non*) NP$_{ind\_Objekt}$ INTERESSARE NP$_{\{geringwertig/tabuisiert\}}$] kompatibel; jedoch kommen lediglich 1,8% ohne die Negation *non* vor.

Tabelle 26: Okkurrenzen mit maskulinen Slotfüllern und Negation.

<non # interessa un + S>	<non # interessano un + S>	<non # interessava un + S>	<non # interessavano un + S>
174 (427): 40%	15 (22): 68%	16 (43): 37%	6 (36): 16%

Tabelle 27: Okkurrenzen mit maskulinen Slotfüllern ohne Negation.

<interessa un + S>	<interessano un + S>	<interessava un + S>	<interessavano un + S>
5 (1.794) 0,2%	0 (427): 0%	9 (127): 7%	0 (10): 0%

Der prozentuale Anteil ist noch geringer, wenn man sich die Belege mit Feminina ansieht: ca. 14% kommen mit und 0,05% ohne Negation vor (siehe Tabelle 28 und 29).

Tabelle 28: Okkurrenzen mit femininen Slotfüllern und Negation.

<non # interessa una/un' + S>	<non # interessano una/un' + S>	<non # interessava una/un' + S>	<non # interessavano una/un' + S>
40 (233): 17%	2 (16):12%	7 (24): 29%	0: 0%

Tabelle 29: Okkurrenzen mit femininen Slotfüllern ohne Negation.

<interessa una/un' + S>	<interessano una/un' + S>	<interessava una/un' + S>	<interessavano un/un'a + S>
1 (1752): 0, 05%	0: 0%	0: 0%	0: 0%

Die maskulinen und femininen Substantive, die die NP$_{\{geringwertig/tabuisiert\}}$-Position besetzen, sind genau diejenigen, die auch mit den Verben *importare* und *fregare* vorkommen. Die Maskulina *fico secco* ‚getrocknete Feige' und *cazzo* ‚Schwanz' machen jeweils ca. 38% bzw. 27% der Gesamtbelege aus; die Anzahl der Einzeltreffer ist jedoch lediglich auf 5 beschränkt. Feminina kommen in diesen Konstruktionen deutlich weniger vor (68 Belege), wobei *cippa* ‚Rüssel' und *mazza* ‚Stock' jeweils 44% und 36% der Fälle darstellen. Im Korpus waren lediglich 6 feminine Hapax zu finden.

Beispiele:

(66) Rifiutando il „programma parallelo" i poteri dell'Europa attuale hanno dimostrato che *a loro interessa un fico secco la salute, le condizioni di vita e la dignità del popolo greco* [...] (285369990)

(67) *A me non interessa un cazzo* dell'inter. (1830339627)

(68) *A me* di loro *non interessa una cippa*. (1701785756)

Ähnliche Verhältnisse liegen auch bei den Instanziierungen mit dem Vulgarismus *fottere* vor, von denen *itTenTen16*-Korpus 350 Instanziierungen gefunden wurden. Auf die Suchanfrage mit Negation und in Verbindung mit Maskulina (siehe Tabelle 30) ergaben sich ca. 64% konstruktionskompatible Belege. Unter den Korpusbelegen ohne Negation sind dagegen lediglich ca. 15% konstruktionskompatibel, wobei bei allen die NP-Position durch das Substantiv *cazzo* ‚Schwanz' besetzt ist; bei den Feminina sind es jeweils 47% und 25% (siehe Tabelle 32 und 33).

Tabelle 30: Okkurrenzen mit maskulinen Slotfüllern und Negation.

‹non # (ne) fotte un + S ›	‹non # (ne) fottono un + S›	‹non # (ne) fotteva un + S›	‹non # (ne) fottevano un + S›
252 (258): 97%	2 (3): 66%	15 (16): 93%	0 (1): 0%

Tabelle 31: Okkurrenzen mit maskulinen Slotfüllern ohne Negation.

‹ fotte un + S ›	‹ fottono un + S›	‹ fotteva un + S›	‹ fottevano un + S›
31 (49): 63%	0 (3): 0%	0: 0%	0: 0%

Tabelle 32: Okkurrenzen mit femininen Slotfüllern und Negation.

<non # (ne) fotte una/un' + S >	<non # (ne) fottono una/un' + S>	<non # (ne) fotteva una/un' + S>	<non # (ne) fottevano una/un' + S>
38 (43): 88%	1 (1): 100%	0: 0%	0: 0%

Tabelle 33: Okkurrenzen mit femininen Slotfüllern ohne Negation.

< fotte una/un' + S >	< fottono una/un' + S>	< fotteva una/un' + S>	< fottevano una/un' + S>
9 (20): 45%	1 (17): 5%	1 (2): 50%	0: 0%

Angesichts des Verbregisters verwundert es auch nicht, dass das Lexem *cazzo* („Schwanz') 95% aller maskulinen NP-Slot füllt, während *sega* („Säge') 34% und *mazza* („Stock') 30% aller Feminina-Filler besetzen. Auch die Hapax sind überschaubar: 2 bei den maskulinen und 4 bei den femininen Substantiven.

Beispiele:

(69) „Non me ne fotte un cazzo!" grido'. „Non sopporto che una stronzetta mi possa battere. Devo fargliela pagare, fosse l'ultima cosa che faccio" (69149100)

(70) Non me ne fotte un cazzo di questo tipo... parlami di quel Mark (824781103)

(71) [...] ai giudici non gliene fotte una mazza di quello che dici tu e il tuo amico se il processo Mills andasse avanti sarebbe FRITTO e ARIFRITTO. (360920719)

Betrachtet man zusammenfassend die *interessare*- und *fottere*-Konstruktionen, lässt sich sagen, dass sie deutlich weniger frequent und produktiv als die Phrasem-Konstruktionen mit *importare* und *fregare* sind. Bei allen vier Verben lässt sich jedoch eine deutliche Verfestigung der Konstruktion mit maskulinen Nomina mit dem Verb in der 3. Person Singular feststellen. Die Konstruktionen ohne Negation scheinen nur mit dem Verb *fottere* in Verbindung mit maskulinen Substantiven verfestigter zu sein (64%), wobei ihr *entrenchment*-Grad deutlich niedriger als im Spanischen ist (siehe Abschnitt 6.3).

Aus dem Dargestellten lässt sich schlussfolgern, dass die Konstruktionen mit *fregare* den höchsten *entrenchment*-Grad und die höchste Produktivität aufweisen, während diejenigen mit *interessare* eine viel niedrigere kognitive Verfestigung und Produktivität besitzen. Tabelle 34 zeigt die ermittelten Tendenzen bezüglich mehrerer Parameter.

Tabelle 34: Tendenzen-Vergleich zwischen den Konstruktionen mit *importare*, *fregare*, *interessare* und *fottere*.

Konstruktion	Stilregister	explizite Negation *no*	kognitive Verfestigung	absolute Frequenz	Typefrequenz	morphologische Präferenzen der Slotfüller	pronominal gebunden
importare	umgangsspr., salopp	–	hoch	hoch	hoch	ja (+maskuline Slotfüller)	+
fregare	umgangsspr., salopp	–	hoch	hoch	hoch	ja (+maskuline Slotfüller)	+
interessare	umgangsspr., salopp	-	niedrig	niedrig	niedrig	ja (+maskuline Slotfüller)	+
fottere	vulgär	+	hoch	niedrig	niedrig	ja (+maskuline Slotfüller)	+

5 Die deutsche Phrasem-Konstruktion mit *interessieren*

5.1 Vorstellung der Konstruktion [NP$_{Subjekt}$ INTERESSIEREN NP$_{Objekt}$ (*einen/nicht/keinen*) NP$_{\{geringwertig/tabuisiert\}}$]

Betrachtet man nun die Konstruktionsfamilie der Interesselosigkeit in den drei Sprachen, so fällt zunächst, bei aller formaler und inhaltlicher Parallelität, ein struktureller Unterschied auf. Dieser besteht darin, dass in den spanischen und italienischen Konstruktionen die semantische Rolle des EXPERIENCER durch ein *vorangestelltes* nominales oder pronominales indirektes Objekt realisiert wird (sp. *Me importa un comino*, it. *Non ce ne frega un cazzo di questa cosa*), während der EXPERIENCER im Deutschen in aller Regel durch ein *nachgestelltes* (direktes) Objektpronomen (Akkusativobjekt) versprachlicht wird. Dies bedeutet für die syntaktische Reihenfolge der Konstituenten, dass die Nominalphrase, die semantisch etwas Geringwertiges und Tabuisiertes zum Ausdruck bringt ([NP$_{\{geringwertig/tabuisiert\}}$]) in den beiden romanischen Sprachen unmittelbar nach dem zu den Frames ‚Interesse' oder ‚Engagement' gehörigen Verb steht, während sie im Deutschen erst nach dem Pronomen positioniert ist (*Das interessiert mich einen Scheißdreck*). Diese Konstellation wäre nicht anders, wenn ein *nominales* indirektes bzw. direktes Objekt im Spiel wäre, was in unserem Beitrag nicht systematisch verfolgt wurde, z. B. dt. *Es interessiert die Leute einen feuchten Kehricht, wer sich zu wessen Lasten durchgesetzt hat* (279256626)⁵² vs. (9) *A la España más laica y atea de su historia, le importan un pito los laicos y ateos [...]* (651272189) mit Voranstellung und pronominaler Wiederaufnahme des nominalen indirekten Objekts *A la España/le*), oder it. (37) *A Berlusconi di ambiente, animali, e caccia non importa un fico secco* (3375479308) mit Voranstellung des indirekten Objekts *A Berlusconi*, oder it. *schifezze di limitazioni varie di cui non frega una mazza al pubblico* (3305876722) mit Nachstellung des nominalen indirekten Objekts *al pubblico*.

Da es im Deutschen also in jedem Fall die postverbale Stellung und im Italienischen und Spanischen nie die postverbale Stellung ist, in der die EXPERIENCER-Konstituente erscheint, ergibt sich eine grundsätzlich verschiedene Ausgangslage für die Korpusrecherche und die zu erwartenden Ergebnisse. Mit anderen Worten, die in den beiden romanischen Sprachen abfragbare Sequenz <Verb + unbestimmter Artikel + Substantiv> ist für das Deutsche nicht sinnvoll, da sich Okkurrenzen wie (72) und (73) ergäben, jedoch keine Struktur wie *Das interessiert mich einen Dreck*:⁵³

(72) Aber allem Anschein nach *interessiert ein Kommentar* nicht sonderlich (59438535)

(73) Dieses Bild *interessiert einen Chronisten* (164070862)

---

52 Nur sporadisch wurde der Fall <PRON + Verb + *es* + (k)*ein**/*nicht die* (*den, das*) + Substantiv> berücksichtigt, der meist mit indirektem Fragesatz auftritt, also z. B. *Dich interessiert es einen Dreck, ob jemand deine neue Frisur erkennt* (288711792), *mich interessiert es einen Dreck ob ich damit mehr oder weniger beliebt bin* (104335713), *Sorry, aber mich interessiert es kein Stück , wer sich damals ein blaues T-Shirt gekauft [...] hat* (5484656590), *Ich warf ihnen Blicke zu, die sie hätten töten können, doch sie interessierte es nicht die Bohne* (5871093344). In der Summe: 18 slotkompatible *tokens* mit unbestimmtem Artikel (ausschließlich mit *Dreck, Scheiß, Scheißdreck*), 6 mit *kein** (alle mit *Stück*), 11 mit *nicht die Bohne*.
53 Allerdings muss der Vollständigkeit halber erwähnt werden, dass es vereinzelt Fälle des Typs <PRON + Verb + unbestimmter Artikel> gibt, die mit der Suchsyntax [word="mich|dich|-Dich|ihn|sie|euch|Euch| Sie|uns"][word="interessiert|interessierte|interessieren|interessierten"] [word="ein|eine|einen"][tag="N.*"] ermittelt werden, nämlich genau 84 *tokens*, wovon genau eines slotkompatibel ist: *Herr Martin „mich interessiert ein Scheißdreck was meine Bürger wollen"* (2858237888). Bei einer modifizierten Suche (ohne [tag="N.*"]) ergibt sich von 172 *tokens* zusätzlich zur genannten Okkurrenz ein weiterer relevanter Fall: *mich interessiert einen feuchten dreck, wie die seite des te ‚aussieht'* (18201159023).

Suchanfragen sollten im *deTenTen13*-Korpus deshalb sinnvollerweise mit Sequenzen wie den folgenden durchgeführt werden: <Verb + Pronomen$_{AKK}$ + unbestimmter Artikel$_{AKK}$ + Substantiv>, <Verb + Pronomen$_{AKK}$ + *kein/keine/keinen* + Substantiv> oder <Verb + Pronomen + *nicht* + bestimmter Artikel$_{AKK}$>. Dies führt dann zu *types* wie:

(74) Das interessiert mich *einen Scheiß*

(75) Das interessiert uns *kein Deut*

(76) Das interessiert mich *nicht die Bohne.*

Durch die Aktualisierung der Verbalphrase mit transitivem Verb (vor allem *interessieren*) und pronominalem direkten Objekt ist die syntaktische Position des direkten Objekts (nach dem Verb) bereits besetzt, so dass hier keine Substantive in Frage kommen können. Die zweite Nominalphrase ist ein Adverbial im Falle der Phrasem-Konstruktion der Interesselosigkeit (*einen Dreck, keinen Deut, die Bohne*), jedoch Nominativ und Subjekt im Falle des bereits nominal realisierten postverbalen direkten Objekts (wie in 78) oder bei ungesättigter Verbvalenz wie in (79) – hier ist das direkte Objekt nicht ausgedrückt. Da bei unserer Fragestellung keine Substantive als direkte Objekte in der EXPERIENCER-Rolle von Interesse sind, ist die Anzahl der *tokens* im Deutschen automatisch geringer. Vergleiche:[54]

(A)
[word="interessiert|interessieren|interessierte|interessierten"][word="einen|eine|ein"][tag="N.*"]: 1.667 *tokens* (0,08 p.m.)
gegenüber

(B)
[word="interessiert|interessierte|interessieren|interessierten"][word="mich|dich|-Dich|ihn|sie|Sie|euch|Euch|uns"][word="ein|eine|einen"]"][tag="N.*"]: 728 *tokens* (0,04 p.m.).

Bei (A) kann das postverbale unbestimmte Substantiv verschiedene semantische Rollen einnehmen, meist diejenige des EXPERIENCER wie in (77) und (78), oder STIMULUS (als Subjekt) wie in (79):

---

54 Die Recherchen wurden nur mit denjenigen Flexionsformen des Verbs *interessieren* durchgeführt, die nicht gleichzeitig auch Adjektive sein können (wie *interessierte, interessierten*).

(77) Warum interessiert *einen Ritter* die Sitzordnung? (538298869)

(78) Die Frage, wie und wo unsere Lebensmittel erzeugt werden, interessiert *eine Vielzahl* von Menschen brennend. (8746179)

(79) Aber allem Anschein nach interessiert *ein Kommentar* nicht sonderlich. (59438535)

In (B) kann das postverbale Pronomen nur EXPERIENCER sein, das darauffolgende Substantiv kann jedoch STIMULUS (80, 81) oder eine emphatische Nominalphrase (82) (im Akkusativ) sein:

(80) Vielleicht interessiert euch *eine Sammlung* von Haiflmen [...]. (154877209)

(81) Wieso interessiert mich *ein Fahrverbot* in Finnland? (204258652)

(82) Es interessiert mich *einen Scheiß* ob Facebook das gefällt. (470403640)

Eindeutig akkusativisch von den unbestimmten Artikeln ist also nur *einen* – hier dürfte am ehesten unsere NP der Interesselosigkeit instanziiert sein –, wohingegen *eine* und *ein* sowohl Nominativ als auch Akkusativ sein können und dann selbst bei pronominalem postverbalem direktem Objekt nicht slotkompatibel in unserem Sinne sein können:

(83) Es interessiert mich *eine Fettabsaugung* am Doppelkinn. (736118546)

(84) Denn oft interessiert mich *ein Thema*, und ich möchte auch die Reaktionen darauf mitbekommen. (1210271645)

5.2 Die Recherchen in *deTenTen13*: summarisch und im Einzelnen

Die folgenden Recherchen in *deTenTen13* knüpfen unmittelbar an die spanischen und italienischen an und folgen auch dem oben durchgeführten Schema. Allerdings wird in der Konstruktion [NP$_{Subjekt}$ INTERESSIEREN NP$_{Objekt}$ (*einen/nicht/ keinen*) NP$_{\{geringwertig/tabuisiert\}}$] primär nach Genus differenziert (Maskulinum, Femininum, Neutrum) und in zweiter Hinsicht nach den drei Mesokonstruktionen 1. [NP$_1$ INTERESSIEREN PERS.PRON$_{Akk}$ UNBEST.ARTIKEL$_{Akk}$ NP$_2$], 2. [NP$_1$ INTERESSIEREN PERS.PRON$_{Akk}$ INDEF.PRON.$_{Akk}$ NP$_2$], 3. [NP$_1$ INTERESSIEREN PERS.

PRON_Akk *nicht* BEST.ARTIKEL_Akk NP₂]⁵⁵ – realisiert in (74) bis (76) – und in dritter Hinsicht nach den vier Flexionsformen der 3. Person Singular und Plural im Präsens und Imperfekt.⁵⁶

Zunächst jedoch drei resümierende Suchanfragen:⁵⁷

Tabelle 35: Okkurrenzen mit maskulinen, femininen und neutralen Slotfüllern ohne Negation (*einen/eine/ein*).

<interessiert/interessierte/interessieren/interessierten # einen/eine/ein + S>
506 (1.199): **41,87% Slotkompatibilität**⁵⁸

Diese CQL-Abfrage in *deTenTen13* sollte Fälle wie „Das interessiert mich *einen Scheiß*" (Beleg 74) erfassen. Gesucht wurde mit den Wortarten ‚Personalpronomen im Akkusativ außer *es*' ([word="mich|dich|Dich|ihn|sie|euch|Euch|uns"]) für #. Es wurde nicht mit dem Parameter [tag="N.*"] für S gesucht, da sonst Fälle wie *feuchten Dreck* nicht hätten ermittelt werden können. Von den 1.199 Okkurrenzen waren 506, also knapp 42%, slotkompatibel, was im Vergleich zum Spanischen *importar* einen um etwa 44% bis 48% niedrigeren Wert darstellt (vgl. Tabellen 1 und 36). Allerdings enthalten die spanischen Ergebnisse hier nur den maskulinen (unbestimmten) Artikel. Beim Gebrauch des femininen Artikels (*una*) liegen die Slotkompatibilitätswerte zwischen 53% und 60%, während sie im Deutschen beim Femininum bei 0% liegen (siehe unten, Tabelle 37). Bei sp. *interesar* (Tabellen 8–11 für *un* sowie für *una*) ist der Gebrauch dieser Phra-

---

55 Das Problem eventueller weiterer Slots zwischen den Suchkonstituenten, z. B. in *Wie dein Nickname in den 90er war, interessiert mich übrigens einen Scheissdreck, du Doof!* (59721366), wurde angesichts der geringen Tokenfrequenz dieser Fälle vernachlässigt. Stattdessen wurden alle Suchstrings einheitlich mit unmittelbar aufeinanderfolgenden Konstituenten gesucht.

56 Um das praktisch nie in der EXPERIENCER-Rolle auftretende Akkusativpersonalpronomen *es* auszuschließen, wurde mit dem String „][word="mich|dich|Dich|ihn|sie|euch|Euch|uns"] gesucht.

57 Die Substantive (*types* und *tokens*) werden wie folgt ermittelt: 1. über eine CQL-Recherche des Typs [word="interessiert|interessierte|interessieren|interessierten"][word="mich|dich|Dich|ihn|-sie|Sie|euch|Euch|uns"][word="einen|eine|ein"] (also ohne [tag="N.*"]), 2. über die Funktion *Collocations* mit einer Minimalfrequenz von 1, wobei sowohl die erste als auch die zweite Stelle rechts vom Suchstring gesucht wird (Letztere um z. B. zu *einen feuchten Dreck* zu gelangen), 3. über die manuelle Selektion der slotkompatiblen kookkurrenten Substantive. Slotkompatibel ist beispielsweise *Stück* in *Nintendo interessiert mich kein Stück* (10649378233), nicht sklotkompatibel ist *Wildschwein* in *Konzentriert laufe ich meine Trainingsstrecke, heute interessiert mich kein Wildschwein, kein Hundebesitzer mit Anhang [...]* (8263020693).

58 Nicht slotkompatibel ist z. B. ein Beleg wie dieser hier: *Wieso interessiert mich ein Fahrverbot in Finnland?* (82042586529).

sem-Konstruktion wie gesehen deutlich weniger verfestigt als bei sp. *importar*. Im Italienischen lizensiert die nicht-negierte Phrasem-Konstruktion mit *importare* (vgl. Beleg 57) weitaus weniger Konstrukte als im Spanischen und Deutschen (Tabellen 15 und 18), mit *fregare* liegt allerdings bei der 3. Person Singular – wie in Abschnitt 6.3. zu sehen sein wird – ein relativ hoher Grad an *entrenchment* vor (79% für *un* bzw. 73% für *una/un'*, vgl. Tabellen 21 und 24).

Die einzelnen Slotfüller sind unten in Tabelle 36 aufgeführt und kommentiert. Die adjektivischen Modifikatoren der S$_{\{geringwertig/tabuisiert\}}$ sind die folgenden:

Tabelle 36: Okkurrenzen mit adjektivischen Modifikatoren substantivischer Slotfüller ohne Negation (*einen/eine/ein*).

Modifiziertes Substantiv (inkl. Schreibvarianten)	adjektivischer Modifikator	Anzahl der Modifikationen (im Vergleich zur Gesamtzahl der *tokens* des Substantivs)
Kehricht	feuchten	51 (54)
Dreck	feuchten	32 (192)
Furz	feuchten	7 (12)
Staub	feuchten	5 (5)
Scheiß	feuchten	2 (120)
Käse	feuchten	2 (3)
Haufen	feuchten	1 (1)
Schmutz	feuchten	1 (1)
Pups	feuchten	1 (3)
Keks	feuchten	1 (1)
Eselsdung	feuchten	1 (1)
Scheißdreck	feuchten	1 (95)
Scheißdreck	echten	1 (95)
Scheißdreck	großen	1 (95)
Scheißdreck	gottverdammten	1 (95)
Scheißdreck	absoluten	1 (95)
Dreck	dreckigen	1 (189)
Hut	alten	1 (1)

Das Adjektiv *feucht*, dessen engste Bindung mit den untereinander bedeutungsverwandten Substantiven (Frame-Elementen) *Kehricht*, *Dreck* und *Staub* besteht,[59]

---

[59] Setzt man die Wörter *Kehricht* und *feucht* (jeweils mit Schreibvarianten) im gesamten *deTenTen13* zueinander in Beziehung, ergeben sich folgende Relationen: a) 4.179 *tokens* für *Kehricht*, davon 1.319 mit prämodifizierendem *feucht* (31,56%), b) 1.592 *tokens* für <ADJ + Kehricht>, davon

hat seinen Modifikationsskopus auch auf weitere substantivische Basen ausgedehnt, die jedoch nur im Falle von *Schmutz* in einem synonymischen Verhältnis zu den genannten Quelllexemen stehen und ansonsten Substantive modifizieren, die aus dem Fäkalbereich (*Furz, Pups, Eselsdung, Scheißdreck,* z. T. *Haufen*) oder anderen Domänen stammen. Teilweise stellen diese anderen Substantive gängige Exemplare von *Keks, Käse* dar.

Tabelle 37: Okkurrenzen mit maskulinen, femininen und neutralen Slotfüllern und mit negierendem Indefinitpronomen (*keinen/keine/kein*).

<interessiert/interessierte/interessieren/interessierten # keinen/keine/kein + S>
94 (350) **26,86% Slotkompatibilität**

Mit dieser Recherche sollten Sätze wie *Das interessiert mich keinen Scheiß* (Beleg 75) erhoben werden. Die Recherchesyntax war wie bei der vorangehenden Suche, jedoch mit dem Zusatz des negierenden Indefinitpronomens im Akkusativ (*keinen, keine, kein*). Im Vergleich zum Spanischen (*importar*) und Italienischen (*importare* und besonders *fregare*) sind nur etwas mehr als ein Viertel aller in Frage kommenden Slots (26,86%) mit solchen Lexemen gefüllt, die Geringschätzung oder tabuisierte Begriffe zum Ausdruck bringen und damit die Bedeutung der absoluten Interesselosigkeit symbolisieren[60] – in den beiden romanischen Sprachen liegt die Slotkompatibilität hier großenteils zwischen 75% und 100% (Tabellen 2, 13, 19, 22).[61] Auf die Slotfüller wird bei den genusspezifischen Recherchen genauer eingegangen, es soll jedoch bereits an dieser Stelle darauf hingewiesen werden, dass *Stück* (54, mit *Stückchen* 55 *tokens*) und *Deut* (17 *tokens*) die häufigsten Lexeme darstellen.

Die mit [Negationsadverb + bestimmter Artikel] eingeleitete Nominalphrase ist ein Konstruktionstyp, der nur im Deutschen vorkommt. Er wird weiter unten im Detail behandelt. Zusammenfassend kann an dieser Stelle bereits gesagt

---

1.319 mit *feucht* als ADJ (82,85%). Zum Vergleich: c) 147.376 *tokens* für *Dreck*, davon 768 mit vorausgehendem *feucht* (0,52%), d) 20.228 *tokens* für <ADJ + *Dreck*>, davon 768 mit *feucht* als ADJ (3,8%). Mit anderen Worten, bezogen auf b) und d), zwischen *Kehricht* und *feucht* besteht eine fast 22mal so hohe Kollokationsdichte wie zwischen *Dreck* und *feucht*.

60 Okkurrenzen wie *Das interessiert keine Sau* repräsentieren nicht die gesuchte Phrasem-Konstruktion, da die Nominalphrase *keine Sau* nicht den Grad der Interesselosigkeit ausdrückt, sondern die semantische Rolle des EXPERIENCER versprachlicht (*keine Sau* steht hyperbolisch-expressiv für *keinen Menschen*)

61 Würde man das recht häufige *kein bisschen* (88 *tokens*) hinzuzählen, wäre der Anteil slotkompatibler Okkurrenzen 52%.

Tabelle 38: Okkurrenzen mit maskulinen, femininen und neutralen Slotfüllern und Negation (*nicht den/die/das*).

<interessiert/interessierte/interessieren/interessierten # nicht den/die/das + S>
874 (1050) **83,24% Slotkompatibilität**

werden, dass aufgrund der lexikalisierten Verbindung beim femininen bestimmten Artikel ein sehr hoher *entrenchment*-Grad mit dem *type* Bohne und auch eine entsprechend hohe Tokenfrequenz dieses *type* vorliegt. Die kognitive Verfestigung wird auch dadurch unterstrichen, dass hyponymische *subtypes* zu *Bohne* im Umlauf sind, wenngleich mit niedriger Tokenfrequenz: *Sojabohne, Schokobohne*. Zur Herkunft der „Bohne" ist Folgendes zu sagen, „Da die einzelne Bohne so gut wie gar keinen Wert hat (Bohnen werden öfters als Ersatz für Spielgeld verwendet), bezeichnet sie schon seit dem 13. Jh. das Unbedeutende, Nichtige" (Röhrich 2003: 235). Weitere Lexikalisierungen sind *keine Bohne wert*, oder, im selben Frame, allerdings kaum noch gebräuchlich: *Nicht eine Erbse/Linse/Wicke gebe ich drum* (ib.).

Im Folgenden werden die einzelnen Konstruktionstypen differenziert aufgelistet und auch sprachliche Belege angegeben:

Tabelle 39: Okkurrenzen mit maskulinen Slotfüllern ohne Negation.

<interessiert # einen + S>	<interessieren # einen + S>	<interessierte # einen + S>	<interessierten # einen + S>
374 (466): 80,26%	87 (100): 87%	27 (30): 90%	3 (3): 100%

Was die Slotfüller betrifft, so werden ebenso wie im Spanischen wertlose bzw. minderwertige Objekte sowie tabuisierte Objekte bezeichnet, allerdings im Deutschen nicht aus dem sexuellen, sondern nur aus dem Fäkalbereich, was einen allseits bekannten Unterschied zwischen deutschen und romanischen Vulgarismen betrifft (vgl. Mellado Blanco 2020b).

(85) „Die Weltoffenheit in dieser Stadt nimmt ab, die Interessen der Bürger werden immer kleinteiliger. Auf Deutsch: Die Interessen der Hamburger Bürger *interessieren mich einen Scheißdreck*". (15467727)

(86) Es *interessiert mich einen Scheiß* ob Facebook das gefällt. (470403640)

(87) „Wie oft ihr bereits zusammen wart *interessiert mich einen Dreck!*" (1835287923)

(88) Der Durchschnittsbenutzer interessiert mich *einen feuchten Kehricht*. (2540306305)

Aus semantisch-pragmatischer Sicht interessant ist (85), da hier die uns interessierende Phrasem-Konstruktion sichtlich als Hyperbel eingesetzt wird. Durch die Präpositionalphrase *auf Deutsch* wird eine drastischere Variante, die jedermann verständlich sein dürfte, geradezu angekündigt. Dies deutet auf die Expressivität dieser Konstruktion hin.

Was die Slotfüller betrifft, so ergibt sich folgendes Tableau:

Tabelle 40: Slotfüller (nur Maskulina) bei der NP{geringwertig/tabuisiert}-Position in Verbindung mit *interessieren*.

Stelle von X nach der abs. Freq.	Lemma (inkl. Schreibvarianten)	absolute Frequenz des Lemmas
1.	*Dreck*	192
2.	*Scheiß*	120
3	*Scheißdreck*	96
4.	*Kehricht* (*feuchten*: 51)	54
5.	*Furz*	12
6.	*Staub*	5
7.	*Pups*	3
	Feuchten	3
	Käse	3
8.	*Quark*	2
9.	*Blödsinn*	1
	Deibel	1
	Deut	1
	Eselsdung	1
	Haufen	1
	Hut	1
	Kackhaufen	1
	Käse	1
	Keks	1
	Rattenschiss	1
	Schmarrn	1
	Schmutz	1
	Schnurz	1
	Tineff	1
	Wisch	1
	Witz	1
Total		**506**

Das Gros der Slotfüller rekrutiert sich aus den Bereichen ‚Schmutz, Unrat' (*Dreck, Kehricht, Schmutz*) und ‚Fäkalien, Ausscheidungen' (*Scheiß, Scheißdreck, Furz, Pups, Kackhaufen, Eselsdung, Rattenschiss*).[62] Darüber hinaus, vor allem was die wenig bis nur einmal belegten Lexeme betrifft, wird die Bedeutung des Geringwertigen oder Wertlosen zum Ausdruck gebracht (*alter Hut*), auch wenn die Motiviertheit dieser Bedeutungen bereits verblasst sein mag (*Quark, Deut* (siehe unten), *Käse, Tineff*). In anderen Fällen sind metonymische Verschiebungen zu beobachten, wie von ‚wertlos' zu ‚wertlosem Schriftstück' (*Wisch*) zu *Das interessiert mich einen Wisch!*, oder von *jemandem schnurz sein* (‚jemandem egal sein') zu *Das interessiert mich einen Schnurz!* Im Sprachgebrauch können aber auch durch Konstruktionskreuzungen oder -mischungen (Kontaminationen) neue Mikro-Konstruktionen emergieren, so etwa *Das interessiert mich keinen Deut!* und *Das interessiert mich einen X!* zu *Das interessiert mich keinen Deut!* (siehe oben). In einem anderen Fall wird das Lexem *Deibel* (landschaftlich umgangssprachlich für *Teufel*), das aus dem Element der negativen Polarität *den Teufel* (*den Teufel tun* 'nichts tun', *sich den Teufel um etwas kümmern* 'sich nicht kümmern', vgl. Röhrich 2003: 1612) stammt, in die genannte Phrasem-Konstruktion eingepasst. Auch wenn dies stark idiosynkratisch und in keiner Weise kollektiver Sprachgebrauch ist, so geschehen solche (intentionalen oder zufälligen) Kontaminationen (bei den folgenden Beispielen mit Gesprächsformeln) doch öfter als gedacht und sie sind Ausdruck der horizontalen Relationen zwischen Konstruktionen: z. B. *Das interessiert mich einen Blödsinn!* (vgl. *Das ist doch ein Blödsinn!* o. Ä.), *Das interessiert mich einen Witz!* (vgl. *Das ist doch ein Witz!*), *Das interessiert mich einen Keks!* (vgl. *Das geht mir auf den Keks!*).

Das substantivierte Adjektiv (*einen*) *Feuchten* scheint eine Ellipse aus den lexikalisierten Verbindungen *feuchten Kehricht* oder *feuchten Dreck* hervorgegangen zu sein, wobei zu beachten ist, dass auch hier weitere metoynmisch oder durch Konstruktionskontamination entstandene Lexeme den Slot füllen (siehe auch oben, Tabelle 40):

Was die Bedeutung der gesamten Konstruktion [X INTERESSIEREN PERS. PRON$_{Akk}$ *einen feuchten* Y] betrifft, so bleibt festzuhalten, dass von den hier relevanten 108 *tokens* (Tabelle 41) 82 das Pronomen *mich* enthalten, 12 das Pronomen *sie*, 6 das Pronomen *euch/Euch*, je 5 das Pronomen *ihn* und *uns* sowie 2 das Pronomen *Sie*. Im Falle der Rückbezüglichkeit (*mich*) liegt, wie nicht anders zu

---

[62] Bei einer Suche mit dem Perfekt *haben*$_{LEMMA}$ ... *interessiert*, die außerhalb des Üblichen durchgeführt wurde, ergaben sich 22 slotrelevante von 22 *tokens*: *Dreck* 10 (davon 1mal *feuchten Dreck*), *Scheiß* 5, *Scheißdreck* 5, *feuchten Kehricht* 1, *Fliegenschiss* 1.

Tabelle 41: Slotfüller in der Konstruktion *X interessiert** PRON *einen feuchten*.

Stelle von X nach der abs. Freq.	Lemma (inkl. Schreibvarianten)	absolute Frequenz des Lemmas
1.	Kehricht	51
2.	Dreck	34
3	Furz	7
4.	Staub	5
5.	Käse	2
	Scheiß	2
6.	Eselsdung	1
	Haufen	1
	Keks	1
	Pups	1
	Scheißdreck	1
	Schmutz	1
	Wisch	1
Total		108

erwarten, durchgängig der Ausdruck expressiver Interesselosigkeit vor, aber auch bei den Pronomina der 3. Person (Singular). Vergleiche:

(89) Bei der Frage der Bankenunion hat der mit Sicherheit am lautesten „ja" geschrien. Ebenso wird er eine Haftungsunion lauthals begrüßen. Die Oma in Berlin *interessiert ihn einen feuchten Dreck*. (6151153433)[63]

(90) Was für das Kind und alle Beteiligten am Besten wäre, *interessiert ihn einen feuchten Kehricht*! Hauptsache „kleine Babyfüsschen"! (10270927870)

(91) [...] es *interessiert sie einen feuchten kehricht* ob deine kinder und du versorgt sind, sie haut einfach mit dem erst besten ab, kassiert aber noch vorher dein geld ein und verschwindet – nicht zum ersten mal! (18300263911)

Konstruktionen mit *dich* oder *euch*, die die Bedeutung ‚Das geht dich/euch nichts an' haben könnten, finden sich in dieser Konstellation *einen feuchten* nicht – allerdings in einem von zwei erhobenen Fällen mit dem Pronomen *Sie*:[64]

---

[63] (∑ 113, davon 4mal ohne folgendes Substantiv sowie je 1mal mit folgendem *und* und Komma).
[64] Der andere lautet: *die Anderen interessieren Sie einen feuchten Dreck* (8858100770).

(92) Die Chefin ist zufrieden und Sie auch. Ende der Durchsage. Alles andere *interessiert Sie einen feuchten Dreck* (16142477207)

Wenn man die Recherche ändert zu [X HABEN PERS.PRON$_{Akk}$ *einen* (ADJ) Y zu *interessieren*], ergeben sich 7 Belege,[65] von denen 6 slotrelevant sind (4-mal *dich*, 2-mal *sie*), die genau diese Bedeutung zum Ausdruck bringen, wobei *Dren*[66] in (96) entweder eine euphemistische Schreibweise für *Dreck* oder ein Schreibfehler ist:

(93) es *hat dich einen absoluten shice zu interessieren*, ob sie glücklich ist oder weint. (12920041132)

(94) Heulen kannst du zuhause, sobald die Tür hinter dir zugefallen ist, aber vorher bist du gefälligst stark und es *hat dich einen Scheißdreck zu interessieren*, was für vorpubertäre Sprüche irgendwelche Volldeppen von sich geben. (5669703875)

(95) Meine möglichen, persönlichen Probleme *haben sie einen Scheißdreck zu interessieren*. (15127456292)

(96) Das *hat sie einen verdammten Dren zu interessieren!* (16478443601)

Tabelle 42: Okkurrenzen mit maskulinen Slotfüllern und mit negierendem Indefinitpronomen (*keinen*).

‹interessiert # keinen + S›	‹interessieren # keinen + S›	‹interessierte # keinen + S›	‹interessierten # keinen + S›
23 (28): 82,14%	6 (9): 66,67%	4 (5): 80%	0 (1): 0%

Belege:

(97) Meine Gefühle sind dir scheißegal, *interessiert dich keinen Pfifferling* wie weh du mir mit deinem Verhalten tust. (5326030987)

---

[65] Gesucht mit [word="hat|haben|hatte|hatten"][tag="PRO.Pers.*Acc.*"][]{0,3}[word="ein|einen"][]{0,3} [word="zu"][word="interessieren"].

[66] Im gesamten *deTenTen13*-Korpus ist *Dren* noch ein weiteres Mal belegt: „Es kümmert sie einen Dren, daß er mir etwas bedeutet!" (16478431508). *Dren* ist ansonsten nur ein Name in Comics und einem Film, der das Anagramm zu *Nerd* darstellt.

(98) PS: Es *interessiert mich keinen Millimeter*, ob du dich provoziert oder angepisst fühlst! (13274773990)

(99) Die meisten Namen auf der Liste hab ich immerhin schon mal gehört, aber die allermeisten *interessieren mich keinen Deut*. (16517391200)

(100) Es *interessiert mich keinen blassen Schimmer*, ob „das Volk" etwas mit mir zu tun haben möchte oder nicht. (2976408225)

(101) Es ist Freitag, der 13., Giga ist weg vom Fenster und ich sehe es ähnlich wie MasteRehm : Es *interessiert mich keinen feuchten Dreck*. (7688781678)

Die Slotfüller waren *Deut* 17, *Meter* 4 und je 1-mal (*feuchten*) *Dreck, Fatz, Futzen, Hacken, Millimeter, Pfifferling, Pfurz, Sack, Scheiß*, (*blassen*) *Schimmer, Strich, Stück* (*keinen* (!) *Stück*). Bemerkenswert ist, dass hier die Geringfügigkeit durch ein räumliches Konzept (*Meter, Millimeter*) versprachlicht wird – das ebenfalls belegte zeitliche Konzept 'Augenblick' könnte eventuell auch noch hinzugezählt werden.[67] Von den 33 slotrelevanten der 43 *tokens* sind 18 mit *mich* konstruiert, je 5 mit *ihn* und *sie*, 3 mit *dich* und 2 mit *euch* (im Präteritum nur *ihn* und *sie*, im Präsens vor allem *mich* [*interessiert* 15, *interessieren* 3]). In allen Fällen liegt die Bedeutung der expressiven Interesselosigkeit vor. Bemerkenswert sind die lexikographisch (Standardsprache) nicht belegten Lexeme *Fatz* und *Futzen*, die regional (*Fatz*) oder verballhornend (*Futzen* für *Furz*) sein könnten. Darüber hinaus haben wir es in (100) und (101) mit Konstruktionskreuzungen zu tun. Die Matrixkonstruktionen dürften *Ich habe keinen blassen Schimmer* und *Es interessiert mich einen feuchten Dreck* sein. Im Falle von (97) liegt eine Einpassung der festen Verbindung *keinen Pfifferling* ('kein bisschen') in die negierte Phrasem-Konstruktion vor.

Tabelle 43: Okkurrenzen mit maskulinen Slotfüllern und Negation (*nicht den*).

‹interessiert # nicht den + S›	‹interessieren # nicht den + S›	‹interessierte # nicht den + S›	‹interessierten # nicht den + S›
1 (4): 25%	0: 0%	0 (1): 0%	0

---

67 Vgl. Mellado Blanco (im Druck) für die Konstruktion [ESTAR *a un* X_{Maßeinheit} *de* Y] im Spanischen, in der die temporale Geringfügigkeit durch kleine lokale Maßeinheiten (z. B. *paso* ‚Schritt', *milímetro* 'Milimeter') metaphorisch zum Ausdruck kommt.

Für die Konstruktion [X INTERESSIEREN PERS.PRON$_{Akk}$ *nicht den* Y] (Tabelle 43) wurde eine slotkompatible Okkurrenz ermittelt, allerdings nur mit vorausgehendem Adjektiv:

(102) [...] aber auch das *interessiert mich nicht den leisesten scheiss*. (7210283256)

Dieser Beleg ist ein mehrfach hybrides Gebilde: Das Adjektiv *leisesten* behält die intensivierende Bedeutung bei, die es üblicherweise in einer Kollokation wie *nicht die leiseste Ahnung (haben)* hat. Die Kombination mit dem Substantiv *Scheiß* ermöglich sodann die Einpassung in die *Interessiert mich nicht die*-Phrasem-Konstruktion, obwohl mit *Scheiß* eigentlich üblicherweise die *Interessiert mich einen Scheiß*-Konstruktion verwendet wird.

Tabelle 44: Okkurrenzen mit femininen Slotfüllern ohne Negation.

‹interessiert # eine + S›	‹interessieren # eine + S›	‹interessierte # eine + S›	‹interessierten # eine + S›
0 (229): 0%	1 (13): 7,69%	0 (33): 0%	0 (2): 0%

Erstaunlich ist, dass die Konstruktion [X INTERESSIEREN PERS.PRON$_{Akk}$ UNBEST. ART. Y] (Tabelle 44) in *deTenTen13* von 277 lizensierten Instanzen nur ein einziges slotkompatibles Femininum zugelassen hat (102). Dies könnte auf eine Attraktion der Konstruktion von Maskulina hindeuten, die wiederum durch eine Verallgemeinerung von maskulinen Lexemen wie *Dreck*, *Scheiß*, *Kehricht* (s. Tabelle 41) entstanden sein könnte.[68] Die Verfestigung in den Phrasem-Konstruktionen der Interesselosigkeit ist auch im Spanischen und Italienischen mit Maskulina größer als mit Feminina (außer bei *nicht die Bohne* im Deutschen). Der folgende Beleg entspringt deshalb stark idiosynkratischem Sprachgebrauch,[69] denn der Slotfüller *Gurke* kommt in keiner weiteren Konstruktion expressiver Interesselosigkeit mehr vor, auch nicht in solchen, die mit einem anderen Verb (z. B. *kümmern*, *angehen*, *jucken*, *kratzen*) funktionieren.

(103) Und gegen Angela Merkels Forderungen: „Merkel, deine Reformen *interessieren uns eine Gurke!*" (17756978246)

---

[68] Hier wären diachrone Korpusuntersuchungen sicherlich gewinnbringend.
[69] Auch die umgangssprachlichen Bedeutungen von *Gurke* (‚Versager' und ‚seltsamer Mensch') ergeben keinerlei Aufschluss hinsichtlich dieser Verwendung.

Tabelle 45: Okkurrenzen mit femininen Slotfüllern und mit negierendem Indefinitpronomen (*keine*).

<interessiert # keine + S>	<interessieren # keine + S>	<interessierte # keine + S>	<interessierten # keine + S>
2 (39): 5,13%	0 (68): 0%	1 (3): 33,33%	0 (6): 0%

Belege:

(104) Dass hinter ihm die Autoschlange dutzende von Metern beträgt, *interessiert ihn keine Bohne*. (10545771081)

(105) Noch etwas: es *interessiert mich keine Bohne* was etwas kostet. (15069126671)

(106) Dass für mich und meinen Mann damals wieder eine Welt zusammenbrach, [...], *interessierte sie keine Spur*. (5146121213)

Auch hier sind die konstruktionsrelevanten femininen Slotfüller die Ausnahme (nur *Spur* und *Bohne*). Dass beide Belege zu *Bohne* aus einem Schweizer Blog sind, ist sicher kein Zufall. Unabhängig davon, ob dies regionale oder idiosynkratische Verwendungen sind, zeigen die beiden Okkurrenzen, dass auch hier eine Hybridisierung zweier Konstruktionen stattgefunden hat, ausgelöst durch das negierte Lexem *Bohne* in der expressiven Konstruktion der Interesselosigkeit, deren Prototyp zweifelsohne der *subtype Das interessiert mich nicht die Bohne!* ist – siehe die folgende Tabelle:

Tabelle 46: Okkurrenzen mit femininen Slotfüllern und Negation (*nicht die*).

<interessiert # nicht die + S>	<interessieren # nicht die + S>	<interessierte # nicht die + S>	<interessierten # nicht die + S>
636 (696): 91,38%	150 (191): 78,53%	58 (73): 79,45%	23 (26): 88,46%

Belege:

(107) Ok, Cricket *interessiert mich nicht die Bohne*, auch nach der Lektüre von Netherland nicht. (105834697)

(108) (Und die, die sich daran stören, *interessieren mich nicht die Spur!*) (3768368508)

(109) Mit frischem Brot, gesottenem Fleisch, den erlesensten Früchten, gefüllten Oliven, schokolierten Sultaninen ... [...] „*Es interessiert mich nicht die Rosine*, womit die Schalen gefüllt waren [...]". (1189456532)

(110) „Meine Argumente *interessierten ihn nicht die Spur*". (8501312188)

Bei der in Tabelle 47 abgebildeten Suchanfragen ergeben sich hohe bis sehr hohe Werte für die Slotkompatibilität im Sinne unserer Phrasem-Konstruktion: 78,5% bis 91%. Im Wesentlichen ist dieser Konstruktionstyp mit dem Slotfüller *Bohne* kognitiv verfestigt. Mit der Verbform *interessiert* sind 634 der 636 (99,69%) relevanten Okkurrenzen durch *Bohne* (alle Schreibvarianten) repräsentiert (nur *Sojabohne* und *Rosine* bilden eine Ausnahme, wobei ersteres Lexem ein Hyponym darstellt); bei *interessieren* sind 149 der 150 relevanten Slots durch *Bohne* gefüllt (99,33%), einer durch *Spur*; bei *interessierte* sind es 58 von 58, also 100%, bei *interessierten* sind 22 von 23 relevanten Slots durch *Bohne* gefüllt (95,65%). Man kann also sagen, dass die <interessieren # nicht-die-S>-Phrasem-Konstruktion fast ausschließlich durch *Bohne* dominiert wird.

(111) Und die gestählten – Seuufz – Bauchmuskeln ebenso wenig! Und lasse er mich auch in Ruhe mit diesen Brüsten! Diese zarten, seidigen, vollen... hachja... – Brüste *interessieren mich nicht die pralle, glänzende, feuchte Bohne!* (157040335479

Was bei phraseologischen Verbindungen immer wieder auffällt und hier bereits mehrfach Gegenstand von Bemerkungen war, ist die Vermengung von Konstruktionen oder Lexemen. So ist in (111) das Adjektiv *feucht*, das normalerweise in der lexikalisierten intensivierenden Konstruktion *Das interessiert mich einen feuchten Kehricht!* auftritt, hier eingepasst in die Negationskonstruktion *Das interessiert mich nicht die Bohne!* Gleichzeitig werden Eigenschaften von Bohnen mit in die prämodifizierende Adjektivposition aufgenommen (*prall*, *glänzend*), auch wenn hier womöglich zusätzlich von einer kontextinduzierten und bewusst zweideutigen Sprechabsicht auszugehen ist.

Tabelle 47: Okkurrenzen mit neutralen Slotfüllern ohne Negation.

<interessiert # ein + S>	<interessieren # ein + S>	<interessierte # ein + S>	<interessierten # ein + S>
16 (329): 4,86%	1 (27): 3,7%	1 (39): 2,56%	0 (3)

(112) Es *interessiert sie ein Scheiss* (sorry für den Ausdruck) wie es Frauen geht die wirklich unter Sexismus zu leiden haben. (13791903897)

(113) Die Stadt *interessiert mich ein Dreck*. (11394121416)

Die mit dem unbestimmten Artikel Neutrum eingeleiteten slotkompatiblen Lexeme (insgesamt 18 von 329 Belegen für diese syntaktische Konstruktion) sind bemerkenswerterweise alle Maskulina (*Dreck, Scheiß, Scheißdreck*). Vermutlich handelt es sich um kontrahierte ursprünglich sprechsprachliche kontrahierte Formen (*einen > ein'*), die hier auch in der Graphie abgebildet wurden. Analog hierzu finden sich in *deTenTen13* für die Recherche <*interessiert(e)(n) kein Mensch*> immerhin 43 Belege (< 0,01 p.m.). Im Grunde wären diese 18 Instanzen also der Recherche in Tabelle 48 (*einen* S) zuzurechnen, wodurch sich die Slotkompatibilität für diese Konstruktion noch einmal um einen halben Prozentpunkt erhöhen würde.

Tabelle 48: Okkurrenzen mit neutralen Slotfüllern und mit negierendem Indefinitpronomen (*kein*). [70]

<interessiert # kein + S>	<interessieren # kein + S>	<interessierte # kein + S>	<interessierten # kein + S>
40 (124): 32,26%	11 (28): 39,29%	7 (31): 22,58%	2 (6): 25%

(114) Eure Tochter *interessiert Euch kein Stück*, soviel steht fest. (7947369953)

(115) [...] dass ich auf linux umsteige ist ziemlich unwahrscheinlich und politik *interessiert mich kein stecken* [...]. (18541896497)

Die Bewertung der Slotkompatibilität der beteiligten Lexeme in dieser Konstruktion hängt davon ab, welche Slotfüller gezählt werden. Die in Tabelle 46 ermittelten einzelnen Werte ergeben in der Summe einen Anteil von 31,41% konstruktionsrelevanten Lexemen, und zwar auf der Basis der Slotfüller *Stück* (mit Abstand am häufigsten) und einigen wenigen Belegen für *Meter, Stückchen, Dreck* und *Stecken*. Nähme man jedoch die NP *kein bisschen* hinzu – ihr Status als solcher ist umstritten –, so beliefe sich der Wert für Tabelle 46 auf 77,49%. Allein für *interessiert* würden 88 *tokens* für *kein bisschen* (gegenüber 54 für *Stück*) zu Buche schlagen.

---

[70] Mit den 88 Belegen für *kein bisschen* (alle Schreibungen) würde sich die Slotkompatibilität auf 77,49% erhöhen.

Die intensivierende Konstruktionsfamilie *Das interessiert mich einen X!* —— 347

Tabelle 49: Okkurrenzen mit neutralen Slotfüllern und Negation (*nicht das*).

‹interessiert # nicht das + S›	‹interessieren # nicht das + S›	‹interessierte # nicht das + S›	‹interessierten # nicht das + S›
6 (47): 12,77%	0	1 (10): 10%	0

(116) Ich vermute ja!! Aber es *interessiert Sie nicht das Mindeste*, wie es uns ergeht. (17543204241).

(117) ist ja auch egal. interessiert mich nicht das wursthaar. verschiebt diese diskussion mal woanders hin.... (13670650050)

Die „*nicht die Bohne*-Konstruktion" erweist sich nicht nur bei maskulinen, sondern auch bei neutralen Slotfüllern als sehr unproduktiv. Lediglich die folgenden *types* konnten ermittelt werden: *das Geringste* (3), *das Mindeste* (2), *das Wursthaar* (1) und *das kleinste Bisschen* (1).

Tabellen 50–52 zeigen die Verteilung der verschiedenen Personen unter den Personalpronomina innerhalb der drei deutschen Phrasem-Konstruktionen, aus den eine Präferenz für die erste und dritte Person zu ersehen ist. Nur bei der Konstruktion [NP$_{Subjekt}$ INTERESSIEREN NP$_{Objekt}$ nicht den/nicht die/nicht das NP$_{\{geringwertig/tabuisiert\}}$] liegt eine ähnliche Verteilung der zweiten und dritten Person vor.

Tabelle 50: Frequenz der jeweiligen Person bei den Personalpronomina (NP$_{Objekt}$) in der Konstruktion [NP$_{Subjekt}$ INTERESSIEREN NP$_{Objekt}$ *einen/eine/ein/keinen/keine/kein* NP$_{\{geringwertig/tabuisiert\}}$].

mich	uns	dich/Dich/Sie	euch/Euch	ihn/sie (Sg./Pl.))
376 (951): 39,54%	41 (142): 28,87%	25 (133): 18,8%	16 (49): 32,65%	158 (274): 57,66%
1. Person: 417 (1.093): 38,15%		2. Person: 41 (182): 22,53%		3. Person: 158 (274): 57,66%

Tabelle 51: Frequenz der jeweiligen Person bei den Personalpronomina (NP$_{Objekt}$) in der Konstruktion [NP$_{Subjekt}$ INTERESSIEREN NP$_{Objekt}$ *nicht den/nicht die/nicht das* NP$_{\{geringwertig/tabuisiert\}}$].

mich	uns	dich/Dich/Sie	euch/Euch	ihn/sie (Sg./Pl.))
614 (691): 88,86%	29 (59): 49,15%	27 (36): 75%	11 (13): 84,62%	193 (251): 76,89%
1. Person: 643 (750): 85,73%		2. Person: 38 (49): 77,55%		3.Person: 193 (251): 76,89%

Tabelle 52: Frequenz der jeweiligen Person bei den Personalpronomina (NP$_{Objekt}$) in der Konstruktion [NP$_{Subjekt}$ INTERESSIEREN NP$_{Objekt}$ *einen/eine/ein/keinen/keine/kein/nicht den/ nicht die/nicht das* NP$_{\{geringwertig/tabuisiert\}}$].

mich	uns	dich/Dich/Sie	euch/Euch	ihn/sie (Sg./Pl.))
990 (1.642): 60,29%	70 (201): 34,83%	52 (169): 30,77%	27 (62): 43,55%	351 (525): 66,86%
1. Person: 1.060 (1.843): 57,51%		2. Person: 79 (231): 34,2%		3. Person: 351 (525): 66,96%

6 Fazit: die Phrasem-Konstruktion der absoluten Interesselosigkeit als Familie – interlinguale Überlegungen

6.1 Die Konstruktionsfamilie der absoluten Interesselosigkeit

Die hier von uns beschriebenen Konstruktionen können eindeutig als Konstruktionsfamilie betrachtet werden. Denn Konstruktionen, die formal-strukturelle und/oder semantisch-pragmatische Ähnlichkeiten auf derselben Abstraktionsebene aufweisen, bilden eine Konstruktionsfamilie (Diessel 2019: 199). Konstruktionen kommen in der Tat nicht isoliert vor, sondern sie sind im Konstruktikon, in einem hochgradig strukturierten Netzwerk organisiert und durch Vererbungsbeziehungen und formalen und/oder semantischen Relationen untereinander verbunden (Goldberg 1995: 5; Ziem & Lasch 2013: 95–102).

Auch wenn Konstruktionsfamilien in der Phraseologie, abgesehen von wenigen Ausnahmen (Staffeldt 2011, 2018; Bücker 2014; Auer 2016; Mollica 2020; Mollica & Stumpf 2022), kaum behandelt worden sind, ist ihre genaue Untersuchung von Interesse. Dadurch können einerseits die Ähnlichkeiten und Unterschiede von verwandten Konstruktionen im phraseologischen Bereich besser zum Vorschein gebracht werden, andererseits können die Relationen der phraseologischen Einheiten mit den eher grammatischen Konstruktionen deutlich herausgestellt werden (vgl. De Knop & Mollica 2016; Mollica 2020). Dies trägt zu einer einheitlicheren Beschreibung vom Sprachsystem bei, da die Grenzen zwischen Lexikon/Phraseologie und Syntax als fließend zu betrachten sind (vgl. die Annahme des Lexikon-Grammatik-Kontinuums z. B. in Langacker 1987; Croft 2001; Boas 2013, zusammenfassend Schafroth 2021).

Für eine adäquate Beschreibung der hier untersuchten Konstruktionen der absoluten Interesselosigkeit sind sowohl die vertikale als auch die horizontale Ebene von Relevanz (vgl. Diessel 2019: 199–200).

In Anlehnung an Traugott (2008: 236) unterscheiden wir hier zwischen folgenden Konstruktionsebenen:
- *Makrokonstruktionen* ("meaning-form pairings that are defined by structure and function")
- *Mesokonstruktionen* ("set of similar behaving specific constructions")
- *Mikrokonstruktionen* ("individual construction types")
- *Konstrukte* ("the empirically attested tokens")

An dieser Stelle sei angemerkt, dass Mikrokonstruktionen in der Literatur unterschiedlich aufgefasst werden. Nach Fried (2013: 437) scheinen sie den "substantive constructions", also vollexikalisierten Mehrwortverbindungen, zu entsprechen, während Hoffmann & Bergs (2018: 8) sie als "concrete constructions with limited generality and abstractness [...] *She refused him a kiss* or *They refused her the answer*" betrachten. Im Folgenden lehnen wir uns an diese zweite Auffassung an.

In unserer Analyse haben wir folgende Phrasem-Konstruktionen der absoluten Interesselosigkeit mit der Bedeutung ‚etw. interessiert jmdn. überhaupt nicht' untersucht:
- Spanisch [NP$_{Subjekt}$ (*no*) NP$_{Objekt}$ VERB$_{\{INTERESSIEREN\}}$ NP$_{\{geringwertig/tabuisiert\}}$]
- Italienisch [NP$_{Subjekt}$ (*non*) NP$_{ind\_Objekt}$ VERB$_{\{INTERESSIEREN\}}$ NP$_{\{geringwertig/tabuisiert\}}$]
- Deutsch [NP$_{Subjekt}$ VERB$_{\{INTERESSIEREN\}}$ NP$_{Objekt}$ (*nicht/keinen*) NP$_{\{geringwertig/tabuisiert\}}$],

wobei das Italienische zusätzlich über eine zweite Konstruktion verfügt, und zwar [(*non*) NP$_{ind\_Objekt}$ VERB$_{\{INTERESSIEREN\}}$ NP$_{\{geringwertig/tabuisiert\}}$ *di* NP].

Abbildung 2 stellt anhand des Italienischen die oben besprochenen Konstruktionen mit ihren unterschiedlichen Abstraktionsgraden dar. Berücksichtigt man die vertikale Ebene, können solche Strukturen auf zwei eher abstraktere bzw. schematischere Konstruktionen, die Makrokonstruktionen, zurückgeführt werden. In der Abbildung werden außerdem die weiteren unterschiedlichen Ebenen repräsentiert. Es werden die unterschiedlichen Abstraktionsgrade dargestellt und jede abstraktere Ebene vererbt der darunterliegenden konkreteren Konstruktion Informationen weiter. So ergeben sich durch die Instanziierung mit dem Verb *fregare* die sogenannten *Mesokonstruktionen*, die noch eine eher schematische Struktur haben. In Abschnitt 4 wurde gezeigt, dass die zwei italienischen Makrokonstruktionen auch mit weiteren Verben kompatibel sind. Die *fregare*-Mesokrokonstruktionen stehen also auf horizontaler Ebene mit den Mesokonstruktionen in Beziehung, bei denen weitere Verben aktualisiert werden. Dies bedeutet z. B., dass die Konstruktion

[NP$_{Subjekt}$ (*non*) NP$_{ind\_Objekt}$ FREGARE NP$_{\{geringwertig/tabuisiert\}}$] mit [NP$_{Subjekt}$ (*non*) NP$_{ind\_Objekt}$ IMPORTARE NP$_{\{geringwertig/tabuisiert\}}$], [NP$_{Subjekt}$ (*non*) NP$_{ind\_Objekt}$ INTERESSARE NP$_{\{geringwertig/tabuisiert\}}$] und [NP$_{Subjekt}$ (*non*) NP$_{ind\_Objekt}$ FOTTERE NP$_{\{geringwertig/tabuisiert\}}$] in Verbindung steht, sie bilden also eine Familie (dies gilt übrigens auch für Mesokonstruktionen des Spanischen und des Deutschen). Die Beziehungen zwischen den Konstruktionen werden (auf allen Ebenen) in Abbildung 2 durch die gestrichelte Linie dargestellt. Bei den *Mikrokonstruktionen*, auf der nächsten Ebene, werden alle Slots lexikalisch gefüllt.[71] Es liegt auf der Hand, dass auf dieser Ebene die Vielfältigkeit der Konstruktion im Hinblick auf den verbalen und vor allem auf den nominalen Füller zum Ausdruck kommt. Erst auf der Konstruktebene wird klar, wie produktiv eine bestimmte Mikrokonstruktion ist bzw. wie stark ihr *type-entrenchment* ist.

In Abschnitt 4 wurde außerdem gezeigt, wie sich diese derselben Familie angehörenden Konstruktion trotz ähnlicher Funktion in der Form auch in der Informationsstruktur unterscheidet. Außerdem wurden noch die Relationen mit EXPERIENCER-STIMULUS-Konstruktionen thematisiert, die aufgrund ihrer Relevanz noch weiterer Studien bedürfen.

Interessant für unsere Untersuchung ist es nun vielmehr, die Mikro- und Konstruktebenen interlingual zu berücksichtigen, um Analogien und Unterschiede in allen drei Sprachen deutlicher zum Ausdruck zu bringen.

6.2 Dysphemismen bei der Konstruktionsfamilie der absoluten Interesselosigkeit

Der Prozess der Negationsverstärkung im Laufe der Sprachgeschichte (z. B. fr. *non* > *ne ... pas*) wurde weiter oben bereits angesprochen (siehe Abschnitt 2). Wichtig dabei ist, dass das Streben nach Expressivität gerade bei einer fundamentalen logischen und sprachlichen Relation wie der Negation seinen Ausdruck in der Verstärkung durch lexikalische Mittel fand.

> Oft sind es kleine Früchte oder alltägliche und gering geachtete Nahrungsmittel, wie ↗Bohne, Nuß, Beere, Kirsche, Apfel oder das Ei, die zur bildl. Verstärkung der Verneinung dienen. [...] Viel häufiger sind aber diese rdal. [= redensartlichen] Verneinungen in

---

71 Auf der Mikroebene werden hier beispielhaft lediglich drei der häufigsten Füller angegeben, die den NP-Slot füllen können (siehe Abschnitt 4).

Die intensivierende Konstruktionsfamilie *Das interessiert mich einen X!* — 351

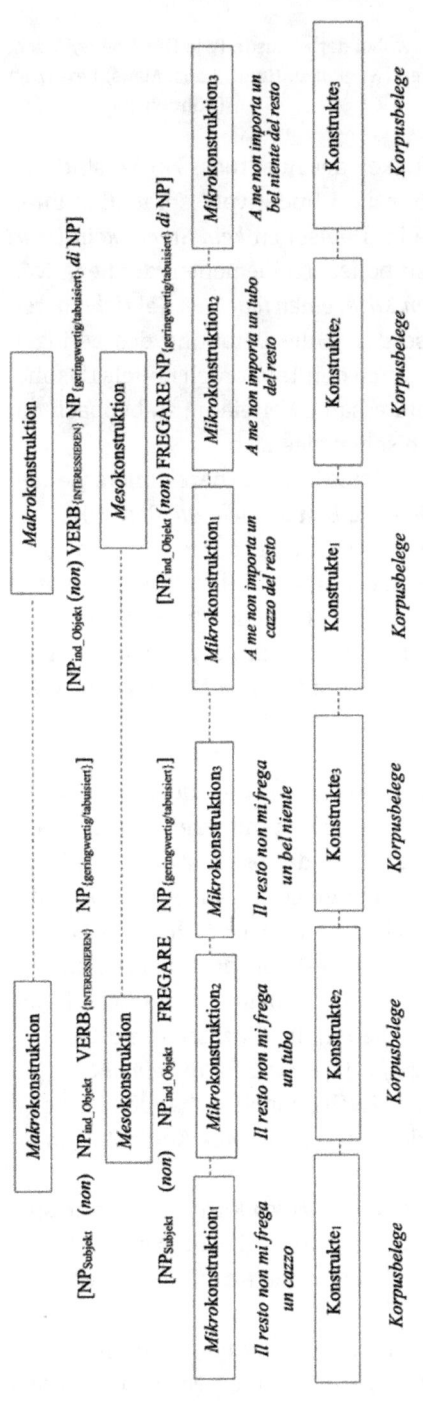

Abbildung 2: Abstraktionsebenen der italienischen Konstruktion der absoluten Interesselosigkeit.

den Mdaa. [= Mundarten] erhalten geblieben, wobei derbe Ausdr. (wie *Dreck, Aas, Arsch, Scheiße*) oder geringwertige Tierbezeichnungen (wie *Katze, Hund, Laus, Maus*) bevorzugt werden (Röhrich 2003: 314–315)

Die Lust an der Bildlichkeit und an der Deftigkeit des Ausdrucks zur Verstärkung der Negation ist also eine sehr alte Tradition und findet volkssprachlich ihren Niederschlag in negierten Wendungen wie im Deutschen *kein Stück, kein Deut, nicht die Bohne*, aber auch in drastisch-hyperbolischen Elementen der negativen Polarität wie *einen Scheiß, einen Dreck, einen Käse, einen feuchten Kehricht*, deren Negativität sich indirekt auf skalare Weise durch die Betonung des geringen Wertes des versprachlichten Konzepts oder durch den Tabubruch mittels Dysphemismus ergibt. So ist im Deutschen eine interessante Verteilung zu beobachten, die weder dem Spanischen noch dem Italienischen eigen ist:

(1) Slotfüller, die minderwertige Objekte (oft kleine Früchte) bezeichnen, werden mit Negation verwendet (*kein Stück, nicht die Bohne, nicht die Rosine*).

(2) Slotfüller, die auf Tabuisiertes (in der Regel Fäkalia) hindeuten, brauchen normalerweise keine Negation, sodass der Grammatikalisierungsprozess in diesen Fällen weiter fortgeschritten ist als bei (1). Diese Slotfüller sind aufgrund der morphologischen Negationslosigkeit als prototypische Elemente der negativen Polarität aufzufassen (*einen Scheiß, einen Dreck, einen Käse, einen feuchten Kehricht*).

Was die pragmatische Dimension betrifft, so sind nicht nur die beiden unterschiedlichen Frames, die aktiviert werden, von Bedeutung, und mit ihnen die Realisierung der beiden Sprechakte, also derjenige der ostentativen Manifestation des eigenen Desinteresses (1. Person) und derjenige der Äußerung von Kritik Anderen gegenüber (2. und 3. Person) bezüglich deren Einmischung oder Neugierde, sondern auch eine rhetorische Ebene. Die erhobenen Nominalphrasen, die wir als NP$_{\{geringwertig/tabuisiert\}}$ bezeichnet haben, spiegeln unterschiedliche Typen diskursiver Techniken wider (vgl. Casas Gómez 2012). Im Einzelnen sind dies:
- lexikalische Dysphemismen (sp. *un carajo*, it. *un cazzo*, dt. *einen Scheiß*): Auch wenn die dysphemistische Funktion zweifelsohne vorhanden ist, so ist sie durch den häufigen Gebrauch und den meist familiären Kontext doch oft abgeschwächt;
- metonymische Dysphemismen (*interessiert mich einen Käse* – in diesem speziellen Falle liegt sogar eine „Metaphtonymie" vor (vgl. Goossens 1990), da eine Ähnlichkeitsbeziehung auf der Basis einer metonymischen Verschiebung besteht);
- dysphemistische Euphemismen (sp. *un joraca* (statt *carajo*), it. *un cavolo*, dt. *Mist*): Es handelt sich hier zunächst um die Vermeidung eines tabuisierten

Wortes (sp. *carajo*, it. *cazzo*, dt. *Scheiße*), das jedoch innerhalb der Phrasem-Konstruktion eine emphatisch-expressive und durchaus negative Wirkung hat;
– Emphase durch lexikalisierte Verbindungen, von denen einige etymologisch für Geringwertigkeit stehen, ohne dass dies heute noch im Sprachbewusstsein vorhanden wäre (z. B. sp. *maravedí* (alte minderwertige Münze), dt. *Bohne, Deut, Käse, Pfifferling, Quark*).

Dysphemismen und Euphemismen rühren an Tabus, die im ersten Fall gebrochen, im zweiten beachtet werden. Zu den am stärksten tabuisierten Bereichen gehören im Deutschen, Französischen und Italienischen nach Reutner (2009: 109) das „Liebes- und Sexualleben", „Sterben und Tod", die „Körperteile", „Glaube, Aberglaube und Magie" sowie „Toilettengang und Toilette". Wer also einen Dysphemismus aus einem dieser Bereiche verwendet, nimmt soziale Sanktionen in Kauf:

> Es handelt sich beim Sprachtabu also um einen soziolinguistischen und daher auch soziokulturellen Begriff, der als Tabu zum Sozialverhalten gehört und dessen Nichtbeachtung sich im Allgemeinen negativ auf das Sozialprestige des Sprechers auswirkt und gegebenenfalls auch auf jenes des ihn anhörenden oder den Tabubruch gar akzeptierenden Adressaten. (Reutner 2009: 11)

Laut Casas Gómez (2012 :47) sind Euphemismen und Dysphemismen

> the cognitive process of conceptualization of a forbidden reality, which, manifested in discourse through the use of linguistic mechanisms including lexical substitution, phonetic alteration, morphological modification, composition or inversion, syntagmatic grouping or combination, verbal or paralinguistic modulation or textual description, enables the speaker, in a certain "context" or in a specific pragmatic situation, to attenuate, or, on the contrary, to reinforce a certain forbidden concept or reality.

Gemäß Galli de' Paratesi (2010: 146) verkörpert ein Dysphemismus ‚irrationalen Sprachgebrauch', da die semantische Verbindung zwischen dem Lexem und der Kontextbedeutung ‚unlogisch und konnotativ' sei. Die Nominalphrase *einen Scheiß* in *Das interessiert mich einen Scheiß* erfüllt demnach ausschließlich den Zweck, „„to evoke heavy unpleasantness and cause offense" (ib.). Die Autorin spricht von einem Zwang, Dysphemismen zu verwenden, der so stark sein könne, dass die Wörter keine eigentliche Bedeutung hätten, sondern nur einen emotionalen Wert. Die Interesselosigkeit wird also ostentativ zum Ausdruck gebracht, indem – rhetorisch gesehen – in der Verwendung einer NP$_{\{geringwertig/tabuisiert\}}$, sei es zum Ausdruck der Interesselosigkeit oder der Kritik, eine Verfremdung vorliegt, laut Lausberg (1982: § 84) „die seelische Wirkung, die das Unerwartete als Phänomen der Außenwelt im Menschen ausübt". Diese Wirkung sei ein „psychischer *choc*, der sich in verschiedenen Arten und Graden verwirklichen kann" (ib.). Genau genommen widerspricht also eine solche emphatische Ausdrucksweise den *virtutes bene dicendi*, insbesondere derjenigen der Glaubwürdigkeit (§ 93), der *puritas* und der *perspecuitas* (§ 168). Da jedoch die Wirkung eines Redners wichtiger sei als die „idiomatische Sprachrichtigkeit" (ib.), ist ihm diese „Lizenz" gestattet, auch wenn dadurch ein *vitium* des „Zuviel" entsteht, das über das *aptum* hinausgeht (§ 95). Bei dysphemistischer Redeweise (sp. *carajo*, it. *cazzo*, dt. *einen Scheiß, einen Dreck*) hingegen scheint es vordergründig nur um das affektische *movere* zu gehen. Ein *tropus* wie „(interessiert mich) *einen Dreck*" statt „(interessiert mich) *nicht*" stellt in einer Kommunikationssituation des *stilus mediocris* und erst recht des *stilus gravis* zweifelsohne insofern ein Verfremdungserlebnis dar, als es deutlich bzw. drastisch über das Maß des Erwartbaren hinausgeht. Da jedoch das „Maß des Erwartbaren und damit das Maß der möglichen Verfremdung [...] sozial vom Milieu des Publikums sowie von der Gattung der Rede abhängig [ist]" (§ 88), können Dysphemismen wie die genannten Lexeme je nach Kommunikationssituation in einem *stilus humilis* durchaus positiv auf das „Publikum" wirken oder dieses sogar erfreuen (*delectare*), wenn *inneres Aptum* (die Sprache selbst) und *äußeres Aptum* (Verhältnis Sprecher/Hörer) konsistent bzw. aufeinander abgestimmt sind (§ 464). Zwar können *verba obscena* und *verba humilia* das ethische oder soziale Wertempfinden schockieren (ib.), sie können aber auch das passende *decorum* darstellen, das in Einklang mit der Situation, dem Thema und der Erwartungshaltung der Gesprächspartner steht. Diese Funktion von Dysphemismen sollte nicht unter den Tisch gekehrt werden:

> *Dys*phemism [...] is a reaction against pedantry, stiffness, and pretentiousness, but also against nobility and dignity of language. [...] Dysphemism, therefore, is principally an attempt to free itself from the respectful and admiring attitude which weighs heavily on average humanity. It consists, above all, in the substitution for dignified or simply normal terms, of expressions borrowed from spheres more vulgar, familiar, and joyous.
> (Partridge 1933: 14)

6.3 Die Konstruktionsfamilie der absoluten Interesselosigkeit aus kontrastiver Sicht: kurze Bilanz und abschließende Bemerkungen

Im Fokus dieses Beitrags stand die Analyse der Konstruktionsfamilie negativer Polarität [NP$_{Subjekt}$ VERB$_{\{INTERESSIEREN\}}$ NP$_{Objekt}$ (NEG) NP$_{\{geringwertig/tabuisiert\}}$] ‚etw. interessiert jmdn. überhaupt nicht' im Spanischen, Italienischen und Deutschen, und [(*non*) NP$_{ind\_Objekt}$ VERB$_{\{INTERESSIEREN\}}$ NP$_{\{geringwertig/tabuisiert\}}$ *di* NP] im Italienischen, wobei hauptsächlich die Instanziierungen mit sp. *importar*, it. *importare/fregare* und dt. *interessieren* hinsichtlich ihrer funktionalen Äquivalenz untersucht worden sind. Wie bereits gesehen, wird die Rolle des EXPERIENCER im Spanischen und Italienischen durch ein vorangestelltes nominales oder pronominales indirektes Objekt, im Deutschen durch ein *nachgestelltes* direktes Objektpronomen (Akkusativobjekt) versprachlicht.

Im Folgenden soll der Frage nachgegangen werden, ob die Konstruktionsfamilie der Interesselosigkeit in jeder der untersuchten Sprache gleich produktiv und kognitiv verfestigt ist.

Da die herangezogenen Korpora eine unterschiedliche *token*-Anzahl aufweisen, werden im Folgenden die erhobenen Daten anhand der relativen Häufigkeit ermittelt.[72] Dies ermöglicht nämlich eine genauere interlinguale Analyse bezüglich der Frequenz, der Produktivität und des *entrenchment*-Grades in der jeweiligen Sprache.

Abbildung 3 fasst die Konsistenz der Konstruktion der Interesselosigkeit aus interlingualer Sicht mit den Verben sp. *importar*, it. *importare, fregare* und dt. *interessieren* zusammen, wobei je nach Genus des Substantivs, das den Slot lexikalisch füllt, und nach (Nicht-)Vorkommen der Negation unterschieden wird. Wie im Abschnitt 3.1. ausgeführt wurde: Je höher der Anteil der konstruktionskompatiblen Treffer ist, desto kognitiv verfestigter ist die Konstruktion. Die Konstruktion der Interesselosigkeit verhält sich nicht in allen drei Sprachen ähnlich. Als kognitiv am stärksten verfestigt erweist sich vor allem und im größeren Maße
- die spanische Konstruktion mit *importar* mit Maskulina ohne Negation.

Es folgen dann (in der Reihenfolge und mit einer deutlich geringeren Häufigkeit):
- die italienische Konstruktion mit *fregare* bei maskulinen Substativen mit und ohne Negation und
- die spanische Konstruktion mit *importar* mit Feminina ohne Negation.
- Die deutsche Konstruktion weist im Vergleich zum Spanischen und Italienischen einen eher niedrigeren *entrenchment*-Grad auf (s. Abbildung 3).[73]

Der interlinguale Vergleich hat außerdem Divergenzen bezüglich der lexikalischen Realisierung der Füller gezeigt, die man wie folgt zusammenfassen kann:
- Im Italienischen stammen sie überwiegend aus dem Sexualbereich oder stellen Früchte oder minderwertige Objekte dar. Insgesamt kann man keine starke Tendenz zur Elision der Negation beobachten, die nur begrenzt bei femininen Slotfüllern vorkommt. Die Weglassung der Negation ist insofern

---

[72] Wie üblich werden hier die Daten der relativen Häufigkeit in *Instanzen pro Million Wörter*: $f_{pMW} = f_r \times 1.000.000$ [pMW] wiedergegeben (siehe hierzu Anhang 1 und 2).
[73] Der Anhang 2 enthält detaillierte Graphiken bezüglich der Konsistenz aller drei Konstruktionen.

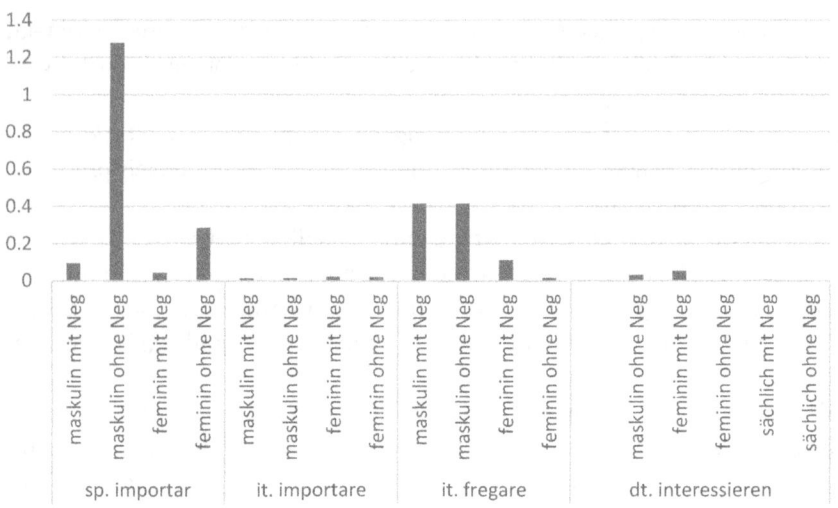

Abbildung 3: Konsistenz der Konstruktion der Interesselosigkeit aus interlingualer Sicht.

interessant, weil sie eine deutlichere Tendenz zur Grammatikalisierung (als prototypisches Element der negativen Polarität) zeigt.
- Im Spanischen werden ebenfalls als Füller Wörter für Sexualorgane, Früchte und minderwertige Objekte verwendet; im Gegensatz zum Deutschen kommen Fäkalelemente – abgesehen vom Femininum *mierda* ‚Scheiße' – kaum vor. Eine deutliche Elidierung der Negation kann vor allem bei maskulinen Slotfüllern beobachtet werden; diese ist auch bei Feminina – wenn auch in geringerem Maß – vorhanden.
- Im Deutschen tauchen überwiegend Fäkalia und minderwertige Objekte oder kleine Früchte jedoch mit einer unterschiedlichen Distribution auf. Als Elemente der negativen Polarität kommen überwiegend Fäkalia und Elemente aus den Bereichen ‚Schmutz, Unrat' (*Dreck, Kehricht, Schmutz*) oft in Verbindung mit dem Adjektiv *feuchten* vor. Mit Negation erscheinen überwiegend Lexeme, die Geringfügigkeit durch ein räumliches Konzept (wie *Meter* und *Millimeter*) oder Früchte (wie *Bohne* und *Rosine*). ausdrücken. Bei letzterer Gruppe ist der Grammatikalisierungsprozess nicht eindeutig.

Im Deutschen sind eine Reihe von metonymischen Verschiebungen zu beobachten (z. B. von *jemandem schnurz sein* (‚jemandem egal sein') → zu *Das interessiert mich einen Schnurz!*) oder Konstruktionskreuzungen bzw. Kontaminationen (*Das ist doch ein Blödsinn* → *Das interessiert mich einen Blödsinn! / Das ist doch ein Witz* → *Das interessiert mich einen Witz!* (vgl. *Das ist doch ein Witz!*), aus denen neue Mikrokonstruktionen emergieren (*nicht die leiseste Ahnung (haben)* → *das interessiert mich nicht den leisesten Scheiß*).

Bei Abbildung 4 werden die fünf häufigsten maskulinen Slotfüller in allen drei Sprachen wiedergegeben, die innerhalb der Konstruktion der Interesselosigkeit vorkommen. Die spanische *importar-* und die italienische *fregare-*Konstruktion haben in Verbindung mit den Substantiven *bledo* (‚Amaranth') bzw. *cazzo* (‚Schwanz') eine fast ähnliche Frequenz; eine geringfügig niedrigere Häufigkeit wiesen das spanische *carajo* (‚Schwanz') und *comino* (‚Kümmel') auf, wobei allgemein im Spanischen die höchste und im Deutschen die niedrigste Frequenz der Füller zu beobachten ist. Anhand der Type- und Tokenfrequenz der einzelnen Lexeme in Verbindung mit der Konstruktion der Interesselosigkeit zusammen mit der Anzahl der Hapaxlegomena,[74] die als Produktivitätsindiz und als Verfestigungsparameter dienen, lässt sich schlussfolgern, dass die Konstruktion der Interesselosigkeit im Spanischen den höchsten und im Deutschen den niedrigsten *entrenchment*-Grad aufweist. Das Italienische liegt diesbezüglich genau in der Mitte.

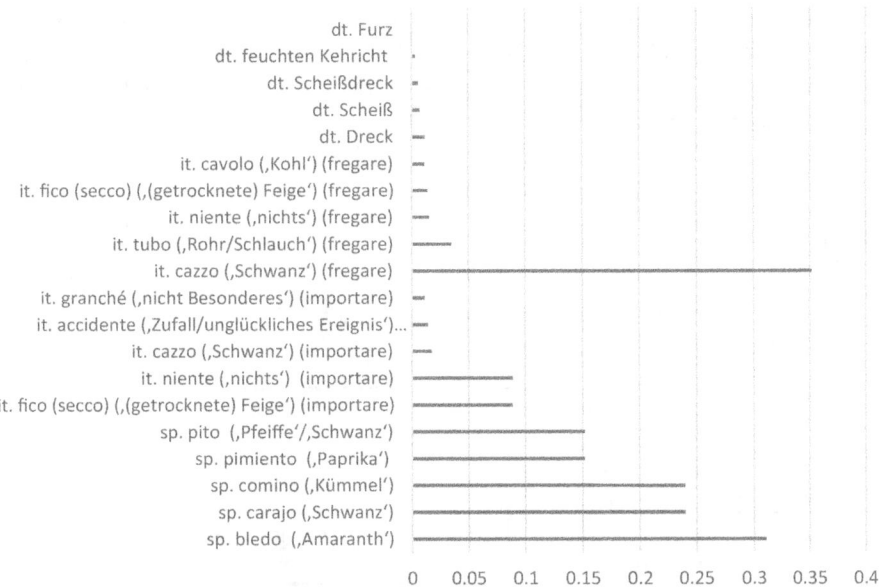

Abbildung 4: Die ersten fünf maskulinen Slotfüller in der Konstruktion der Interesselosigkeit aus interlingualer Sicht.

---

74 Das Spanische mit 66 Einzeltreffern weist die meisten Hapaxlegomena auf.

Auch die Distribution der Pronomina innerhalb dieser Konstruktion weist einige Unterschiede auf, was – wie bereits gesehen – die pragmatische Dimension betrifft (1. Person → ostentative Manifestation des eigenen Desinteresses; 2. und 3. Person → Äußerung von Kritik Anderen gegenüber bezüglich deren Einmischung oder Neugierde):
- Im Spanischen kommt sie überwiegend in der dritten Person Singular und Plural (53%) vor, wobei auch die erste Person (überwiegend Singular) frequent ist (39%).
- Ähnliches gilt auch für das Deutsche, wobei hier das Vorkommen der dritten (67%) und der ersten Person (überwiegend Singular) (58%) höher ist.
- Im Italienischen überwiegt die Verwendung der ersten Person (vor allem Singular), wobei die dritte Person in dieser Konstruktion auch Anwendung findet (63% vs. 28%).

Insgesamt hat sich die Konstruktionsfamilie der Interesselosigkeit besonders aus kontrastiver Sicht als sehr ergiebig erwiesen, da die vorkommenden lexikalischen Slot-Elemente (vor allem lexikalische Dysphemismen, metonymische Dysphemismen, dysphemistische Euphemismen) die Konzeptualisierung und die Kultur der jeweiligen Sprachgemeinschaft widerspiegeln. Die Erforschung solcher Erscheinungen trägt auch dazu bei, sprachliche und kulturelle Besonderheiten miteinander zu verbinden.

Anhang 1

Tabelle 53: Die Konsistenz der Konstruktion der Interesselosigkeit mit sp. *importar* (relative Häufigkeit [pMW]).

Spanisch			
importar			
maskulin		**feminin**	
mit Neg	ohne Neg	mit Neg	ohne Neg
0,093544862	1,275104201	0,041189364	0,284508551

Tabelle 54: Die Konsistenz der Konstruktion der Interesselosigkeit mit it. *importare/fregare* (relative Häufigkeit [pMW]).

	Italienisch							
	importare				*fregare*			
	maskulin		feminin		maskulin		feminin	
	ohne Neg	mit Neg	mit Neg	ohne Neg	mit Neg	ohne Neg	mit Neg	ohne Neg
mit Neg	0,013627994	0,021644461	0,02024158	0,413449293	0,413449293	0,41344 9293	0,11162 9305	0,015632111
0,152312876								

Tabelle 55: Die Konsistenz der Konstruktion der Interesselosigkeit mit dt. *interessieren* (relative Häufigkeit [pMW]).

	Deutsch					
	interessieren					
maskulin		feminin		sächlich		
mit Neg	ohne Neg	mit Neg	ohne Neg	mit Neg	ohne Neg	
0,002057322	0,029710156	0,05264325	0	0,004054135	0,001089171	

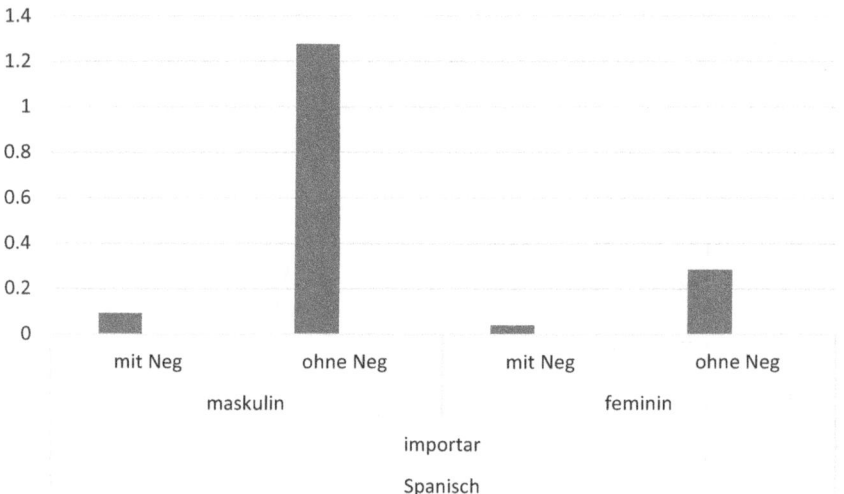

Abbildung 5: Konsistenz der Konstruktion der Interesselosigkeit im Spanischen (*importar*).

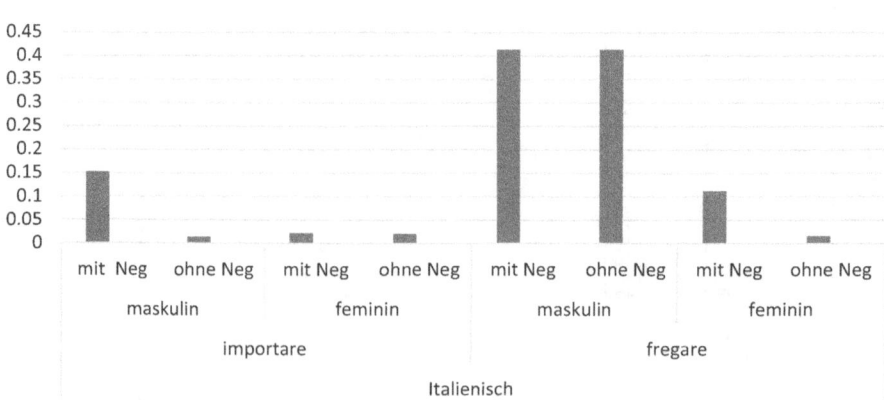

Abbildung 6: Konsistenz der Konstruktion der Interesselosigkeit im Italienischen (*importare* und *fregare*).

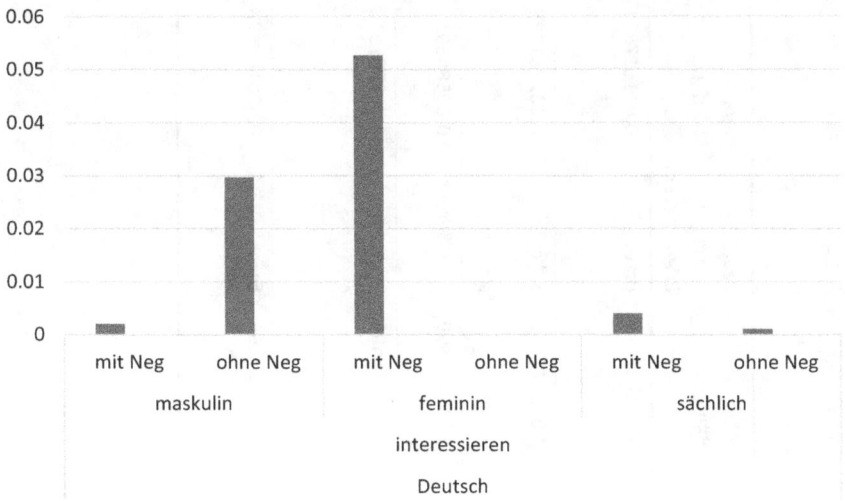

Abbildung 7: Konsistenz der Konstruktion der Interesselosigkeit im Deutschen (*interessieren*).

Anhang 2

Tabelle 56: Maskuline Slotfüller in der Konstruktion der Interesselosigkeit.

Stelle von X	spanisches Lemma (mit *importar*)	relative Häufigkeit	italienisches Lemma (mit *importare*)	relative Häufigkeit	italienisches Lemma (mit *fregare*)	relative Häufigkeit	deutsches Lemma (mit *interessieren*)	relative Häufigkeit
1	*bledo* ‚Amaranth'	0,310828725	*fico (secco)* ‚(getrocknete) Feige'	0,088782374	*cazzo* ‚Schwanz'	0,351722496	*Dreck*	0,011617821
2	*carajo* ‚Schwanz'	0,239957953	*niente* ‚nichts'	0,088782374	*tubo* ‚Rohr/Schlauch'	0,035472867	*Scheiß*	0,007261138
3	*comino* ‚Kümmel'	0,239957953	*cazzo* ‚Schwanz'	0,017636228	*niente* ‚nichts'	0,015431699	*Scheißdreck*	0,00580891
4	*pimiento* ‚Paprika'	0,151597367	*accidente* ‚Vorfall/unglückliches Ereignis'	0,014229229	*fico (secco)* ‚(getrocknete) Feige'	0,013828406	*feuchten Kehricht*	0,003267512
5	*pito* ‚Pfeife'/‚Schwanz'	0,151597367	*granché* ‚nichts Besonderes'	0,011423466	*cavolo* ‚Kohl'	0,011423466	*Furz*	0,000181528

Literatur

Auer, Peter (2016): „Wie geil ist das denn?" – Eine neue Konstruktion im Netzwerk ihrer Nachbarn. *Zeitschrift für germanistische Linguistik* 44, 69–92.
Boas, Hans C. (2013): Cognitive Construction Grammar. In Thomas Hoffmann & Graeme Trousdale (Hrsg.), *The Oxford Handbook of Construction Grammar*, 233–252. Oxford: Oxford University Press.
Boas, Hans C. & Francisco Gonzálvez-García (2014): *Romance Perspectives on Construction Grammar*. Amsterdam: John Benjamins.
Breibarth, Anne, Christopher Lucas & David Willis (2020): *The History of Negation in the Languages of Europe and the Mediterranean*. Oxford: Oxford University Press.
Bybee, John (2013): Usage-based Theory and Exemplar Representations of Constructions. In Thomas Hoffmann & Graeme Trousdale (Hrsg.), *The Oxford Handbook of Construction Grammar*, 44–69. Oxford: Oxford University Press.
Bücker, Jörg (2014): Konstruktionen und Konstruktionscluster: Die Zirkumposition *von* XP *her* im gesprochenen Deutsch. In Alexander Lasch & Alexander Ziem (Hrsg.), *Grammatik als Netzwerk von Konstruktionen. Sprachwissen im Fokus der Konstruktionsgrammatik*, 117–135. Berlin: De Gruyter.
Büring, Daniel (1997): *The Meaning of Topik and Fokus. The 59th Street Bridge Accent*. London: Routledge.
Büring, Daniel (2006): Intonation und Informationstruktur. In Haldarik Blühdorn, Eva Breindl & Ulrich. H. Waßner (Hrsg.), *Text – Verstehen. Grammatik und darüber hinaus*, 144–163. Berlin: De Gruyter.
Casas Gómez, Miguel (2012): The Expressive Creativity of Euphemism and Dysphemism. *Lexis* 7, 43–64. https://doi.org/10.4000/lexis.349 (01.11.2021)
Cifuentes Honrubia, José Luis (2019): Construcciones con minimizadores y verbos de estima o valoración y el ciclo de Jespersen. *Revista de investigación lingüistica* 22/1, 53–94.
Corpas Pastor, Gloria (2018): *Laughing one's head off* in Spanish subtitles: a corpus-based study on diatopic variation and its consequences for translation. In Pedro Mogorrón Huerta & Antonio Albaladejo-Martínez (Hrsg.), *Fraseología, Diatopía y Traducción*, 31–70. Amsterdam: John Benjamins.
Croft, William (2001): *Radical Construction Grammar: Syntactic theory in typological perspective*. Oxford: Oxford University Press.
De Knop, Sabine & Fabio Mollica (Hrsg.) (2013): *Konstruktionsgrammatik in den romanischen Sprachen*. Frankfurt a.M.: Peter Lang.
De Knop, Sabine & Fabio Mollica (2016): A construction-based study of German ditransitive phraseologisms for language pedagogy. In Sabine De Knop & Gaëtanelle Gilquin (Hrsg.), *Applied Construction Grammar*, 53–87. Berlin: De Gruyter Mouton.
Detges, Ulrich (2001): *Grammatikalisierung. Eine kognitiv-pragmatische Theorie, dargestellt am Beispiel romanischer und anderer Sprachen*. Habilitationsschrift. Tübingen.
Detges, Ulrich & Richard Waltereit (2002): Grammaticalization vs. reanalysis: A semantic-pragmatic account of functional change in grammar. *Zeitschrift für Sprachwissenschaft* 21 (2), 151–195.
Diessel, Holger (2019): *The Grammar Network. How Linguistic Structure is Shaped by Language Use*. Cambridge: University Press.

Dobrovol'skij, Dmitrij (2011): Phraseologie und Konstruktionsgrammatik. In Alexander Lasch & Alexander Ziem (Hrsg.), *Konstruktionsgrammatik III. Aktuelle Fragen und Lösungsansätze*, 111–130. Tübingen: Stauffenburg.
Dobrovol'skij, Dmitrij (2016): Fraseología y Gramática de Construcciones. *Language Design* 18, 71–106.
Fauconnier, Gilles (1975): Pragmatic Scales and Logical Structure, *Linguistic Inquiry* 6, 353–375.
Fillmore, Charles, Paul Kay & Mary Catherine O' Connor (1988): Regularity and Idiomaticity in Grammatical Constructions. The Case of *Let Alone*. *Language* 64, 501–538.
Fried, Mirjam (2013): Principles of Constructional Change. In Thomas Trousdale & Graeme Hoffmann (Hrsg.), *The Oxford Handbook of Construction Grammar*, 419–437. Oxford: Oxford University Press.
Galli de' Paratesi, Nora (2010): Dysphemism and national, regional and class identity in contemporary Italy. In Emanuela Cresti & Iørn Korzen (Hrsg.), *Language, cognition and identity: extension of the endocentric/exocentric language typology*, 141–154. Florenz: Firenze University Press.
Goldberg, Adele E. (1995): *Constructions: A Construction Grammar Approach to Argument Structure*. Chicago: University of Chicago Press.
Goldberg, Adele E. (2006): *Constructions at Work. The Nature of Generalization in Language*. Oxford: Oxford University Press.
Goldberg, Adele E. (2019): *Explain Me This: Creativity, Competition, and the Partial Productivity of Constructions*. Princeton: Princeton University Press.
Goossens, Louis (1990): Metaphtonymy: The interaction of metaphor and metonymy in expressions for linguistic action. *Cognitive Linguistics* 1.3, 323–340.
Hoffman, Thomas & Alexander Bergs (2018): A Construction Grammar Approach to Genre. *CogniTextes* 18. https://journals.openedition.org/cognitextes/1032. journals.openedition.org/cognitextes/1032.
Jacobs, Joachim (1988): Fokus-Hintergrund-Gliederung und Grammatik. In Hans Altmann (Hrsg.), *Intonationsforschungen*, 89–134. Tübingen: Niemeyer.
Klare, Johannes (1998): *Französische Sprachgeschichte*. Stuttgart: Klett.
Koch, Peter & Walther Oesterreicher (1985): Sprache der Nähe – Sprache der Distanz. Mündlichkeit und Schriftlichkeit im Spannungsfeld von Sprachtheorie und Sprachgeschichte. *Romanistisches Jahrbuch* 36, 5–43.
Kürschner, Wilfried (1983): *Studien zur Negation im Deutschen*. Tübingen: Narr.
Langacker, Ronald W. (1987): *Foundations of Cognitive Grammar*. Vol. 1: *Theoretical Prerequisites*. Stanford: Stanford University Press.
Lausberg, Heinrich (1982): *Elemente der literarischen Rhetorik*. 7. Aufl. München: Hueber.
López Meirama, Belén & Carmen Mellado Blanco (2019): *Entre miradas de asombro*: aportaciones de la Lingüística de Corpus al estudio de una construcción con la preposición *entre*. In Marta Blanco, Hella Olbertz & Victoria Vázquez Rozas (Hrsg.), *Corpus y Construcciones. Perspectivas hispánicas*, 81–19. (= *Verba*, Anexo 79/2019). Santiago de Compostela: Universidade de Santiago de Compostela.
Louw, Bill (2000): Contextual prosodic theory: bringing semantic prosodies to life. In Chris Heffer & Helen Sauntson (Hrsg.), *Words in context: a tribute to John Sinclair on his retirement*, 1–58. Birmingham: University of Birmingham. http://www.revue-texto.net/docannexe/file/124/louw_prosodie.pdf.

Martinell Gifre, Emma & Cristina Illamola (2017): ¿No me importa una guaba o no me importa tres pepinos? La variación panhispánica en el ámbito de las locuciones con vegetales. *Estudios Lingüísticos*, 1–20.

Mellado Blanco, Carmen (2015): Antiphrasis-based Comparative Constructional Idioms in Spanish. *Journal of Social Sciences* (Special Issue *Phraseology, Phraseodidactics and Construction Grammar(s)*) 11 (3), 111–127. https://w.thescipub.com/pdf/jssp.2015.111.127.pdf.

Mellado Blanco, Carmen (2019): Phrasem-Konstruktionen kontrastiv Deutsch-Spanisch: ein korpusbasiertes Beschreibungsmodell anhand ironischer Vergleiche. *Yearbook of Phraseology* 10, 65–88.

Mellado Blanco, Carmen (2020a): *(No) me importa un comino* y sus variantes diatópicas. Estudio de corpus desde la Gramática de Construcciones. *Estudios de Lingüística. Universidad de Alicante (ELUA),* Anexo VII/2020, 87–109.

Mellado Blanco, Carmen (2020b): Sobre el insulto en español y alemán: el insulto con zoónimos. In Alfonso Corbacho & Mar Campos Fernández-Fígares (Hrsg.), *Nuevas reflexiones sobre la fraseología del insulto*, 169–196. Frankfurt a.M.: Peter Lang.

Mellado Blanco, Carmen (im Druck): From idioms to semi-schematic constructions and vice versa: the case of [*a un paso de* X]. In Evelyn Wiesinger & Inga Hennecke (Hrsg): *Constructions in Spanish*. Amsterdam: Benjamins.

Mellado Blanco, Carmen (Hrsg.) (2020): *Nuevas aportaciones de la Gramática de Construcciones a los estudios de fraseología en las lenguas románicas. Romanica Olomucensia* 32.1. DOI: 10.5507/ro.2020.011.

Mollica, Fabio (2020): Die Phrasem-Konstruktion [X$_{NPnom}$ *sein*$_{Kopula}$ *mir*$_{Exp}$ (Modalpartikel) Det$_{ein(e)}$ Y$_{NP}$]$_{Exkl}$ und ihre Relationen innerhalb der Ethicus-Konstruktion und der Dativ-Familie. *Linguistische Berichte* 261, 47–83.

Mollica, Fabio & Elmar Schafroth (2018): Der Ausdruck der Intensivierung in komparativen Phrasem-Konstruktionen im Deutschen und im Italienischen: eine konstruktionsgrammatische Untersuchung. In Kathrin Steyer (Hrsg.), *Sprachliche Verfestigung. Wortverbindungen, Muster, Phrasem-Konstruktionen,* 103–136. Tübingen: Narr Francke Attempto.

Mollica, Fabio & Sören Stumpf (2022): Families of constructions in German. A corpus-based study of constructional phrasemes with the pattern [X$_{NP}$ attribute]. In Carmen Mellado Blanco (Hrsg.), *Productive patterns in phraseology and Construction Grammar. A multilingual approach*, 79–105. Berlin: De Gruyter.

Mukherjee, Joybrato (2009): *Anglistische Korpuslinguistik. Eine Einführung*. Berlin: Schmidt.

NGLE (2010): Real Academia Española, y Asociación de Academias de la Lengua Española. *Nueva gramática de la lengua española: manual*. Madrid: Espasa.

Partridge, Eric (1933): *Slang Today and Yesterday*. London: Routledge & Kegan Paul.

Piunno, Valentina (2018): Negated Multiword Expressions. Types, properties and lexicalization degrees In Nathalia Filatkina & Sören Stumpf (Hrsg.), *Konventionalisierung und Variation / Conventionalization and variation*, 125–147. Frankfurt a.M.: Peter Lang.

Reutner, Ursula (2009): *Sprache und Tabu. Interpretationen zu französischen und italienischen Euphemismen*. Tübingen: Niemeyer.

Rueda Rueda, Mercedes (1997): *Los términos negativos en español: aproximación diacrónica*. León: Colección Contextos.

Sánchez López, Cristina (1999): La negación. In Ignacio Bosque & Violeta Demonte (Hrsg.), *Gramática descriptiva de la lengua española: Las construcciones sintácticas*

fundamentales. Relaciones temporales, aspectuales y modales, 2561–2634. Madrid: Espasa Calpe.
Schafroth, Elmar (2020): Fraseologismi a schema fisso – basi teoriche e confronto linguistico. In Mellado Blanco (Hrsg.), 173–199. http://doi.org/10.5507/ro.2020.009.2020.
Schafroth, Elmar (2021): Das Lexikon-Grammatik-Kontinuum. In Hans-Jörg Döhla & Anja Hennemann (Hrsg.), *Konstruktionsgrammatische Zugänge zu romanischen Sprachen*, 43–83. Berlin: Frank & Timme.
Schafroth, Elmar (im Druck): Phraseoschablonen interlingual – aus synchroner und diachroner Perspektive. In Alexander Lasch & Alexander Ziem (Hrsg.), *Konstruktionsgrammatik VII. Sprachwandel im Gebrauch*. Tübingen: Stauffenburg.
Serianni, Luca (2005): *Italiano. Le garzantine*. Turin: Garzanti.
Sinclair, John (1991): *Corpus, Concordance, Collocation*. Oxford: Oxford University Press.
Sperber, Dan & Wilson Deirdre (1986): *Relevance: Communication and Cognition*. Oxford: Blackwell.
Staffeldt, Sven (2011): Die phraseologische Konstruktionsfamilie [X Präp Hand Verb]. *Zeitschrift für germanistische Linguistik 39*, 188–216.
Staffeldt, Sven (2018): *Gebrauchssemantik von* Hand. *Korpusbasierte Studien zu somatischen Phraseologismen des Deutschen mit der Konstituente* Hand. Tübingen: Stauffenburg.
Stefanowitsch, Anatol (2020): *Corpus linguistics: A guide to the methodology*. Berlin: Language Science Press.
Taylor, John R. (2016): Cognitive linguistics. In Keith Allan (Hrsg.), *The Routledge Handbook of Linguistics*, 455–469. London: Routledge.
Velando Casanova, Manuel (2003): Sobre las expresiones NON VALE UN FIGO en lexicografía. *Res Diachronicae* 2, 405–413. http://www.vallenajerilla.com/berceo/velandocasanova/novaleunfigo.htm.
Traugott, Elizabeth Closs (2008): Grammaticalization, constructions and the incremental development of language: suggestions for the development of degree modifiers in English. In Regine Eckhardt, Gerhard Jäger & Tonjes Veenstra (Hrsg.), *Variation, selection, development: probing the evolutionary model of language change*, 219–250. Berlin: De Gruyter.
Ziem, Alexander & Alexander Lasch (2013): *Konstruktionsgrammatik. Konzepte und Grundlagen gebrauchsbasierter Ansätze*. Berlin: De Gruyter.

Wörterbücher

DFDEA: Seco, Manuel (Koord.) (2004): *Diccionario fraseológico documentado del español actual: locuciones y modismos españoles*. Madrid: Aguilar.
DLE: Real Academia Española y Asociación de Academias de la Lengua Española (2014[23]): *Diccionario de la lengua española*. Madrid: Espasa. http://dle.rae.es/.
Duden Redewendungen = Neuhaus, Laura et al. ([5]2020). *Duden Redewendungen. Wörterbuch der deutschen Idiomatik – mehr als 18.000 feste Wendungen, Redensarten und Sprichwörter*. Duden, Band 11. Berlin: Dudenverlag.
Duden Synonymwörterbuch = Peschek, Ilka et al. ([7]2019). *Duden – das Synonymwörterbuch*. Berlin: Dudenverlag. https://www.munzinger.de/search/start.jsp.

DUE: Moliner, María (2007³): *Diccionario de uso del español*. Madrid: Gredos (1966).
DWDS – *Digitales Wörterbuch der deutschen Sprache. Das Wortauskunftssystem zur deutschen Sprache in Geschichte und Gegenwart*, hrsg. v. d. Berlin-Brandenburgischen Akademie der Wissenschaften. https://www.dwds.de/.
LAR: Larousse (2001): *Gran diccionario de frases hechas*. Barcelona: Spes Editorial.
Röhrich, Lutz (2003). *Lexikon der sprichwörtlichen Redensarten*. 3 Bände. 6. Aufl. Freiburg [u a.]: Herder.
(Lo) Zingarelli (2021): *Vocabolario della lingua italiana*, hg. v. Mario Cannella, Beata Lazzarini & Andrea Zaninello. Bologna: Zanichelli.

Korpora

deTenTen13, The Sketch Engine. http://www.sketchengine.co.uk
esTenTen18, The Sketch Engine. http://www.sketchengine.co.uk
itTenTen16, The Sketch Engine. http://www.sketchengine.co.uk

Register

abstrakt, Abstraktheit 9, 23–24, 98, 180
Abtönungspartikel 10, 83–86
Abwandlung 6
Abweichung 11, 22, 165–183
Ad-hoc-Bildung 299, 303
AGRESSION 285
Ambig 25
Analogie 302
Anapher, anaphorisch 114–121, 137
Anomalie 165–168
AntConc 99–101
Aposiopese 126–137
Äquivalenz (*see also* equivalence) 11–12, 213, 249–252, 284, 354
Argumentationshandlung 73
Assertiv 73–77
Atomar 24

Bedeutungskonstitution 57, 67, 78
BEFEHL/EMPFEHLUNG 285
Bildungsmuster 66, 171
binomial structure 217

coined construction vs. generated construction 229
collocation (*see also* Kollokation) 198, 248, 334
ColloConstruction Grammar 12, 270
conceptual domain 214
conditional 200–218
constraint 26, 292, 300
constructicon (*see also* Konstruktikon) 31, 220, 249–253
construction (*see also* Konstruktion) 26, 58, 97, 191, 198, 206, 220, 228, 257, 295, 300
– [AGENT carries out an action on ÆFFECTED in person] construction 262–266
– OWN-ACTION construction 264–268
– WAY construction 254–270
(Cognitive) Construction Grammar (*see also* Konstruktionsgrammatik) 284
contextual variant 192–219

CORPES XXI corpus 11, 192–217
Corpus de Referencia del Español Actual (CREA) 213

DaF-Didaktik 93
DaF-Kompetenz 93
Datenbank für Gesprochenes Deutsch 90, 174–180
deTenTen13 243, 284, 288, 332–346
Demonstrativ 191–221
denn-Funktionen 88–93
deontisch 69
Deutsches Referenzkorpus (*DeReKo*) 114, 141, 143, 174, 231
deutsch-russische Parallelkorpora 243
direktional 152
direktiv 74–77, 285
Diskurspartikel 120
Dysphemismus, dysphemistisch 301, 352–358

Ellipse 126, 128, 134
Einmaltreffer 299–319
English 12, 168, 194, 247–281
entrenchment 61, 98, 293–362
epistemic modal adverb 200–202
equivalence 249–252
– cross-linguistic equivalence 252
– full equivalence 249–250
– partial equivalence 249–251
equivalent 250–259, 269
– fully equivalent 251–258
– partially equivalent 250
esTenTen18 284–302
Euphemismus 301–358
evaluative language 209
Exklamation 92
EXPERIENCER-Rolle 312, 332–334

fabricated orality 197–198
faktisch 56–71
– faktisch-kontingent 68
– faktisch-notwendig 68
fest, Festigkeit 1, 10, 26, 37, 79, 143, 150, 154, 167

festgeprägte Modellbedeutung 3, 5, 153
(Slot-)Filler 229–244, 254
Fixation 192–220
Fokus 3, 151–155, 229, 310, 326, 354
FOLK-Korpus (Forschungs- und Lehrkorpus Gesprochenes Deutsch) 10, 84, 99
Form-Bedeutungs-Paar 57, 98
Form-Bedeutungs-Schema 59
formal variant 192, 211
formelhaft 11, 165–184
Frame 29–51, 195–219, 283
FrameNet 22–46
freier Slot 1, 283
Funktionsverbgefüge (FVG) 2, 6, 8, 141–150, 165, 171

Genitivattribut 33, 165–182
German 83–108, 113–138, 141–161, 165–184, 227–244, 247–271, 283–358
Gesprächskorpus 10, 99
Google-Suche 237
Gradation 143–160
Grammatik-Pol 26, 51
Grund-Folge-Beziehung 120–122

Hapax (see also Einmaltreffer) 65, 175, 299–300
horizontal Axis 220
Hungarian 12, 247–271

Idiom, idiom, idiomatisch 22–41, 101, 106, 150–159, 167, 191, 203, 217, 228, 247
– constructional idiom (see also Phrasem-Konstruktion) 191–219, 292
– extragrammatical idiom 168
– formal idiom 2–4, 172
– grammatisches Idiom 21
– konstruktionelles Idiom (see also Phrasem-Konstruktion) 21–51
– lexically open idiom 2–4, 166, 172
– offenes Idiom 227
– schematic idiom 166
Idiomatisierung 137, 229, 289
Idiomatisierungsgrad 11, 291
Idiomatizität 3, 22, 150–153, 172, 227, 290
itTenTen16 284–362

illokutiv, Illokution 2, 56–88, 285–312
inchoativ, Inchoativität 149–160
inferentiell, Inferenz 291
Instanz, Instanziierung 71, 129, 290–291
instanziieren 143–154
intensity 209
intensivierend, Intensivierung 6, 30–42, 284–362
Interaktion, interaktiv 51–79, 86–93, 131
INTERESSE, INTERESSELOSIGKEIT 12–13, 283–362
Intransitivität, intransitiv 24, 154
Ironie, irony 87, 218
irregulär, irregular, Irregularität 3, 11, 22–50, 165–184
Italienisch 3–12, 184, 283–362

ja/nein-Frage 89, 105

kataphorisch 115–117
kausativ, Kausativität 142–159
Kern vs. Peripherie 22
Körpersprache, körpersprachlich 87–88, 98, 101, 106
kognitive Einheit 57, 98
kognitive Verfestigung 294–337
Kollokation, collocation 1, 96 – 97, 141–161, 198, 248, 334, 343
kombinatorische Präferenz 240–243
kommissiv 76–77
kommunikative Kompetenz 83
kommunikatives Potential 73
Kompositionalität, kompositionell 22, 56–67, 97, 142, 160
Konnektor 9, 61, 92, 113–138
KONNEX-Funktion 88–104
Konsistenz 293, 335–362
Konstrukt 26
Konstruktikon 22–50, 58–79, 229–245, 284, 348
Konstruktion (see also construction) 23–51, 57–79, 97, 113–138, 152–161, 173–183, 235–240, 283–358
[AGENT carries out an action on ÆFFECTED in person] construction 262–266
– äquativ-quantifizierende Konstruktion [V_wie_ein N] 39

- Argumentstruktur-Konstruktion 21–25,
- atomare Konstruktion 24–27
- caused-motion-Konstruktion 152–153
- *denn*-Konstruktion 84–106
- Doppelobjekt-Konstruktion 23–24
- Exklamativ-Konstruktion 51
- Fragekonstruktion 90
- Gleichheits-Konstruktion 27
- Incredulity-Response-Construction 228
- Intransitiv-Konstruktion 24
- Komparativ-Konstruktion [ADJ-*er*] 42
- Korrelative Komparativ-Konstruktion [*je*_V-*er*_*desto*_V-*er*, *umso*_V-*er*] 42
- lexikogrammatische Konstruktion 96
- Nachfrage-Konstruktion <w-Fragepronomen + (betontes) *denn*> 87
- Nachfrage-Konstrukton <w-Fragepronomen + (unbetontes) *denn*> 87
- [[N_{NOM}][PL]]-Konstruktion 46–47
- [(NP_{agt}) NP_{thema} [in [$N_{bewegung.art+weise}$]] V] Konstruktion 152–154
- OWN-ACTION construction 264–268
- [P (N_{nom} N_{instr}), *Ho/a* Q] Konstruktion 240–242
- Prädikat-Konstruktion 24
- [Präpositionalphrase$_{[Präposition (+ Determinant) + Nomen]}$+ LKV] Konstruktion 143
- [PREP $DET_{dem.}$ *hora(s)*] construction 204
- Subjekt-Konstruktion 24
- Superlativ-Konstruktion 27, 51
- Vokal-Reduplikationskonstruktion 50
- vollkompositionelle Konstruktion 22
- vollschematische Konstruktion 23–50, 313
- WAY construction 253–270
- Wort-Reduplikation-Konstruktion 50
- [[ZAHLWORT/MODIFIKATOR][[N][PL]] Konstruktion 47
- Zustandspassiv-Konstruktion 24
konstruktionale Bedeutung 137
Konstruktionscluster 137
Konstruktionsfamilie 35–52, 175, 283–362
Konstruktionsgrammatik 1–9, 22–23, 57–58, 78–79, 97, 113–114, 137, 142–144, 151–153, 166–184, 228–229, 242
konstruktionskompatibel 294, 307, 328
Konstruktionskreuzung 339–356

konstruktives Pattern 12, 237–244
Kontamination 339, 356
Kontextwissen 71, 98
Kontinuum (*see also* Lexikon-Grammatik-Kontinuum) 8, 21–52, 58, 151, 161, 298
kontrastive Korpusanalyse 237, 243
konventionell 25–38, 60–79
konventionelle Bedeutung 34, 38, 60
konzeptionelle Mündlichkeit 116, 179
konzeptuelle Domäne 23–51
konzessiv-adversative Semantik 12, 241, 244
konzessiv-konditionale Semantik 240
Kookkurrenzanalyse 295, 305
kreativ, Kreativität 298–300
KRITIK 285–312

legen 144–146
lexikalische Bedeutung 5, 36–37, 58–59, 71, 85, 153, 172, 227
lexikalische Besetzung, lexikalische Füllung 3, 55, 60, 78, 114, 153, 181, 227, 284, 311
Lexikon-Grammatik-Dichotomie 23
Lexikon-Grammatik-Kontinuum 21–52, 172, 180, 292, 348
Lexpan (Lexikal Pattern Analyzer) 61, 68, 174–175
Lokalisierungsverb 10, 141–149

Makrokonstruktion 349
Matrixkonstruktion 342
Mehrworteinheit 23–50
Mehrwortverbindung 141–161, 167, 349
Mesokonstruktion 333, 349–350
Messung_Szenario 29
Metapher, metaphorisch 35 – 45, 71–72, 144–159, 296
Metonymie, metonymisch 156–157, 339, 352–358
Mikrokonstruktion 299, 349–357
Modalpartikel 9, 83–104
modellierte Bildung 2, 228
Modellierung 23, 170, 182
modification 207–219, 353
modified variant 206
Muster 56–66, 95, 113, 137, 170, 228–243
Musterbildung 6

Nachsatzposition 117–126
Negation 51, 288–362
negative Bewertung 37, 45
negative Polarität, negative
    polarity 200–219, 288–290, 354
Nennform 166, 169, 181
nicht-kompositionelle Bedeutung 58, 98
Nichtmodellierbarkeit 170, 180
nicht-schematisch 24–38
No Synonymy principle/Prinzip 34, 309
normativ 56, 71
Nullposition 120–131

offenes syntaktisches Schema 56
okkasionelle Bildung 55
Okkurrenz 99, 293–347

Parallelkorpus 239
PATH 254–259
Phrasem-Konstruktion 1–13, 30, 56–78, 113–138, 143–161, 166–184, 227–244, 283–358
- Phrasem-Konstruktion [a DETdemonstrative hora(s)] 191–221
- Phrasem-Konstruktion [Adj1-er_als_Adj1] 30–31
- Phrasem-Konstruktion [DET N1 von (DET$_{dat}$) N2] 59
- Phrasem-Konstruktion [ein Rattenschwanz an N] 41
- Phrasem-Konstruktion [eine Spur (von) N] 41
- Phrasem-Konstruktion [es/das IST zum N$_{inf}$] 59
- Phrasem-Konstruktion [Kein X ohne Y] 55–80
- Phrasem-Konstruktion [lecker X$_{[Nomen]}$] 165, 182
- Phrasem-Konstruktion [N1 der N2] 59
- Phrasem-Konstruktion [N1] über [N1] 51
- Phrasem-Konstruktion [N$_{nom}$ N$_{instr}$] 237–244
- Phrasem-Konstruktion [(non) NP$_{ind.Objekt}$ VERB$_{\{INTERESSIEREN\}}$ NP$_{\{geringwertig/tabuisiert\}}$ di NP] 308–354
- Phrasem-Konstruktion [NP$_{Subjekt}$ (no) NP$_{ind.Objekt}$ IMPORTAR NP$_{\{geringwertig/tabuisiert\}}$] 285–305
- Phrasem-Konstruktion [NP$_{Subjekt}$ (non) NP$_{ind.Objekt}$ FOTTERE NP$_{\{geringwertig/tabuisiert\}}$] 350

- Phrasem-Konstruktion [NP$_{Subjekt}$ (non) NP$_{ind.Objekt}$ FREGARE NP$_{\{geringwertig/tabuisiert\}}$] 320, 325, 350
- Phrasem-Konstruktion [NP$_{Subjekt}$ (non) NP$_{ind.Objekt}$ IMPORTARE NP$_{\{geringwertig/tabuisiert\}}$] 319, 350
- Phrasem-Konstruktion [NP$_{Subjekt}$ (non) NP$_{ind.Objekt}$ INTERESSARE NP$_{\{geringwertig/tabuisiert\}}$] 327, 350
- Phrasem-Konstruktion [NP$_{Subjekt}$ (no) NP$_{ind.Objekt}$ INTERESAR NP$_{\{geringwertig/tabuisiert\}}$] 283–358
- Phrasem-Konstruktion [NP$_{Subjekt}$ (non) NP$_{ind\_Objekt}$ VERB$_{\{INTERESSIEREN\}}$ NP$_{\{geringwertig/tabuisiert\}}$] 308–349
- Phrasem-Konstruktion [NP$_{Subjekt}$ INTERESSIEREN NP$_{Objekt}$ (einen/nicht/keinen) NP$_{\{geringwertig/tabuisiert\}}$] 330
- Phrasem-Konstruktion [NP$_{Subjekt}$ VERB$_{\{INTERESSIEREN\}}$ NP$_{Objekt}$ (NEG) NP$_{\{geringwertig/tabuisiert\}}$] 283–358
- Phrasem-Konstruktion [PP HAT gut V$_{inf}$] 59
- Phrasem-Konstruktion [So ein N!] 59
- Phrasem-Konstruktion [So geht X$_{[Nomen]}$] 173
- Phrasem-Konstruktion [So muss X$_{[Nomen]}$] 173
- Phrasem-Konstruktion [Was erlaube(n) X$_{[Nomen]}$?] 173
- Phrasem-Konstruktion [was PP nicht alles V] 59
- Phrasem-Konstruktion [X hin, X her] 153, 227–244
- Phrasem-Konstruktion [X ist X] 153
- Phrasem-Konstruktion [X$_{[Nomen]}$ pur] 166–184
- Phrasem-Konstruktion [X$_{[Nomen]}$ satt und X$_{[Nomen]}$ brutal] 183
- Phrasem-Konstruktion [X$_{[Nomen]}$ schützt vor Y$_{[Nomen]}$ nicht] 181
- Phrasem-Konstruktion [X$_{[Nomen]}$ sondergleichen/schlechthin/par excellence/in Reinkultur/in Reinform] 175
- Phrasem-Konstruktion [zu Tode X$_{[Nomen]}$] 173, 180–182
Phrasem 5, 57, 167–184, 228
- grammatisches Phrasem 5, 180–181

Phraseologismus, phraseologism 58, 99, 137, 150, 171
Phraseoschablone 1–12, 21, 25, 39, 57, 153, 166, 171, 227–230
– stimulusbezogene intensivierende Phraseoschablone [vor_N$_{Gefühl}$_sterben] 39
polysem, Polysemie, polysemy 25, 47, 86, 192, 216, 251, 284
Positionsverb 142–144
Pragmatik 12, 56–80, 120, 312
pragmatisches Potenzial 237, 243
prepositional phrase 203–207
produktiv, Produktivität 22–27, 66, 180–184, 293–329
Produktivitätsindiz 300, 317, 357
projektionistisch 21, 60
Prosodie 87, 101, 106, 305

Quantität_Eigenschaft 33
quantifizierende Kodierung 30
quantifizierende Spezifizierung 30
Quantifizierte Menge(-Frame) 29–37
Quantifizierung 27–51
– individuierende Quantifizierung 32
– partitive Quantifizierung 32
QUANTITÄT 21–52, 122

redundancy 209
regelhaft 22, 151, 169
Regelmäßigkeit 72, 183
regulär, regular 165–184, 240
Restriktion 7, 58, 167–181, 227–242, 292–303
Routineformel 5–6, 97, 165
Russian 238–244, 247–271
Russian National Corpus 238, 257

Satzklammer 124
Satztyp 59
Schema [*Kein* X *ohne* Y] 55–80
schematisch, Schematizität 21–51
Schematisierung 2, 292, 295
Schematisierungsgrad 292, 295
setzen 144–147
Sexualbereich 355
Sketch Engine 192–201, 238–243, 284–295
Slotanalyse 57–61, 174–175, 298

Slotbesetzung, Slotfüllung, Slotfüller 113–137, 386–362
slotkompatibel, Slotkompatibilität 331–346
Spanisch 3–12, 283–362
Sprechakt 74–76, 120–125, 352
Sprecherbewertung 56–79
Sprechereinstellung 57–76, 178
Sprichwort 69
Sprichwortmuster 6, 171
stativ 154
stellen 144–145
strukturell-semantisches Modell 170
synonyme Variante 6
syntagmatisch komplex 24–50
syntagmatisches Profil 11

Tabu, tabuisiert 283–362
Teil-von-Relation 55
teilschematisch 25–50
temporal localisation 193
temporal noun 193–211
Textsortenspezifik 240, 243
token-Frequenz 26, 299, 313–357
Turnkonstruktionseinheit 126
type-entrenchment 61, 350
type-Frequenz 313–327, 357

unikale Komponente, Unikalium 169, 180–181
Ursachenrelation 55
usuell 55, 62, 150–151
usuelles Sprichwort 55

Variation 6, 22, 49, 59, 302, 317–326
Vererbungsrelation 348–350
– horizontale Ebene/Relation (see also horizontal Axis) 11, 339, 349–350
– vertikale Ebene 349
VERGLEICH 127, 243, 286, 306, 326, 355
vergleichendes Korpus 8
Verstärkerkonstruktion 113, 136–137
von daher 113–137
von dem her 114

w-Frage 87–105
Wortverbindungsmuster 166, 172

Zweifelsmarker 133

www.ingramcontent.com/pod-product-compliance
Lightning Source LLC
Chambersburg PA
CBHW061929220426
43662CB00012B/1847